教育部 重庆市高等院校

重点规划项目·教育学（

教育部卓越教师培养计划改革项目：西南大学

“三级立体大课堂”卓越幼儿教师行动计划

主编 朱德全　副主编 王牧华 唐智松 李 静 张家琼

家庭教育理论与实践

JIATING JIAOYU LILUN YU SHIJIAN

主　编　蔡岳建　　副主编　谭　佳

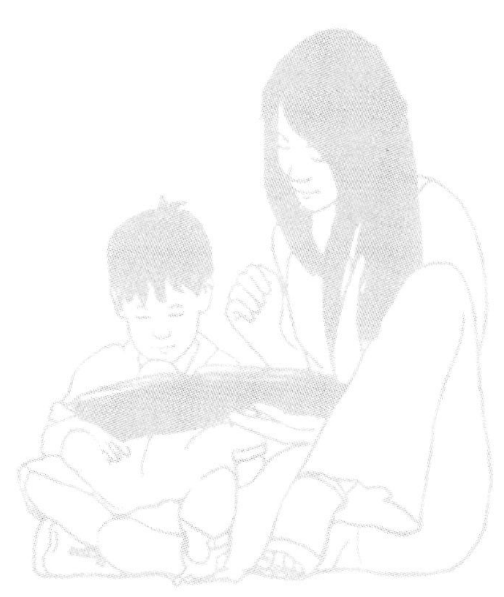

图书在版编目(CIP)数据

家庭教育理论与实践 /蔡岳建主编. —重庆:西南师范大学出版社,2014.1

ISBN 978-7-5621-6565-1

Ⅰ. ①家… Ⅱ. ①蔡… Ⅲ. ①家庭教育 Ⅳ. ①G78

中国版本图书馆 CIP 数据核字(2014)第 010469 号

家庭教育理论与实践

JIATING JIAOYU LILUN YU SHIJIAN

主　编　蔡岳建

副主编　谭　佳

责任编辑:何雨婷

封面设计:尚品视觉 周　娟　尹　恒

排　　版:王　兴

出版发行:西南大学出版社(原西南师范大学出版社)

地址:重庆市北碚区天生路 2 号

邮编:400715　市场营销部电话:023-68868624

网址:http://www.xdcbs.com

经　　销:全国新华书店

印　　刷:重庆长虹印务有限公司

幅面尺寸:185mm×260mm

印　　张:20.25

字　　数:492 千字

版　　次:2014 年 1 月第 1 版

印　　次:2023 年 1 月第 5 次印刷

书　　号:ISBN 978-7-5621-6565-1

定　　价:59.00 元

前　言

人的教育是一项系统工程，包括：家庭教育、集体（托幼园所、学校）教育、社会教育。三者相互关联且有机地结合，相互影响，相互作用，相互制约，缺一不可。家庭教育是一切教育的基础。随着时代的进步和社会的飞速发展，传统的家庭教育观念已越来越难以驾驭家庭教育领域层见叠出的各种新情况、新问题，越来越不适应社会发展的需要。相应地，从事家庭教育研究、教育、学习的师生也迫切需要补充和更新家庭教育的理论和实践知识。

《家庭教育理论与实践》以《全国家庭教育指导大纲》为指导思想，以准确性、实用性、先进性、循证性为编写原状，密切贴合当今社会发展的步伐，力求反映 21 世纪家庭教育现状和趋势；以社会转型期的中国家庭为背景，以婴幼儿、儿童和青少年的发展为轴心，借鉴和运用本学科以及相关学科的研究成果，总结作者多年从事家庭教育教学活动的实践经验，力图对家庭教育的理论和实际问题进行系统探讨，并提出一些有创意的具体对策，以夯实学习者的家庭教育基本理论和实践能力，为培养和造就符合社会发展要求，具有新理念、新技能的新型教师尽绵薄之力。

全书分为九章。第一章：家庭、家庭教育概述，主要讨论家庭、家庭教育的基本概念。第二章：中外家庭教育的历史演进，分两条线索分别介绍和分析了中西方不同历史时期家庭教育的概况、特点和代表人物的家庭教育思想。第三章：家庭教育的主要影响因素，主要从家庭环境、社区环境、家长的家庭教育素养及亲子关系等几个方面入手，讨论影响家庭教育的主要因素。第四章：家庭教育的目的、基本原则和一般方法，从家庭教育的目的和基本原则入手，介绍了如环境熏陶、习惯养成、聆听沟通、形象感召等九种家庭教育的方法。第五章：家庭教育的内容，从体德智美劳几个维度分析家庭教育的内容，还融入了家庭安全教育、社会技能教育和感恩教育等内容。第六章：人生不同时期的家庭教育，即以人的不同发展阶段为线索，介绍和分析人生不同时期家庭教育的主要内容和途径。第七章：特殊家庭的家庭教育，主要讨论单亲、再婚、收养、特殊儿童、留守儿童、流动儿童和隔代家庭的家庭教育特点、存在的问题与实施策略。第八章：家庭心理健康教育，主要从家庭成员心理健康存在的主要问题及其疏导讨论家庭心理健康教育。第九章：全球化背景下中国家庭教育展望，在全球化视角下审视中国家庭教育的未来走向。

本书以家庭教育的科学知识和理论为基础，紧跟时代步伐，密切关注家庭教育中的现实热点问题。例如，本书中的老年期的家庭教育，留守儿童、流动儿童以及隔代教养家庭的家庭教育等内容不仅具有家庭教育理论研究的现实性，还具有很强的实践价值和发展价值。本书力求突出以下特点：

1.多学科融合性。随着科学的发展和社会需要的变化，学科之间的融合成为当前学科发展的趋势，呈现出互相交叉、融合的趋势。家庭教育学是一门综合性很强的边缘学科，其多学科融合性决定了家庭教育和很多相关学科有着或多或少的联系。因此，本书的基本内容涵盖了教育学、社会学、生理学、心理学及营养学等学科的相关知识和理论，其目的是让学习者既要对家庭教育的核心知识有所把握，又要对相关学科的知识有所了解。在编写的过程中，作者注重相关学科的共通性和融合性，努力从不同学科视角审视家庭教育的理论和实践，充分反映家庭教育这门学科的真实背景与发展条件。

2.理论创新性。本书在概念解析、理论结构、逻辑安排、表述方式等方面具有明显的创新色彩。本书站在理论思辨和概括的高度，在概念明确、原理科学的基础上，力求反映国内外学术界最新的理论成果；力求从纷繁复杂的各种家庭教育问题中寻找并总结出家庭教育的特殊规律，并在此基础上得出一些具有普适性的家庭教育内容、原则、方法等，最终形成一套完整的理论体系，并将其作用于各种家庭教育的实践环节。

3.实践指导性。本书尽量贴近家庭教育实践领域，密切联系儿童及青少年成长的实际，家庭关系的实际，社会经济、文化、科技发展的实际，将家庭教育的基础理论性特点和实践应用性特点有机结合，既注重基础理论的准确性、科学性，又突出其实践应用性，注重文字的可读性及使用者的可操作性，力求让读者在学习结束后，既能较深刻地把握家庭教育的理论精髓，又能成为家庭教育的良好实践者。

4.潜能激发性。本书用贴合学生生活经验的家庭教育内容激发学习者的学习兴趣和学习积极性，用启发式、循序渐进的体系结构和语言文字激发学习者的潜能，为他们从事家庭教育研究与实践提供充分的发挥想象力和创造性的空间。

综上，《家庭教育理论与实践》一书以全新的视角透视家庭教育，在保证基本理论科学性的同时，突显家庭教育的实用性和可操作性，以理论指导实践，用典型案例实践、丰满、印证相关理论；二者相互渗透，有机结合。尤为重要的是，本书结合社会转型时期与社会发展中家庭教育出现的新情况、新问题、新特点进行了严肃科学的剖析和探讨，以最大限度满足不同阅读人群的需求。

本书由蔡岳建（西南大学）、谭佳（重庆文理学院）、栾文彦（陕西师范大学）、魏燕（成都市成华区教师进修学校）、赖竹婧（海南琼台师范学院）、张涛（乐山师范学院）合力执笔。全书由蔡岳建、谭佳统稿、定稿。

具体各章编写：蔡岳建——前言、第一章和第九章；谭佳——第二章和第三章；赖竹婧、蔡岳建——第四章和第五章；栾文彦——第六章和第九章；魏燕、张涛——第七章和第八章；谭佳、张涛——附录案例解读。

本书可作为高等师范院校教育学、学前教育学等专业的本、专科教材，综合性大学相关辅修专业的本、专科教材，成人高等教育、远程高等教育教材，也可作为家长及其他家庭教育工作者的参考用书。

书中错误与疏漏之处，恳请读者提出宝贵意见以臻完善。

编　者

2013年10月

目　录

第一章　家庭、家庭教育概述

第一节　家庭概述

一、家庭的含义与特点

(一)家庭的含义

《说文解字》释"家":"居也,从宀。"清人段玉裁注:"本义乃豕之居也,引申假借以为人之居。"指的是"宀"为屋之形,"豕"为畜牧,后引申为普通人的居住之所。"家庭"一词是后起的,基本含义是指一家之内。在罗马,"famulus"(家庭)的意思是一个家庭的奴隶,而"familia"则是指属于一个人的全体奴隶。罗马人用"familia"一词表示父权支配着妻子、子女和一定数量奴隶的社会机体。

人们对家庭含义本质的认识是从近代才开始的。卡尔·马克思、弗·恩格斯认为:"每日都在重新生产自己生命的人们开始生产另外一些人,即生殖。这就是夫妻之间的关系,父母和子女之间的关系,这就是家庭。"①奥地利心理学家S.弗洛伊德认为,家庭是"肉体生活同社会机体生活之间的联系环节"。美国社会学家E.W.伯吉斯和H.J.洛克在《家庭》(1953)一书中提出:"家庭是被婚姻、血缘或收养的纽带联合起来的人的群体,各人以其作为父母、夫妻或兄弟姐妹的社会身份相互作用和交往,创造一个共同的文化。"②我国社会学家孙本文认为,家庭是夫妇、子女等亲属所结合的团体。费孝通认为,家庭是父母子女形成的团体。

随着社会的发展,家庭的意义也有所不同。大家比较认同的观点是:家庭是由婚姻关系、血缘关系或收养关系所组成的社会组织的基本单位,是组成社会最基本的初级群体,是社会的细胞。家庭有广义和狭义之分,狭义的家庭是指一夫一妻制构成的单元;广义的家庭则泛指人类进化的不同阶段的各种家庭利益集团,即家族。

(二)家庭的基本特点

1.稳定的两性关系

家庭基于两性结合,基于婚姻,故两性结合、繁衍人种是家庭最基本的特点,也是有别于其他任何社会团体和组织的特点。《易经·序卦传》曰:"有天地,然后有万物;有万物,然后有男女;有男女,然后有夫妇;有夫妇,然后有父子……"意为天地间阴阳二气交

---

① 马克思恩格斯全集:第3卷[M].北京:人民出版社,2004.32

② http://baike.baidu.com/view/10659.htm

合，方能化生万物；而有了男女组成夫妇、构成家庭，才能有更为深入的人际关系，进而成为构成社会的基本元素。正如《易经》所言，稳定的两性关系是维系家庭稳定性的决定因素，也是家庭其他功能得以实现的基础。

2.血亲关系

家庭是以血亲关系为基础结成的社会组织，这是家庭的基本特征，也是人类社会共有的现象。在血亲关系基础之上建立的亲子关系，以及在此基础之上衍生出的各种物质、精神、伦理关系是构成家庭的重要元素。由于家庭成员之间的关系有着血亲关系的维系，相互之间不仅关系亲密，且感情多数融洽，因而使其比任何其他社会组织都牢固和持久。

3.共同居住，财产共有

对于家庭成员而言，同一家庭内的成员通常都一起居住，共同拥有其家庭财产。这也是家庭不同于其他社会组织的一个重要特点。

4.满足家庭成员的多元需求

家庭虽为社会最小的组织，却有着强大的功能。家庭不仅能满足家庭成员对衣、食、住、行等物质方面的各种需要，还能满足成员的不同心理需求。

5.当代中国家庭新特点

随着时代的进步和社会的变迁，中国家庭也表现出诸多新的特点：

第一，家庭规模小型化，核心家庭增加。第二代独生子女的降生，有些家庭将可能面临"四二一"的模式。但是，随着"单独两孩"生育政策的调整，家庭人均数可以得到提高，可能缓解，继而避免出现"四二一"的家庭结构。

我国计划生育基本国策自1979年开始施行以来，众多数据反映，30多年来全国少生了4亿人；积累了1.5亿个独生子女家庭，家庭规模从1982年每个家庭的4.43人降至2010年的3.10人；"失独家庭"多达百万；人口结构老龄化；人口红利加速消失(2013年1月，国家统计局公布的数据显示，2012年我国15～59岁劳动年龄人口在相当长时期里第一次出现了绝对下降，比上年减少345万人，这意味着人口红利趋于消失，导致未来中国经济要过一个"减速关")；妇女的总和生育率从差不多5%下降到1.5%～1.6%；国家人口发展战略的研究曾经提出，未来一段时间总和生育率保持在1.8左右为宜，过高或过低都不利于经济社会长期健康发展。[①]凡此种种，都说明生育政策已到该调整的时候了。

2013年11月，十八届三中全会颁布的《中共中央关于全面深化改革若干重大问题的决定》明确指出："坚持计划生育的基本国策，启动实施一方是独生子女的夫妇可生育两个孩子的政策。"专家测算，如果开放"单独两孩"，每年将新增人口80万～100万人。"单独两孩"生育政策的调整，将有利于改善人口年龄结构，延缓老龄化，对缓解我国社会老龄化问题有着深远的意义，还可以适当增加劳动年龄人口数量。今后15年，我国劳动力将快速下降，而新增人口可在一定程度上补充劳动年龄人口规模，到2030年将增加2 200万劳动年龄人口。"单独两孩"生育政策有利于降低出生人口性别比。我国出生人口男女性别比持续偏高已经30余年，以女孩为100，2012年是118.06，虽比2005年(118.59)和2009年(119.45)人口抽样调查出生人口的男女性别比略有下降，但仍严重高于正常范

① http://finance.china.com.cn/news/gnjj/20131118/1977718.shtml

围(103～107)。[①] 目前已多生出 2 200 万至 3 400 万男孩，适当地放宽生育政策，从自然选择的角度来说，肯定会让出生人口性别结构趋向正常的方向。“单独两孩”政策还有利于提升家庭发展能力。“单独两孩”可以在政策上终止“四二一”的家庭结构模式，避免出现“独二代”家庭，即父母、子女两代人都是独生子女的家庭，缓解家庭的代际结构，增强家庭养老照料功能，有利于孩子健康人格的形成，有利于提升家庭抵御风险的能力。[②]

第二，“丁克”家庭数量不断增加。全新的婚恋观、家庭观、生育观导致越来越多的人选择过“二人世界”，拒绝“第三者”(孩子)插足。离异家庭数量随着离婚率上升而不断攀升。从全国平均水平看，1979 年离婚率为 4%，1999 年达到 13.7%，2003 年达到 15%以上。离婚率上升最快的是北京、上海、深圳、广州等大城市。北京 2003 年登记结婚数是 9 万对，离婚 4 万对，已经超过 40%。[③]

第三，婚姻关系趋于简单化，单亲家庭呈增加趋势。随着核心家庭逐渐成为主流家庭，家庭成员之间的关系也变得越加简单，家庭轴心也由纵向(父辈与子辈)向横向(夫妻)转移，孩子不再是维系关系的最重要的纽带。

二、家庭的起源与历史演变

(一)家庭的起源

在《家庭、私有制和国家的起源》中，恩格斯援引摩尔根所说的：“家庭——是一个能动的要素；它从来不是静止不动的，而是随着社会从较低阶段向较高阶段的发展，从较低形式进到较高形式。”[④]因此，我们可以发现，虽然现在的家庭形式是一夫一妻制，即一男一女结为夫妻的婚姻和家庭形式，但这种家庭形式的形成在人类历史上经历了漫长的演变过程，可以追溯到远古时代。

恩格斯把人类最早的原始社会划分为三个时代，即蒙昧时代、野蛮时代和文明时代。与这三个时代相适应的婚姻形式是群婚制、对偶婚制和一夫一妻制。在原始社会初期，生产力发展水平极低，单个人的力量不能抵御猛兽的侵袭，人们只有靠群体的联合力量同自然界作艰苦斗争，才能获得生存。这种群体叫原始人群，他们在一起共同生活，共同采集，共同狩猎，共同消费。这种原始人群既承担着物质生产的职能，也承担着人口生产的职能，他们在各地游徙的群居生活中，两性关系处于没有限制的类似动物的交配关系。恩格斯把此形象地描述为“每个女子属于每个男子，同样，每个男子也属于每个女子”。[⑤]这就是群婚制阶段的“乱婚”。

(二)家庭的历史演变

根据摩尔根的研究，家庭是在杂乱性交关系的原始状态中发展出来的。家庭的发展经历了以下几种形式：

1.血缘家庭

血缘家庭是人类历史上第一种家庭形式，即兄弟姐妹之间的婚姻。在原始社会旧石

---

① http://news.cntv.cn/20110429/108614.shtml

② http://www.china.com.cn/info/2013-11/18/content_30627977.htm

③ http://wenwen.soso.com/z/q126891453.htm

④ 中共中央马克思恩格斯列宁斯大林著作编译局.马克思恩格斯选集(第四卷)[M].北京：人民出版社，1995.25

⑤ 中共中央马克思恩格斯列宁斯大林著作编译局.马克思恩格斯选集(第四卷)[M].北京：人民出版社，1995.26

器时代，人们在共同劳动的过程中，逐步出现了按年龄的自然分工。于是，年龄相近的辈分中群婚的习惯逐步形成，不同辈分之间的“乱婚”逐步被排除。这时，同一辈分的男女均可以结为夫妻。也就是说，姐妹是兄弟的共同妻子，兄弟是姐妹的共同丈夫，夫妻都有共同的血缘。

2.普那路亚家庭

普那路亚[①]式婚姻阶段，也称为亚血缘婚姻阶段。原始社会发展到旧石器时代的中晚期，随着生产力的发展，原始人群的居住慢慢固定下来，“人群”与“人群”之间开始有了比较稳定的关系，并且互相通婚。通过互相通婚，人们逐渐认识到族外通婚对后代发育有益，并形成了同母所生子女间不应有性关系的观念。于是，在家庭内部排除了兄弟姐妹间的婚姻关系，内婚制逐步转为外婚制，即某一氏族的姐妹、兄弟分别与另一氏族的兄弟、姐妹通婚，实行两个集团之间的群婚，这就是普那路亚家庭。

3.对偶家庭

随着社会生产力和氏族制度的发展，氏族对亲属间禁婚的规定日益复杂。在群婚制后期，因习惯而形成的暂时配偶同居逐步发展起来，出现了夫妇关系比较固定、男女双方都有了主要配偶的“对偶婚姻”。对偶家庭是原始社会母系氏族公社时期的家庭形式，是人类家庭发展史上的第三种形式，属个体婚制，通常是一男一女在或长或短的时间内结为配偶，实行从妇居，男嫁女；婚姻关系松散，没有长久性。男子无任何权利，但对子女的生父的确定性趋于明确。

4.一夫一妻制的个体家庭

原始社会末期，随着畜牧业、农业和手工业的发展，个体劳动在生产中的作用日益增强，特别是男子在生产劳动中开始居于主要地位，而且男子依靠自己在生产中的地位逐渐积累了属于自己的财产，在家庭经济中占据优势地位。随着私有财产的积累，人们思想上出现了“我的”和“你的”之间的差别，开始产生了私有观念。私有制的产生也使男女开始追求一种更为稳定的家庭关系。在此基础上，一夫一妻的个体家庭开始形成了。对于这一阶段，恩格斯说：“在古代的氏族制度中就出现了一个裂口，个体家庭已成为一种力量，并且以威胁的姿态与氏族对抗了。”[②]这种个体家庭，从原始“大家庭”中分化出来，成为社会的最基本单位。“它的最后胜利乃是文明时代开始的标志之一。”[③]一夫一妻制的个体家庭是家庭形式的质变，是私有观念的产物，这种家庭一经诞生，人类社会的两大生产——物质生产和人口生产，就开始由家庭负担，教育子女的责任也就落到了父母的肩上。家庭教育的历史，严格地说，就是从这个时候开始的。

三、家庭的基本结构

家庭结构历来被不少学者所关注，但由于相关数据不易获取，家庭结构本身会随社会的发展而不断变化，这些客观因素在很大程度上限制了人们对家庭结构总体状况的研究。

---

① 普那路亚是美国夏威夷语，即亲密的同伴。通婚后，兄弟之间、姐妹之间互称普那路亚。

② 中共中央马克思恩格斯列宁斯大林著作编译局.马克思恩格斯选集(第四卷)[M].北京：人民出版社，1995.158

③ 中共中央马克思恩格斯列宁斯大林著作编译局.马克思恩格斯选集(第四卷)[M].北京：人民出版社，1995.57

(一)家庭结构的含义

对于什么是家庭结构，潘允康先生在费孝通等人的研究基础上提出了自己的看法。他认为，家庭结构是家庭分子间的某种性质的联系，家庭分子间相互配合和组织，家庭分子间相互作用和相互影响的状态，以及由于相互作用和相互影响而形成的家庭规模、类型和家庭模式，也就是家庭中全体分子和各种角色所形成的综合关系。[①] 家庭结构的概念包括家庭户类型和家庭户规模两方面的内容，即家庭户成员的婚姻、血缘、亲子、代际关系以及家庭户成员的数量。

(二)家庭结构的类型

根据不同代际家庭成员血缘和婚姻关系，我们可以将家庭结构分为以下几个类别：

1.核心家庭

核心家庭是指由父母及其未婚子女所组成的家庭模式。美国人类学家G.P.默多克首先提出了核心家庭的概念。他在《社会结构》(1949)一书中提出，从亲属关系着眼，可把人类家庭分为核心家庭、复婚家庭、扩大家庭三个基本单位；其中，核心家庭是其他几种家庭形式赖以扩大的基本单位。至此，核心家庭这一概念被人类学、社会学广泛使用。

核心家庭是现代都市和工业社会中最主要的家庭模式，其数量和规模居各种家庭模式之首。其优点是：家庭成员少，层次相对简单；成员之间相处相对较多，关系亲密且思想容易统一，故家庭教育的实施效果相对较好。不足之处在于，父母对养育和教育孩子缺少经验，容易因观念和方式上的差异产生矛盾，不利于孩子的成长。

2.主干家庭

主干家庭又称直系家庭，指的是由两代或两代以上夫妻组成，每代最多不超过一对夫妻，且中间无断代的家庭结构形式。[②]

随着工业化、城市化进程的不断推进，家庭规模趋于小型化，家庭结构也趋于简单化，主干家庭在数量上远不敌核心家庭。但主干家庭作为家庭结构的重要组成部分，为社会的稳定、进步都做出了巨大的贡献。

相对于核心家庭来讲，主干家庭的特点是：成员多，规模较大。祖辈和父辈之间在养育和教育孩子方面多数能相互配合、支持和帮助，相得益彰；但也有部分家庭由于祖辈和父辈之间在教养观念和方式上发生冲突而冲淡教育效果。

3.联合家庭

联合家庭是指由两对或两对以上的夫妇以及未婚子女组成的家庭。联合家庭一般是兄弟们结婚后不分家而形成的。在现代社会中，联合家庭的数量极少。其特点是：人口多，层次多，规模大且人际关系复杂；孩子面临纵、横两方面的不同家庭关系。有利方面是，可以增强孩子处理人际关系和适应社会的能力；不利的是，在孩子的人格发展过程中矛盾冲突较多，如缺乏引导易对孩子产生负面影响。

4.其他家庭

除了上述三种主要的家庭结构外，还存在其他几种家庭结构形式：单身家庭，只有户

---

① 潘允康.社会变迁中的家庭：家庭社会学[M].天津：天津社会科学出版社，2002.182～183

② 齐麟.论主干家庭[J].杭州师范学院学报(自然科学版)，2003(06)：5～7

主一人独自生活所形成的家庭,这是一种特殊的家庭形式,包括独身及孤寡家庭具有过渡性和不稳定性的特点;残缺家庭,即只有父母一方与孩子组成的家庭,其特点是,不管是父母离异还是父母一方去世都面临经济和心理上的双重打击和痛苦;隔代家庭,由于父母工作繁忙而将孩子由祖辈进行教养的家庭;留守儿童家庭,指生活在农村,由于父母一方或双方外出打工而将孩子留在老家,由祖辈和孩子共同生活并由祖辈养育孩子的家庭。隔代家庭和留守儿童家庭共同的特点是,祖辈和孙辈共同生活,祖辈对孙辈的养育甚于教育。

尽管在此列出的家庭结构形式种类繁多,但是现实生活中,绝大多数家庭成员的关系比较简单,以核心家庭结构形式居多。

四、家庭的基本功能

(一)家庭功能的含义

自20世纪70年代"家庭功能"的概念提出以来,家庭教育专家对家庭功能的定义可谓众说纷纭。概括而言,家庭功能指在一定的社会条件下,家庭对人类生活和社会发展应尽的职责和应发挥的作用。家庭作为组成社会最基本的组织,必须承担相应的社会责任和必须发挥它的功能。家庭功能具有多元性的特点,发挥得越充分,人们的各种需求才能获得更好地满足,才能更好地保障社会的稳定和发展。

(二)家庭功能的分类

1.家庭的生产功能

(1)生育功能

指家庭担负社会人口的生殖繁衍、延续族群的功能。家庭最自然且首要的功能就是"传宗接代",符合生物世代延续的本能与需要。家庭通过人类自身的生产对社会的发展产生影响。具体而言,家庭主要通过其生产人口的数量、质量及人口增长的快慢对社会的政治、经济、文化、教育各个方面产生正面或负面的影响作用。

(2)物质生产功能

指以家庭为生产劳动的组织单位,占有生产资料,为社会及家庭成员创造物质财富,满足人们衣食住行的生活需求。但随着社会经济的不断发展,特别是生产高度社会化的当今时代,家庭的物质生产功能日趋减弱。

2.家庭的教育功能

我国《婚姻法》规定的"父母对子女有抚养教育的义务",从法律上肯定了家庭教育的功能。具体而言,指的是成年人对未成年人的教育功能。由于家庭成员间有着密切的血缘关系和伦理关系,不仅使其教育过程具有厚重的情感性和感染性,而且使家庭教育具有学校教育和社会教育不可替代的作用;通过这一过程,使新一代人口逐渐成长为社会合格的成员。目前,多数家庭都只有一个孩子,父母对孩子的期望值都较高,希望将孩子培养成高素质的人才,对其进行的家庭教育也较以往任何时候都全面。所以,当今社会家庭的教育功能显著提高且呈强化趋势。

3.家庭的抚养和赡养功能

指对未成年人的抚养和对老人的赡养,实现人类生命的延续和保全。孩子在出生之

后到长大成年这一段时期，由于不具备独立生活的能力以及生理上和情感上的需求，必须依赖父母照顾、抚养，这是家庭的直接功能的反映。家庭的间接功能则是对老人的赡养。人到老年，劳动能力逐渐丧失，子女理应承担起赡养老人的责任，从物质和精神方面给予老人关心、帮助、呵护和照顾。随着国家经济发展，养老保险制度不断完善，家庭的养老功能将逐渐削弱。这时，老人更多的是需要子女们精神层面的关爱。

4.家庭的经济功能

家庭的经济功能即家庭的物质生产和消费功能。家庭在成为人口生产单位的同时也是一个经济单位，家庭的经济功能也是家庭的基本功能之一。“开门七件事，柴米油盐酱醋茶。”家庭要称其为家庭，需要以满足各个成员的衣食住行为基石。可以说，一个家庭要维持对其成员的生育、养育、教育、赡养，都离不开其对物质生活资料的生产和消费。因此，随着社会经济的发展，家庭生活水平的提高，家庭消费功能大大增强。

5.家庭的衍生功能

家庭的衍生功能是家庭组织社会生活的功能，简称生活功能。这一功能是由家庭的经济功能派生出来的。家庭作为人们生活的基本场所和社会的一个基本单位，从其日常生活中衍生出政治生活、文化生活、精神生活，并通过家庭成员的各种社会生活活动将其连接成了一个相互联系的生活功能系统。

第二节 家庭教育概述

一、家庭教育的含义与特点

家庭教育是发生在我们身边的大众行为，几乎每一个人都在家庭教育中扮演着或扮演过一定的角色。然而，要对这一司空见惯的社会现象做出科学的概括却不容易。

(一)家庭教育的含义

《辞海》对家庭教育的解释为：“父母或其他年长者在家庭里对儿童和青少年进行的教育。”① 在美国，人们把家庭教育称作家庭生活教育。莱温认为，家庭教育是“增进家庭生活并协助个人更加了解各种人际关系中的自己的一种教育方案”。随着我国经济、政治、社会和文化的发展，我国学者对于家庭教育含义的阐释，也有了相应的变化。

1985 年，郑其龙等编著的《家庭教育学》把家庭教育解释为“家庭教育是家长对子女的培养教育，是整个教育的组成部分或分支”。由于当时对家庭教育的研究极为欠缺，所以并未明确给出家庭教育的定义。

1988 年，赵忠心在《家庭教育》一书中指出：“家庭教育是指在家庭生活中，由家长即家里的长者对其子女和年幼者实施的教育和影响。这种教育实施的环境是家庭，教育者是家里的长者，受教育者是子女或家庭成员中的年幼者。”该定义说明了家庭教育的组成人员及其不同地位。②

---

① 辞海编辑委员会.辞海[M].上海：上海辞书出版社，1979.1023

② 赵忠心.家庭教育学[M].哈尔滨：黑龙江少年儿童出版社，1988.5

1998年，马和民等在《教育社会学研究》中指出："若从教育社会学的角度来考察，家庭教育既指在家庭中进行的教育，又指家庭环境因素所产生的教育功能。前者指的是受教育者在家庭中所受到的由其家庭成员（不论长幼，但主要是指父母）施予的自觉或非自觉的、经验性的或有意识的、有形的或无形的等多种水平上的影响；后者则指家庭诸环境因素（包括家庭的社会背景和生活方式）对受教育者产生的'隐性'影响。"①

从上述关于家庭教育含义的理解和表述可以看出，传统观点认为家庭教育主要是指父母对儿童和青少年个体产生的影响作用，没能反映出现代家庭教育的全部意义和实质。现在很多专家学者结合时代的特点，力图从动态的视角来全面把握和认识家庭教育的含义。

《教育大辞典》认为，家庭教育从广义上讲是指家庭成员的相互影响与教育，通常指父母或其他年长者对晚辈进行的教育。②

赵忠心认为，广义的家庭教育是家庭成员之间互相实施的一种教育；狭义的家庭教育是指在家庭生活中，由家长（主要是父母）对其子女及其他年幼者实施的教育和影响。③

我们认为，家庭教育是家庭成员之间为满足家庭和社会的发展需要为目标所进行的双向影响与沟通活动。家庭教育有直接与间接之分，直接的家庭教育是指在家庭生活中，家长（主要是父母）与子女之间根据一定的社会要求实施的互动性教育或训练；间接的家庭教育是指家庭环境、家庭氛围等对家庭成员所形成的潜移默化的影响或熏陶。

（二）家庭教育的一般特性

家庭教育发生在家庭之中，与幼儿园、学校和社会教育相比较，在以下这些属性中的表现相对要明显和突出一些：

1.启蒙性

家庭是儿童生命的摇篮，是人出生后接受教育的第一个场所，即人生的第一个课堂。家长是儿童的第一任教师，即启蒙之师。所以，家长对儿童所施行的教育无疑具有早期性和启蒙性。一般来说，孩子出生后经过三年的发育，进入幼儿时期。3～6岁是学龄前期，也就是人们常说的早期教育阶段，这是人的身心发展的重要时期。我国古谚有："染于苍则苍，染于黄则黄。"幼儿期是人生熏陶渐染化的开始，人的许多基本能力，如语言表达等就是在这个年龄阶段形成的。美国心理学家布鲁姆认为："一个人的智力发展如果把他本人17岁达到的水平算作100%，那么4岁时就达到了50%，4～8岁又增加了30%，8～17岁又获得了20%。"④可见，幼儿在5岁以前是智力发展最迅速的时期，也是进行早期智力开发的最佳时期。家长在这个时期所实施的家庭教育良好与否，将是孩子早期智力发展的关键。古往今来，许多仁人志士和名人在幼年时期都曾受到良好的家庭教育。德国大诗人、剧作家歌德，两三岁时父亲就抱他到郊外野游，观察自然，培养观察能力；三四岁时，父亲教他唱歌，背歌谣，讲童话故事，并有意让他在众人面前演讲，培养他的口语能力。这些有意识的教育，使歌德从小乐观向上，乐于思索，勤于学习，善于表

① 骆风.幸福两代人（北京大学硕士生家庭教育探秘）[M].北京：中国社会科学出版社，2007.2

② 张承先，顾明远等.教育大辞典[M].上海：上海教育出版社，1997.56

③ 赵忠心.家庭教育学：教育子女的科学与艺术[M].北京：人民教育出版社，2001.5

④ 肖红星.家庭教育对幼儿智力培养初探[J].中国教育现代化，2004(2)：34

达。歌德 8 岁时能用法、德、英、意、拉丁、希腊语阅读各种书籍，14 岁写剧本，25 岁用一个月的时间就写成了闻名于世的作品《少年维特的烦恼》。

2.连续性

孩子出生后，从小到大，几乎三分之二的时间生活在家庭之中，朝朝暮暮都在接受着家长的教育。这种教育是在有意和无意、计划和无计划、自觉和不自觉之中进行的。不管是以什么方式、在什么时间进行教育，都是家长以其自身的言行随时随地地、连续地影响着子女。这种教育对孩子的生活习惯、道德品行、谈吐举止等都在不停地发挥作用。所以，有些教育家又把家长称为终身教师。这种终身性的教育往往反映了一个家庭的家风。所谓家风，是指家庭成员在长期共同生活中，逐步形成的伦理道德观念，为人处世、待人接物的规范，行为习惯，情趣爱好，思想作风和生活方式的总和。[①] 家风的好坏往往要延续几代人，甚至于十几代、几十代。这种家风往往与家庭成员从事的职业有关，如"教育世家""中医世家"等。我们经常会听到民族文化、组织文化，实际上，家庭作为社会上一个最小的基本单位，每一个家庭都有自己的独特文化，并且这种文化具有继承性、连续性。在中国近代，无锡人严功增补清末《国朝馆选录》，统计自清顺治三年(1646 年)丙戌科至光绪三十年(1904 年)甲辰科，状元共 114 人，其中父子、兄弟、叔侄累世科第不绝者不少，如苏州缪、吴、潘三姓，常熟翁、蒋两姓，浙江海宁陈、查两姓。看得出，家庭教育的连续性往往对家庭、家族人才的崛起有着重要影响。

3.权威性

家庭教育的权威性是指父母长辈在孩子身上所体现出的权力和威信。由于父母子女间的血缘、抚养、亲情等关系，子女在物质生活、精神生活方面对父母长辈有很大的依赖性，加之家庭成员根本利益的一致性等因素，都决定了父母对子女有较大的制约作用。父母的教育易于被孩子接受和服从。家长合理地使用这一点，对孩子良好品德和行为习惯的形成是很有益处的。权威性对于 6 岁以前的孩子来说，尤为重要。例如，在与其他小朋友们玩游戏出现争执情况时，孩子往往引用父母的话来证实自己的言语行为是对的。他们喜欢说"我爸爸是这样说的"或"我妈妈是那样做的"。孩子与父母的关系，是孩子最先面临的一种重要的社会关系。在这种关系中，几乎体现了社会人伦道德的各个方面。如果这种关系形成裂痕和缺陷，孩子以后走向社会，在各种人际关系中就会反映出来。

强调家庭教育的权威性，还因为父母在孩子幼年时代始终扮演着双重角色，既是孩子安全生存的保护者，又是人生启蒙的向导。家长的权威是家庭教育成功的重要前提，家长教育的效果如何，很大程度上要看父母权威树立的水平和程度。例如，父母的权威必须具有科学性和合理性，父母权威的树立必须建立在尊重孩子人格的基础上，而不是封建的家长制上。明智的家长很懂得树立权威的重要性及权威的价值取向，懂得权威的树立不是靠压制、强求、主观臆断，而是采用刚柔相济的方法。父母双方在教育子女的态度上应力求协调一致，宽严有度，在孩子面前树立起令人尊敬的、慈祥而威严的形象，使孩子容易接受父母的科学的教育。

---

① 彭德华.家庭教育新概念[M].甘肃:甘肃教育出版社,2001.116

4.感染性

家庭历来被人们看作是最富情感的社会组织。情感是人的需要是否得到满足而产生的内心体验，情感的重要特点是具有感染性。所谓感染性，就是人的喜、怒、哀、乐等情感所具有的，能够引起别人产生相同或类似情感的属性。父母与子女的血亲关系及情感联系，具有纯真性、天然性和密切性，使得家庭成员之间彼此心心相通，情感的感染性也就更为强烈。家庭教育与日常生活的统一性决定了家庭成员之间能够互相感应，更加容易恰如其分地理解彼此的言行举止、表情及情感。不仅家长的思想、言行、爱好等都会耳濡目染地渗透到孩子的心灵中去，而且父母也能从子女的举手投足中猜出其内心活动，从而更容易形成相互的教育和影响。

5.灵活性

家庭教育不像学校教育那样必须有课堂、教材，成系统，有固定的时间。家庭教育是面对孩子个人进行的教育和训练，主要针对家庭成员个体成长过程中的特殊矛盾，针对家庭成员出现的各种问题展开教育，往往不受时间、地点、场合、条件的限制，可以随时随地灵活进行，可以“遇物则诲，相机而教”。

6.及时性

家庭教育是父母和家庭的其他成员对孩子进行的个别教育。一般说来，家庭教育比幼儿园、学校教育都要及时一些。常言道：“知子莫若父，知女莫若母。”家长与孩子朝夕相处，对他们的情况可以说是了如指掌，可以通过一举一动、一言一行及时掌握孩子的心理状态，发现其存在的问题，及时教育，及时纠偏，使不良行为习惯消灭在萌芽状态之中。而在幼儿园和学校，教师往往要同时面对几十个孩子，通常只能针对这个年龄阶段的孩子进行共性教育，也就是群体教育，因时间和精力所限，不可能照顾到每个孩子的特点，容易出现顾此失彼的现象。

二、家庭教育的基本功能

（一）家庭教育影响个体的成长发展

从孩子出生开始，家庭便责无旁贷地成为孩子人生的最初课堂，对他们知识的获得、行为习惯的培养、品德的形成、个性的发展等诸多方面都有着举足轻重的影响。可以说，孩子一生的发展都会深深地打上家庭的烙印。家长的教育观念、教养态度、教养方式以及自身素质的高低，都会通过家庭生活中的点点滴滴对孩子的身心发展、行为习惯养成、待人处事、人生价值观的形成予以潜移默化的影响。

家庭教育是大教育的组成部分之一，是学校教育与社会教育的基础。家庭教育是终身教育，它始于孩子出生之日甚至可上溯到胎儿期。婴幼儿时期的家庭教育是“人之初”的教育，在人的一生中起着奠基的作用。孩子上了小学、中学后，家庭教育既是学校教育的基础，又是学校教育的补充和延伸，甚至某种程度上，家庭教育成为教育孩子的主体。

北京进行了一项按家长的家庭教育水平高、中、低划分的调查。调查对象为680名初中、小学生的家庭。调查内容为在校表现与家庭教育水平之间的关系。结果发现：家庭教育水平较高的，其孩子在校表现为优等生的占95%，基本没有后进生；而教育水平不当的家庭，其孩子在校为后进生的却高达85%，几乎没有优等生；而教育水平一般的家

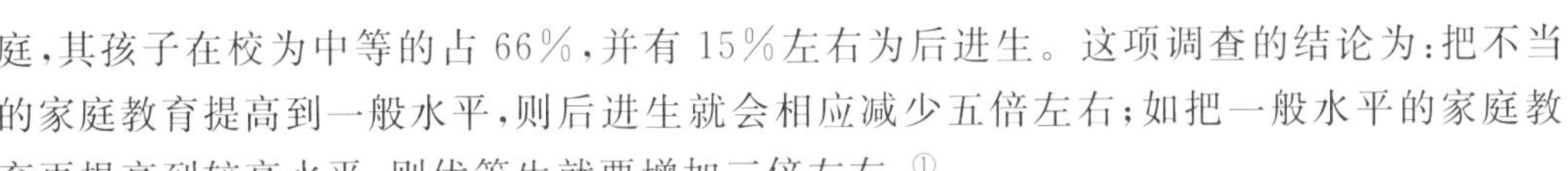

庭，其孩子在校为中等的占 66%，并有 15%左右为后进生。这项调查的结论为：把不当的家庭教育提高到一般水平，则后进生就会相应减少五倍左右；如把一般水平的家庭教育再提高到较高水平，则优等生就要增加三倍左右。①

(二)家庭教育对促进社会和谐的作用

实现和谐社会的目标，需要完善许多社会要素和环节。在众多的要素和环节中，家庭教育是至关重要的。众所周知，人是整个和谐社会系统中的主体和核心，人自身的健康、自由和解放是社会得以和谐发展的前提和基础。人自身的和谐要想顺利实现，就必须以健全的人格和正确的人生观、价值观作保障；而家庭教育在人格建立和性格养成中的价值是毋庸置疑的。

中国古代，儒家经典就明确把"齐家"作为"治国"的重要前提条件。孟子说："天下之本在国，国之本在家，家之本在身。"三国时期的陆绩言："圣人教先从家始，家正则天下化之。"家庭教育对全社会良好风气的形成具有先决作用，人们在家庭中形成的身体素质、心理素质和创新素质的水平高低决定了整个社会和谐发展的程度。可见，家庭教育事关社会和谐建设，不是一家一户的私事。社会学家认为，家庭是社会的细胞，亦即社会最小的体制。只有每个细胞都健康，作为肌体的社会才能蓬勃发展。毫无疑问，没有良好的家庭教育，就不可能有良好的社会道德之风，也不可能促使社会和谐。因此，家庭教育对实现党的十六届四中全会所提出的"构建社会主义和谐社会" 的重大决策，具有重要的作用。

1.家庭教育是培养现代化人才的基础

人的素质是社会和谐的基础，德才兼备的人才是社会和谐的重要保障。家庭是造就人的素质、培养人的道德、增长人的才干的原初场所。马卡连柯指出："现今的父母教育子女，就是缔造我国未来的历史，因而也是缔造世界的历史。"②正因为家庭教育对民族、国家的重要性，绝大多数国家都十分重视家庭教育，重视家庭教育对人才培养、社会和谐的基础作用。

每一个人从一出生，就要受到家庭成员、家庭环境、家庭文化氛围的熏陶和影响，在家庭生活与人际交往中获得知识、经验，形成气质、性格，养成道德观念和行为习惯。家庭教育对人们参与社会生活的态度、能力及作用有重要影响。受到良好家庭教育的人，对社会的态度是积极的，有较好的适应社会的能力，在社会上发挥的作用也将是积极的。美国的一项著名研究说明了这一点。斯坦福大学教授特尔曼对 1 528 名天才儿童进行了 40 年的追踪研究，发现这些天才中 90%进入大学读书，其中 30%为优秀毕业生，获得了好职位。在从事专业工作后，大多数人都有出色成就。研究表明，这些天才成长的重要因素是良好的家庭教育和家庭文化背景；成就最大者中，50%的家长有大学文化背景，家中有良好的学习环境，受过良好的家庭教育。③

正是因为家庭教育对社会发展与社会和谐至关重要，有社会责任感的家长都会坚持家庭教育的方向与国家利益、社会要求相一致的原则；不把孩子视为私有财产，而是树立

---

① http://www.xmjy.org/youjiao/jiankang/41325.html

② http://www.jxllt.com

③ 叶立群等.家庭教育学[M]福州：福建教育出版社，2000.40

为国教子的思想，端正教育目的，培养出适应社会发展需要的人才。

2.家庭教育是提高民族素质的重要手段

社会和谐有赖于民族素质。整个民族素质的提高，需要社会每一个成员素质的提高。与学校教育和社会教育相比，家庭教育具有得天独厚的优势。家庭是社会文化的载体，家庭教育担负着传递社会文化、提高民族素质的作用。传统的人格教育、生活教育是中国家庭教育的一大特色，也造就了中国的文明社会和传统文化。家庭教育不仅对孩子的学习生活、做人、处事有着重要作用，对于提高整个民族的素质也有着举足轻重的基础性作用。这一基础工作做得好与不好，直接影响我国社会的文明程度与和谐程度。

目前，我国许多家长在对孩子的教育上有很多误区。比如，重身体营养，轻心理健康；重智力开发，轻德育培养；重知识传授，轻能力培养；对子女的期望值过高；无视教育规律，拔苗助长；墨守成规，因循守旧，不合时宜地管教子女。还比如，许多父母往往是一想到培养孩子成才，就只是想到对孩子进行智力开发；一讲到家庭教育，就只是盯住孩子的学习，而对孩子的基本思想道德、生活能力、劳动习惯等方面的培养相当忽视。因此，即使在社会物质生活比较丰富的今天，孩子和青少年的思想失落、道德失范、心理失衡等问题仍然层出不穷，青少年犯罪和自杀现象也屡见不鲜。这些状况对于中华民族素质的提高，对于社会的发展、稳定与和谐都是消极的和危险的。为了构建和谐社会，整个社会都必须重视家庭教育。

【思考与运用】

1.简述家庭起源和发展的历程。

2.结合当代中国家庭现状，思考我国家庭出现的新特点以及新的家庭形式。

【本章相关学习资源】

1.赵忠心.家庭教育学[M].北京：人民教育出版社，2001.

2.李天燕.家庭教育学[M].上海：复旦大学出版社，2007.

3.家庭教育网 http://www.cnjtjy.com/

第二章　中外家庭教育的历史演进

第一节　中国的家庭教育回顾

中国的家庭教育源远流长。《周易》中的《家人》《渐》《蛊》《节》等卜卦，便是最早讨论家庭问题的。如以《周易》之作在殷、周之际，则中国有文字记载的家教历史，便已有三千多年了。之后，先秦的礼法，汉代的家法，六朝以后出现的家训、家规、家仪以及近代有关家庭教育的论述，自然都属家教的范畴。此外，尚有散见于经、史、子、集之中的大量有关家教的名言、名篇、佳事、懿行，有的虽不以"家训"名，但无疑也属于中国家教宝库的组成部分，可称为中华民族的一份极其丰厚而又珍贵的文化遗产。

家庭教育作为一种社会现象，产生于社会生活的需要。家庭教育自产生以来，就是和社会实践活动紧密联系的，随着人类社会的变化而变化，随着社会的发展而发展。因此，在不同的社会历史阶段，由于生产力的发展水平不同，生产关系和政治制度不同，家庭教育的性质和特点也有所不同。

一、原始社会的家庭教育

早在一百多万年以前的远古时期，我们的祖先就开始在中华大地上繁衍生息。中国早期马克思主义教育家杨贤江曾指出："自有人类，就有教育。"[①]原始人类在长期的劳动和生活过程中创造了灿烂的文化，产生了原始的教育活动。

原始社会是人类从动物界刚刚开始分离出来的第一个社会形态。中国的原始社会，起自大约 170 万年前的元谋人，止于公元前 21 世纪夏王朝的建立。

我国的原始社会，大体可以分为"原始人群""母系氏族公社"和"父系氏族公社"三个发展阶段。正如在本书第一章所谈到的，在"原始人群"和"母系氏族公社"时期，以群婚形式为主，所有儿童都属于全公社所有，由公社施行共养共育。这种教育方式属于社会教育的方式，而真正意义上的家庭教育还未成形。

人类社会进入"父系氏族公社"以后，随着原始人类社会生产力的提高，私有产品的逐渐增多，出现了一夫一妻制这种现代家庭形态的雏形。正是这种一对一家庭形式的产生，使夫妻关系相对固定，新生一代便逐渐由氏族共育变为家庭单独抚养。我们所说的家庭教育，也正是从这时候开始萌芽的。

原始社会家庭教育的内容和方法都很简单。原始社会初期，年长者通常在生产劳动过程中向少年儿童传授渔猎、采集、农耕、畜牧等方面的经验和技能，进行勇敢、机智、团

---

① 孙培青.中国教育史[M].上海:华东师范大学出版社,2002.1

结、互助和社会风俗习惯等方面的教育。原始社会后期，由于部落之间经常发生冲突，军事教育开始萌芽，向年轻一代传授战争的经验和技术成为必然。在原始社会氏族大家庭中，任何人都享有平等的受教育的权利，教育是原始公社成员共同的义务。这种“大家庭式”的教育，为社会的发展和进步起到了重要的推动作用。

自原始社会以来，家庭教育就以一种自然的形态出现，并与当时的社会生产和日常生活紧密相连。经过不断发展，历经奴隶社会、封建社会，家庭教育逐渐成为一种文化，成为上自帝王官宦，下至平民百姓教育子女、勉励家人的教育手段。

二、奴隶社会的家庭教育

随着社会生产力的发展，私有制代替了原始社会的公有制，出现了阶级分化，国家作为统治的工具随之产生，原始社会开始解体，逐渐向奴隶社会过渡。到了夏代，我国进入了奴隶社会(公元前 21 世纪—公元前 476 年)，包括夏、商、西周和春秋四个阶段。

奴隶社会是人类第一个私有制社会，生产关系的基础是奴隶主占有生产资料和奴隶，奴隶主的家庭是奴隶社会结构的基本经济单位。这种剥削与被剥削两大对立阶级的形成，使家庭教育也打上了阶级的烙印。故奴隶社会的家庭教育，虽然有为生产服务的职能，更重要的则是奴隶主阶级统治奴隶的工具。

(一)奴隶的家庭教育

在奴隶社会，由于奴隶主占有社会物质生产资料，居于统治地位，奴隶只是会说话的工具，没有任何权利、自由，其身体、生命及子女都属于奴隶主。因此，在中国古代漫长的奴隶社会中，奴隶只有世世代代学习做奴隶，没有人身自由，没有家庭生活，更谈不上接受家庭教育了。

(二)奴隶主的家庭教育

“学在官府”是奴隶社会的一大特色。奴隶社会已经有了学校，但学校教育很不发达。严格地说，这些被称为“痒”“序”“校”的机构都还只是些教育的场所，与当今的学校相去甚远，且主要是为奴隶主阶层服务的。为了维护奴隶主专政的政治需要，为了培养能够镇压奴隶的统治人才，奴隶主纷纷把子女送到学校进行以“六艺”为主要学习内容的教育。所谓“六艺”，即“礼、乐、射、御、书、数”。其中，“礼、乐、射、御”是政治思想教育、音乐、体育和军训，是“大艺”；“书、数”则是生产、生活的基本知识教育，称为“小艺”；“书”即“六书”，指象形、指事、会意、形声、假借、转注，为识字教育；“数”指数学教育。

在进入学校教育之前，奴隶主子女需要在家中接受家庭教育。在家庭中，家长特别是母亲从小就对其子女进行基本的生活技能和习惯的培养，如尊老爱幼的礼节、各种生活习惯。在家庭中还专门设有“保、傅”(家庭教师)对奴隶主子女进行科学文化知识(“六艺”)的教育。

在男尊女卑思想的影响下，奴隶主子女的家庭教育从小就男女有别，要求男治外事，女治内事。男子主要学习维护奴隶主阶级统治的相应知识，而女子则接受女德教育，如著名的“女四书”——《女诫》《女论语》《内训》《女范捷录》，为以后成为贤妻良母做好准备。

(三)平民的家庭教育

在奴隶社会中,除了奴隶主和奴隶两个对立的阶级外,还有一部分相对自由的平民和手工业者阶层,他们占有少量的生产资料。由于学校由奴隶主阶层掌控,平民子女无权进入学校接受教育,只能在家庭中接受长者言传身教的教育。《管子》一书中就专门记载了当时平民的家庭教育状况。

由于奴隶社会的平民主要是拥有一技之长的人,他们对子女所进行的家庭教育也都以与各自所从事的职业相关的知识和技能为主,如学习一些劳作、手工编织等。

(四)奴隶社会家庭教育代表人物的教育思想

1.孔子的家庭教育思想

孔子(公元前551年—公元前479年),是中华民族的古哲先贤,儒家思想的创始人,其思想在中国古代社会,特别是漫长的封建社会发挥了重要的影响和作用。孔子的教育思想则为我国传统教育理论的形成和中华文明的孕育与发展奠定了坚实的基础。在孔子的教育思想中,对于家庭教育的论述虽然不是很多,但是我们仍然可以从其论著中吸取家庭教育的智慧,用以指导家庭教育实践。

(1)注重家庭启蒙教育

孔子非常重视家庭启蒙教育的作用,认为父母作为孩子的第一任老师,承担着教育子女的任务,要尽量为子女提供良好的教育环境,保证孩子有学习的基础。此外,作为家长,还应该注意对孩子学习资料、学习方法的选择和使用,保证用适合子女性格、习惯的方法对子女进行有效的家庭教育。

(2)注重文化知识教育

孔子一生最引以为豪的,是他乐于读书。在教育子女时,他非常注重文化知识教育,尤其明显地体现在诗歌学习上。孔子曾说:"不学诗,无以言。"这是因为,当时的贵族阶级除讽谏、颂美需用诗歌的形式外,日常生活中传达感情也不可少。孔子要求其子女学诗是有多方面用意的。首先,他希望子女学到全国通用的语言;其次,培养出健全纯正的感情;再次,掌握各种思想感情的表达技巧,陶冶出观察、思考问题的能力,以备将来立足社会,做一个有用之人。由此可见,孔子非常注重文化知识教育在整个家庭教育中的作用。

(3)注重礼仪教育

孔子的核心思想是"仁",即"仁者爱人"。他把"仁"作为处事的规范和目的。孔子所谓的"礼",内容是极其广泛的,包含了我们现在所了解的《周礼》《仪礼》以及《礼记》中的大部分内容;上至国家官员的礼仪规范,下至各个层次、各种活动的行为规范都是学习的对象。

在家庭教育中,孔子非常注重对子女进行"礼"的教育,注重"礼"在生活中的重要作用。孔子在《论语·泰伯》中曾说:"恭而无礼则劳,慎而无礼则葸,勇而无礼则乱,直而无礼则绞。"意思是说,注重容貌态度的端庄,却不知礼,就未免劳倦;只知谨慎,却不知礼,就流于畏葸懦弱;只是敢作敢为,却不知礼,就会莽撞闯祸;心直口快却不知礼,就会尖酸刻薄,伤害人。

因此,孔子要求其儿子孔鲤从小学礼。他希望孔鲤知法懂法,遵纪守法,一切思想、言行都符合"礼"的要求,做一个符合社会礼法、道德观念的规矩的人。在此基础上,他希望孔鲤深谙“礼”术，全面掌握“礼”在社会生活各个领域的运用，成为一个实践“礼”的君子，在担当大任的时候，能够用“礼”匡正社会弊端，教化人心。

2.孟母的家庭教育思想

在中国古代家庭教育史上，有三位把自己的儿子培养成国家栋梁之材，对中华民族产生重大影响的母亲，其中一位有名的母亲便是孟子的母亲仉氏。正是有这样一位教子有方，以母行、母德为孩子做表率的母亲，才培养出了孟子诚实的品德、勤学的毅力，并最终成为了古代著名的思想家。孟母仉氏是一位培育出了历史名人而被尊为母教、母仪的楷模。

(1)重视胎教

孟母训子，始于胎教。自怀孕初始，仉氏就非常注重自己的一言一行对胎儿的影响。刘向在《列女传·母仪传》中记述，文王之妃太任“及其有娠，目不视恶色，耳不听淫声，口不出敖言，能以胎教”。显然，仉氏深信周王妃的胎教之说，并在怀孕后实践了这些思想。

现代医学证明，胎儿具有惊人的能力。美国著名的医学专家托马斯的研究结果表明：胎儿在6个月时，大脑细胞的数量已经接近成人，各种感觉器官趋于成熟。这一研究给胎教的实施提供了有力的科学依据。在胎儿发育成长的各个时间，科学地进行视觉、听觉、触觉等方面的刺激，如光照、音乐、对话、拍打、抚摸等，能起到优生优育的作用。

(2)注意环境对子女的影响

“孟母三迁”这个人尽皆知的故事，充分说明了仉氏认识到环境对家庭教育的影响。孟子父亲早逝，母亲守节，居住在墓地旁边。看到儿子学着大人跪拜、哭嚎的样子，仉氏认为“此非所以居子也”，随即把家搬到市集旁边。“近于屠，孟子学为买卖屠杀之事。”仉氏又说：“亦非所以居子也。”后移居“学宫之旁”，孟子开始变得守秩序，懂礼貌，喜欢读书。这个时候，仉氏很满意地说：“此真可以居子也。”遂居于此。

(3)以诚示子

在教育子女上，仉氏认为教育子女，重要的是教育子女做人要诚实，所谓“言必行，行必果”。当孟家还在庙户营村市集旁居住时，东邻有人杀猪，孟子不解地问母亲：“邻家杀猪干什么？”孟母当时正忙，便随口应：“给你吃！”孟子十分高兴地等待食肉。孟母为了不失信于儿子，忍痛在捉襟见肘的生活费中，拨出一部分钱买了一块肉，让儿子吃了个痛快。

“买肉啖子”这个故事说明仉氏在子女教育上做到了以身作则、言出必行，为孟子做出了良好的榜样。

(4)教育子女做事要有恒心

仉氏坚信，做事必须要有恒心，一旦认准目标，就不为外界所干扰。“断机教子”这个故事就很好地说明了仉氏的这一教育态度。

孟子具有天生的灵性与慧根，但也有一般幼童共有的怠惰贪玩习惯。有一天，孟子竟然逃学到外面玩了半天。当儿子回家时，仉氏不声不响地拿起一把剪刀，将织成的一段锦绢咔嚓咔嚓，拦腰剪成两段。就在孟子惊愕不解时，仉氏说道：“你的废学，就像我剪断织绢！一个君子学以成名，问则广知，所以居则安宁，动则远害。你今天不读书，就不可以离于祸患，今后永远就只做一些萦萦苟苟的小事。中道废而不为，怎么能衣其夫子，而不乏粮食呢？”仉氏用“断织”来警喻“辍学”，指出做事半途而废，后果是十分严重的。

从此以后，孟子每当玩心过重时，只要想起母亲的那一番话，便能自觉加以收敛，学业也日益长进。

(5)注重家庭礼仪教育

仉氏对儿子的教育无微不至，即使在成亲之后，夫妇相处之道，还得烦劳老母为他操心。古《烈女传》记载：孟妻由氏在卧室内裸袒身躯走动，孟子勃然不悦，由氏认为丈夫太过见外，就求婆婆解说。长期以来，孟子对自己的妻子总是不满，认为她太过倨傲，有意休妻。孟母对儿子晓以大义："夫礼，将入门，问孰存，所以致敬也；将上堂，声心扬，所以戒人也；将入户，视必下，所以恐见人过也；今汝往燕私之处，入户不有声，令人袒而在内，踞而视之，是汝非礼也，非妇无礼也。"孟子深感自己不对，于是心中芥蒂尽除，与妻子和乐相处如初。

孟母仉氏作为古代家庭教育的成功典范，其家庭教育的思想在今天仍然有很多地方值得我们学习和借鉴。

(五)对奴隶社会家庭教育的思考

1.奴隶社会家庭教育的弊端

(1)家庭教育等级森严

在奴隶社会，等级制甚为严格，教育也不例外，只有奴隶主阶级的子女才拥有享受家庭教育的权利，其子女从出生就开始学习适应奴隶主阶级的生活方式和社会秩序，逐渐将其培养成为镇压奴隶的统治者。平民和奴隶的子女则跟随父母从事繁重的体力劳动，在不平等的地位中谋求生存。一般而言，处于被统治阶级的奴隶，其子女几乎是没有权利享受家庭教育的。

(2)家庭教育方式及内容落后

学校教育尚不发达的奴隶社会，家庭教育在儿童的教育中占据主导地位。不管是处于统治阶级的奴隶主还是平民阶层的子女，多数时间都是在家庭中通过言传身教的原始途径学习一些粗浅且不系统的知识和技能，其教育方式和内容往往显得原始且单一。不同的是，奴隶主家庭的子女主要学习与维护阶级统治相关的知识技能，而处于平民阶层的子女，则只能从小通过参与各种劳动学习将来谋生所必须掌握的各种技术技巧。

2.奴隶社会家庭教育的启示

尽管我国奴隶社会的家庭教育有着浓厚的阶级色彩，但其中仍然蕴含着诸多可供我们学习借鉴的地方。比如，重视环境在家庭教育中的重要性，重视胎教对孩子生长发育的重要作用，在教育方法上注重家长言传身教的力量等。虽然奴隶社会的家庭教育显得原始而陈旧，但以上这些家庭教育的闪光点仍然值得我们深思和学习。

三、封建社会的家庭教育

我国的封建社会起自秦王嬴政称帝，亡于清帝退位。以小农经济为基础的中国封建社会，历来非常重视家庭的作用。古代的思想家、政治家都把家庭视为社会的基层组织，认为"天下之本在家"(荀悦《申鉴·政体》)，并有"齐家、治国、平天下"之说。他们认为："齐家"，就是要家长首先按照封建的伦理标准，修养自己的身心，然后以身作则教育全家。只要一家人教育好了，推而广之，便可以影响一方、一国，从而实现"国治"和"天下平"的政治理想。因此，在中国古代封建社会，家庭对于子女的教育在人们心中是一件非常重要且意义深远的事。

(一)封建社会家庭教育的主要内容

纵观中国古代数千年的封建家庭教育,其主要内容大致包括以下几个方面:

1.以"孝悌"为中心的伦理道德教育

人于世上,必然要处理各种人际关系,要"治国"必先"齐家"。而家庭伦理的基础是"孝悌",包括孝敬父母、尊敬长辈、兄弟友爱、妯娌和睦等。

首先,古人要求子女在力所能及的范围内,尽心侍奉父母,使父母心情舒畅。其次,要绝对顺从父母。"孝顺"的另一层含义就是要顺从。当然,"孝悌"也并非盲从。父亲错了,儿子可以劝谏。再次,行事要谨慎,凡事要与父母商量,奉行中庸之道,不要让父母担惊受怕或者给父母带来屈辱。

2.以农业生产为主的生产生活技能教育

以小农经济为主的中国封建社会,古人普遍认为只有掌握了基本的生产生活技能才能安身立户,因此有"积财千万,不如薄技在身"的说法。凡是士农工商子女的职业训练和教育,都是在家庭中由家长负责进行。广大中下层平民家庭也都将耕稼作为家庭教育的主要内容,在实际生产劳动过程中由父兄手把手地传帮带。而那些商人、医生、手工业者,他们对子女所进行的家庭教育也围绕他们所从事的职业进行,为了保证其行业地位,其家庭教育素有"传内不传外,传男不传女"之规。

3.以自立、勤俭为中心的日常生活习惯教育

孔子有云:"少成若天性,习惯如自然。"可见,家长相当重视对子女的日常生活习惯教育。其中,又以自立、勤俭为家庭日常生活习惯教育的重点。

行、立、坐、卧、起居、饮食习惯是家庭自立教育的重点。"勤以防堕,俭以养廉。"古人认为"勤俭"是一个人成长中最重要的习惯,并能影响人的一生发展。而勤俭生活习惯的培养,必须从小开始,从衣食住行等家庭日常生活入手。

4.以"中庸之道"为标准的处事方式教育

宋代著名理学家朱熹给《四书·中庸》加注说:"中者,不偏不倚,无过不及之名。庸,平常也。"封建社会的家庭教育,尤其注重将"中庸之道"作为为人处世的标准。中庸,就是不要偏激,不要走极端;不要不及,也不要过头。中庸,就是既不纵欲,也不禁欲;既不愚忠,也不奸诈;既不轻生厌世,也不贪生失节。中庸,就是不卑不亢,不左不右……明朝高攀龙在《家训》中说:"言语最要谨慎,交友最要审择。多说一句,不如少说一句,多识一人,不如少识一人。"

(二)封建社会家庭教育代表人物的教育思想

1.颜之推的家庭教育思想

颜之推(531年—595年),字介,原籍琅邪临沂(今山东临沂)人,出生于世代经学的仕宦之家。颜之推的家庭有家学传统,颜之推自小学习《周官》《左氏春秋》等儒家学术,奠定了他整个学术思想的基础。

颜之推结合自己立身、处世、治家的经验,写成《颜氏家训》一书,用以训诫其子孙。《颜氏家训》是中国封建社会第一部系统完整的家庭教育著作,成为后来封建社会家庭教育的重要材料,也是一部学术巨著,集中体现了颜之推的家庭教育思想。

在《颜氏家训》中,颜之推的家庭教育思想主要体现在以下几个方面:

(1)及早施教

颜之推非常重视儿童教育，尤其是儿童的早期教育，认为早期教育的效果最佳，其理由是：儿童年幼时期，各种思想还未成形，可塑性大；儿童期思想纯净，杂念少，不易受外界的干扰，能专注于学习。

具体来说，他认为家庭教育应该从胎教开始，即使做不到胎教，也要尽可能早地进行，越早越好。他说："人生小幼，精神专利，长成已后，思虑散逸。固须早教，勿失机也。"这一早教理论和现代教育理论非常吻合。

(2)严慈相济，一视同仁

颜之推认为，家庭教育应当遵循严与慈相结合的原则。父母教育子女应该"威严而有慈"，反对"无教而有爱"。一味地溺爱孩子，其结果反会使子女"逮于成长，终为败德"，只有"父母威严而有慈，则子女畏慎而生孝矣"。父母只有做到既威严又慈爱，子女才会因为畏惧而小心谨慎。他还强调为了保持父母在孩子心目中的威严形象，要力求做到"父子之严，不可以狎；骨肉之爱，不可以简"。就是说，父母应拿捏好与子女的距离，不可以过分亲昵，完全不拘小节。

(3)以"孝悌"为中心的立德立志教育

作为一名儒者，颜之推非常强调以"孝悌、仁义"为中心的道德规范教育。他认为，人伦道德教育是家庭德育的重要任务，而实践仁义则是家庭德育的最终目的。在颜之推看来，对儿童进行道德教育应该以"风化"的方式进行，借由长辈良好的言行举止给儿童做出示范，在潜移默化中感染儿童，使之形成良好的道德品质。

面对当时的社会现象，颜之推认为，士族子弟的教育应重视立志教育，即教育子女从小树立远大崇高的生活理想。针对当时的社会现象，颜之推认为，门阀士族子弟应该立志尧舜的政治理想，继承和拓展世代的家业，注重人格气节的培养，不以依附权贵、屈节求官为生活目标。①

(4)注重环境对家庭教育的影响

颜之推非常关注环境对子女成长的影响，并以自己的亲身经历说明家庭环境对儿童的影响很大。他要求家长要尽力为子女创造民主、温馨的家庭氛围，不要因为不良环境的影响而使子女误入歧途。此外，颜之推还要求家长要注意引导子女谨慎交友。"人在年少，神情未定，所与款狎，熏渍陶染，言笑举动，无心于学，潜移暗化，自然似之……是以与善人居，如入芝兰之室，久而自芳也。与恶人居，如入鲍鱼之肆，久而自臭也。"②

2.司马光的家庭教育思想

司马光(1019年—1086年)，字君实，陕州夏县(今属山西省)涑水乡人，世称涑水先生，历仕仁宗、英宗、神宗、哲宗四朝，是北宋著名的史学家、政治家和思想家。

司马光家训具有丰富的内涵、广阔的外延和鲜明的特色。其家庭教育思想主要集中体现在《家范》《居家杂仪》《训子孙文》《训俭示康》《与侄书》等文献中，对我国封建社会的家庭教育产生了深远的影响。

司马光的家庭教育思想主要体现在以下几个方面：

---

① 孙培青.中国教育史[M].上海：华东师范大学出版社，2002.146

② 颜之推.颜氏家训全译[M].程小铭译注.贵阳：贵阳人民出版社，1993.3

（1）提倡节俭的生活作风

在司马光生活的年代，浮华、奢侈之风盛行，他深切感到这种社会风气对子女的成长易造成不良影响。为避免这种不良影响，司马光结合自己的生活经历和体验，专门撰写了《训俭示康》这篇家训，教育儿子司马康要从小养成节俭的生活习惯。

司马光认为教子之道，重在“礼”，而治家之道，则重“俭”。如《居家杂仪》，开篇谈论做家长的要“制财用之节，量入以为出……裁省冗费，禁止奢华，常须稍存赢馀，以备不虞”。司马光历仕四朝，位高权重，完全有资格享受奢侈的生活，但他却节俭纯朴，“平生衣取蔽寒，食取充腹”。[①]

（2）推崇爱严结合的教子之道

在家庭教育的方式上，司马光特别重视爱与严相结合的教育方式。针对应如何“爱”孩子，司马光尤其强调母亲教育的重要性，以避免“慈母败子”的教训。同时，他也强调在家庭教育中将惩罚作为必要的辅助手段，以戒除子女的各种恶行。他在《居家杂仪》中明确规定了体罚的手段，如仗责、鞭笞、放出、驱逐等，具体采用何种体罚的方式则由子女犯错误的实际情况而定。“凡子妇，未敬未孝，不可遽有憎疾，姑教之。若不可教，然后怒之；若不可怒，然后笞之；屡笞而终不改，子放妇出。”[②]司马光对体罚的推崇体现了当时封建家庭教育中家长的专制性、权威性以及家法的严肃性，也对后世家庭体罚恶习产生了消极的影响。

（3）以儒家思想为核心的家庭德育

重视家庭品德教育是司马光家训的突出思想，而“以史养德”则是他推行家庭德育的一个重要特色。凭借自身深厚的史学基础，司马光博采经史群籍，汇集历史上著名人士治家、训子的名言和正反实例，对其子孙进行有针对性的道德、家政、处世方法的教育。如在《居家杂仪》中，他不仅规定了婴幼儿时期的道德教育规程，还详尽地制订了日常生活中的家庭礼仪和操作规程，为后世进行家庭德育提供了科学的依据。此外，他极力主张家庭道德教育应像古代圣贤那样“圣人遗子孙以德以礼，贤人遗子孙以廉以俭”。

3.曾国藩的家庭教育思想

曾国藩（1811年—1872年），字伯涵，号涤生，湖南湘乡人，是我国清代权及四省的封疆大吏。曾国藩曾位列三公，拜相封侯，是我国近代历史上很有影响的人物。他在政治上力挽狂澜，残酷镇压了太平天国运动，获得“中兴第一名臣”的美誉；面对列强的进攻，倡导洋务运动，成为了我国近代洋务运动的先驱；在军事、文化、经济等各个领域也都有着独特的见解。但作为一个家庭成员来说，他更是楷模，其显赫的身份并没有影响他作为家庭成员的责任。在他的影响下，其家族成员很多都成为了著名的政治、军事、文化领域的人才。可见，曾国藩的家庭教育非常成功，其家庭教育思想也备受后人推崇，流风余韵至今挥之不去。

曾国藩自幼学习中国传统文化，博通经史，自谓“学问各涂，皆略涉其涯”。可见，曾国藩的家庭教育思想深深受到了中国传统儒家文化的影响。此外，湖湘理学的经世传统和曾氏家族良好的家风家训也是曾国藩家庭教育思想成熟的渊源。具体而言，曾国藩的

① 司马光.训俭示康[A]翟博.中国家训经典[C].海口：海南出版社，2002

② 徐少锦，陈延斌.中国家训史[M].西安：陕西人民出版社，2003.394

家庭教育思想主要体现在以下几个方面：

(1)重视品德和伦理教育

重视对子女进行品德和伦理教育是中国古代封建社会家庭教育的传统。作为自幼学习中国传统文化的曾国藩，对家道兴衰有着深刻的理解，曾说："家中要得兴旺，全靠出贤子弟……子女之贤否，六分本于天生，四分由于家教。"而一个家庭要培育一个贤能的子弟，必须从个人品德教育和家庭伦理教育出发。

儒家传统思想对曾国藩的影响深远，他一生严格按照儒家"格物、致知、诚意、正心、修身、齐家、治国、平天下"的处世之道安身立命，同时也将这种思想贯穿于对子女的品德教育之中，可将其家庭品德教育概括为"慎独、主敬、求仁、不忮不求、明强"这五个方面。

"慎独"是儒家个人道德修养的重要内容，指的是个人在独处时能做到谨慎不苟，不能因为没有其他人监督就放松对自己的要求。他认为，"慎独"可以养心，是"人生第一自强之道"。"主敬"这一观念是承袭了儒家传统的道德思想，并将"敬"的功夫看作是增进道德修养的基石。"求仁"，曾国藩认为儒家思想的最根本之处在于"仁"，因此将"求仁"作为家庭教育的一个重要方面。"求仁"指的是在人际交往的过程中，设身处地地为别人着想，创造一个和谐、宽松的环境。在曾国藩看来，"慎独则心安，主敬则身强，求仁则人悦"。而"不忮不求"则是指克服嫉妒、贪图名利之心。"明强"就是临危不惧，受到挫折也不气馁。

而曾国藩所推崇的家庭伦理教育中，首当其冲的就是"孝悌"，这既是对中国封建儒家文化的继承，同时也是曾氏家族得以长盛的秘诀。认为"父慈子孝、兄友弟恭"是儒家"齐家"的基本原则。他说："孝友为家庭之祥瑞。凡所称因果报应，他事或不尽验，独孝友则立获吉庆，反是则立获殃祸，无不验者。"在曾国藩的理想家庭模式中，孝友之家为最，耕读之家次之，而二者相结合，则家世可能永不衰败。

(2)"治家贵严"的教育思想

从严治家是曾国藩教育兄弟子女的切身体会，也是他一生奉行的准则。他认为，"惟骨肉之情愈挚，则望之愈殷，则责之愈切"，意思是只有骨肉之情越是真挚，那么家长对子女的期望就越是殷切，期望越殷切，则要求就越是严格。曾国藩这种从严治家的思想直接源于其祖父、父辈的影响，而他自己对其兄弟子女的教育也推行了这一曾氏家族的教育传统，认为对子孙后代的严格与严厉，有助于子孙们的成长成才。

(3)注重能力的培养

在我国封建社会中，要家庭幸福，男子须擅耕读，女子则擅纺织、酒食。曾国藩作为一个大地主阶级的官僚，在其家庭教育的过程中，很好地贯彻了这一封建传统的教育特色。首先，他以孔孟之道、程朱理学作为教育子女的主要内容，认为只有教育子女成为"读书明理之君子"才能使他们成为高素质、有才干的人。但他也不反对对子女进行体力劳动教育。"子侄除读书外，教之扫屋、抹桌凳、收粪、锄草是极好之事，且不可以为有损架子而不为之也。"其次，他还注重对家中女子的教育，要求女子学习烧火煮饭、打扫洗衣。"新妇初来，宜教之入厨作羹，勤于纺绩。"曾国藩还特意让女儿和儿媳每年给他做一双新鞋，以考察女工水平。最后，他不主张把家庭财产遗留给子女，认为"若子弟不贤不才，虽多积银积钱积谷积产积衣积书，总是枉然"。①曾国藩这种重视对子女能力、素质的

① 曾国藩.曾国藩全集——家书二[M].长沙：岳麓书社，1985.

教育，务实的教育思想在当时封建社会的家庭教育中是不多见的，从一定程度上反映出曾国藩科学的家庭教育思想。

(4)倡导勤俭教育

勤俭是我国传统儒家文化所推崇的生活方式。曾国藩认为，曾氏家族能如此兴盛，乃是先辈勤劳所致，先辈勤劳之精神须后代继承。他告诫兄弟子女，一定要注意“勤敬”二字。他曾说过：“历览有国有家之兴，皆由克勤克俭所致。其衰也，则反是。”也就是说，无论是在什么年代，只要能勤能敬，家业没有不兴旺的；不能做到勤敬，家业衰败则指日可待。在家信中，经常提醒子女：“近日家中内外大小，勤俭二字做得几分。”甚至在《致沅弟·季弟》遗书中说：“贤弟教训后辈子弟，总以勤奋为体……”

此外，曾国藩在其家庭教育实践中，坚持俭以养廉、俭以养家的思想。他汲取历史的经验教训，告诫子弟要牢记“家败，离不得个‘奢’字”[①]。虽然曾氏家族家大业大，曾国藩位极人臣，但生活却十分俭朴，对其兄弟子女也要求“家中切不可日趋于奢华，子女不可学大家口吻。动则笑人之鄙陋，笑人之寒村，日习于骄纵而不自知”。在曾国藩本人身体力行的影响下，曾氏家族保持了一贯的节俭作风，而这也成为了曾氏家族长盛不衰的奥秘。

正是在这样的家庭教育和氛围的影响下，曾氏家族子孙大都琢玉成器。儿子纪泽，是清末著名的外交家，1881年在与沙皇俄国的交涉中，收复了新疆特克斯河流域大片领土；另一个儿子纪鸿，淡于功名，精研数学，有代数著作数种。孙辈和曾孙辈也颇多学者名士。曾国藩的家庭教育思想，历来被世人重视。今天，他的许多家教言论和方法仍有可贵的借鉴之处。

(三)对封建社会家庭教育的思考

1.封建社会家庭教育的弊端

(1)推行封建家长制

要求子女无条件依从家长的要求，家长有权对子女任意处置和惩罚，即使子孙成年以后，自己的意志仍然不能和家长的意志相左，否则仍不免受到各种惩罚。这种缺乏民主的家庭教育方式，使子女形成了个性压抑、缺乏自主的心理。

(2)轻视自然科学教育

由于封建家庭教育的内容主要以封建纲常教育为核心，重视对子女进行传统文化的教育，但对于自然科学教育则相对忽视，这在一定程度上对中国封建社会自然科学的发展起到了消极的影响。

(3)家庭教育贯穿男尊女卑的思想

在封建社会，孩子一出生，男孩和女孩所得到的待遇就截然不同。一般来讲，封建家庭不主张对女孩进行教育，认为“女子无才便是德”，女孩没有接受教育的权利。这种男女受教育权利的不平等是对女子的歧视，是相当消极的。中国封建社会的家庭教育既有优点，也有其不可避免的局限性，我们要一分为二地看待，取其精华，去其糟粕，尽可能地传承优秀的家庭教育传统。

2.封建社会家庭教育的启示

在中国封建社会，家庭教育始终受到社会各个阶层的重视。早在先秦时期，儒家就

---

① 曾国藩.曾国藩全集——家书一[M].长沙：岳麓书社，1990

提出家庭是国家的基础，要“治国”必先“齐家”。家庭教育的重要性从来就同国家的兴衰紧密联系着。尽管封建统治阶级提倡家庭教育是为了维护其封建统治，但我们也应该看到，他们将家庭教育提高到影响国家命运的高度来认识，在今天看来仍然是深刻而有远见的。总的说来，我国古代封建社会家庭教育有以下几点值得我们思考和借鉴：

(1)重视品德教育

我国古代封建社会以培养子女“立世做人”为目的，注重对子女进行品德教育成为了封建社会家庭教育的一大特色。为培养子女的良好德行，家庭教育往往注重修养之道。“立志勉学、静心修身、体悟自省”成为了家庭品德教育的原则，而“正直、善良、友爱、诚实、勤俭”则成为了家庭品德教育的重要内容。在注重素质教育的今天，中国古代的品德教育思想仍有诸多值得我们传承和学习的地方。

(2)重视胎教和蒙养教育

我国封建社会家庭教育的一个明显倾向就是早教，即胎教和蒙养教育。西汉以前，一些学者和政治家根据自己充当皇室后代师傅的经验，提出培养贤明君主应该进行胎教。这一思想在贾谊的《新书·胎教》、王充的《论衡·命义》以及刘向的《列女传·周室三母》中都得到了充分的体现。汉以前，胎教主要是对消极因素的禁忌。晋以后，则注意积极的影响。欲使胎儿按照成人的美好愿望发展而进行胎教，这种注意在“优生”上面下工夫的做法对后代家庭教育产生了深远的影响。

流传下来的胎教和蒙养教育仍有很多地方能给我们启示。现在社会对于胎教和早期教育的关注已然成为一个不可阻挡的趋势。面对诸多胎教和早教理论，家长应该如何取舍？事实上，我国古代胎教和蒙养教育理论早已给了我们指引和启示。古代胎教理论认为，胎教胎养的关键，不仅要注意母亲的健康状况、饮食营养、生活起居等对胎儿所产生的影响，同时还要关注母亲的精神状况和胎儿健康发育之间的关系。封建社会注重蒙养教育，强调家长在家庭环境中对孩子实施适当的知识和道德启蒙，这些无疑对当前家长盲目追求早期教育具有参考价值。

(3)以身作则、严慈相济的教育方法

在我国封建社会，家长以身作则是家庭教育的基本原则，这和一直为封建正统思想的儒学大力提倡的“推己及人”思想不谋而合。颜之推将家长对子女的示范作用称为“风化”，强调子女自然效仿家长的言行举止；司马迁认为，“国有贤相良将，民之师表也”；而陆世仪则认为，以身作则是实现儒家“齐家”理想的具体表现。毋庸置疑，家长的以身作则能为子女带来良好的榜样示范作用，为子女形成良好的行为习惯提供积极的参考。

古语有云：“慈母多败子。”在封建家庭中，家长从来都反对溺爱子女，他们认为“无教而有爱”对子女的成长是有百害而无一益的。因此，正确的做法乃“严慈相济”，也就是古人所说的“爱之必宜其道”，即要求家长对子女的教育应该严格要求，勤于督导，切不能溺爱放任。这无疑为当代许多溺爱孩子的家长提出了可供警醒的参考。此外，中国封建社会家庭教育中所推崇的勤俭教育、忠孝伦理教育、日常生活教育和关注儿童能力发展的教育理念都是值得我们学习和借鉴的。

第二节　外国家庭教育的历史演进

由于历史传统、社会文化背景的不同，中西方家庭教育在发展历史、观念和方式上都存在着巨大差异，有各自的特点。学习和了解这些差异和特点，有助于我们思考和完善我国的家庭教育，为中国父母提供可学习和借鉴的家庭教育的观念和方法。

一、古代西方的家庭教育

由于生产力极其低下，不存在国家的概念，中西方家庭教育不存在明显差异，都是进入父系氏族公社时期之后，随着对偶婚姻形式的稳定，家庭概念的产生，才逐渐形成以生产劳动技能传授为主要内容的家庭教育。所以，我们在此讨论的外国古代家庭教育特色，主要是从人类社会进入到奴隶社会开始，主要就外国古代家庭教育与中国古代家庭教育的不同为立足点进行讨论。

（一）古代西方奴隶社会家庭教育的主要特色

人类社会从原始社会进入奴隶社会后，随着劳动生产力的提高，人类对教育的重视程度逐渐增强，人们开始将教育看作是人类文明传承的重要手段。但由于奴隶社会早期学校教育的不发达，所以家庭教育成为了古代西方奴隶社会最基本的教育形态。

1.家庭教育的阶级性

古代西方奴隶社会的家庭教育中一个最为显著的特点就是阶级性。奴隶主阶级为了维护其统治地位，学习内容较为广泛，除了要学习科学文化知识以外，还要进行镇压奴隶的军事本领的学习，整个家庭教育体系较为完善。

至于平民和奴隶阶层，其子女所受到的家庭教育则相当有限。平民阶层子女所能接受的家庭教育就仅仅是为维持生计的生产技能的教育，家庭教育缺乏系统性。奴隶作为没有人身自由的“物品”，其子女所能得到的家庭教育几乎为零。

2.奴隶主阶级及国家对家庭教育的重视

统治阶级为了维护其统治，将儿童视为国家的财产，很多国家都非常重视儿童的早期家庭教育。古希腊、古罗马，都将早期的家庭教育纳入到国家统一学制体系中，其家庭教育受到来自国家的管理和监督。

由于阶级对立严重，为了维护奴隶主的统治地位，古斯巴达以注重教育著称，认为对儿童青少年的教育不仅是家庭的责任，更是国家的职责。儿童自出生以来，就受到来自国家长老的监督，家长只是代国家养育子女，其教育内容以身体的养护和锻炼为主，辅以文化知识的教育，这是和古斯巴达的教育目标相一致的，即为国家培养骁勇善战的勇士以镇压奴隶的反抗。

3.对军事训练的重视

由于阶级对立严重，奴隶制国家为了保证其统治阶级的利益，对奴隶进行残酷的统治，常常引起反抗，镇压奴隶的反抗就需要拥有强大的武装力量。因此，在奴隶主阶级的家庭教育内容中，军事训练是一个必不可少的内容。这一情况在古斯巴达表现得尤为突出。在古斯巴达，不足万人的斯巴达人统治着 25 万以上的奴隶和平民，由于统治相当残

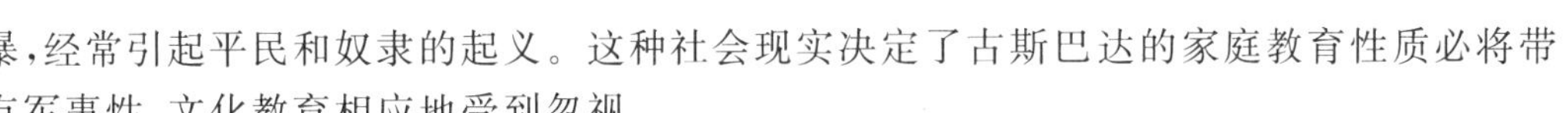

暴，经常引起平民和奴隶的起义。这种社会现实决定了古斯巴达的家庭教育性质必将带有军事性，文化教育相应地受到忽视。

4.推行父权家长制

古代西方十分推崇父权家长制。在这种父权的家长制之下，父训就是法律。在家庭中，父亲拥有至高的权力，一般由父亲担负着主要的教育任务，他们不仅能决定子女的学习内容和学习方式，甚至对子女有着生杀大权。在古罗马，子女特别是男童的教育主要由父亲承担，男童与父亲形影不离。男童在父亲的指导下学习各项生产生活技能，以及简单的军事训练课程。对他们来讲，父亲既是长辈，也是老师。

（二）古代西方封建社会家庭教育的主要特色

西方封建社会起于北方蛮族入侵，罗马帝国崩溃之后，是自下而上，逐层筑起了一种封建的架构。

在西方封建社会，学校教育已经逐步成熟，形成了系统。家庭教育逐渐由社会主流教育模式变成学校教育的基础和补充。当时西方国家的家庭教育主要有以下几个突出的特点：

1.家庭教育的阶级性

古代西方封建社会存在封建领主和平民两大对立阶级，其家庭教育必然带有阶级性。封建领主的子女是世袭的贵族，从小养尊处优，接受系统的家庭教育，他们能学习到当时最为先进的知识，成为维护封建统治的人才。相对封建领主阶级而言，广大平民深受国家和教会的双重压迫，生活苦不堪言，对子女所进行的家庭教育也相当有限，仅以维持生计的基本生产技能的教育为主要内容。两大阶级的家庭教育可谓天壤之别。

2.世俗教育与宗教教育并存

在中世纪的西方国家，宗教势力异常强大，故家庭教育也深深地打上了宗教教育的烙印。儿童在家庭中不仅要接受世俗教育，即科学文化知识的教育；还必须在教会及家庭的指导下学习宗教知识，从小树立宗教信仰。

3.推行骑士教育

骑士教育是中世纪西方一种特殊的家庭教育。骑士教育的内容包括骑马、投枪、击剑、行猎、游泳、弈棋、吟诗在内的骑士七技。骑士教育的实施过程为：7 岁前儿童在自己家中接受宗教教育，养育健康身体；7～14 岁，按照封建爵位的顺序，将儿童送到上一级封建贵族家庭做侍童，学习封建礼节，侍奉领主；14～21 岁，通过跟随主人出征、打猎接受军事方面的训练，到 21 岁结束骑士教育并封予骑士称号。

这种封建骑士教育是典型的重武轻文的教育，在这种教育模式下培养的骑士一般都是目不识丁的文盲。从品行上看，骑士是具有双重人格的人，对领主毕恭毕敬，逆来顺受；对劳动人民粗暴残忍，无所不为。

4.人文主义教育

古代西方国家进入文艺复兴之后，家庭教育深受当时人文主义思想的影响，在教育内容和教育方法上有了新的发展，出现了新的特点，主要体现在以下几个方面：家庭教育的目标注重将人的身心发展和人格全面发展相结合；教育内容和方法则注重儿童的体育训练，和中世纪宗教教育形成了强烈的对比；注重道德教育，将道德教育和宗教教育区分开来，反对将宗教教育取代道德教育；崇尚古希腊、古罗马文化，将古希腊、古罗马的经典作品重新纳入到家庭教育中；开始重视儿童个性，将家庭教育和儿童个性发展结合起来。

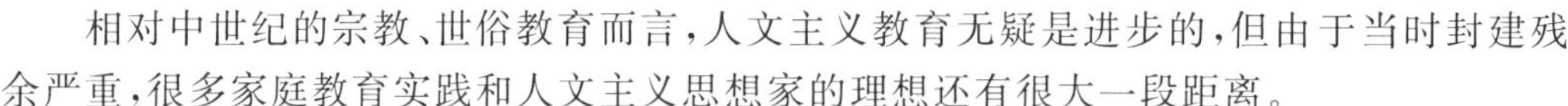

相对中世纪的宗教、世俗教育而言，人文主义教育无疑是进步的，但由于当时封建残余严重，很多家庭教育实践和人文主义思想家的理想还有很大一段距离。

二、西方进入资本主义时代后家庭教育的发展与特点

一般认为，资本主义作为一种经济现象，最早出现于13～14世纪的意大利半岛，而最后确立于16世纪的荷兰和英国。[①] 1640年～1688年，英国经历了不流血的资产阶级革命，建立了资产阶级和封建贵族势力妥协的君主立宪政权，自此标志着资本主义制度的确立，标志着世界近代史的开端。资本主义至今已经历了近400年的历史，其间主要经历了三个发展阶段，即自由资本主义阶段、垄断资本主义阶段和现代资本主义阶段。

(一)资本主义上升时期的家庭教育

自资本主义制度产生到19世纪末，是资本主义上升发展时期。在这一阶段，资产阶级通过圈地运动、殖民制度、奴隶贸易、商业战争等暴力式的掠夺完成了资本的原始积累。之后进行的产业革命，使大机器工业充分显示出革命性作用，随着生产技术的不断变革，资本主义不断向广度和纵深发展。早期资本主义在创造了巨大物质生产力的同时，也创造了资产阶级和无产阶级两大直接对抗的阶级。

在资本主义上升时期，家庭教育主要表现出以下几个突出的特点：

1.资本主义上升时期家庭教育的突出特点

(1)不同阶级的家庭教育内容和方式差别甚大

资本主义上升时期，资产阶级和无产阶级成为了两个对立的阶级。由于社会地位的差异，处于不同阶级的家庭所运用的家庭教育内容和方式有着很大差异。一般来说，资本家、统治者、管理者均希望把自己的子女培养成为具有一定统治、管理和研究才能的上层人才，其子女不但能接受系统的学校教育，很多还拥有专属的家庭教师。而劳工大众的子女非但不能保证得到系统的学校教育，连家庭教育也常常因时间精力不足而难以真正进行。

(2)无产阶级家庭关系遭到破坏，家庭教育难以实施

在早期资本主义时期，资本家为了完成资本的原始积累，广大工人受到了残酷的剥削，不但工作时间长，劳动强度大，还缺乏必要的劳动保护。广大工人阶级的合法权益得不到保障，工资低，难以维持基本的生活需要。因此，很多妇女和儿童也不得不加入工人阶级的行列。在这种情况下，无产阶级的家庭教育受到了严重的破坏，家长疲于生计，无暇顾及子女的家庭教育问题。维持生计成为无产阶级家庭的头等大事，在正常的生活都难以保证的情况下，家庭教育更无从谈起。

(3)资产阶级对家庭教育重视，家庭教育向科学化发展

随着社会的进步和科学文化的发展，资产阶级对家庭教育变得格外关注和重视，家庭教育的方式和内容也突破了封建社会时期的种种藩篱，开始运用科学的方法教育子女，家庭教育的内容也逐渐与学校教育接轨。

(4)资产阶级金钱至上的功利化家庭教育

在资本主义上升时期，资产阶级为了完成资本的原始积累，金钱对他们而言变得比什么都重要，因而使当时资产阶级的家庭教育受到金钱至上的影响，家庭成员间的关系

① 侯建新.社会转型时期的西欧与中国[M].北京：高等教育出版社，2005.20

被异化为金钱关系，对子女的教育也逐渐变得功利化。

2.卢梭的家庭教育思想

卢梭（1712 年—1778 年），法国著名的启蒙思想家、哲学家、教育家和文学家，是 18 世纪法国大革命的先驱，也是启蒙运动卓越的代表人物之一。卢梭的诸多著作中渗透着家庭教育的思想，尤其是他所倡导的自由主义、民主主义教育思想对法国乃至世界家庭教育的发展起到了深远的影响。

（1）崇尚自然，关注孩子的天性

卢梭崇尚自然，主张“回归自然”，认为“凡出自造物主之手的东西，都是好的，而一到人的手里，就全坏了[①]”。因此，教育需要顺应孩子的天性发展。卢梭认为，孩子在两岁之前都应该在家庭中接受养护，父母有着与生俱来的养护孩子的责任。具体在衣、食、住、行、教育等方面，卢梭都提出了很多相关的主张：

孩子的生活环境以自然的环境为佳，在饮食上要清淡朴素，保持食物的自然口味，多吃蔬菜和水果，尤其强调母亲不应拒绝孩子吃母乳的权利。

孩子衣着应该尽量简单宽松，以便四肢能灵活运动。他说：“人们把孩子的手足束缚起来，以致不能活动，感到十分拘束，这样只有阻碍血液和体液的流通，妨害孩子增长体力和成长，损伤他的体质……凡是用襁褓包裹孩子的地方，到处都可以看到驼背的、瘸腿的、膝盖内弯的、患佝偻病的、患脊髓炎的以及各种各样畸形的人。[②]”孩子的衣服不应过暖，要锻炼他们适应季节气候变化的能力，也不要给婴儿戴帽、穿鞋、穿袜，以培养他们的抵抗能力。

充足的睡眠是保证孩子身体健康的重要因素，孩子最好在家长的引导下养成日出而起、日落而息的良好睡眠习惯。对于睡觉的地方，卢梭也认为是越自然越好，反对给孩子睡过于舒适的软床，以便孩子以后能在任何环境中安然入睡。

总的来说，卢梭的自然主义思想反映在家庭教育中，最重要的就是要顺应孩子的自然天性，“多给孩子们以真正的自由[③]”。

（2）家庭教育中强调按照孩子的年龄阶段进行教育

卢梭在《爱弥儿》中按照儿童生长的特点和教育要求把儿童划分成了四个阶段：0～2 岁的婴儿期，2～12 岁的儿童期，12～15 岁的少年期和 15 岁到成年的青年期。卢梭认为，孩子的成长过程有着一个一个的阶段，处于不同阶段的孩子所需要家长提供的身心发展的要素是不一样的。《爱弥儿》中详细地叙述了处于这四个阶段的孩子的家庭教育要点：

处于婴儿期的孩子，家长最需要关注的是孩子身体的保健和养护。他认为此时孩子的思维在很大程度上处于沉睡状态。因此，家长更需要关注来自孩子身体的各种原始需要。

进入到儿童期的孩子，随着感官和心智的不断成熟，有了探究外界的欲望和基本能力。因此，在这一阶段，卢梭反对儿童学习书本知识，强调通过各种活动，不断积累对周围世界的感觉经验。他认为，对于儿童而言“周围的事物就是一本书[④]”，在观察周围各种事物的过程中，儿童可以获得很多的直接经验。

---

① 卢梭.爱弥儿(上)[M].上海：商务印书馆，1978.90～91

② 卢梭.爱弥儿(上)[M].上海：商务印书馆，1978.16

③ 卢梭.爱弥儿(上)[M].上海：商务印书馆，1978.16

④ 卢梭.爱弥儿(上)[M].上海：商务印书馆，1978.120

在少年期,卢梭认为这是难得的学习知识的时期,因为在这一时期孩子的身体已经变得强壮,感官发育愈加成熟,有了探索的能力和强烈的好奇心。尽管如此,卢梭却认为并非所有的知识都适合孩子学习。家长及教师必须仔细为孩子所学的知识进行挑选,尽量选择实用、容易理解的知识。

卢梭认为青年期充满了暴风雨和热情,因此,在此阶段道德教育变得尤为重要。家庭中进行道德教育的主要任务是培养善良的感情、正确的判断力和坚强的意志,最终达到博爱的目的。当然,卢梭也在一定程度上肯定了宗教教育的重要性。

此外,卢梭还认为教育要适应儿童的个性发展。他要求家长了解孩子的个性特征,并根据孩子的个性选择适当的方法进行教育;在教养方式和教育内容上家长要注意孩子的性别特点,注重性别教育。

(二)现代资本主义社会的家庭教育

资本主义通过自身的调适和改革,从传统形态变为现代形态,并因此注入了新的活力,获得了新的发展。在现代资本主义时期,生产社会化程度不断提高,主要表现在:生产规模急剧扩大,社会生产各个环节、各个部门之间的联系更加广泛、紧密,生产向国际化发展。生产力的大幅进步使资本主义国家出现了相对的繁荣和暂时的稳定,经济实力的不断增强,使各国加强了对教育的关注和投入。在现代资本主义时期,家庭教育也出现了新的特点。

1.蒙台梭利的家庭教育思想

玛利亚·蒙台梭利博士是20世纪享誉全球的幼儿教育思想家和改革家。她所创立的蒙台梭利教育法不仅在上世纪风靡整个西方世界,深深地影响着世界各国学前教育的发展,而且至今仍然焕发着熠熠生机,其教育思想反映在家庭教育领域的主要包括:

(1)有准备的环境

蒙台梭利认为,儿童具有"潜在的生命力"。尽管这种"潜在的生命力"是儿童身心发展,尤其是心理发展的原动力,但要让"潜在生命力"得到发展,还必须依赖于成人为其提供的"有准备的环境"。具体而言,家长需要为儿童的身心发展提供有规律、有秩序的环境。在这样的环境里,应充满着美观、实用且对儿童有吸引力的生活设备和用具。家长需要引导儿童在自主独立的活动中充分发挥自己的能力,并借此引导儿童形成一定的行为规范。

(2)家庭教育要与儿童心理发展的敏感期相对应

蒙台梭利是最早将敏感期的概念引入儿童发展过程中的,并将此直接运用于儿童教育中。蒙台梭利认为,在儿童成长的过程中充满了各种敏感期,这些敏感期和儿童身心发展的某一方面紧密联系。处在敏感期中,家长如果能有的放矢地对孩子进行相应能力的培养,则会起到事半功倍的效果。但是,敏感期只会持续很短的一段时间就会消失,而且不再重新出现。因此,蒙台梭利认为,家长应该在教育过程中充分考虑孩子身心发展的敏感期,并进行相对应的教育。

(3)孩子身心发展具有阶段性

蒙台梭利认为,儿童身心发展是连续性和阶段性的统一,家长应根据孩子身心发展的不同阶段特点为孩子提供有针对性的"有准备的环境"。这些环境应该前后呼应,前一个阶段是后一个阶段的准备,后一个阶段是前一个阶段的提升,环环紧扣,对儿童的身心发育形成教育合力。

(4)注重感官教育

感官训练是蒙台梭利教育法的核心。蒙台梭利认为,科学的感官训练不仅能为儿童将来的生活提供经验基础,还能成为儿童接受知识和发展智力的准备。相应感官的发展能在很大程度上促进儿童观察、测量、计算等技能的发展,并逐渐提升儿童智力和动手能力的发展。因此,蒙台梭利专门针对儿童感官的发育创制了一系列的教玩具,并鼓励家长在训练儿童感官方面大胆使用这些教玩具以促进儿童感官发育。

(5)重视日常生活训练

蒙台梭利不仅重视通过各种专门的训练促进儿童身心和谐发展,还非常重视日常生活训练对促进儿童形成健全人格的重要意义。她认为,家长应通过向儿童介绍各种风俗习惯、文化传统,逐渐丰富儿童的社会知识和积极情感。她从人们日常生活中选择出适合儿童身心发展的、符合教育活动目的的活动,如基本动作、照顾自己、照顾室内环境和社会性行为四个方面,认为家长应该通过相应活动的训练促进儿童和谐个性的形成。

2.对现代资本主义社会家庭教育的思考

(1)现代资本主义家庭教育的弊端

第一,家庭教育功能不断弱化。新科技革命使得资本主义国家的劳动生产率获得了极大的提高。家用电器的发明和更新、交通工具的发展、通讯设备的普及,使民众的生活更加便捷化。但与此同时,家庭成员之间的关系却随着科技的不断发展而逐渐淡漠,家庭成员之间的相互依赖性也逐渐降低,强调个人的独立性已经成为了现代资本主义社会的一个重要特点。一方面,随着社会教育系统的不断发展和完善,家长对教育机构的依赖逐渐增强,很多家庭在子女很小的时候就将其送往社会教育机构接受教育,家庭教育在一定程度上遭到削弱;另一方面,现代资本主义社会的家庭结构发生了新的变化,独生人群、离婚人群不断增多,私生子的数量也呈现不断增长的态势,这一系列的变化也使得现代资本主义社会的家庭教育功能不断弱化。

第二,青少年犯罪呈上升趋势。在资本主义国家经济、政治、科技不断发展的同时,青少年犯罪率的上升已成为一种通病。居高不下的青少年犯罪率早已引起社会的极大震动,人们称之为“青少年地震”(youth quake)。犯罪率不断攀升,犯罪年龄也呈低龄化发展的趋势。究其原因,和家庭教育有着千丝万缕的联系。在资本主义社会,对经济利益的追逐使不少家长忽视了对孩子思想品德的关注和教育。正是由于德育的缺失,使得处于叛逆期的青少年容易迷失方向,走上犯罪的道路。此外,社会不良因素的影响、家庭关系的淡漠以及家庭教育的缺乏也给青少年的发展带来了一些负面影响,出现了诸如儿童学习困难现象普遍、人际关系淡漠、心理问题频发、早恋及堕胎现象突出等消极而严重的后果。

(2)现代资本主义家庭教育的启示

尽管现代资本主义社会的家庭教育存在很多不足,但仍然有很多优点值得我们学习和借鉴。

第一,注重培养孩子的平等意识。在现代资本主义国家,父母在对孩子进行家庭教育时,非常注重培养孩子的平等意识。他们认为,相互平等的关系不仅仅存在于成人之间,也存在于成人与儿童之间。从孩子出生开始,父母就应该意识到孩子是一个有自己权利的个体,父母应该尊重孩子及孩子的权利,平等地对待他们而不能仅仅是拥有孩子。

在美国的家庭，家长与孩子谈话时永远是蹲下来与孩子在同一个高度，同孩子脸对脸，目光相对视，专心地倾听孩子的每一句话，体现着家长对孩子的尊重，让孩子从小就感受和体验到平等意识。

第二，注重培养劳动意识。在现代资本主义社会，随着社会竞争的不断加剧，对人才的要求也不断提高。反映在家庭教育领域，父母从小就注重培养孩子的开拓精神和竞争能力，注意孩子主观能动性的发挥。父母从孩子孩提时候开始，就着手创造一种有利于培养孩子动手能力的环境和条件，对孩子进行早期劳动教育。父母会有意识地，尽可能地根据孩子的不同年龄鼓励孩子利用假期到饭店、商场及农场打工、劳作，年龄小一点的孩子就让他们自己动手做一些力所能及的事情。这样做能使孩子拥有一双勤劳的手、一颗感恩的心和一个智慧的头脑。

第三，注重培养独立意识。为适应社会发展的需要，父母都很看重从小培养孩子的独立意识，让孩子从小就树立"自己能做的事情自己做"的观念；注重培养孩子独立思考问题和解决问题的能力；注重培养孩子吃苦耐劳、不怕困难的精神。在这种教养观念下成长起来的孩子能独当一面，富有开拓精神，自立能力强，能很快适应社会。

第四，独立意识是健康人格的表现之一。在美国，绝大多数 18 岁以上的少年，都是靠自己挣钱来读书。他们认为，自食其力是一件值得骄傲也很自然的事情，成年后还向父母伸手要钱读书是件不光彩的事情，会被人瞧不起。因此，有的人把钱赚够了才进学校读书，绝大多数大学生一边读书一边打工，勤工俭学成为一种必然；就连美国前总统里根的儿子，失业后也是自己找工作，自谋生计的。

此外，资本主义社会的家庭教育还有很多突出的优势，如注重孩子坚强性格和意志的培养，重视通过各种途径陶冶孩子的情操，从小对子女进行理财教育，重视文明礼貌教育等。当然，在资本主义社会，由于社会制度的局限，其家庭教育也相应会受到很多负面的影响和束缚。

【思考与运用】

1.原始社会存在家庭教育吗？人类的家庭教育是从何时开始出现的？

2.试比较孔子和孟子家庭教育思想的异同。

3.中西方奴隶社会家庭教育的方式和内容各有什么特色？

4.试分析中国封建社会家庭教育的特点。

5.试分析资本主义社会家庭教育的优劣势。

【本章相关学习资源】

1.吴式颖.外国教育史教程[M].北京：人民教育出版社，2005.

2.孙培青.中国教育史[M].上海：华东师范大学出版社，2006.

3.赵忠心.中外家庭教育荟萃[M].北京：高等教育出版社，1989.

4.汪洋砰.对我国古代家庭教育优良传统之管见[J].湖北师范学院学报，1989(3)：118～122.

5.王玉亮，王培利.古代家庭教育的负面影响[J].历史教学，2004(5)：70～73.

第三章　家庭教育的主要影响因素

孩子的成长，离不开家长的教育和家庭的影响，而影响家庭教育的主要因素是家庭环境和社区环境，家长的教育观念、教育素质和教育能力，家长的教养方式和亲子关系。

第一节　家庭环境及社区环境

一、家庭环境

家庭是社会的细胞，“细胞”虽小，结构却很复杂。家庭成员构成、家庭成员之间的关系、家庭居住条件、家庭经济状况、家庭社会地位、家庭亲友关系等，构成了一个复杂而生动的家庭环境。家庭环境对于家长实施家庭教育以及子女的成长起着十分关键的影响作用。

（一）家庭环境构成

家庭环境大致可以分为物质环境和精神环境两个方面。

1.家庭物质环境与儿童发展

家庭物质环境，主要指家庭物质生活条件，包括家庭的经济状况和与此密切联系的居住条件、生活设施等。家庭的物质条件，是家庭生活的物质基础，是儿童生存和发展必不可少的前提。维持儿童正常的生活，需要衣食住行作为保障；儿童接受各种教育，也离不开一定的经济条件和物质条件。因此，家庭的物质条件是儿童生活和教育的基础和前提，对其一生的发展有着深远的影响。

尽管家庭物质生活环境是儿童成长发展的重要前提，但是家庭的物质生活条件并非与儿童发展成正比关系。也就是说，家庭物质条件好的孩子，成长不一定好过家庭物质条件差的孩子。国内有研究者曾通过抽样，把中学生家庭经济条件和居住条件，按人均生活费用和人均居住面积，划分成四个等级进行调查研究。研究结果表明，生活在不同经济收入水平和居住条件家庭的学生，学习成绩和品行并不存在任何统计意义上的差别。研究者认为，如果家庭极端贫困，经济水平在温饱之下，不能为子女提供正常必需的学习条件，将会严重影响子女的身心发展和学业水平；而超过满足子女正常需求的家庭经济条件，在任何幅度上的增长额，对于子女的学习和教育而言，就不再产生任何积极的作用；过于优裕的家境条件，反而容易养成子女养尊处优的品性，成为影响子女教育的不利因素。对此，国外研究者的相关研究也证明，即便很多孩子的学习成绩与其家庭经济状况有一定的关系，却也有不少的例外情况；至于下层阶级孩子成绩不好，大多是由各个家庭的具体情况造成的，而不是与其社会经济地位直接相关。

诚然，家庭经济状况对个体发展有一定的影响，但家长要提高家庭教育的质量，不能只着眼于家庭经济收入、居住条件和生活设施等看得见、摸得着的东西，而是要从身心发展需要出发，对现有物质生活条件进行科学的管理与合理的利用，尽量使家庭物质生活环境对子女的教育影响产生最大化的作用。

2.家庭精神环境与儿童发展

在物质环境达到一定水平后，家庭精神环境就成为了影响家庭教育水平的关键性因素。家庭精神环境一般指由人际关系、文化观念等因素交织在一起而形成的气氛或氛围。家庭精神环境是儿童心理发展最直接、最重要的环境。国内外许多研究都证实夫妻争吵、家庭不和谐、家庭破裂对儿童的心理行为发育是非常不利的；相反，和谐的家庭带给儿童一种安全感，有利于其心理行为的正常发育。①

普遍来说，温馨、和谐的家庭生活环境不仅有利于形成最佳的亲子关系，还有利于促进孩子的个性、气质、良好心理健康的养成。而如果父母关系紧张、不和谐，双方就处于不同程度的不良情绪状态中，他们常常烦恼不安，性情暴躁，言语粗鲁，对长辈缺少孝敬，甚至虐待，这对于还没有独立生活能力，完全依靠父母的孩子来讲，在这样的环境中生活，情绪容易紧张，会为父母关系失调而慌乱、憎恨，为忠实父亲还是母亲而烦恼和疑惑。

我国研究者对家庭精神环境与学龄儿童行为问题的发生做了专门的研究。研究结果表明，家庭精神环境对学龄儿童行为问题各因子产生重要影响：精神环境中的矛盾性、亲密度、知识性、娱乐性等方面的情况可能会导致抑郁、交往不良、强迫性、社会退缩、多动、攻击性、违纪等行为问题的发生。②

（二）家庭环境对家庭教育的影响

家庭经济收入情况、家庭结构、家庭居住环境、家庭氛围、家长的教育方式和教养态度以及家长的期望对子女的成长起着至关重要的作用。可以说，家长营造的家庭环境不仅造就了孩子的身躯，同时也深深影响着孩子的心理发展。

1.家庭环境与儿童青少年身体生长发育

家庭教育的一个重要内容和任务就是促进子女身体健康成长。一般来说，儿童青少年的生长发育受内在和外在环境的影响。内在因素主要包括遗传、性别的影响；外在因素主要包括母亲孕期情况、营养、居住环境、疾病等因素的影响。良好的家庭环境能对儿童青少年身体的健康成长起到积极的促进作用；反之，不良的家庭环境则会对儿童青少年的生长发育起消极作用。

为了使儿童青少年的身体健康成长，家长要积极为子女创造一个良好的家庭环境。从怀孕开始，母亲就应该注意平衡营养，保持愉快的心情，适时对胎儿进行适当的胎教。孩子出生之后，家长则要重视给子女提供身体生长发育必需的营养、良好的居住环境、适当的体育锻炼以及合理的生活作息时间；同时，还要给子女创造一个和谐、民主的家庭生活氛围，让子女能在宽松、愉快的家庭环境中健康成长。

2.家庭环境与儿童青少年心理健康

联合国《世界卫生组织宪章》指出，真正健康的人是在身体、心理、社会适应能力都处于良好状态的人。长期以来，由于传统观念的影响，许多家长只重视子女的身体健康而

---

① 李雪荣.现代儿童精神医学[M].长沙：湖南科学技术出版社，1994.36

② 衣明纪等.家庭精神环境对学龄儿童行为问题的影响[J].中华儿科杂志，1999(3)：144～147

忽视对子女进行心理健康教育。家长在教育子女的过程中很少想到有意识地培养子女的情感、意志和社会适应能力，而一个人的心理健康程度是关系其成功与否的关键性因素。因此，家长为子女创设适宜其心理健康成长的家庭环境对子女的成长至关重要。

儿童青少年心理健康包括健康的情绪、良好的心境和人格的完整。有研究表明，儿童青少年的心理健康受家庭气氛、家庭结构、家长文化程度、家庭收入等家庭环境因素的影响较大。① 长期处于压抑的家庭氛围之中的孩子，其短期表现为缺乏热情、脆弱，伴之终身的则是内向、孤僻；而长期处于愉快的心理氛围中的孩子，其短期表现活泼、自信，伴之终身的则是乐观、开朗。另外，家长的文化程度越高，家庭收入越高，越是能感受到子女心理健康的重要性，继而对子女的心理健康关注程度越高。

此外，家长的教育方式、教育态度以及家长的期望对子女的心理健康也有着重大的影响。家长民主开放的教育方式和态度有利于子女独立性、自信心和能动性的养成，同时也能养成直爽、亲切、爱社交、能与人合作的性格特点。家长的期望有强烈的暗示和感染作用。家长的期望越符合孩子的实际情况，对孩子的激励就越大，就越能增强孩子学习的主动性和自觉性，也越有利于孩子意志品质的锻炼。

二、社区环境

“社区”是社会学的一个基本概念。一般认为，“社区”这个概念是德国社会学家腾尼斯最早提出来的。“所谓社区，就是区域性的社会，换言之，就是人们凭感官能感觉到的具体化了的社会。”②《民政部关于在全国推进城市社区建设的意见》中指出：“社区是指聚居在一定范围内的人们所组成的社会生活共同体。”同时，该文件还明确指出了城市社区的范围：“目前城市社区的范围，一般是指经过社区改革后做了规模调整的居民委员会的辖区。”

一般来说，社区总是由以下几个要素所构成的：有以一定的社会关系为基础组织起来进行共同生活的人群；有人们赖以从事社会活动的具有一定界限的地域；有一整套相对完备的生活服务设施；有自己特有的文化；得到居民的认同。③ 简言之，社区的要素主要包括四个方面：人口、地域、结构和文化。

(一)社区环境的含义及特征

所谓社区环境，就是指社区范围内影响儿童青少年家庭教育实施及其效果的一切自然条件和社会条件的总和。社区是由居委会管辖的城市居民社区，也是我国行政区域划分中最小的环境单位。此类社区环境是儿童青少年健康成长的重要生活环境，其对家庭和家庭教育的影响，主要是通过社区文化、社区生活秩序和经济发展水平、社区风气、社区道德规范、社区人际交往等途径实现的。

(二)社区环境因素对家庭教育的影响

社区作为儿童青少年生活的基本环境，其物质、精神环境对儿童青少年的成长有着

① 王雁等.北京市10～14岁儿童青少年的人格类型及影响因素[J].中国临床康复，2004(33)：7481～7483

② 何肇发.社区概论[M].广州：中山大学出版社，1991.3

③ 牛俊杰，张侃侃.以学校为先导的社区环境教育理论与实践研究[J].太原师范学院学报(社会科学版)，2007(4)：128～130

深远的影响。和谐融洽的社区环境、和睦亲近的邻里关系、积极向上的文化精神气氛，必然会有助于家庭培养出高素质的孩子；反之，如果社区物质环境恶劣，治安差，邻里之间关系紧张，赌博、黄色污染泛滥，则会对生活在其中的儿童青少年的成长产生极其严重的负面影响，甚至会诱导其走上犯罪的道路。

1.社区文化与家庭教育

文化具有塑造人的功能，个体所处的文化氛围中普遍流行的价值观、生活方式、风俗习惯等，都或深或浅地影响其物质生活、思维方式、价值标准、伦理原则和行为取向。社区文化作为社会文化的一个重要分支，充分体现了地域色彩，对社区成员的物质生活，特别是精神生活有着深远的影响。

何为社区文化，目前国内尚无统一的说法。通常，社区文化是指存在于社区范围内的特定的文化现象，包括社区内人们的信仰、价值观、行为规范、历史传统、风俗习惯、生活方式、地方语言和特定象征等。[①] 社区文化的要素是多方面、多层次的，既包括宗教、艺术、伦理道德和价值观念等精神要素，还包括社区为其成员所提供的各种文化活动设施及机构，同时也暗含社区成员学习、交往、娱乐、健身、休闲、消费、审美等具体文化需求。

就社区文化而言，其物质要素，即社区文化活动设施状况，直接影响家庭教育的内容和形式。社区经济发展的状况直接影响社区文化设施的发展规模和发展程度。经济发展程度较高的社区，其图书馆、博物馆、文化馆、少年宫、电影院、艺术馆等文化娱乐设施能为儿童青少年的成长提供良好的业余活动场所，能有效开阔儿童青少年的视野，提高其文化知识水平，陶冶其情操，培养其多种兴趣爱好，对家庭教育有着很大的促进作用。

随着人们物质生活水平的不断提高，人们对精神生活更加重视，精神需求越来越多，层次也越来越高。儿童青少年通过参加社区组织的各种文化活动，如社区组织的文体、书法、音乐、曲艺、园艺、摄影等活动，可以在一定程度上增强自己的审美情趣和艺术修养；在此过程中，儿童青少年的精神得到愉悦，心灵和行为会潜移默化地得到美化。与此同时，儿童青少年积极参与各种社区组织的活动，可以增加知识，开发智力，增长才干。而社区通过组织有特色的各种文化活动，逐渐形成社区自身的文化氛围，能在潜移默化中影响着生活在社区中的每一个人。

2.社区环境与家庭教育

社区环境对家庭教育的影响主要体现在三个方面：邻里关系、社区居住环境和社区风气。

（1）社区邻里关系与家庭教育

邻里关系是社区环境的重要组成部分，“远亲不如近邻”就是形容邻里关系重要性的最好写照。生活在同一社区的不同家庭由于不同的经济实力、家庭背景、生活习惯、文化素养、兴趣爱好的影响，与社区中的住户之间形成了不同的邻里关系，如至交关系、平常关系、一般关系及紧张关系等。

从人际互动的角度上来说，那些在家庭背景、思想观念和兴趣爱好方面具有较大相

① 吴泽林，雷洁琼等.《中国大百科全书·社会学》[M].北京：中国大百科全书出版社，1991.367

似性的同龄人之间，最容易彼此发生人际吸引和人际影响。[①] 儿童青少年在与同伴的交往过程当中，能够摆脱家长的权威，以一种独立的姿态，在平等的基础上学习与人交往的技能，体验与人交往的乐趣。同时，儿童青少年在与同伴的交往过程中还能接受大量亚文化的影响，形成比较鲜明的群体文化意识。良好的社区人际关系还有利于儿童青少年身心的健康发展，降低其犯罪的几率。有研究表明，社区邻里亲密程度和交往频繁程度与未成年人犯罪具有一定的相关性；邻里关系越亲密，邻里交往越频繁，未成年人违法犯罪的可能性越小，反之则越大。[②]

(2)社区居住环境与家庭教育

随着我国经济的发展，城市化进程的加速，城市人口的居住环境由低矮平房向高层化、单元化住房发展。这一城市居民住房形式的变化，一方面使得城市居民的居住环境得到改善，为儿童青少年创造了更好的学习、休息环境，当然也有利于更好地开展家庭教育；然而另一方面，这种相对封闭的居住环境，使得儿童青少年与外界的接触减少，特别是与邻里之间的交往急剧减少。他们更多时间是待在自己的房间里，沉浸在电视、网络中，对外部世界了解的缺乏以及与同龄伙伴交往的减少对他们身体、语言、动作的发展及交往技能的形成都产生了消极影响。

社区居住环境的变化，在一定程度上影响着家庭教育的观念和方式。由于单元楼房的住房环境相对封闭，家长及子女的活动范围一般都是在自己的居室之内，相应地，家庭教育也只能在这样的环境中进行。此外，随着社会竞争压力的加大，家长想方设法对子女的智力进行早期开发，让子女参加各种各样的兴趣班、特长班，希望能让子女出类拔萃。这种家庭教育的方式在很大程度上限制了儿童青少年的外出活动，限制了他们与同伴交往，也限制了孩子与社区的接触，使孩子与自然的接触机会大大减少，这对儿童青少年的发展会或多或少地产生消极影响。

(3)社区风气与家庭教育

教育家苏霍姆林斯基在谈到社区风气对儿童青少年的影响时指出："单单在儿童上学或回家的路上，他们受到的思想教育，就比在学校里待几个小时受到的教育都强烈、鲜明得多。"其原因是"在于这些思想是包含在形象里，包含在生活的各种画面和现实中"。[③]

社区的人际环境是儿童青少年接触、认识社会的重要途径。社会上各种观点和看法在社区范围内汇集和碰撞，形成了一定的社区风气，这对于正处在世界观、人生观、价值观形成过程中的儿童青少年而言，由于缺乏辨别能力，很容易受到各种思想和观点的影响。社区风气是否健康，社区生活氛围是否和谐稳定，对儿童青少年的成长都有潜移默化的影响，而且这种影响往往是终生的。总之，和谐健康的社区风气能促进儿童青少年养成良好的习惯，促进其思想的进步；反之，不良的社区风气会给儿童青少年造成一定的心理压力，甚至会将其引入歧途。

3.社区教育与家庭教育

"社区教育"一词最早源于20世纪初的美国，而我国古代的"乡校""乡学"等都带有

① 郑杭生.社会学概论新修[M].北京：中国人民大学出版社，2006.11

② 刘慧娟.社区环境对未成年人违法犯罪的影响研究[D].武汉：武汉大学，2005.19

③ 陆庆壬.思想政治教育学原理[M].北京：高等教育出版社，1991.273

社区教育的色彩。在我国,20 世纪 20 年代兴起的乡村教育运动,就是在一定社区范围内进行社区教育与社会改造相结合的实验方法。

现代意义上的社区教育是伴随着社会化大生产的发展和城市化进程的加快,在世界范围内陆续出现和不断发展起来的。社区教育在我国的兴起、发展至今已经有二十多年的历史。对于社区教育的内涵,目前我国教育界大都认为:“社区教育是实现社区全体成员素质和生活质量的提高以及社区发展的一种社区性的教育活动和过程。”[①]社区教育具有以下特性:一是社区教育具有明确的地缘性,它始终是在社区这个具体环境中存在并起作用;二是将社区与教育结合成有机的统一体,具有整合性;三是涵盖面广,具有广延性。

作为社会与教育的统一体,社区教育充分反映了社会发展需求和民众学习需求之间的关系,对社区内居民实施家庭教育具有明显的促进作用。

首先,社区教育可以为家庭教育提供优化的育人环境,为儿童青少年社会实践活动提供基地和条件,改善家庭教育的条件和环境。儿童青少年生长在社区之中,自幼就受到社区中各种信息的刺激,其日常生活、学习、交往活动都是在社区环境中完成的,必然受到社区的影响,其思想意识、行为方式、生活习惯等都将打上社区的烙印。成熟的社区教育环境为家庭教育提供了更为良好的外部教育环境支持,保证家庭教育得以高效开展。

其次,社区教育可以加速儿童青少年社会化进程。家庭作为儿童社会化的重要场所,在很大程度上要受到其所在社区教育大环境的影响。良好的社区教育环境能为儿童青少年的社会化提供良好的载体,为其提供指导行为的参照框架和自我判断的标准,还能最大限度地调动人的积极性,促进儿童青少年的社会化向积极的方向发展;而不良的社区教育环境则可能对儿童青少年的社会化发展带来负面影响,甚至会形成“反社会化”行为。

总的说来,社区各个要素对家庭教育有着很大的影响和制约作用,家庭教育要取得成效,离不开社区各相关教育因素的支持和配合。换句话说,家长如果能利用好现有的社区教育资源,就能使家庭教育取得事半功倍的效果。

第二节　家长的价值观念、教育素质、教育能力

教育家苏霍姆林斯基曾说:“父母是创造未来的‘雕塑家’,儿童的‘基石’是由父母双手奠定的。”国际教育评价协会的一次关于《影响一个人一生发展的最主要因素是什么?》的调研报告指出:千余项影响一个人一生发展最主要的因素中,最关键的一项是父母的教育行为。而父母会给孩子采取什么样的教育行为,主要源于他们是否具有正确的教育观念、科学的教育素质和良好的教育能力。可见,家长的教育观念、教育素质和教育能力对儿童青少年的健康成长和一生的发展,有着重要而深远的影响。

---

① 文锦.社区教育发展探讨[J].中国成人教育,2004(12):28～29

一、家长的价值观念

价值观是指人在先天和后天的因素共同作用下所具有的一种比较稳定的观念状态。在家庭教育的过程中，家长的价值观念对整个家庭教育的影响是巨大的。价值观是一个综合的系统，家长对孩子进行家庭教育的价值观念主要包括家长的儿童观、人才观和教育观三个方面。

(一)家长的儿童观与家庭教育

1.家长的儿童观

家长的儿童观，是指家长对儿童及其发展的认识和理念，[①]是家长对儿童的看法、观念和态度的总括，具体涉及对儿童身心发展的特点、儿童的地位和权利、儿童的特质和能力、儿童成长和发展的因素、儿童期的意义与价值、教育与儿童之间的关系等问题的认识。

随着社会竞争压力不断加大，家庭教育越来越受到社会各界的广泛关注，广大家长越来越重视家庭教育对于子女一生发展的奠基作用。家长的儿童观作为一种以意志甚至潜意识形态存在的理念，是指导家长进行家庭教育实践的根本指导思想。可以说，家庭教育成败的关键在于家长是否有一个科学的儿童观。面对社会对人才新的需求，家长树立正确的儿童观，提高儿童教育的水平，尤为重要，实为当务之急。

2.科学儿童观的内涵

科学的儿童观基于儿童身心发展的基本规律之上，代表着社会对儿童青少年的主流期望，家长树立起科学的儿童观能对其家庭教育产生积极的促进作用。科学的儿童观主要体现在以下几个方面：

(1)儿童是未成熟的个体，有着充分的发展潜能，同时具有独特的身心发展特点。由于其身心各方面尚未发展成熟，因而需要家长给予充分的照顾和保护。

(2)儿童是具有独立个性的个体，每个儿童都有自己的个性。当代教育科学发展已证明，只有切合儿童发展水平的教育要求和内容，才能引起儿童积极主动的活动，才能最大限度地促进儿童身心和谐发展。作为家长，应给儿童提供主动、自由和充分活动的机会和权利。

(3)儿童是完整的个体，具有全面发展的需求。家长应顺应儿童发展的这一需要，高度重视儿童身体、认知、品德、情感、个性等方面的全面发展。

(4)儿童的发展既不完全由遗传因素决定，也不完全由外部环境造就。他们的发展是在与外部世界的交互作用中发生的。作为家长，要充分注意社区、家庭、学校对儿童发展的影响。

3.家长如何树立科学的儿童观

随着社会的进步和文明的发展，广大家长的儿童观日趋正确，育儿方法也愈显科学。然而，仍有很多传统、错误的育儿方法被家长延用，尤其体现在对待儿童的观念、态度和方法上。

有的家长认为，孩子的成长完全取决于成人的教育和灌输。在他们看来，孩子就像

---

① 陈帼眉，何大慧.家长的儿童观[J].家庭教育，1994(5)：44

是一张白纸,家长画什么,孩子就会变成什么。因此,这类家长特别热衷于通过各种方式对孩子进行早期教育,并对孩子的学习和生活表现出过多的干预和控制,也就是我们常说的"过度教育",严重者会限制孩子身心的自由发展。与此相反,另一类家长将儿童的发展看作是遗传决定的一个自然成熟过程,抱着"顺其自然"的心态,他们在家庭教育态度和方式上采取消极、放任自流的态度,往往会错失教育良机。

鉴于此,有必要帮助家长树立起科学的儿童观,以推进家庭教育沿着科学的轨道行进。具体而言,家长需要做到:

(1)观察、了解和理解孩子。家长要使自己从根本上了解、理解自己的孩子,必须改变传统的儿童观,提高自己的文化素质和修养,努力接纳先进正确的儿童观,以正确的儿童观对待孩子,教育孩子。

在日常生活和教育实践中,家长要时时刻刻做个"有心人",注意观察孩子在成长中的各种变化,承认孩子有他们自己的生活、学习特点,对柔弱、娇嫩、未成熟的孩子,有原则地满足他们的各种生理和心理发展需要,保障他们的生存权利,关心、保护孩子的正常生长发育。

(2)尊重孩子。尊重孩子是家长树立正确儿童观的基础。尊重孩子主要包括三个层次的要求。首先,家长要尊重儿童的人格、各项权利和各种合理的身心发展需要。其次,家长要尊重儿童的年龄特点。儿童作为成长中的个体,有着与其年龄相对应的各种特征。因此,家长针对儿童进行的各种家庭教育实践一定要适应儿童的年龄特征,超越或滞后儿童年龄特征的家庭教育都不能得到良好的效果。最后,家长要尊重儿童的个性。每个儿童都是具有独特个性的儿童,这是由遗传素质的差异、外界环境影响及所受教育的不同而导致的。家长应该在家庭教育的过程中充分考虑和尊重儿童的个性特点,制订个性化的教育方案,因势利导,使儿童的潜能得到最大的发挥。

(3)发掘孩子学习的潜能,确立孩子在学习中的主体地位。作为家长,要相信自己的孩子有着各种发展的潜能,应当根据他们的长处和兴趣爱好,结合实际情况,积极发掘孩子的各项潜能。除此之外,家长还应该在日常的家庭教育实践过程中树立起"以人为本"的教育思想,承认孩子是他们生活和学习的主人,家长作为家庭教育实践的组织者和执行者,更多的是从侧面为孩子的学习提供有利的条件。家长在家庭教育实践过程中的主导作用主要是依据儿童的年龄特点和学习需求向孩子提出各种教育要求,并采用相应的手段激发孩子学习的主动性和积极性,让孩子在学习和活动的过程中充分体验到成功的快乐,逐步树立自信心。

(二)家长的人才观与家庭教育

1.家长的人才观

家长的人才观,主要是指家长对子女成才的价值取向,包括家长对人才的认识,以及对子女将来成为什么样的人抱有的期望。人才观是对人才本质及发展成长规律的基本观点,也是家长培养子女的指导思想,家长有什么样的人才观,就会培养出什么样的人才。因此,家长树立正确的人才观对其进行家庭教育具有非常重要的意义。

2.家长人才观的误区

由于受我国几千年封建思想的影响,"万般皆下品,唯有读书高""学而优则仕""劳心者治人,劳力者治于人"等封建传统人才观念早已深入人心,现在仍有很多家长认为子女

“当官”才能算得上真正的人才，而读书、考试，则成为成才的“华山一条路”。这种官本位取向的人才观不仅增大了家长的教育压力，更限制了孩子天性的自由发展。

诚然，每个父母都希望自己的孩子能“成龙成凤”“出人头地”，能顺利地完成学业，获得高学历、高收入、好职业，以证明家庭教育的成功。因此，很多家长按照自身对“人才”的理解给孩子设计了一条高分—高学历—高职位—高收入之路。这种知识、技能型的人才观使得家长在家庭教育的过程中走入了“重智轻德”的误区，而对子女在知识和技能上的过度开发在很大程度上影响其个性、独立性和社会适应性等方面的发展，给孩子的健康成长带来了很多负面影响。

与家长过分强调子女对知识、技能学习以获取高学历、高职位的人才观截然相反的是，部分家长对子女的发展不做任何要求，认为孩子天资平平，升学无望，不对孩子的发展提出更高的要求，任其自由发展；甚至不少贫困家庭迫于生计，中止孩子学习的权利，强迫孩子辍学务农、务工。持有如此人才观的家长，更是无法保证家庭教育的效果。

3.家长如何树立正确的人才观

前中国国务院副总理李岚清1996年5月11日考察湖南汨罗素质教育时讲道：“国家需要多方面的人才，但任何国家人才结构都是宝塔形的，有初级人才、中级人才、高级人才。人才是分层次的，结构必须合理，初级、中级人才在任何国家、任何时候都是最大量的。”他还说：“只有全面发展的人，才是对社会最有用的人，所以我们的教育要坚持德智体等方面全面发展的方针。”他认为：只有思想健康、思路宽广，有组织实践能力，而且有正确的人生观、世界观、价值观，有道德的，身体健康的人，才会对社会有贡献，才是全面发展的人。

面对新时代社会对人才的需求，家长必须转变观念，树立科学的人才观：

(1)行行出状元的人才观

自古以来，“三百六十行，行行出状元”。社会对人才的需求是多方面的，既需要数以万计的各种专门人才，更需要数以亿计的高素质普通劳动者。无论是专门人才，还是普通劳动者，都是我国经济社会发展中必不可少的人才，并无贵贱之分。社会各个行业都有自己的顶尖人物，每个人只要尽其所能，都能登上事业的顶峰，正所谓“天生我材必有用”，每个人都有“英雄之用武之地”。

对于孩子将来能成为何种人才，家长不能想当然地为孩子“设计”，而是要根据孩子的先天素质和后天实际情况，因势利导，充分发挥孩子的兴趣爱好，顺其自然，把孩子培养成最适合其发展的“人才”。

(2)人人能成才的人才观

“人人有才，人无全才，扬长避短，人人成才。”尽管每个人都存在着差异，有着不同的个性，不可能都成为同一种类型的人才，但是每个人都有要求进步的愿望。每个孩子都蕴含丰富的潜能，每个孩子都有自己特殊的智能和优势，家长要有信心，通过适当的家庭教育和训练，每个孩子都能成才，获得成功。

具体来说，家长要善于观察和发现自己孩子的年龄特征、个人特长、兴趣爱好、学习基础、身心状况，根据儿童不同年龄阶段身心发展的特征，因人而异地提出不同的人才发展要求，找到适合孩子发展的好方法、好途径，使孩子能够真正成为一个有用之才。

(3)终身学习的人才观

自上世纪中叶以来,终身学习的观念已逐渐深入人心,传统的"一朝学习,终身受用"的学习工作模式已经不再适用于当今经济发展的需要。学习—工作—再学习—再工作的模式已经逐渐被人所接受。作为家长,在实施家庭教育的过程中,也要充分考虑到终身教育因素在整个家庭教育中的地位和作用,力图使孩子能够将学习的热情贯穿整个学习、工作实践的始终。

总之,在社会飞速发展的今天,家长必须要树立科学的人才观,使自己的人才观和社会需求保持一致。在新的社会环境下,研究新情况,更新观念,采用新方法,才能保证让孩子健康成长,真正成为未来社会的栋梁之材。

(三)家长的教育观与家庭教育

教育观是人们对教育的基本认识和看法,对其教育行为起着制约和指导作用。

1.家长的教育观

国外研究者对家长教育观念的看法建立在对观念理解的基础上,由于人们对观念的理解不尽一致,因而对此看法也不尽相同。但一般认为,家长的教育观念包括两个方面:一是对什么是儿童发展的理解,二是对儿童如何发展的信念。然而,仔细推敲这种理解,便可发现其过于简单和片面。主要症结在于,忽视了儿童与环境间的互动,忽视了儿童与成人间的相互作用,把儿童视为被动的存在,给儿童教育工作造成了理论上的偏差。我们认为,家长的教育观念包括家长的人才观、亲子观、儿童发展观和教子观等内容。①

在家庭教育中,家长的教育观是影响家庭教育实践及其实施效果的核心因素。家长的言传身教无时无刻不在对孩子产生影响。家长科学的教育观将对孩子的成长起着至关重要的作用。

2.当今家长教育观存在的误区

(1)孩子还小,教育是以后的事情

尽管当前不少家长都已认识到早期教育的重要性,但是仍然有一部分家长认为处于婴幼儿时期的孩子什么都不懂,在这一时期更重要的是对其进行身体养护,进行家庭教育还为时过早。然而事实上,现代早期教育理论早已证明,婴幼儿时期的孩子已经具有学习的能力,而且0~3岁还是孩子很多能力发展的关键期,如果错过了孩子发展的关键期,将对孩子的成长带来不可估量的负面影响。

(2)树大自然直

当前还有不少家长抱有"树大自然直"的教育观念,认为孩子的成长有着一套既定的程序,不需要给予更多的教育干预。在这种观念的支配下,家长往往对孩子采取不闻不问的态度,任其自由发展,放任自流,结果等到孩子误入歧途时,想要补救也已经来不及了。

事实上,婴幼儿时期是孩子形成良好行为习惯、健康人格的重要时期。婴幼儿没有生活经验,对外界事物缺乏起码的辨别能力,行为的自控能力也很差,在很多方面都需要家长进行约束和管教,需要家长用爱心和耐心去养护孩子的身体,为孩子打造一个健康

① http://www.cycs.org/Article.asp? ID=14209 2013-9-28

的心灵。如果家长在婴幼儿身心发展的这一关键期不对其进行科学合理的教育和引导，可能会使孩子染上许多不良品行，危害孩子一生。

(3)教育是幼儿园和学校的事情

美国教育家M·S·斯特娜曾经说过："教育不应该在学校由教师开始，而应该在家庭里由母亲开始。"[①]但目前，仍有不少家长认为孩子的教育是一个需要专业系统知识的事情，自己由于文化或时间的缺乏不能胜任教育孩子的重任，因而将教育孩子的任务寄托在幼儿园和学校教师身上。事实上，家庭是婴幼儿学习的重要场所，如果家长能适时、适当地对孩子进行早期智力开发，培养多种兴趣，培养孩子良好的道德行为习惯，对孩子的成长将起到事半功倍的效果。

(4)让老人带孩子，省力又省心

现在不少年轻的父母借口自己工作忙，把教育孩子的重任交给老人，觉得既放心又省心。尽管老人照看孩子解决了年轻父母的后顾之忧，但是老人教育孩子有很多不可避免的局限性。有些老人的教育观念保守、陈旧，对很多先进的育儿观念和技能不甚了解，难以胜任对孩子进行早期智力开发的任务。由于祖辈娇惯、溺爱孩子，容易使孩子养成任性、自私等不良性格和品行。此外，祖辈照顾孩子更多的是满足孩子吃穿需要，忽视孩子的个性、情感、意志等心理因素的发展，使孩子容易产生各种心理和行为障碍。现代教育学和心理学研究表明，隔代教育有着很多消极因素，会对孩子身心的健康成长产生诸多负面影响。

幼儿园一个叫豆豆的小朋友，由于爸爸妈妈在外地工作，豆豆自小生活在爷爷奶奶身边，备受宠爱。时光流转，豆豆到了入幼儿园的年龄，在爸爸妈妈的催促下，爷爷奶奶不得不送孩子入幼儿园。可是，两位老人向幼儿园提出一个要求，要来园陪孙子一段时间。从此，他们天天抱着孙子来幼儿园，一步不离孙子，做孙子的"保护神"，为孙子服务：帮要上厕所的孙子脱裤子；帮要喝奶的孙子冲奶粉，一勺一勺地舀给孙子喝；中午吃饭，爷爷奶奶一个喂菜，一个喂饭，馒头掰成一口一口的，米饭几乎是数着米粒往嘴里填；中午睡觉，爷爷奶奶要给孙子脱衣服、鞋子，盖被子，哄孙子睡着后，才轮着打个盹……

老人忙前忙后，不亦乐乎，根本不听老师的劝告。

直到有一天，幼儿园组织家长开放活动，看到豆豆不会洗手，不会用杯子接水喝，不会脱鞋子，不会擦鼻涕……总跟着别人后面拖拖拉拉，老人才意识到娇惯对孩子的危害。[②]

(5)教育观念功利化

迫于当前社会激烈的竞争，不少家长为了保证自己的孩子能在未来的社会竞争中立于不败之地，在教育观念和手段上变得功利化。对待家庭教育的效果也急功近利。对高学历的追求则是家长功利化教育的突出表现，对淮南市幼儿家庭教育状况调查[③]结果显示，98.5%的家长希望孩子学历在本科以上，希望孩子学历在专科以下的家长人数几乎为零。

功利化的家庭教育观最突出的表现就是家长重智轻德，家长把精力过多地放在孩子

---

① http://zzzxyey.ankang06.org/space/? action-viewspace-itemid-5543231. 2010-6-3

② 冷颖.影响家长的101个经典家教案例[M].北京:北方妇女儿童出版社,2007.104

③ 刘艳琳.提升家长素质 关注幼儿教育——淮南市幼儿家庭教育状况调查[J].淮南师范学院学报,2007(4):100~103

的早期智力开发上，却忽视了对孩子的个性以及品行的教育。结果，尽管这些孩子的智力水平较高，但可能在个性和品行方面畸形发展，给孩子的发展带来无穷的后患。

3.家长如何树立正确的教育观

随着社会的发展，很多陈旧的教育观已不再适用于当前的家庭教育。为了使家庭教育收到良好的效果，家长必须转变传统的教育观，使其与时代的需求及孩子的实际情况相符合。

(1)尊重孩子，学会与孩子进行沟通。孩子作为一个完整的个体，有着自己独特的个性和学习需要。家长首先要学会尊重孩子，仔细观察孩子在生活和学习中的各种需要，放下架子，学会用适当的方式与孩子沟通。

家长传递给孩子的信息核心应该是情感，而不是要求、命令。作为家长，要时刻谨记教育孩子更多的是用“心”，用爱心、耐心、关心去与孩子互动。家庭教育应该回归到心灵对心灵的呼唤，回归到对彼此心灵深处的碰撞和感动。在与孩子的沟通中，重要的是学会倾听，而不是提要求；重视对孩子情感需要的体察，推动孩子内在的积极力量；对孩子的各种需求感同身受。只有这样，家长才能真正施行具有针对性的家庭教育。

(2)少一些苛刻，多一些宽容，合理期望。“金无足赤，人无完人”，作为家长不要期望孩子成为十全十美的人，这是非常不现实的。尽管每个家长都抱有自己的孩子将来获得成功的美好愿望，但这种望子成龙、望女成凤的心态在有意或无意间给孩子背上沉重的包袱，使其失去童年的快乐。

家长要结合孩子的实际情况，遵循孩子的发展规律进行合理的安排和计划，更多的要学会宽容而不是苛求，要学会用赞赏的目光看待孩子的每个小小的进步。只有这样，才能更加充分地激发孩子学习的兴趣和热情，使其更加愿意配合家长进行各项教育活动。

(3)克服浮躁，激发孩子的潜能。家长在对孩子进行教育时需要克服浮躁心态，保持平和的心境，急躁不安的情绪会给孩子带来负面影响，不利于激发孩子的潜能。面对其他孩子取得的成功，家长切不可盲目跟风，盲目攀比，应以一颗平常心看待自己的孩子。

家庭教育是一种个性化的教育，是与孩子独特的兴趣能力相适应的教育。作为家长，需要给予孩子的不仅仅是知识、技能，而是培养孩子学习的兴趣和热情；让孩子在愉快的氛围中激发出学习的潜能；让孩子在快乐中学习，而不是在压力中学习。当然，要做到这一切，必须转变家长传统的教育观念，更多地从孩子的角度看问题和想问题。

二、家长的教育素质

从一般意义上讲，家长的教育素质主要包括家长的身体素质、心理素质、文化素质、道德素质等方面。

(一)家长的身体素质

“身体是革命的本钱。”孩子的成长离不开良好的身体作保证，而遗传与孩子的身体素质关系最为密切，孩子的一切生理特征都取决于家长的遗传因素。

通过遗传，父母可以将其主要的生物特征传递给子女，并对孩子很多外显的生理特征，如身高、体型、外貌等起决定作用。换句话说，父母的遗传因素对子女的身体素质有着先天的决定性，如家长身体素质良好、身体健康、体格健壮，其子女将通过遗传得到健康的身体。反之，如果家长身体素质差，受到烟、酒等不良刺激的影响，或近亲结婚，就容易给孩子的先天发育造成各种负面影响，孩子患有各种先天疾病的几率也会增加。

随着社会的不断进步，如今已有越来越多的家长意识到提高自身身体素质对子女的重要影响。优生优育已经被社会主流人群接受，新婚夫妇在怀孕之前都通过积极的身体锻炼增强体质，为宝宝的到来做好准备。

(二)家长的心理素质

心理素质包括人的性格、情绪、意志、兴趣等个性特征，以及处理人际关系方面的自我调节能力等。父母是孩子最亲近的人，家长的喜怒哀乐对他们有着极强的感染力。孩子的性格、情感、意志很大程度上是靠体验、模仿父母及其他长辈的内在和外在形象逐步发展起来的。可以说，家长心理素质的好坏将直接影响孩子的心理是否健康，影响他们将来能否以健康的心态去对待生活和工作。家长的心理素质在家庭教育中起着不可忽视的作用。

要成为合格的家长，须具备良好的心理素质。具体而言，首先，家长应具有稳定的情绪状态和健康的情感。家长的情绪不仅关系到自身的心理健康，同时也会影响到其教育子女的态度和方式。家长心情舒畅、愉快，可以为孩子创造一个祥和欢乐的心理氛围，家庭教育的效果也会更好。其次，家长还应具有坚强的意志。一个出色的家长做任何事情都要有决心、恒心和毅力，不怕困难，迎难而上，为孩子树立一个良好的榜样，从小培养其坚强的性格和顽强的意志。再次，家长应具有良好的性格。很多孩子性格中存在着任性、孤僻、害羞、软弱等性格缺陷，孩子这些性格缺陷的造成一方面是由于家长本身性格缺陷的影响，另一方面则是由于家长的教养方式影响而造成的。最后，家长还应有一颗平和的心态。家长在面对各种来自家庭教育的压力时要以一颗平常心看待，给孩子创设一个宽容的心理环境，在轻松愉快的氛围中完成家庭教育。

(三)家长的文化素质

家庭教育是一项复杂而系统的工程，既是一门科学，又是一门艺术，具有其独特的理论知识和操作方法。家长对家庭教育知识、技能的了解掌握程度是保证家庭教育获得成功的基础，而家长对这些知识技能的学习和运用能力则与家长本身的文化素质紧密相连。

家长的文化素质包括家长的文化程度、家庭生活知识和家庭教育知识几个方面。家长的文化素质对子女的成长影响极大。家长的文化素质越高，教育子女越得法，家庭教育的效果就越好。究其原因，主要是由于家长的文化素质越高，家庭教育观念越新，越容易掌握最佳的家庭教育知识和技能。此外，与低文化的家长相比，文化程度高的家长教育意识强烈，教育方式也更加趋于理性、开放，教育行为更加自主、独立，对教育目的理解明确，眼界更宽。

国外的研究早已证明，父母的学历与孩子的智能发展有着密切的关系，随着孩子年龄的增长，这种相关性越来越明显。而国内也有研究表明，父母的文化程度和儿童心理健康状况有极其显著的关系，但是与儿童的活动情况、社交情况和学校情况无相关。①

此外，家长的文化素质高低与子女的健康行为存在相关性。家长文化程度低的家庭，其子女个性和问题行为的检出率显著高于家长文化程度高的家庭。② 家长文化程度越高，则子女的行为越健康。这是因为文化程度高的家长懂得更多的育儿知识，并能以自己的日常行为影响子女。

但是，我们也要认识到，事无绝对，尽管家长的文化素质与家庭教育的效果成正比，但是并不意味着文化素质高的家长就一定能教育出出色的孩子，而文化素质相对较低的家长就不能教育出出色的孩子。事实上，只要掌握的家教方法得当，对孩子投入充足的爱心，所有家长都能将孩子教育成才。

(四)家长的道德素质

道德品质是指个人依据一定社会的道德准则和规范行为时表现出来的稳定的心理特征和倾向，是一定社会的道德准则和规范在个人思想和行动中的表现。

家长的道德素质与家庭教育关系密切，不仅会影响家长的家教观念，还会影响家庭教育目标以及在家庭教育过程中家长所选择的教育态度。我国教育家徐特立曾说过，因为幼儿本性是很纯洁的，而他的习惯好坏是在成长过程中所接触到的环境逐渐模仿形成的。通常而言，儿童青少年道德品质的形成一般都是以对家长的模仿为主要途径。家长高尚的道德品质修养，会对孩子品行的发展起到积极的促进作用；反之，如果家长的道德品质败坏，其子女也容易因受到不良影响而向品行败坏的方向发展。

国内外不少研究都已经证实，家长的道德素质对子女的成长，特别是思想道德的发展有着极大的影响。冯维等研究表明："违法少年家长和守法少年家长的思想道德素质有显著差异。"③焦健认为："家长的思想品德素质对子女思想品德形成起着导向作用，""家长品德的高尚与否决定了孩子的价值观的正确与否，扭曲的价值观最终只会培养出扭曲的人格。"④

作为家长，不能忽视自身道德素质对子女道德素质的形成所起到的潜移默化的作用，一定要以身作则地遵守社会基本的道德规范，为人处世要严于律己，为子女做出良好的表率。

三、家长的教育能力

家长的教育能力，是指家长在家庭教育过程中应具备的教育孩子的能力。家长良好的教育能力是家庭教育得以顺利进行的重要保障。具体说来，家长的教育能力包括观察、记忆能力，社会交往能力，自控应变能力以及创新能力。

(一)家长的观察、记忆能力

家长的观察能力是指家长在家庭教育过程中用心体悟孩子各种行为和变化的能力。家长的记忆能力是指家长对家庭教育经验的储存、再认和再现的能力。家长的观察能力

---

① 朱晓鹂.家长素质与儿童心理健康关系的实验研究[D].扬州：扬州大学，2005.35

② 何玫子，梁成强等.广东省母亲育儿营养知识水平的影响因素分析[J].中国妇幼保健，1997(3)：153～155

③ 冯维，杜红梅，杨红艳.违法少年与守法少年家长思想道德素质的比较研究[J].青年探索，2005(3)：15～18

④ 焦健.合格家长素质简论[J].中华女子学院学报，1998(2)：50～53

和记忆能力通常是紧密结合在一起的。观察能力作为一种综合性的知觉活动，通常是记忆、概括、分类、推理等各种认知活动的综合体。在家庭教育实践中，家长的观察能力和记忆能力通常是同时作用于家庭教育的过程中的。

实施家庭教育过程中，很多教育时机都是通过家长的耐心观察获得的。特别是面对婴幼儿这样的教育对象时则更是如此。婴幼儿处于人生的萌芽阶段，身心发展都处于最低级水平，在对其进行教育时，由于他们的表达能力有限，他们无法对自己想要了解和学习的内容给予清晰的表述。具有较强观察、记忆能力的家长总是能从孩子的一言一行中去体悟孩子的兴趣和需要，并以孩子所能接受的方式对其进行教育，有效地抓住每一个教育机会。反之，不善于进行日常观察的家长很难及时关注和把握孩子的各种需求，从而一次次错失教育孩子的宝贵时机。

家庭教育是一项琐碎且繁杂的工作，涉及孩子成长的方方面面。在日常生活中，家长要善于观察孩子的一举一动，并记住孩子的各种特殊需求，抓住适宜的教育时机，用孩子能接受的方式进行教育，这样往往能取得事半功倍的效果。

我们一起来看看下面这个案例：

»两把汤勺①

我买回来两把汤勺，5 岁的儿子看见了便拿过去玩，只见他把汤勺摆弄成“○—○”状，自言自语地说：“这是电话。”我便用手做成打电话的样子走到他身边：“喂，你是朱星宇吗？”“是呀，你是妈妈吗？”儿子见我跟他做游戏，高兴得连忙接“电话”。“你在哪里呀？”“我在娃娃家做客呢！”“欢迎我来玩吗？”“当然欢迎！”……孩子很快进入情境，我们快乐地游戏着。打完“电话”，我问儿子：“这两把汤勺还可以搭成什么？”儿子听了，忙把“电话”拆开，搭成“ ”状，兴奋地说：“这是小兔。”“还可以搭成什么？”儿子把汤勺倒过来，成“ ”状，说：“这是小兔不高兴时的样子，它的两只耳朵耷拉下来了。”儿子的观察能力还挺强的，我看在眼里，喜在心里。“嗯，不错，我的儿子真能干，你还能搭成什么？”我再次不失时机地鼓励、引导。他摆弄了一会儿汤勺，惊喜地说：“这 也像古时候人的帽子，我是古时候的人了。”儿子边说边高兴地将“帽子”往头上戴……两把小小的汤勺不仅愉悦了儿子的身心，还使他的口语和思维得到了很好的锻炼。我想，在生活中，我们要时时做个有心人，抓住各种时机启发和引导孩子，充分发挥孩子的想象力，鼓励他们标新立异，敢于创新。

汤勺，本是一件平淡无奇的日常用具，我们很难将它与家庭教育联系在一起，可正是这样一件不起眼的餐具却在朱星宇母亲的细致观察中发现了教育因素。在孩子摆弄汤勺的过程中，这位母亲不断启发孩子去联想，去创造，既满足了孩子的好奇心，又充分发挥了孩子的想象力和动手操作能力，是家长的细心观察完成了一次成功的家教活动，使孩子获得了宝贵的教育体验。

的确，正如这位母亲所说，家庭教育其实并不像人们所想的复杂。但为何有的家长能从日常生活中发现诸多孩子学习的兴趣点并在不知不觉间完成了教育任务，而有的家长却在孩子最需要教育的时候遗憾地错失了教育良机，其关键的区别就在于家长是否能像案例“两把汤勺”中的母亲一样时时做“有心人”，是否真正做到耐心、细致地观察孩子

① 李海燕.两把汤勺[J].幼儿教育，2000(11)：43

在日常生活中反映出的各种教育需要。

家长良好的观察、记忆能力能帮助家长在家庭教育的过程中随时随地去发现教育需要。可以说，家庭教育的成功离不开家长的细心观察和留心记忆，家长良好的观察、记忆能力是保证家庭教育顺利进行的基础性能力。

(二)家长的社会交往能力

社会交往能力简称社交能力，主要是指与人交往、进行信息交流、处理人与人之间的关系以便合作共事的能力。

良好的交往能力是建立良好人际关系的基础和前提，它不仅有利于孩子的心理健康发展，还有利于孩子自我意识的发展和完善。因此，及时有效地培养孩子的社会交往能力，使其在社会交往中从自然人逐步发展为健全的社会人，不仅是儿童青少年自身发展的需要，也是社会发展的需要。其中，家长的社会交往能力对儿童青少年社交能力的形成有着重要的影响作用。

儿童青少年社会阅历浅，社会交往面狭窄，缺乏对社会角色的认识，在进行社会交往过程中存在着一定的困难，家长自身的社会交往能力在发展孩子社交能力方面起着至关重要的作用。

家长良好的社会交往能力能有效地促进孩子社交能力的发展。家长进行广泛的社会交往活动不仅可以为孩子提供充分与人交往的环境，扩大孩子的交往面，调动他们的交往欲望；更重要的是，通过观察和模仿家长的社会交往过程，可以使儿童青少年了解人与人之间的正常关系，学习社会道德准则和处理人与人之间的关系，还可以发展儿童青少年的行为调节能力和社会活动能力，帮助他们逐步形成适应社会要求的社会性行为。而缺乏交往热情、社交能力弱的家长则很难培养出一个具有良好社交能力的孩子。孩子长期处于缺乏社会交往的环境中，其心理和行为就会逐渐发生变化，渐渐变得胆怯、畏众、孤僻、不合群、沉默寡言、难于接近，最终可能导致孩子的社会性退缩，继而出现对现实生活适应困难等负面影响。

如果家长缺乏正常的社交能力，会对孩子社会交往能力的形成产生诸多不利因素，参见下面的案例：

》可见一斑①

单张龙，长得比同龄幼儿个子高，力气大。龙龙家庭条件差，母亲是个智障者，父亲在他妈妈怀孕四个月时就抛弃了妻儿，家里的一切开销全靠外公的退休金。龙龙从出生到现在，特殊的家庭情况让抚养者无法为其提供所需的交往环境。上了幼儿园，看到小朋友的新式玩具，龙龙特别羡慕，经常按捺不住抢了就玩。

平时，外公因“望孙成龙”心切，对他要求严格，近乎苛刻，龙龙稍犯错误，外公就实施棍棒教育。粗暴的家庭教育方式使龙龙形成了对抗心理，自我意识强烈而顽固，在群体中经常称“王”逞霸，事事以自我为中心，不达目的不肯罢休。粗暴的家庭教育影响了龙龙的行为习惯，小朋友和家长常向老师投诉“龙龙又打人了”。在教室里，每天听到龙龙叫得最多的两句话就是“我的！”“打你！”。渐渐地，龙龙没有了玩伴，他变得更加任性、乖张、多疑。

---

① http://y.3edu.net/hzjj/20899.html

(三)家长的自控、应变能力

自我控制能力简称自控能力,是自我意识的重要成分,它是个人对自身的心理和行为的主动掌握,是个体自觉地选择目标,在没有外界监督的情况下,适当地控制、调节自身的行为,主要表现为对自己情绪、情感的控制。

具有良好自控能力的家长总是能冷静地处理家庭教育过程中所遇到的种种困难和挫折,不把家庭教育的压力转嫁于孩子,使孩子能在轻松、愉快的心理氛围中完成各项学习活动。反之,自控能力较弱的家长遇事不冷静,容易将简单的事情复杂化,使家庭长期处于一种紧张、压抑的氛围中,甚至会因为家庭教育中出现的各种问题对孩子进行惩罚,加大孩子的心理压力。

"望子成龙,望女成凤"是所有家长对子女的期望,尤其在竞争激烈的现代社会,由于家长对子女的成长花费了大量的人力、物力、财力和精力,对子女的期望普遍偏高。但孩子在成长过程中难免有所不足,在很多时候他们可能达不到家长的要求,给家长带来强烈的挫败感。这个时候,家长一定要提高自己的自控能力,了解原因,冷静处理,避免想当然或妄加猜测,老把孩子往坏处想,应相信孩子总会通过不懈的努力最终获得成功。此外,具有良好自控能力的家长能给孩子树立榜样,对于发展儿童青少年的自控能力具有积极的促进作用。

应变能力是指家长应付突发情况的能力。家长在对子女进行家庭教育的过程中,常常会发生意想不到的事情,甚至出现令家长尴尬的场面。在这种情况下,作为家长就需要有较强的应变能力,做到沉着冷静,应付自如,果断巧妙地处理问题。

良好的自控、应变能力能保证家长从容地面对各种突发的家庭教育事件,是保证家庭教育顺利进行的基本的教育能力之一。

(四)家长的创新能力

面对瞬息万变的现代社会,创新能力成为了现代人生活必备的一个重要特质,在家庭中也是同样如此。家长必须适应这些变化,并且具备一定的创新能力,才能保证家庭教育得以顺利实施。

家庭教育实践中的创新指的是家长为了一定的目的,在遵循家庭教育的客观规律下,对家庭教育中的某些环节进行改造或变革,从而使家庭教育得以更新和发展的实践活动。而家长的创新能力则是指,家长在顺利完成以原有家庭教育知识经验为基础的创建新事物的活动中表现出来的潜在的心理品质。家庭教育要应对来自社会变革和教育变革带来的诸多挑战,就必须进行创新。家庭教育中,家长的创新能力主要体现在以下三个方面:

1.观念创新

家长首先需要树立个性化的教育观念,这是家长进行家庭教育观念创新的前提。家庭教育是一种个性化的教育,每个孩子都有其独特的身心发展特点和需要,他们的学习兴趣和习惯也是不同的。作为家长,不能简单地"随大流",想当然地对孩子进行教育,而需要树立个性化教育的观念,用个性化的教育替代大众化的教育方式。具体地讲,在教育过程中体现"以人为本"的理念;在教育的内容、环境、方法的选择上充分考虑到孩子的身心特点，使孩子的各种学习需要得以满足，学习特长得以开发，充分获得成功的体验。

其次，家长还要树立大教育观念，走出并超越家庭的范围，不要指望在家庭内完成所有的家庭教育任务，要加强与学校教育、社区教育及社会教育的联系，学会有效运用其所能提供的教育条件作为家庭教育的补充。

此外，家长要树立终身学习、可持续发展以及开放的教育观念。可以说，家长家庭教育观念的创新是保持家庭教育充满活力的源泉，也是保证家庭教育取得良好实效的重要保证。

2.知识创新

家庭教育的顺利实施需要家长掌握相关的家庭教育知识。鉴于当前知识更新的速度不断加快，新理论、新知识不断推陈出新，家长就需要具备知识创新的能力，使自己所掌握的知识与前沿理论保持一致，并在家庭教育中有意识地发展自己的知识创新洞察力、接受把握新观念的能力，以及运用新观念于实际的能力等。这样，方能保证家长在遇到家庭教育实践中出现的各种新情况、新问题时能解决得游刃有余。

3.方法创新

在家庭教育发展的漫漫长路上，家庭教育的研究者和实践者们总结出了很多有效教育孩子的方法，为广大家长提供了有益参考。但是随着时代的变迁、社会的发展，家庭教育出现了很多新情况、新问题，传统的家庭教育方法已经不能有效地解决这些问题，这就需要广大家长在吸取传统经典家庭教育方法的同时，结合孩子的实际情况，大胆进行家庭教育方法的创新，用新方法解决新问题。

总之，家长的创新能力在现代社会显得至关重要。家长拥有了家庭教育观念、知识、方法的创新能力，就能为家庭教育的顺利进行提供有力的保证。

第三节　家长的教养方式与亲子关系

一、家长的教养方式

教养方式是指在家庭生活中以亲子关系为中心的，在对子女进行抚养和教育的日常活动中所表现出来的一种对孩子相对稳定的、固定的行为模式和行为倾向，是父母传达给子女的态度，以及由父母的行为所表达出的情感气氛的集合体。

家庭是孩子成长的第一个学校，家长是孩子的第一任教师。在进行家庭教育的过程中，家长的教养方式对孩子的个性、心理健康、社会化发展、日常行为习惯等都有着举足轻重的作用。鉴于此，家长的教养方式一直都是家庭教育研究领域的研究重点之一。

（一）家长教养方式的基本类型

家长教养方式历来都是研究者的关注焦点，早在19世纪末，弗洛伊德就开始关注家长不同的教养方式对孩子发展的影响。他将家庭教育中父母的角色进行了简单的划分，父亲主要负责提供规则和纪律，母亲则负责提供爱与温暖。随着教育研究的不断深入，研究方法的不断成熟，20世纪六七十年代起，不少西方研究者开始较为系统地研究家长

教养方式对子女成长可能起到的影响，用系统化的理论进行研究，将家长教养方式类型化和模式化。关于家长教养方式基本类型的研究，最具代表性和影响力的当属美国著名心理学家鲍姆林特(Baumrind)，她采用家庭与实验室相结合的观察研究，提出了颇具影响的三种基本的家长教养方式类型，即权威型、宽容型和专制型。我国研究者在此基础上将家长教养方式细化为四种类型，即溺爱型、放任型、专制型、民主型。

1.溺爱型

孩子是父母生命的延续，爱情的结晶。天下父母都有一颗爱子之心，这是人类的本能。然而，一旦父母对孩子的爱过了头，就变成了溺爱。

溺爱型家庭教养方式的家长给予孩子最大限度的满足，但却很少约束孩子。家长对孩子的爱缺乏理智和分寸；在生活上尽一切可能满足孩子，对孩子的任何要求，不管合理不合理，一味迁就；在情感上过分依恋子女。在这一教养方式的影响下，家长对子女怀有过多的期望与关爱，为孩子提供无微不至的照料和保护，事事包办，很少对子女提出要求或严格教养。

某法院曾经判处过这样一名未成年犯：这个孩子家庭条件非常优越，父母对他十分溺爱，曾雇用三个阿姨照顾他，使他从小养成了任性、自私、蛮横的个性。一次在学校踢足球与同学发生口角，被对方打了一个嘴巴，他竟跑回教室拿出刀子将对方扎死……①

前不久，北京海淀区法院少年法庭与北京市未成年犯管教所随机对100名在押未成年犯的调查显示，这些孩子的家庭成长环境普遍较差，存在着四种不同“缺陷”，其中“溺爱型”家庭在被调查者中占到半数以上。“溺爱型家庭在孩子心灵上播下自私、任性的种子，极易发展形成不良的个性，偏好反社会行为。”北京市海淀区人民法院审判员尚秀云介绍，在未成年犯家庭中，家庭成员文化素质普遍较低，有23%的家庭成员曾被拘留、劳教或判刑过②。

溺爱给孩子带来的危害是显而易见的。一般而言，用溺爱型的方式教养出来的子女往往会变得任性自傲、自私自利、事事依赖，缺乏自主思考和活动的能力，在学习上自我提高的意识淡漠，长大后也很难与他人建立良好的关系。另外，孩子在日常行为中，容易缺乏勇气和信心，心理承受能力低，遇到困难容易退缩，久而久之会导致孩子形成自卑、怯懦的性格。

2.放任型

采取放任型教养方式的家长很少关爱孩子，也极少约束孩子，以不干涉原则来处理家庭关系，他们更多考虑的是自己的工作，或忙于赚钱养家，或忙于娱乐休闲。在他们看来，自己的生活和孩子的生活应该截然分开。在教育的过程中缺乏对孩子必要的关心和帮助，更缺乏与孩子情感和心灵的交流，抱着“树大自然直”的观念，对孩子不管不问，放任自流；对孩子的学习和习惯的培养没有严格的要求和约束，即使孩子做了错事，也不能给予及时的教育和纠正。

由于孩子缺乏家长的关心和教育，他们缺少安全感和归属感；由于缺乏管教，孩子大多缺乏自控能力，自我效能感普遍偏低。一般来说，在这种教养方式下成长的孩子不懂

① http://learning.sohu.com/2004/05/26/66/article220266699.shtml

② http://learning.sohu.com/2004/05/26/66/article220266699.shtml

得关心和爱，意志薄弱，自以为是，任性、固执，自由散漫，社会适应能力差。

3.专制型

专制型家庭教养方式的家长很少关爱孩子，但却最大限度地约束孩子，强调家长的权威形象。家长会在生活和学习的方方面面给孩子提出各种严苛的要求和限制，强调孩子对家长的绝对服从。在这种家庭中，家长习惯向孩子发号施令，很少从孩子的角度考虑问题。家长全然不顾孩子的感受，把自己的主观愿望强加到孩子身上，强迫孩子按照父母的意愿办事。当自己的指令没有达成或孩子没有完全按照自己的指令行事时，家长便会对孩子轻则责骂，重则体罚，孩子生活得苦不堪言。

通常而言，采用专制型教养方式的父母和孩子之间的关系比较紧张，孩子感觉不到父母对他们的爱。长期处于父母的高压管制下，孩子会从内心深处对父母产生惧怕。在这种教养方式下，由于父母过分地干涉，孩子的自我接纳程度较低，容易以消极、自卑、被动、否定的模式来评价自己，进而产生退缩、烦躁的心理，做事缺乏主见和自信心，对孩子的成长带来诸多负面影响。

4.民主型

采用民主型教养方式的家长给予孩子适当的关爱和适当约束，能尊重孩子，平等地对待孩子，倾听孩子的心声；在孩子需要帮助的时候给予贴心的帮助，能对孩子的各种要求及时做出合理的反应，让孩子能感受到来自父母的关爱和家庭的温暖。民主型的父母爱孩子但不溺爱，能对孩子提出各种适当的教养要求和适当限制，在孩子遇到困难的时候鼓励孩子积极面对和解决。

在民主型的教养方式下成长起来的孩子，身心能得到和谐发展，自我接纳程度高，自信心、自尊感和成就欲望都比较强，容易形成敢打敢拼的实干精神和创新精神。相对于其他几种父母教养方式，民主型教养方式是最有利于孩子健康成长的一种教养方式。

综上所述，为了使家庭的教养方式对孩子的成长产生积极的影响，家长要尽量使自己的教养方式向民主型转化。具体而言，家长要做到：

第一，理解尊重孩子，成为孩子的朋友。家长要尊重孩子的独立人格，作风民主，和蔼可亲。对孩子而言，父母既是长辈，也是教师和朋友。家长要学会理解和尊重孩子，站在孩子的角度考虑问题，走入他们的内心世界；积极参与孩子的业余爱好活动，尽量使孩子的生活更有意义和丰富多彩；尤其注意给孩子留面子，不要当着别人的面打孩子或训斥孩子，也不要当着别人的面唠叨孩子说过的错话或做过的错事，使孩子难堪。

第二，正确对待孩子的成败，多鼓励，少批评。家长要用发展的眼光看待孩子，鼓励孩子每一点微小的进步；善于发现孩子的长处，多看到孩子的优点，理解孩子所犯的错误。当孩子遇到挫折的时候，家长要与孩子站在同一阵线上，与孩子一道商量解决的办法，给孩子提供参考，而不是横加指责或者包办代替；在孩子承受失败带来的痛苦时，家长要对其进行心理疏导和恰当引导，让孩子以积极的态度面对失败，以客观的态度认识自己，增强自信心；当孩子在失败中想要放弃的时候，家长要及时给予激励，树立孩子的自信。

第三，让孩子学会独立自主。家长要尊重他们的各种需要，尊重他们的兴趣和爱好，鼓励他们表达自己的思想和感情；遇事多跟他们商量，多听取他们的意见；允许他们自己做主，允许他们做一些其他孩子可以做的事，允许他们独自完成某些事；尊重他们的观

点，允许他们与父母有不同的见解。此外，家长应多给孩子一些权利，让他们自己去选择；多给孩子一些机会，让他们自己去体验；多给孩子一些时间，让他们自己去享用；多给孩子一些空间，让他们自己去探索。

(二)家长教养方式对儿童身心发展的影响

在儿童的发展过程中，家庭是最初的课堂，父母是其首任教师。由于儿童的行为极具模仿性和依附性，因此，家长所采用的教养方式会对儿童的身心发展起到强烈而深远的影响。

1.家长教养方式对儿童社会化发展的影响

有研究显示，儿童期是个体社会化发展的最佳时期。而儿童的社会化发展首先是从家庭开始的。其中，家长的教养方式对儿童社会化有着举足轻重的作用。得当的教养方式能有效地促进儿童习得社会生活的基本行为规范，培养儿童的亲社会行为和正确的角色意识，帮助儿童建立起和谐的友伴群体。

家长采用不同的教养方式对儿童社会化的影响不尽相同。

(1)溺爱型教养方式对儿童社会化的影响

溺爱型家长对儿童高度接纳和迁就，却很少对其提出各种要求，也较少运用惩罚行为。此教养方式下，孩子与家长关系良好，但孩子由于得不到自主锻炼的机会，对家长过分依赖，缺乏自主性、独立性和创造性。此类孩子，尤其是男孩通常表现出冲动和攻击性，比较粗鲁、不顺从、专横，喜欢以自我为中心，缺乏与人交流的热情和技巧，走入社会后会出现各种不适应的状况，甚至会用极端的手段处理问题。见下面案例：[①]

10 月 18 日晚，云南省文山壮族苗族自治州广南县阿科乡中心学校发生恶性案件，3 名初一男生在校被人杀害。

经初步调查，受害学生是该校初一年级的 3 名当地男生，他们被锐器砍杀致死。初步确定犯罪嫌疑人是该校初二年级的男生张斌，已于 10 月 20 日晚落网。有关人士称，嫌犯近日在广南县城偷了手机，回来将此秘密告诉了 3 位好友，但后来不知为何此事被学校知道，学校准备处罚张斌。为此，张斌认为是 3 个好友告密所致，所以产生了报复的念头。

受害者家人和学校师生讲述了被害过程。10 月 18 日早晨 6 时许，从派出所逃出来后，早已“丧失理智”的张斌买了一把菜刀回到了学校，将正在准备上早操的韦世友骗出，径直从围墙缺口来到校外 100 多米远的田间，趁其不备举刀将其砍倒，而后连砍数刀致其丧命，随后将其掩盖在小沟的草丛里。回到学校的张斌没有收手。当天晚上 11 点多，他来到陆坤、陈立雨的宿舍，将两人砍死，其伤口都在后脑勺和脖颈上，有的刀伤特别深，几乎将脖颈砍断，何其残忍。流出的鲜血沿着床缝滴了下来。一开始，血滴到下铺同学的脸上，还以为上面有人撒尿；在喊叫多声没有答复后，打亮了手里的打火机，发现滴在脸上的是鲜血；起身推上面的人，无论如何也不醒，才发现出事了。

张斌的班主任农丕道在接受媒体采访时称：“家庭的溺爱，让这个孩子变得不爱学习，最终染上爱赶时髦、经常偷同学东西的恶习。”

---

① http://learning.sohu.com/20051102/n240646581.shtml

在这个偏远的山村里，一个农民的孩子每年只有两三套新衣服，而张斌每月都有两套。张斌的母亲称，只要张斌要钱，他们一般都给。有了钱的张斌经常结交社会上一些闲散人员到学校打架，钱花完了，就经常跟同学借，借不到了就偷。

自此，张斌的学习成绩下降很快，几次考试都是班上倒数几名。在他出事前的数学测验中，他翻书作弊，老师制止他时他还与老师发生争吵。老师将这些情况反馈到家长那里，家长表示要好好教育孩子，但后来，家长却对张斌连一句重话都没说。农丕道认为，是家长的溺爱和放纵致其最终走上犯罪的道路。

(2)放任型教养方式对儿童社会化的影响

放任型的家长对孩子管教较少，限制也少，孩子需被动地适应和学习各种社会规则。但是，由于得不到家长的正确引导，在此教养方式下成长的孩子对社会规范、道德认知遵守的意识很弱，而且对人冷酷，具有攻击性，自我控制能力差，很容易受到社会不良因素的影响。同时，这类孩子在处理情绪、情感、同伴关系上也存在着随意性的缺陷。这类孩子还因缺乏基本的与人交流和沟通的技巧，容易出现社会适应困难等现象。

(3)专制型教养方式对儿童社会化的影响

这种类型的家长对孩子过分严厉，奉行高压政策，要求孩子对自己绝对服从，严格监管孩子的各种行为，稍有不如意，就会对孩子实施各种形式的惩罚。家庭气氛凝重，亲子关系极不平等，家长与孩子缺少起码的交流，孩子没有说话的权利。这种教养方式破坏了良好的亲子关系，孩子的各种道德习惯和社会知识的获得完全取决于家长，他们更多的只是被动而无条件地接受。因此，其社会化缺乏自主的动机，在与人交往的过程中也缺乏积极性；对他人常常表现出既依赖、顺从又反抗、凶残的行为，遇到各种交往困难时会出现无助感和羞辱感，极不利于儿童社会化的正常发展。

(4)民主型教养方式对儿童社会化的影响

采用民主型教养方式的家长一般具有较高的民主意识，能给孩子创设平等、宽松的家庭环境，能尊重和理解孩子，所采用的教育方法比较温和，通常能与孩子建立起良好的亲子关系。据相关研究资料显示，在民主型教养方式下成长的孩子显得积极、主动、宽容、忍让、大方，能采用理智的成熟态度处理问题，能很好地规范自己的行为；在成长过程中，能更快更好地适应社会，能与同伴进行有效地沟通和合作，还具有较强的社会责任感和成就倾向。一言以蔽之，民主型的教养方式能对儿童社会化发展起到积极的促进作用。

2.家长教养方式对儿童个性心理发展的影响

在影响儿童个性心理发展的家庭诸因素中，家长教养方式显得尤其关键，对儿童心理发展的影响最大，也最直接。有研究表明，家长的教养方式对子女心理健康有相当的影响作用。[①] 良好教养方式下成长的儿童，容易形成良好的个性品质，而不当的教养方式易使儿童形成诸多不良的个性特征，甚至会导致人格障碍、神经症，严重影响儿童的身心健康发展。

(1)溺爱型教养方式对儿童个性心理发展的影响

溺爱型教养方式下，家长对子女事事关心，事事操心，孩子基本得不到锻炼的机会，对孩子个性的形成也有着不小的负面作用。一般来说，这些孩子依赖心理严重，独立性

① 辛方兴，王家同.高中生心理健康水平与父母教养方式关系的研究[J].第四军医大学学报，2007(21)：1982～1985

弱，性格胆怯、懦弱，自控能力弱。

(2)放任型教养方式对儿童个性心理发展的影响

放任型教养方式下成长的孩子，由于缺少家长的关爱，得不到家长及时、正确地引导，其个性的形成容易受到外界各种不良因素的影响，容易形成固执、偏激的性格，责任心缺失，难以建立和谐友善的人际关系，个性易出现明显的缺陷。

(3)专制型教养方式对儿童个性心理发展的影响

专制型教养方式对儿童个性的形成具有负面的影响。家长的惩罚、否认、拒绝，使子女缺乏真诚、宽容、热情、严谨、沉稳的特点，情绪容易极端且波动大，人际关系状况差，对人生和事业也缺乏信心和热情。①

(4)民主型教养方式对儿童个性心理发展的影响

在民主型的教养方式下，由于家长能给予孩子较多的情感理解，对他们良好个性品质的形成有着积极的促进作用。孩子表现为性格外向、善良，做事更加严谨自制，情绪稳定，处世态度积极自信。

此外，国内研究结果表明，家长的教养方式与儿童青少年的行为问题有着密切的联系。家长给予子女更多的关心和爱护，会在很大程度上降低子女出现行为问题的可能性；反之，家长在教养孩子的过程中如果过多地采用惩罚、干涉、过度保护等方式，则子女出现行为问题的可能性会大大增加。②

(三)家长教养方式的主要影响因素

家长的文化程度、职业、家庭完整程度、城乡差异等因素是影响家庭教养方式的重要原因。

1.家长的文化程度

文化程度是影响家长教养方式的一个重要因素。家长的文化程度可直接影响家庭的心理环境以及为子女提供的教育类型。一般而言，家长的文化程度越高，其家庭教育意识越强，接受科学教养方式的能力越强，教育态度上也更加积极主动，更善于捕捉子女的发展动态，所选择的教养方式更趋向民主型。受教育程度高的家长对教育子女更加自信，较少表现出溺爱、专制、忽视和惩罚等行为，更多的会采用说理的教育方式，尊重孩子，注重通过沟通的方式来解决家庭教育问题。

有研究显示，家长的文化程度会影响与子女情感沟通和交流方式，以及攻击行为的发生。③ 家长的文化程度越高，越善于与子女进行情感沟通，就越能理解子女的想法。而母亲的文化程度更是会直接影响儿童反社会行为的发生。家长文化水平越高，儿童发生行为问题的几率就越低，反之则会升高。

2.家长的职业

家长的职业与教养方式存在一定程度的相关。家长的职业类型往往预示着不同的社会地位、工作条件和家庭物质生活，这些因素会直接影响家长的自尊、价值观、行为方式，转而影响家长对子女的期望和教养方式，从而对子女身心发展产生各种影响。一般

---

① 王娜.父母教养方式对青少年人格影响作用的研究[J].湖北教育学院学报，2006(9)：87～88

② 蒋奖.父母教养方式与青少年行为问题关系的研究[J].健康心理学杂志，2004(1)：72～74

③ 张智，李雪瑜，马薇.教养方式及父母文化程度对幼儿行为问题的影响[J].中华医学与健康，2006(2)：4～7

而言，家长的职业越是稳定，其职业认同感越强，收入越高，其教养方式则会越固定且科学。这也是从事公务员、教师、医生、律师等职业的子女身心发展更加和谐，生活更加幸福的重要原因。反之，职业不固定，整天为生计奔波的父母迫于生活压力，更多关注挣钱"养家糊口"的问题，少有时间和精力去关注教养方式对子女成长的影响。因此，他们的教养方式一般都偏向放任型，教育手段也相对简单粗暴，对子女的成长会产生诸多消极影响。

3.家庭是否完整

国内有研究显示，离异家庭儿童的行为问题检出率高于完整家庭。由于离异家庭中承担养育责任的更多的是母亲，因此，儿童行为问题的产生和母亲不良教养方式关系密切。母亲的教养方式和情感表现越消极，儿童的行为问题越容易发生。①

在离异家庭中，单亲母亲经历了重大生活变故，承受着极大的心理压力，导致她们自我效能感低，情绪极度不稳定，容易受到激惹。② 母亲的消极情绪必然会以各种形式转嫁到子女身上，降低家庭教育的正常职能，各种亲子冲突也会出现。另外，有研究显示，母亲的婚姻质量制约着母亲对待孩子的方式。③ 离异母亲由于独自肩负工作和家庭两重重担，会降低母亲对家庭教育的耐心和积极性，教育方式更容易走上极端化，要么对孩子言听计从，用溺爱的方式来弥补家庭缺陷；要么对孩子放任自流，忽视孩子的各种身心发展需要。

此外，离异家庭环境中成长的儿童也会由于特殊的家庭环境产生各种心理问题，他们更容易因为担心失去父母的爱而陷入不安、无助和内疚，容易出现各种情绪和行为问题，使亲子交往变得困难。有研究显示，离异家庭的儿童在智力、同伴关系、亲子关系、情绪障碍、自我控制和问题行为等方面，与完善家庭的儿童相比，存在显著差异。④ 儿童自身的不良行为会进一步诱发家长不良教养方式的出现，最终形成恶性循环。父母教养方式上的缺陷直接导致众多在离异家庭中生活的孩子身心发展不及在正常家庭中成长的孩子。

4.城乡差异

尽管当前我国城乡差异在逐步减小，但在家庭教育，特别是家长教养方式上仍然存在着差异。存在城乡差异的最大因素在于逐渐扩大的民工潮对家庭教育的影响。不少农村的年轻父母走出农村到城市打工挣钱，由此产生的隔代教育、留守儿童等问题成为社会关注的焦点。这些父母无法保证与孩子共同生活，把教养孩子的重任放在祖父母身上，在教养方式上更多地选择一种消极的放任型教养方式。

有研究显示，总体而言，农村家长和城市家长在教养方式上存在显著差异。城市家长对子女的约束多于农村家长，农村家长的情感温暖少于城市家长。⑤ 此外，城市家长对孩子情绪情感的关注多于农村家长，他们更趋向于从孩子的角度看待教育问题，也更理解孩子的行为。城市家长偏向对孩子的保护和干涉，而农村家长对孩子更多的是否认、拒绝。同时，农村家长更容易出现家长双方教育方式不一致的情况。

---

① 郑名.离异家庭儿童行为问题与母亲教养方式的研究[J].中国特殊教育，2006(3)：38～40

② 张文新.儿童社会性发展[M].北京：北京师范大学出版社，1999.25

③ 张文新.儿童社会性发展[M].北京：北京师范大学出版社，1999.117

④ 王敏，张振松.父母的教养方式对子女心理素质的影响[J].文教资料，2006(4)：125～126

⑤ 卢清等.城乡幼儿父母教养方式比较研究[J].内江师范学院学报，2007(1)：146～148

综上所述,家长的教养方式对儿童身心发展具有非常重要的作用。在不同的教养方式下成长起来的儿童,会在身心各方面出现诸多差异。作为家长,有必要为孩子的成长提供一个相对宽松、民主的教育环境,使孩子既能体验到家长的关心,又能尊重家长的权威。而要实现教养方式的科学化,必须要求家长提高自身素质,转变教育观念,加强对家庭教育相关知识的学习,积极为孩子的成长营造一个良好的家庭氛围,构建良好的亲子关系,为孩子的身心和谐发展提供有利的条件。

二、亲子关系

亲子关系是以血缘和家庭共同生活为基础,主要体现为抚育、教养、赡养等基本内容的一种人际关系。亲子关系不仅是个体发展过程中接触最早,同时也是影响时间最长的一种关系。

亲子关系对儿童青少年的健康成长有着重要影响。儿童的攻击性、社会抑制和退缩,以及社会责任感倾向等与亲子关系密切相关。亲子关系与儿童青少年情绪和情感的发展呈正相关。一般而言,良好的亲子关系有利于儿童青少年形成初步的情绪调控能力。

家庭教育是以亲子关系为中心的教育。家庭教育能否顺利进行,取决于亲子关系处于何种状态。同时,亲子关系是儿童青少年人格形成的极其重要的因素,直接影响其行为、心理健康、人格特征以及智力和学业成绩。

(一)我国亲子关系发展现状及问题

在家长制盛行的中国封建社会,亲子关系是不平等的。父母,特别是父亲在家庭中拥有决定的权力,子女则需无条件地服从家长的意志。在这种亲子模式中,子女无独立人格可言,大事小事都是家长说了算。

当代社会,亲子关系已经发生了根本性的变化,形成了民主平等、相互尊重的亲子关系。子女不再依存于父母而生存,家长也不再享有对子女绝对的权利,亲子关系总体上趋于和谐。可以说,这是我国亲子关系发展进程中的一个重大进步。

1.我国亲子关系发展的现状

(1)孩子成人前亲子互动频繁,亲子关系朋友化

随着我国独生子女政策的深入推进,核心家庭成为了当今主要的家庭模式。在这种家庭中,由于父母只承担一个子女的教育责任,相应的教育子女的时间和精力更加充裕,有充分与子女之间接触的时间,更加注重与子女间的各种形式的交流和沟通,故亲子之间的相互交往显得频繁而多样化。

此外,由于大多数家庭接受并采纳了民主型的教养方式,父母和子女之间的关系趋于平等,更多的父母愿意以平等的朋友身份介入孩子的生活,与孩子一起分担成长中的快乐,解决成长中的各种烦恼;而孩子也更容易接受这一改变,面对父母,他们不再诚惶诚恐,而是乐于以伙伴的方式向父母倾诉自己的体会和困难。这无疑会使亲子之间的关系更加密切,对构建良好的亲子关系有着积极的作用。

(2)在亲子关系中偏重孩子

由于我国推行的独生子女政策,现今绝大多数家庭只有一个孩子。因此,家长都非常重视对孩子的教育教养问题。面对一个孩子,整个家庭的重心都倾向了孩子。“一切

为了孩子,为了孩子的一切”不仅是很多幼儿园的口号,也成了很多家长的行事原则。

为了给孩子提供一个良好的成长环境,父母不惜花费大量的时间、金钱和精力,全心全意地为孩子付出一切。在这种形势下,孩子一般都能得到很好的身心成长环境,对父母的依恋程度一般也高,能与父母建立良好的亲子关系。但是,如果家长对孩子过分偏重,不但不能取得预期的效果,反而会给孩子的成长带来诸多负面影响。

(3)对孩子的期望偏高

“只许成功,不许失败。”这句话如今成为很多父母的教育信条。面对日益激烈的社会竞争,父母都希望自己的孩子能立于不败之地。因此,在孩子的教育方面父母可谓是费尽心思。现在,不少孩子很小就在家长的陪同下参加各种兴趣班、特长班,希望通过这种形式的学习提升其素质,增强其社会竞争力。面对孩子的各种生活和学习上的要求,父母也是倾其所能地加以满足。父母对孩子的全力投入在很大程度上导致其对孩子的期望偏高,而这种高期望会给孩子的成长带来不小的压力,甚至会导致亲子关系紧张,冲突频繁。

2.我国亲子关系存在的主要问题

当前,我国亲子关系不可避免地面临着如亲子关系疏离、亲子矛盾等诸多现实问题。

(1)孩子成人后亲子关系疏远

随着我国独生子女政策的推行,传统的“三代同居”“四世同堂”的家庭模式逐渐被“三口之家”取代,“父母在,不远游”的观念也逐渐淡漠。许多独生子女成人以后因为工作的需要不得不远离父母,或多或少地疏远了与父母之间的关系。

由于大多数家庭只有一个孩子,致使整个家庭重心有意无意地向子女倾斜,由过去传统的“以孝为本”转向以子女为中心,出现了“敬老不足,爱幼有余”的现象。在这样的亲子关系下成长起来的年轻一代,早已习惯无条件地从父母身上索取各种所需,而很少考虑子女应该为家长做些什么。父母在完成了对子女的教养任务,将之培养成人之后,子女不但不尽孝道,甚至反而“啃老、弃老、虐老”,使亲子关系出现严重倾斜,导致很多不和谐状况的发生。

(2)亲子冲突加剧

亲子冲突是指亲子双方的不一致。这种不一致既体现了双方目标的不一致,同时双方也知觉到了这种不一致,并且以言语或非言语的方式表现出来。

导致亲子冲突的原因是多种多样的。在经历第一叛逆期和第二叛逆期的儿童青少年,由于身心的剧烈变化,充满了内部和外部冲突,对原有家庭教养方式的认同感降低,亲子冲突不可避免。此外,随着儿童青少年认知的不断发展,对家长的角色认知的重构,他们逐渐以看待朋友的方式来看待家长。如果家长不接受这种平等的关系,必然导致亲子冲突。

在当今社会,亲子冲突的发生率远远高于传统的封建社会。究其原因,主要是由于当代家长更多地采用民主的教养方式,子女与家长以平等的关系相处,相应的各种矛盾也更容易显露。

(3)家长亲子观念存在偏误

亲子关系的建立在很大程度上取决于家长的素质,其中又以家长的亲子关系理念为最。家长是进行家庭教育的组织者、实施者,是儿童青少年成长环境和教育的直接提供者，在亲子关系中起着主导作用。我国许多家庭由于受到传统思想、社会竞争压力等因素的影响，家长的亲子观念存在诸多偏误。

这些偏误主要表现为：父母不了解孩子身心发展的特点，想当然地对孩子进行学习和生活规划，导致亲子关系紧张；父母对孩子的期望值偏高，给孩子带来巨大的身心压力；父母教育态度不一致给孩子带来的认知冲突。父母存在的这些理念上的偏误会给孩子的身心发展带来诸多负面影响。

（二）影响亲子关系的主要因素

亲子关系主要受父母，尤其是母亲的各种因素的影响和制约。如，文化素质、职业、社会经济地位、性格和教养方式，以及家庭的完整程度等。此外，婴儿早期的经验，儿童本身的气质、性格等对亲子关系的建立都会产生各种影响。

1.性别角色

德国学前教育家福禄倍尔早在19世纪上半叶就指出："国民的命运，与其说是操控在掌权者手中，倒不如说是掌握在母亲的手中。"[①]日本早期教育专家木村久一也曾说过："教育应当是从改造母亲开始。"近年来，不少研究者都将研究的目光集中在父亲、母亲之间的性别差异对亲子关系的影响方面。结果发现，父亲、母亲与子女之间的亲子关系存在较大差异，二者在对待子女的方式、对子女的关心程度、与子女的关系等方面都存在显著差异。

受到中国传统家庭形态的影响，父母在家庭角色上通常是"慈母严父"的模式。当前社会竞争的加剧，父亲更多地承担外出挣钱养家的重任。在教育子女方面，母亲相对父亲更注重与孩子进行沟通，对孩子给予更多的慈爱和关怀。通常情况下，子女与母亲的关系更加亲近、融洽。由于母亲和子女的关系比较亲近，接触的时间也更多，所以彼此之间发生矛盾和冲突的几率也会相应增加。因此，在家庭亲子关系中，母亲扮演了极其重要的角色，与子女的关系更加密切，也更容易与子女产生各种摩擦和冲突。

就子女的性别而言，一般女儿与父母之间的关系亲密程度较儿子高。女儿即使成人结婚之后，也能与父母保持良好的亲子关系。但同时，女儿与父母的冲突多于儿子与父母的冲突。

在家庭亲子关系中，无论是父母还是子女的性别都与亲子关系的密切程度存在较大的差异，这也是决定亲子关系的一个重要的因素。

2.家长的文化素质、职业和社会经济地位

家长的文化素质、职业和社会经济地位也是决定家庭亲子关系的一个重要因素。一般说来，家长的文化程度越高，越懂得孩子的身心发展特点，越能了解孩子的各种需要，更具与孩子沟通的技巧，也更容易建立和谐的亲子关系。反之，家长的文化素质越低，所采用的家庭教养方式越偏向于简单粗暴，对孩子各种需求的关注能力也偏低，缺乏与孩子进行沟通的能力和技巧，不能了解孩子的发展状况，容易出现各种亲子问题和冲突。

此外，家长的职业和社会经济地位也是影响亲子关系的一个重要因素。有研究显示，家长的教养行为会受到贫穷的影响。低收入家庭中，家长更可能使用严格控制或暴力独裁的方式对待孩子，且对孩子成长提供较少的支持，更严重者可能还会对子女施加

① 焦健.合格家长素质简论[J].中华女子学院学报，1998(2)：50～53

各种暴力手段，甚至虐待子女。[①] 可以说，处于较低社会经济地位的家长很难与子女建立健康和谐的亲子关系。另一方面，如果家长的工作过于忙碌而疏于对子女的教育和管理，即使他们有着较高的社会经济地位也难以与子女建立良好的亲子关系。

一般而言，经济地位较高的家长在教养孩子面能尊重其独特的个性和人格特征，以沟通的方式解决问题，能更敏锐地观察到孩子的各种生活学习的需求；而经济地位较低的家长则更多要求孩子的服从，在教养方式上更趋向于选择权威专制的方式，更多地关注孩子身体成长的各种需求，而其心理需要则少有关注。

3.家庭的完整程度

随着当前单亲家庭、继亲家庭的不断增多，不完整家庭的数量呈不断上升的趋势。由于离异、父母一方身亡或未婚生子等情况而导致家庭的不完整，会给亲子关系的建立带来诸多负面影响。

在离异家庭和未婚生子家庭中，孩子由于得不到父母完整的爱，加之外界环境的影响，有的孩子会变得自卑、自闭，不愿意与他人甚至父母进行交流，家长也难与之建立和谐的亲子关系。而另一些处于这种家庭环境中的孩子，可能会对与之共同生活的父亲或母亲产生极度的依恋情结，严重者还可能出现恋母情结或恋父情结之类的心理问题。也就是说，在单亲家庭中，家庭成员的残缺会影响父母的教养方式，进而在一定程度上影响子女认知、个性、人格、情绪、情感等方面的发展。由于子女身心发展的不和谐，与父母构建和谐亲子关系的可能性大大低于正常家庭环境中生活的孩子。

在继亲家庭中，孩子本能地认为应该对其生身父母忠诚，如果他们接受或忠诚于继父母则意味着对生身父母的不忠诚。因此，他们往往对继亲充满敌意。同时，作为继父母，他们对继子所投入的情感有限，较少与继子进行心灵的沟通，害怕因与继子产生矛盾和冲突而影响家庭关系，一般就得过且过。总体而言，在继亲家庭中，父母和孩子之间较难建立和谐健康的亲子关系。

4.孩子婴儿期的经验

孩子的早期经验在其身心发展中是无法改变的，影响可能波及终身。良好亲子关系的建立从孩子一出生就开始了。婴儿的某些本能反应，如哭、笑、生理需要等，如果能激起家长的反应，那么彼此之间身体和情感的交流可逐步建立起亲子感情。如果孩子从婴儿期开始就能从家长身上得到充足的爱和关注，他们会逐渐对家长产生依恋，这对于亲子关系的建立有着积极的作用，而这一婴儿期的经验将会对日后亲子关系的不断巩固和加强提供强有力的保证。

5.孩子的性格和气质

儿童青少年的气质和性格与其依恋行为间存在一定的相关。性格外向活泼的孩子能适当地将其需要和心理状况表达出来，主动与家长交流沟通，在一定程度上有效地促成了良好亲子关系的建立。而那些性格内向孤僻的孩子，不愿意与人交流，遇到事情往往喜欢深埋心中，家长不能及时了解其内心需要，亲子交流的缺乏可能会使和谐亲子关系的建立更加困难。

此外，影响亲子关系的因素还包括子女的年龄。一般而言，随着子女年龄的增加，与

---

① Bamrind, D.The social context of child maltreatment. Family Relation, 1994(4)

家长之间的亲子关系也越加牢固。而亲子关系也存在一定的城乡差别，城市生活的家长与子女的亲子关系普遍要好于农村家长与子女之间的亲子关系。

（三）亲子关系对孩子成长的影响

1.亲子关系与孩子的身体成长

亲子关系是影响儿童青少年身心健康成长的重要因素。对儿童青少年的身体发育而言，如果亲子关系和谐，家长更容易敏锐地洞察孩子身体生长发育的变化，对孩子的各种身体成长需要给予适当满足，也更容易给孩子身体的健康成长提供一个和谐的家庭环境，促使儿童青少年健康成长。反之，如果亲子关系恶劣，家长对孩子的各种身体发展需要不闻不问，则可能导致孩子的身体发育出现各种问题。

2.亲子关系与孩子学业成绩

良好的亲子关系不仅给孩子提供物质生活的保证，更重要的是为孩子提供心灵上的安全感和抚慰感。哈罗（H.F.Harlow）的实验[①]就很好地证明了这一点。

哈罗的实验是将不同年龄的小恒河猴和它们的母亲分开长短不同的一段时间，用两种模型作为代理的或装扮的“母亲”来抚养小猴：一种是绒布缝制的猴形妈妈，另一种只是用光秃秃的铁丝网编成的“猴妈妈”。实验发现，几乎在所有的时间里，小猴都偎依于绒布妈妈身边，而只有当寻找食物时，它才短暂地去铁丝网妈妈那儿。这表明在生理上对食物的需要和心理上的接触安慰是分离开的，而且这两种需要能从不同的物体上得到满足。所以，亲子联结并非像哈罗做实验之前人们普遍认为的那样，仅仅取决于食物强化，而更多的是取决于由母亲的身体提供的接触安慰。

在亲子关系中，一个重要的情感特征就是孩子对父母特别是母亲的依恋。这种依恋是婴幼儿健康成长的一个至关重要的环节，是他们发展各种社会情感的基础。婴儿对母亲的依恋一般在五六个月至九个月就明显地表现出来，在一岁半至两岁半达到顶峰。孩子的这种依恋情感对增进亲子关系有着积极的促进作用。Vondra 等人认为，亲子依恋能为儿童提供安全感和自我效能感，儿童在其他社会情境中满怀信心和胜任力地去参与。[②] 因此，亲子依恋水平较高的儿童一般能对学习抱有较高的兴趣和热情，取得较高学业成绩的可能性更大。但是，又有研究显示，父子依恋与小学儿童的学业成绩不存在明显相关，而母子依恋与小学儿童的学业成绩相关和偏相关都很显著。[③] 也就是说，良好的亲子关系是促成孩子产生对父母依恋情感的基础，而孩子对父母特别是母亲的依恋情感有助于提高其学业成绩。反之，不良的亲子关系则可能导致孩子出现各种程度的学习障碍。

有一位小学生（女）看起来并没有智能缺陷，在各方面的发展都属较平衡的，但是她的学习成绩却很差，常常在 60 分以下。妈妈非常着急，为了让女儿学习成绩尽快提高，她不惜重金为女儿请了语、数、外三个家教，轮番对她辅导。但是，一个学期结束以后，女

---

① 张艳.亲子关系在儿童人格成长中的影响[J].职业圈，2007(6)：64～65

② Vondra J.I，Barnett D.A typical attachment in infancy and early childhood among children at developmental risk. Monographs of the society for research in child development[J].1999，64(3)

③ 张连云.社会关系与小学生学业成绩的关系研究[J].上海教育科研，2008(5)：36～38

儿的学习成绩不但没有提高，相反还出现了一个奇怪的症状：只要一拿起书本头就发晕。此外，她还拒绝与辅导老师进行语言交流，以至于辅导老师认为她是个奇怪的孩子。

妈妈为她的"头晕"症曾领她去医院仔细地检查过，也没有得出什么结论。后经心理咨询，她才说出，妈妈在她上小学低年级时，为她的"学习不用功"曾经很暴力地打骂过她。在不涉及器官疾患的情况下，这种症状被称作转换反应或臆病。这类与压力相关的身体障碍，被美国心理学家詹姆斯·O·卢格称作"心理社会的身体障碍"。他提出，作为少年儿童的照料者，我们必须留神这类障碍是否得到正确的诊断，过度的和长期的情绪压力的原因是否被排除了。①

3.亲子关系与孩子的心理健康

亲子关系对儿童心理健康有着重要影响。父母是孩子最好的老师和榜样，其一言一行对孩子有着莫大的影响。孩子往往会从家长对待他们的态度中去掌握最初的与人交往之道。在与家长交往的过程中，孩子的各种心理需要得到满足，各种心理困惑得以解决。良好的亲子关系能为孩子心理的健康发展提供和谐、宽松的心理环境，对他们的心理健康起到积极的促进作用。

可以说，如果父母之间、亲子之间关系和睦，家长能以平等的态度保持与孩子之间的亲子交流，体察孩子身心的各种变化并对其进行关注和调试，孩子的心理便能得到健康的成长。反之，在紧张、不和谐的家庭氛围中，孩子缺乏安全感，对家长缺乏信任感，容易产生各种消极的心理影响，导致其形成敌对心理，在与人交往的过程中，容易形成多疑、猜忌的性格，难与人和睦相处。

有研究显示，亲子关系和谐，对家长教养方式满意，能与家长平等沟通的初中生心理健康水平较高；而亲子关系不和谐，对家长教养方式不满意，与家长不能进行平等沟通的初中生心理健康水平较低。② 这充分反映出亲子关系是影响儿童青少年心理健康的重要因素之一。

4.亲子关系与孩子的社会行为

亲子关系与儿童的行为有着一定渊源。相关研究表明，儿童的攻击性、社交抑制和退缩以及社会责任感倾向等与亲子关系密切相关。③

孩子最初的各种社会行为都是在家庭环境中，对家长各种行为的耳濡目染下习得的，家长的言行举止对子女社会行为的养成有着至关重要的影响。而健康的亲子关系则对孩子良好社会行为的养成提供了心理环境的支持和保证。在与家长的亲子交流中，家长的行为方式和处世原则会深深影响孩子的社会行为。亲子关系，尤其是依恋关系对孩子社会行为的养成有着极其重要的影响作用。

有研究证明，儿童的行为问题与婴儿期的不安全依恋有着密切关系，不安全依恋与儿童的攻击性行为之间有着很高的相关水平。很多研究者认为，不安全依恋及其相关因素似乎是儿童反社会行为的前提条件。此外，依恋关系也被认为是学龄儿童适应不良和

① http://www.xlzxzx.com/list.asp? id=2701&key=1

② 李晶，杨本付，陈莉，刘根义，刘慧.亲子关系对初中学生心理健康的影响[J].济宁医学院学报，2005(3)：28～29

③ 陈欣银，李正云等.中国儿童的亲子关系、社会行为及同伴接受性的研究[J].心理学报，1995(3)：329～336

行为问题的重要影响因素。[①]

由于当前我国儿童攻击性行为的发生率呈逐年上升的趋势，儿童攻击性行为现在已经成为了很多家长和教育者关注和研究的重要内容。我国研究者研究发现，在2～3岁时，儿童的攻击性行为常常在家长使用权威方式反对他们的活动之后出现。[②] 在亲子关系中出现的各种矛盾，如果父母特别是父亲用专制的方式进行解决，则会造成孩子攻击性行为的萌芽。也即是说，不良的亲子关系可能对孩子产生攻击性行为起推动作用。反之，若是亲子关系和睦，特别是母亲与孩子之间的关系和睦，则会对孩子各种反社会行为的产生起到显著的消退作用。

在儿童青少年亲社会行为的培养中，和睦、友善、融洽的亲子关系能促进其发展。来自家庭的温暖和关爱，一方面使儿童青少年的身心健康成长有着环境保证，同时也使儿童青少年逐步认同这种行为方式，并用同样的方式对待他们身边的每一个人，最终形成稳定的亲社会行为。

（四）建立良好亲子关系的技巧

作为家长，要重视亲子关系对整个家庭教育的影响，用心打造适宜孩子生活学习的亲子关系，而这就需要家长了解和掌握其中的技巧。

1.更新观念

现代社会瞬息万变，家庭也要积极顺应这一现状，用新的思维和手段来处理亲子关系。家长要能更新家庭教育、亲子关系的有关观念，正确审视自己的意识、做法，科学把握孩子身心发展的规律，对子女的成长提出合理的要求，寻找与其进行沟通的适当方式，并用孩子能够接受的方式方法处理各种亲子关系发展中的问题和矛盾，使其与孩子之间建立起和谐、良好的亲子关系。

父母首先要提高自己对家庭教育及亲子关系的认识，树立新的“儿童观”“教育观”；要学会尊重孩子，平等地对待孩子，倾听孩子的各种心声，而不是一味地发号施令；要学会以一颗平常心去看待孩子的每一次成功和失败的经历。在孩子面前，父母无须永远正确、成功、愉快，不要害怕对孩子承认自己的失败和错误。也就是说，父母要摆正自己的角色地位，平等地面对孩子。只有这样，父母与孩子才能建立起真诚、和谐的亲子关系。

2.“言传”与“身教”并重

父母在孩子的一生成长中，所起到的巨大作用是毋庸置疑的。父母不仅是孩子学习和生活环境的提供者和支持者，更是孩子成长的积极参与者。在孩子成长的过程中，父母在日常生活中的一言一行，都对孩子的身心发展有着各种不可估量的潜移默化的作用。父母的观念、态度、情感是构成和谐家庭、良好亲子关系的主导因素。

心理学家通过对父母“言传”与“身教”二者作用的比较，发现它们在孩子成长过程中的地位同等重要。“言传”固然能直接指导孩子的言行举止，但“身教”也同样能在潜移默化中影响孩子。每个孩子都在不断地学习，目的是掌握成年后独立生活时面对各种挑战的技巧。家长是他们最重要和最信赖的老师。孩子绝大多数的基本行为和心理模式都是模仿家长而得，家长不仅仅是他们模仿的样板，更是他们求救的对象。家长的“身教”

---

① 胡平，孟昭兰.依恋研究的新进展[J].心理学动态，2000(2)：26～32

② 申继亮.当代儿童青少年心理学的进展[M].杭州：浙江教育出版社，1993.298～301

能很好地满足孩子的各种学习需求，提供学习模仿的素材，为孩子的成长提供坚实后盾。

因此，要打造和谐的亲子关系，须重视家长"言传""身教"对孩子身心健康成长的重要影响。家长不仅要重视用科学的态度和方法对孩子实施家庭教育，同时更要注重自己的言行对孩子所产生的巨大教育作用。

3.学会亲子沟通

成功的亲子沟通不仅能使孩子更听父母的话，父母能更好地引导孩子做出良好的行为，还能增进家长和孩子之间的感情，促使孩子更好地成长。要促成良好的沟通，父母需要学习和掌握亲子沟通的技巧。

首先，父母要尊重孩子。平等地对待孩子，把他们看作一个有独立思想和主张的个体，满足他们被尊重的心理需要，进而让他们产生被认同的感觉，在思想上放松，积极与家长进行沟通。其次，父母要学会倾听。积极地倾听是保证亲子沟通获得良好效果的重要条件。在表达自己的意见和建议之前，父母要耐心冷静地倾听，然后站在孩子的立场，设身处地地去了解感受，之后再做出判断，这样不仅能使父母的行为更加的适当，还会增强其说服力。再次，以宽容之心鼓励孩子表达自己的心声。由于生活环境和时代的不同，父母和孩子之间可能存在"代沟"。在倾听孩子的表达时，会发现很多奇怪的、不可思议的想法、打算，父母可能一时半会儿接受不了。但是，一定要记住，用宽容之心去包容孩子各种奇特的想法和做法，鼓励他们积极表达自己的所想所感。只有这样，父母才能掌握孩子的真实发展状况。最后，父母要积极与孩子进行交流分享。很多父母关注孩子每天的成长，常常问孩子一天做了什么，学到了什么，却很少与孩子交流自己每天的际遇。如果家长能与孩子交流每天的所得，分享你的开心与不开心，能使亲子沟通的效果更好。

打造和谐的亲子关系并不是一朝一夕就能实现的，需要父母和孩子共同合作完成。良好的亲子关系能对孩子的身心发展起到积极的促进作用。作为父母，需要提高自身的综合素质，掌握促进亲子关系的各种技巧，做生活中的"有心人"，仔细、耐心地观察孩子的发展动态，用爱去感染和教化孩子，让孩子充分体会到来自父母的关心。逐渐地，父母会感受到孩子脸上的笑容更多了，家庭关系更和睦了，家庭也变得更加温馨了。

【思考与运用】

1.简述家庭环境与社区环境对学前儿童身心发展的影响。

2.家长的教育观、儿童观和价值观对家庭教育有何影响？作为新时代的家长应树立怎样的教育观、儿童观和价值观？

3.如何提高家长的教育能力？

4.家长的教育能力和孩子身心发展有何关系？

5.不同教养方式下生活的孩子身心发展有何区别？要想构建和谐的家庭关系，作为家长应采用怎样的教养方式？

【本章相关学习资源】

1.蔡春美，翁丽芳，洪福财.亲子关系与亲子教育[M].台北：心理出版社，2006.

2.孙云晓.关系好坏决定教育成败[M].广州：广东省出版集团新世纪出版社，2009.

3.方建移，何伟强.家庭教育与儿童社会性发展[M].杭州：浙江教育出版社，2005.

4.中国家庭教育在线 http://jia.cersp.com/

第四章　家庭教育的目的、基本原则和一般方法

第一节　家庭教育的目的

家庭教育是人生教育的基础工程，是影响个体终生发展的教育。虽然家庭教育的目的会因为家长、家庭环境和社会环境的不同而表现得纷繁复杂，但从一般意义上说，家庭教育的基本目的应当是培养体、德、智、美、劳和谐发展，心理健康，人格完善，能适应社会需要，能够从社会生活中获得健康快乐和主观幸福感的人。

一、促进孩子体德智美劳诸方面和谐发展

从宏观上讲，我国的基本教育方针是培养青少年在体、德、智、美、劳等方面全面发展。作为整个国民教育体系中的重要组成部分，家庭教育的目的也应当与我国的基本教育方针相一致。

从中观上讲，家庭进行人口再生产的一个基本目的是希望家庭获得社会的认同，并以此为基础，从社会获得物资和精神需要的满足，让家庭成员获得幸福感。满足和幸福感的获得，家庭成员要适应社会需要，体、德、智、美、劳全面发展是最应当具备的基本条件。

从微观上讲，孩子长大成人后，参与社会竞争的基本条件也是体、德、智、美、劳等方面的素质。家庭教育在促进孩子全面发展方面有着学校教育和社会教育都难以达成的"奠基"作用。家庭是孩子成长的摇篮，是孩子人生的第一课堂。家庭教育因其关系的终生性、情感的独特性、方式的灵活性等特点，使体、德、智、美、劳教育显示出随意性、轻松性、潜移默化性、持久作用性等特点。

家庭教育的内容包含孩子身心发展的方方面面，但是最基础、最重要的是如何为孩子打造一个健康的身体。身体健康是孩子成长的先决条件，是个体活动的力量源泉，是成人和成才的基础与保证。

道德品质教育不仅是学校教育的重要责任，更是家庭和家长的责任。家庭教育首要的目的是"人的教育"。世界著名音乐家贝多芬说过："把'德性'教给你们的孩子，使人幸福的是德性而不是金钱，这是我的经验之谈。在患难中支持我的是道德；使我不曾自杀的除艺术外，也是道德。"[①]越来越多的人已经认识到，一个没有道德感的人，就算拥有再多的金钱和知识，也很难得到真正的幸福。因此，作为家长，必须要对孩子进行道德教育。教育孩子怎样做人，使孩子成为品德高尚、有益于社会的人。

---

① http://www.teachercn.com/2004/6—30/155130.htm

智力的发育发展是个体参与改造自然、改造社会的重要条件。学校教育虽然承担着系统智育的主体责任，但实践证明，一个人智力形成的基础是家庭奠定的。而且，一个人智力发展的条件也与家庭有着密切的关系，知识的接受和运用也离不开家庭的影响。①父母不但教育孩子怎样做人，还要培养孩子成才，要注重孩子智力的开发，把孩子培养成国家的有用之才。

我国著名儿童心理学家、北京师范大学教授林崇德先生曾说过："美育是通向智育和德育的桥梁。"教育家别林斯基也认为："美是道德的亲姐妹。"家长通过自身较高的审美素养和人生修养，在日常生活中有意无意地去感染孩子，影响孩子，达到对孩子进行审美教育的目的。而劳动教育作为家庭教育的一个重要方面，对于培养孩子的独立性和自主性有着极大的帮助。

需要注意的是，家长在认识和处理这几者之间的关系时，尤其要正确认识和处理好德育和智育的关系，也就是孩子成人和成才的关系。司马光曾说："才者，德之资也；德者，才之帅也。""才"是实现人生价值的重要条件；"德"是统帅，是灵魂，是方向；两者之间相互依存，相互渗透，相互促进。只注重孩子智力的培养和开发，忽视德育等其他几个方面的培养和教育是不符合时代发展对人才培养的需求的。有"才"无"德"就会失去灵魂，迷失方向，甚至会成为有害于社会、家庭的人。

总之，体、德、智、美、劳这几者之间，哪一方面都不可或缺，他们之间是相互渗透，相互影响，有机结合，共同产生作用的。家庭教育要力求让孩子体、德、智、美、劳几方面全面和谐发展，齐头并进，全面提高孩子的主体素质，将孩子培养成为德才兼备的、符合未来社会需要，能从社会获得健康与快乐的人。

二、塑造孩子健康的心理和完善的人格

心理学家认为，幼儿期及儿童期是培养孩子健康心理的黄金时期，孩子的性格、情感以及各种行为习惯、行为模式等，都是在这一时期奠定基础的。如果能让孩子通过家庭教育形成良好的心理品质，形成良好的人格特质，对于他们将来参与社会的合作与竞争是大有裨益的。人民教育家老舍先生在怀念母亲时曾说过这样一段话："从私塾到小学，到中学，我经历过起码有两百位教师吧，其中有给我影响最大的，也有毫无影响的。但是我的真正的老师，把性格传给我的，是我的母亲。"②

孩子健康心理的形成和发展很大程度上受家庭教育的影响和制约。家庭教育可以影响甚至决定孩子的人生观和世界观，影响甚至决定着孩子以后的需要、兴趣、动机、理想等心理或人格因素，影响着这些因素的协调、平衡与发展的水平。

从小心理和人格品质发展好的孩子，长大后往往会对社会、他人和生活更有热情，会更加热爱社会生活，会更能够发展出与自己角色相适应的社会参与能力和社会生活能力；会更能够客观地知觉社会，更能够因时、因地、因情境地顺应、构建和改变社会关系或社会情境；会更能够准确地从他人的言语、行为中体察其思想、愿望和感受，在社会生活中的共情能力和交际能力会更强。

---

① 沈建国.论家庭对个人素质发展的影响[J].云南社会科学，1988(5)：20～25

② http：//edu.hinews.cn/page.php? xuh＝14200

在家庭教育中形成良好心理品质和人格特征的孩子，往往更加具有认识、情感和行为的自我协调性，能更客观地形成自我认识，构建起更为积极的自我态度，这包含三层意思：首先是有自觉的自我认识，且这种认识是较为全面而丰富的；其次是不歪曲自己的特性，既不夸大也不缩小自己的长处和短处，能认识到自己有长有短，有好有坏，但从总体上认可自己，悦纳自己，对自己抱有希望；第三是能够经常意识到自己在做什么，感受到自己行为的结果意味着什么，并知道自己的行为、状态缘何而起，向何处去。

总之，家庭教育因其对孩子良好心理品质、人格特质形成，对于家庭和社会的和谐发展具有重要的现实意义和历史价值。

三、促进孩子社会化素能的发展

人是一切社会关系的总和。人不可以，也不可能长期离群索居。人必须认识社会，参与社会，为社会服务。换言之，人必须社会化。人的需要的满足离不开社会，人的才能的发挥离不开社会，人发展的一切基本条件都是社会给予的，人的主观快乐感与幸福感也只能在社会中获得。

关于社会化这一概念的含义，社会学、心理学界有着不同的理解。以美国 S.柯尼格为代表的学者，从社会规范的观点来解释社会化，认为社会化是一种过程，个人由此成为他所出身的那个社会的一分子，他的一举一动都需符合于该社会的民俗民德。以美国 E. A.罗斯为代表，从社会意识（群属之感）的观点来解释社会化，认为社会化是在团体中与同伴产生共同行动的能力和意志时的一种群属之感的发展。以中国的孙本文为代表，从行为改变的观点来解释社会化，认为社会有无数的刺激约束个人的反应，使之成为社会所规定的行为，这种作用即称之为个人社会化。[①]

综合上述观点，社会化可以理解为：一个人在社会环境的影响下，掌握社会经验和行为规范，学习做一个社会人，并积极地反作用于社会环境的双向过程。[②]

良好的社会化能力是一个现代人的基本素养。家庭是人社会化的第一个场所，一个人对社会的认识和理解，往往都源于或基于对家庭的认识和理解。

家长的社会态度、社会知识和社会技能会在潜移默化中影响孩子社会适应能力的发展。家长在家庭环境中对孩子进行相应的社会规范和社会技能训练与培养，是保证孩子长大后能较好、较快地融入社会的重要途径。家长应从孩子的婴幼儿时期开始，通过其与家庭成员、家庭环境的接触及影响，在掌握语言、生活技能、道德观念和知识经验的同时，教会孩子学会如何把自己当成独立的人，与家人、同伴、邻居、老师等不同角色交往，学会与人合作，与人相处，使孩子在此过程中获得对社会的最初认识并逐步学会融入各种不同的社会群体，为将来参与社会打下良好的基础。

同时，孩子也会通过习得的社会经验对家庭关系和社会关系做出自己的反应，即反作用于他所参与的社会，表现和展示自己的主观能动性，从而影响他人、家庭和社会。这种反向作用被一些学者称为"反向社会化"，指受教育者对施教者反过来施加影响，向他们传授社会文化知识、价值观念和行为观念的社会化过程。[③]

---

① http://baike.baidu.com/view/79745.html? wtp=tt

② 彭德华.家庭教育新概念[M].甘肃：甘肃教育出版社，2001.21

③ 时蓉华.现代社会心理学[M].上海：华东师范大学出版社，1995

总之，一个人的社会化发展最初是通过家庭教育来实现的。通过家庭教育，孩子逐步懂得一个人必须正确认识和了解社会，正确认识和了解自己与他人的关系；必须积极地参与社会活动，在人生的不同阶段扮演好自己的角色，学会在人生的各个阶段有效担负应尽的社会责任和义务，积极地为他人服务；必须遵守基本的社会礼仪规范、道德规范和法律规范。因为只有这样，一个人才能够真正体验到人生的快乐和幸福，才有真正快乐美好的一生。

第二节　家庭教育的基本原则

家庭教育是一个复杂的过程，受诸多因素的影响。每个孩子都是不同的个体，每个家庭在教育孩子中遇到的问题也是不同的。尽管如此，每个个体成长发育的基本过程却是相似的，家庭教育也有一定的规律性。家庭教育原则就是这种规律的体现，它是指家长在教育子女的过程中必须遵循的，具有普遍指导意义的基本原理和要求。这些基本原则的遵循是家庭教育得以顺利进行的保证。

一、率先垂范、言传身教

美国心理学家班杜拉(Albert Bandura)在研究儿童的攻击行为时做了一个实验。参加这个实验的孩子被分成两组，观看一个成年人玩一个金属玩具和一个塑料娃娃。一组接触攻击性榜样，另一组接触非攻击性榜样。第一组的孩子被带入房间，房间里的成人先玩金属玩具，随后拿起塑料娃娃，对其拳打脚踢，把它抛向空中，还用木槌敲它，同时大喊："打倒他！打倒他！"这样持续了9分钟。而第二组的孩子被带入房间后看到的是成人安静地摆弄金属玩具，和气地抚摸塑料娃娃。接着，班杜拉给每个孩子一些玩具，让他们单独玩，玩具中包括一个塑料娃娃。观察显示，这些孩子都倾向于模仿成年人的许多动作。第一组孩子对塑料娃娃的攻击性行为比第二组孩子要强很多，他们也对娃娃拳打脚踢，也运用攻击性语言；而第二组孩子则主要是安静地玩金属玩具和娃娃。

可见，模仿是人类特有的天性。孩子从呱呱坠地的那天起，家长就开始了对其无微不至的照顾和教育。他们与孩子接触的时间最早，机会最多，也最频繁，对孩子潜移默化的影响作用也最明显。教育家马卡连柯说过："不要以为只有你们同儿童谈话或教导、吩咐儿童的时候，才是在教育儿童。在你们生活的每一瞬间，甚至当你们不在家的时候，都在教育着儿童。你们怎样穿戴，怎样同别人谈话，怎样谈论别人，怎样表示欢欣和不快，怎样对待朋友和仇敌，怎样笑，怎样……所有这些，对儿童都有很大的意义。"[①]我国著名幼儿教育学家陈鹤琴也曾经说过，幼儿心理发展的重要特点之一就是好模仿，并强调家长应根据这一特点为幼儿提供良好的教育。

的确，孩子具有爱模仿、易受暗示、可塑性大的特点，特别是处于婴幼儿时期的孩子，模仿是他们学习的重要方法，其模仿学习的特点包括：[②]

---

① ［苏联］马卡连柯.马卡连柯全集.第四卷［M］.北京：人民教育出版社，1957.400

② 罗新安.教育其实很容易：快乐性格施教［M］.北京：光明日报出版社，2004.201～202

第一，简单。跟其他学习类型相比，模仿学习是最简单的学习形式，只要“照葫芦画瓢”就行。

第二，范围广。模仿学习可以涉及行为、动作、语言、写字、性格等诸方面。

第三，学习速度快。模仿学习使孩子能够很快地掌握行为规范、态度、技能等本领。模仿学习与盲目尝试和瞎碰式学习相比，学习的速度快。

第四，重要。模仿学习是7岁以下的孩子主要的学习方法，幼儿期习得的本领对人的一生都会产生重要的影响。

第五，自觉性。所谓自觉性是指孩子从小就会“自觉”地模仿大人的行为。七八个月的婴儿就会模仿大人拍手、招手。一两岁的孩子开始鹦鹉学舌，模仿成人发音，也可仿效一些简单的道德行为。大些的孩子则能够模仿较复杂的行为，如学着幼儿园老师的姿势、语调、表情给家人和小伙伴看，甚至看见父母不尊重老人，他们也会对父母无礼。

第六，模仿对象。研究发现，孩子并不是对什么人都模仿的，父母是孩子早年生活中的最初模式，父母与孩子之间不仅在时间、空间上是最接近的，而且在心理上也是最接近的，再加上父母在孩子心目中的权威性，所以父母在孩子面前的一言一行、一举一动，都有着巨大的吸引力，都会被孩子注意到，成为孩子模仿的榜样。所谓“有其父必有其子”“有其母必有其女”，就是模仿的生动写照。

第七，盲目性。无论什么行为，孩子都会模仿学习。

因此，家长要率先垂范，严于律己。要想培养孩子的孝心，自己必须是一位孝顺的人；要想培养孩子的同情心，自己必须是一位富有同情心的人；要想培养孩子的责任感，自己必须是一位有责任感的人；要想培养孩子成为勤奋上进的人，自己必须要勤奋上进。

遵循这一原则，家长需要注意以下几点：一是持久性，即自己作为榜样的行为不能局限于一时，而要持之以恒，长久地保持；二是针对性，即家长要以培养孩子的良好行为为目的，有意识地以自己的行为去影响孩子，做良性的诱导；三是阶段性，即分阶段对孩子进行思想或学习等多方面的引导，而不要企望孩子能够迅速地在各方面都有长足的进步。如果能够注意这些方面，那么孩子就能在您的影响下一步一个脚印地茁壮成长。

二、统一观念、协调一致

在管理学上，有个著名的手表定律，讲的是一个人只有一块手表，可以知道时间；而当拥有两块或者两块以上的手表时，反而会制造混乱，不知道确切的时间，让看表的人失去对准确时间的信心。手表定律带给我们一种非常直观的启示：对于任何一件事情，不能同时设置两个不同的目标，否则将使人无所适从；对于任何一个人，不能由两个以上的人来指挥，否则将使这个人无所适从。这个定律在家庭教育中也同样适用，家长们要尽量避免“各唱各的调，各敲各的锣”。

（一）家长之间的教子观念要彼此协调一致

家长之间，如果有着统一的教育观念、教育态度、教育方法，对孩子的要求协调一致，就如同只有一块表，能把要求准确地传达给孩子，让孩子明白父母对他们的要求和期望，促进孩子身心健康发展。

然而，纵观当前家庭教育现状，家长之间存在教育观念不一致的情况却是普遍存在的，主要表现在以下几个方面：一是教育培养目标不一致；二是对孩子关爱的方式方法不一致；三是教育策略不一致；四是对孩子感情表达方法不一致；五是祖父辈和父辈在对孩子的教育上态度不一致。这些不一致可能会给孩子造成心理上的各种负面影响，孩子会不知所措，无所适从，不知到底应该听谁的意见。年龄小一点的孩子可能会出现情绪不稳定的情况，对其学习和生活带来不良影响。还可能造成孩子利用家长之间的教育矛盾"钻空子"，为自己的不良行为寻找空隙而形成"两面派"的双重人格，从而导致教育效果相互抵消，甚至产生负面效应。此外，孩子还可能出现某种罪恶感，感到大人之间由于态度不一产生的争吵是由自己造成的。更为严重的是，有的孩子会产生焦虑和不安全感，危及其心理健康。

美国著名儿童问题专家简·尼尔森、莱恩·劳特等人在对待这一问题上也有相同的看法。他们说："我们在认识上，是不是还存在着一定的误区，认为共同教育孩子就意味着父母双方在认识上、行动上必须保持完全一致？如果父母双方能够建立一种相互尊重的关系，那么两个人尊重对方就会像尊重自己一样，而且能理解即使双方意见不一，也是可以的。孩子们既不会因为爸爸有一种教育方式，而妈妈是另一种方式而在人身上产生混淆，也不会在行为上发生混乱。如果说父母双方意见不一，对教育孩子有所损害的话，那就是父母双方相互推诿责任，或者让孩子利用父母的意见不统一来控制家庭。一旦父母双方都认识到不同意见的价值性，并能正确磋商，加强交流，求同存异，那么共同教育孩子将会是共同担负责任的一件愉快的事情。"[①]同样，此原则也适用于祖辈与孙辈之间的教育以及重组家庭、离婚家庭的教育。

由于现代独生子女较普遍，因此父辈和祖辈之间的教育方式不一致是家庭教育中的普遍现象。一代人有一代人的生活环境和习惯，加上祖辈孙辈的"隔代亲"，祖辈们对孩子往往比较溺爱，父母与祖辈之间在教育上很容易存在分歧，这是十分正常的，但一定要杜绝这种分歧作用在孩子的教育上。即使在教育孩子过程中出现矛盾，也要在孩子面前保持冷静，切不可当面发作；等孩子不在身边时再进行沟通，根据孩子的实际情况，尽量探讨协调，采取合理的策略，最终形成教育方法的一致。

（二）家长对孩子的要求要前后一致

自我评价是个体对自身状况所做的肯定与否定的判断，它常常发生在我们希望准确、客观地描述自我的时候。自我评价是孩子心理健康发展的一个重要环节，它往往依赖社会比较和自我评估来实现。家长对孩子的教养态度是影响其自我评价的重要因素，这无疑对家长提出了更高的要求。如果家长对孩子的要求和评价前后不一，时松时严，朝令夕改，不仅会在孩子面前失去威信，而且会影响孩子的自我评价，使他们对自我评价产生怀疑。这样既失去了教育的效果，也不利于孩子心理的健康成长。

昨天，明明的妈妈发了奖金，心情特别好。她回到家后，看到明明正在看电视，于是问道："明明，作业做了吗？""还没有，我马上去。"妈妈笑了笑："没关系，今天可以先看电视再做作业，妈妈去给你弄好吃的。"

今天，明明的妈妈在工作中因为出了点错，被领导批评了一顿，心情特别不好。她回

① http://www.xici.net/b1001988/d73240781.htm

到家后，看到明明在看电视，顿时火冒三丈："看看看，就知道看，作业也不做，一点出息都没有，以后想去要饭吗？还不快给我滚回房间去做作业，没做完今天就不准吃饭！"明明十分委屈，很不情愿地走进了房间。

明明妈妈的例子是现在的家长常犯的错误：高兴的时候对孩子是一种态度，不高兴的时候对孩子是另一种态度，同一件事对孩子的态度和要求大相径庭。这种前后不一致的态度，会使孩子对大人的教导产生怀疑，影响其是非观念的形成，不利于孩子性格的全面发展，容易形成双重人格，并学会看大人眼色行事。长此以往，将会影响家庭教育的实效，甚至对孩子的心理健康产生影响。孩子行为习惯的养成是一个长期的、曲折的过程，不是一朝一夕能完成的，而家庭教育的过程又是在生活中进行的，零碎且不系统，容易出现不稳定现象。如果对孩子一会儿这样要求，一会儿那样要求，家长在孩子面前不仅有失威信，甚至会使孩子对家长产生逆反心理，严重危害家庭教育的正常进行。

三、全面发展、因材施教

对于全面发展，马克思做过这样的论述："人的全面发展包括人的需要的全面发展、人的素质的全面发展和人的本质的全面发展，归根到底是由人的本质的全面发展所决定的。"家庭教育中，全面发展是指孩子在德、智、体、美、劳及身心健康等方面的全面发展。

一个完整的个体，应该是各方面都全面发展的人，而不是只精专于一门学问。正如管理学中所谈到的"木桶原理"，即一个木桶由许多块木板组成，如果组成木桶的这些木板长短不一，那么这个木桶的最大容量不取决于长的木板，而取决于最短的那块木板。孩子的发展也正是如此，一个最弱的方面往往可以决定孩子的成败。发展孩子的多种能力，是增长聪明才智的良好途径，家长应该注重各方面兴趣的培养，达到全面发展之目的。

作为独生子女的家长，其"望子成龙，望女成凤"的心态无可厚非，不少家长希望把孩子培养成"全才"，希望孩子能学到更多的知识和技能，也都是可以理解的。但是家长们应谨记，不要只重视知识技能，道德和良好心理素质的培养和学习知识、技能是同等重要的；否则，孩子可能因为自理能力差或心理素质低而成为"木桶"最短的部分，从而制约孩子其他素质和能力的发展，最终使家长所做出的诸多努力付诸东流。

所谓因材施教，是指家长要从孩子的实际情况、个别差异出发，有的放矢地对其进行有差别的教育，使孩子的学习能扬长避短，获得最佳发展。因材施教，最早是由我国古代教育家、思想家孔子提出来的，指的是根据不同的教育对象而施以不同教学方法的一种教学策略。家长要做到这一点，首先要了解孩子的个性和心理特征。

教育家李维斯曾写过一篇著名的寓言故事《动物学校》(The Animal School)。有一天，动物们决定设立学校，教育下一代适应未来挑战。校方制订的课程包括飞行、跑步、游泳及爬树等本领。为方便管理，所有动物一律要修完全部课程。鸭子游泳技术一流，飞行成绩也不错，可是跑步就无计可施。为了补救，它只好放弃游泳课，全身心投入练跑，一直到最后磨坏了脚掌，以致游泳成绩也一落千丈。兔子跑步名列前茅，但对游泳却一筹莫展，精神几近崩溃。松鼠爬树最拿手，可老师一定要它从地面起飞，不准从树上降落，弄得它神经紧绷，脚肚抽筋，甚至还影响了爬树和跑步的成绩。老鹰则因为在爬树课不按老师规范要求，坚持用自己的方式，虽然它第一个到达树顶，仍被视为"问题学生"。

到学期结束时，一条怪异的鳗鱼以高超的泳技，加上勉强能飞能跑能爬的成绩，反而获得平均最高分，还代表毕业班致词。另一方面，地鼠为抗议学校未把掘土打洞列为必修课而集体抵制。①

这个寓言故事给予我们许多有益的启示。每个人各自具有不同的才能，只有用其长处，因材施教才能令其取得好的成绩，得到好的发展。正如苏霍姆林斯基所言，这个世界上没有才能的人是没有的，问题在于怎么去发现孩子的禀赋、兴趣、爱好和特征，为他们的才能提供充分表现和发展的条件，并针对其特点加以正确引导，提高家庭教育的效果。具体而言，对活泼型孩子不要过分溺爱，他们喜动厌静，精力旺盛，如果你对其溺爱，顺着他的性子行事，那么长大后就容易目空一切，无所顾忌，不知天高地厚，为所欲为；对于腼腆型的孩子不要过于心急，他们大多胆小羞涩，家长不要为他的不活泼而过分心急，这类孩子往往性情温顺，信心不足，需要家长更多地鼓励，切忌操之过急；对乖巧型孩子要求不要过高，他们在任何时候都不会使父母费心，总能较好地完成父母提出的各种任务，所以不少家长会对他们抱有更高的期望，难免提出过分的要求，给孩子带来巨大的学业和心理压力，不利于其健康成长；对问题型孩子不要过多地责难，他们往往让家长操碎了心，家长需要有极大的耐性，要对症下药，多给予鼓励、肯定，要用诚心、爱心和耐心去感化孩子。

»只允许是零分②

王老板在商场上春风得意，教育自己的儿子却非常失败。他的儿子王小毛在学校里是天不怕地不怕的混世魔王，十分厌学，门门功课亮红灯。这天，王老板找到我，请我当他儿子的家教。我说："本人何德何能也？"王老板说："听说你上课时让孩子们自由发言，课堂气氛非常活跃。还听说你常到一些偏远的地区自费旅游，可见你不是一个凡人，我儿子一定喜欢让你这样的人调教。"我说："那就试试吧。"我向王老板了解了王小毛的一些个性情况后，决定针对他进行个性考试。

第一次和王小毛会面，我特意给他一个不平凡的亮相。我脸没洗，胡子没刮，穿着打补丁的牛仔裤，脚上趿拉着一双旧拖鞋。可能我这副"酷"形象让这位以叛逆自居的少年产生了共鸣吧，当我拿出一份卷子要考他时，他竟然没有反对。

他问："考多少分才能入您老人家的法眼啊？""零分。"我答。他以为自己听错了，再问："多少？""零分！"我重复道。"好，考10分我没胜算，但考个零分我还是蛮有把握的。咱们说好了的，如果这张卷子我考了零分，你就自动辞职，可不许反悔。"

我像如来佛般回答："不悔，不悔。"

第一题，《静夜思》的作者是：A.李白；B.杜甫；C.白居易。王小毛说："三岁小孩都知道是李白，可我就不选他。"他选的是B。

第二题，中国的首都是：A.南京；B.北京；C.天津。王小毛一乐，故意不选B，而选了A。

再做第三题时，王小毛犯愁了。辛亥革命爆发于：A.1901年；B.1911年；C.1922年。

---

① http://blog.163.com/yaowenzhang74/blog/static/10508705020098174355975б/

② 冷颖.影响家长的101个经典家教案例[M].北京：北方妇女儿童出版社，2007.136

他犹犹豫豫犯愁地选了 B。看来他想考零分的愿望是实现不了，因为辛亥革命确实爆发于 1911 年。

王小毛拿着自己考了 30 分的试卷，一脸的不服气，问我："下次考试我可以看书吗?"

我说："当然可以，不过卷子肯定要比现在这一份要难，你有考零分的信心吗?"

"有!"第一天家教顺利结束。我觉得王小毛已上了我设定的套了——他故意选择答错，那他就必须得知道哪个是对的。

以后的日子里，王小毛对我给他安排的每一场个性考试都非常重视，凝神思考，翻阅各种图书，终于让他考了一次零分。但他并没有赶我走的意思，还恳求我继续出试卷，他争取不看书也能考个零分。

暑假过去了，我辞去所有的家教返回学校。后来我接到了王老板的感谢电话，他说他的儿子和以前相比，学习上有了可喜的进步。他直夸我手段高明。我说："你的儿子与别的孩子不同，我只不过'因材施教，对症下药'而已"。

四、严而有度、爱而不宠

高尔基曾经说过："爱孩子，这是母鸡也会的事。"但如何爱孩子，却是一个很值得研究的问题。爱是家庭教育的出发点，但要爱而不宠、严而有度、爱严相济、严中见爱，确实不是一件容易的事。

首先，家长要以"严"作为家庭教育的原则，但是严并不等于严厉和苛求，甚至惩罚。因为过分严格往往导致专制，即家长们强迫孩子盲从、听话。不少的家长认为对孩子的严格教育就是专制教育，无形中就将自己变成横行霸道的暴君，而将孩子教育成唯命是从的弱者。对不听话的孩子用粗暴方式来管教，这样的教育方法是完全不正确的，它所导致的后果就是不仅不能让孩子正确地认识自己，还会让孩子对家长甚至所有的人产生怨恨的情绪。一味地严格要求只能一时压制住问题，时间一长，对于具有独立思想、独立个性的孩子而言，再严格的教育也不能阻止一些问题的发生。

所以，家长要做到宽严结合，严而有度。家长要根据孩子的年龄和个性特点及认识能力，定好规矩和要求，从点滴小事开始；特别要重视孩子的第一次失误，如第一次打人、第一次无理取闹等，绝不迁就，不护短，不娇纵，从而让孩子养成凡事要严格按规矩行事的习惯。同时，注意把握好"度"，把严格控制在尺度之上，处理好纪律与自由的关系，拿捏好分寸，并注意适度的灵活性，即可以视具体情况做适度的调整。

»教子有方的好爸爸徐悲鸿①

徐悲鸿不仅是一位著名的艺术家，还是一位教子有方的好爸爸。

徐悲鸿非常重视对孩子进行早期教育。女儿丽丽刚刚 3 岁时，他就开始教孩子背唐诗，4 岁时便教她学法文。

徐悲鸿经常外出作画或是举办画展，十分忙碌，家中常常因为等他而不能按时吃饭。但不论他回来多晚，总不忘自己定下的规矩，不忘对孩子的教育。

一天，徐悲鸿又回来晚了，刚踏进家门，丽丽就欢蹦着扑到爸爸怀里，甜甜地说："爸

---

① 唐彦生，隋玉梁，于一.家庭教育大百科[M].北京：蓝天出版社，1999.853

爸，饭菜都凉了。我肚子饿得咕咕直叫。”徐悲鸿亲了亲女儿圆圆的脸蛋：“饿得直叫也不能忘了老规矩呦！”“没忘，法文字母我都会背啦！”“那好啊，背给爸爸听听。”说着，父女俩走进屋里。墙上贴着法文字母表，丽丽熟练地背了一遍。然后把头一歪，得意地说：“爸爸，我可以吃饭了吗？”徐悲鸿摇着头，微笑着对丽丽说：“今天还得增加一个新节目。”“爸爸，你要增加什么新节目呀？”丽丽像个小大人似的，叹了口气说：“可我的肚子直叫呀！”“忍耐点，让它再叫一会儿。”徐悲鸿说：“丽丽，你能把字母默写下来吗？”丽丽自信地点点头。徐悲鸿说：“若是一个字母写得不对，我可要刮你的小鼻子哟！”可调皮的丽丽趁爸爸不留神的功夫，先踮起脚，用手指在爸爸的鼻子上钩了一下。“你这个小丽丽，又占爸爸的便宜啦！”爸爸说完，父女俩都笑了。

接着，爸爸说一个字母，女儿写一个字母。爸爸一念完，女儿就写完了。徐悲鸿满意地给她打了100分。

丽丽高兴地拍着巴掌跳起来：“这下可以吃饭了吧？”

“还不行，还得背诵一首唐诗呢！”

“那好，我就背诵李贺的《雁门太守行》吧！”丽丽站好姿势，一本正经地说：“背错的地方，请爸爸徐先生指正。”

只听她张开稚嫩清脆的嗓门背诵到：“黑云压城城欲摧，甲光向日金鳞开。角声满天秋色里……”

徐悲鸿笑了，说了声：“蛮好，请吃饭！”父女俩一起乐了。

其次，家长要在“爱”字上下工夫，对孩子过于严格不行，但过于宠爱则更加有害。中国有一句古话：“惯子如杀子。”溺爱对孩子的危害远远超乎家长意料之外。溺爱可能造成孩子自私自利的个性，内心无爱。家长一切包办使孩子价值观混乱，能力低下，长大之后难以融入社会；在性格上，孩子也会变得任性蛮横、孤僻怪异，另一方面却遇事畏首畏尾，胆小怕事，非常怯懦。长此以往，溺爱会使孩子变得自卑、不自信，经不起一点挫折，对孩子今后的学习和生活带来诸多隐患。

因此，家长要学会对孩子理智的爱。一是适度满足孩子在成长过程中生理和心理以及社会的合理需求，切忌有求必应，一味满足，引导孩子对自己的要求的控制力；二是放手让孩子做事，给孩子自我锻炼和施展聪明才智的机会，切忌无微不至，包办代替；三是舍得让孩子吃苦，有意识地让孩子受点累，切忌让孩子成天躺在舒适的安乐窝和“保险箱”里。在一些西方国家，很多家长习惯于对子女施以严爱，即将爱子之心建立在严格要求的基础上。他们把培养孩子独立生存能力作为施爱的重要标准，如孩子走路摔倒了让他自己爬起来。上学后，即便是总统和亿万富翁的子女，也免不了打工之苦，18岁后更要依靠自己的力量独立生活。

总之，家长教育孩子时要在严格与爱之间把握一个平衡点，掌握好爱孩子的“度”，既不能过于严厉，也不能过分宠爱。家长应该以孩子的身心健康发展为根本宗旨，从尊重孩子的独立性出发，遵循严而有度，爱而不宠的家庭教育原则。家长唯有理智和深沉地爱孩子，才能使其长成参天大树；否则，来自家长的关爱就会成为导致孩子身心畸形发展的溺爱。

五、奖惩分明、言出必行

奖惩是促进孩子发展的有力手段，是激励孩子的有效措施，家长要尤其注意奖惩的时机和手段的把握。

首先，家长在对孩子进行奖惩之前，要明确孩子的哪些行为是应该奖惩的，哪些是不该奖惩的。这样，才能给予孩子适当的奖惩，取得预期的教育效果。教育中的惩罚现象应该伴随着违反道德规范的行为而出现，即当孩子违反道德规范，在道德方面出错时才可以惩罚，而不应因学习成绩差而惩罚孩子。惩罚不仅不能提高孩子的学习成绩，而且还会使得孩子对相关的学习心存恐惧，并最终对学习失去信心。一般来讲，对孩子重复地犯同样的错误时才给予惩罚，对孩子因缺乏某方面的知识和经验而首次犯某方面的错误时，不要惩罚孩子；否则，孩子会处于不安之中，总是担心犯错误和犯错误后被惩罚，从而变得胆小、懦弱、无主见，凡事都不敢去尝试，凡事都要征求成人的意见才敢去行动，成为孩子发展的一个大障碍。孩子已经认识到所犯的错误，并有悔改的意愿，成人应不再惩罚，因为惩罚的目的是要使孩子知错并改错。惩罚孩子要考虑动机，孩子好心做了坏事不能惩罚。由于能力和经验的限制，孩子常会“好心”办“坏事”，如孩子想“自己的事自己干”，自己倒水喝，水倒多了溢了出来，这时家长就不应批评，否则将会挫伤孩子的积极性。

其次，家长要以表扬奖励为主，批评惩罚为辅。心理学研究表明：表扬奖励与批评惩罚的比例最好控制在 3∶1。如果远远超过了这一比例，那么，你的表扬或许已不太真诚或者就有夸大其辞的成分；如果低于这一比例，你就可能是个过于挑剔的家长，这将令孩子情绪长期不安，进而会破坏孩子的自然成长，使其成为神经质、怯懦、不诚实的人，甚至还可能学会用粗暴的态度对待他人。父母要多看到孩子的优点，要多看到孩子的进步，要多给孩子以肯定式的评价，要鼓励孩子把自己的优点发扬光大，这样有利于孩子不断地进步；而不要总是盯着孩子的缺点不放，更不要认为只有孩子把所有的缺点改正完了才是好孩子。有缺点的孩子也可以是好孩子，没有缺点的孩子是不存在的。

再次，奖惩不宜过多、过滥。心理学研究表明，过多奖励和惩罚，会使孩子形成在别人的评估下学习生活的习惯，久而久之会使孩子缺乏主见，善于察言观色，过于注意他人的评价。一个人总是为了别人的看法而学习生活是很痛苦的，为了迎合别人的看法，不得不伪装自己，隐瞒自己的观点，甚至失去是非观念，失去个性和自信。

最后，家长在对孩子进行奖励或者惩罚时一定要掌握好时机及方式。奖惩一定要及时，尽量在第一时间就孩子的进步和失误进行奖励和惩罚，使他们能强化好的行为，杜绝坏的行为。此外，家长选择奖惩的方式要避免过于物质化或简单粗暴，尽量在符合孩子年龄及个性的基础上做到多元化。

奖惩仅仅是一种外部强化的教育手段，目的是培养孩子在没有奖惩的情况下仍然能自觉地去做他该做的事，即奖惩是为了不奖惩。因此，我们应努力创造条件，让孩子从活动本身带来的成功和快乐中得到强化，从自律中得到满足。切记，孩子的学习和发展的积极性绝不能仅仅靠外部强化来实现。

言出必行是指家长对孩子说过的话、提过的要求、答应的承诺就一定要做到，不要轻易改变。家长的言行对孩子的影响是潜移默化的，即使是在日常生活中，家长也要对孩子慎言，千万不可向孩子轻率地许下不能履行的承诺，一旦答应子女要做的事情，就一定要言出必行。例如，家长答应过孩子什么时候要带他去玩，到时就一定要兑现，如果实在有事情无法实现，要事先给孩子解释，征得孩子的同意后另外改时间带他去。家长千万不要以为孩子还小，偶尔骗骗孩子是无所谓的，要知道即使是孩子，对欺骗也是很敏感的。那些对成人来说可能是微不足道的事情，可能包含了孩子无限的期许。

孩子如果犯了错，没有达到家长的要求就应受到惩罚，家长不能因为孩子不停要求、哭闹就心软，或是因为忙于其他的事情而忘了对孩子提过的要求，或是心疼孩子而降低对孩子的惩罚。一旦这样，孩子就会觉得家长只是吓唬吓唬自己，不会真的惩罚，于是便胆大妄为，把家长的教导当作耳边风。长此以往，家长在孩子面前就没有了威信；更严重的是，孩子也会慢慢养成说话不算数的习惯。因此，作为家长，一定要言出必行，要让孩子意识到你是一个说话算数的人，这样不仅会增加孩子对家长的信任感，树立家长应有的威信，也给孩子做出了一个良好的榜样，有利于孩子改正错误，增强孩子的诚信意识。

»不吃饭就饿着①

我的孙子托比，是个3岁中美混血小男孩。一天中午吃饭时他闹情绪，不肯吃饭。妈妈苏珊说了他几句，愤怒的小托比一把将盘子推到了地上，盘子里的食物洒了一地。苏姗看着托比，认真地说："看来你确实不想吃饭！记住，从现在到明天早上，你什么都不能吃。"托比点点头，坚定地回答："Yes!"奶奶我在心里暗笑，这母子俩，还都挺倔！下午，苏珊和我商量，晚上由我做中国菜。我心领神会，托比特别爱吃中国菜，一定是苏珊觉得托比中午没好好吃饭，想让他晚上多吃点儿。那天晚上，我施展厨艺，做了托比最爱吃的糖醋里脊、油焖大虾，还用意大利面做了中国式的凉面。托比最喜欢吃那种凉面，小小的人可以吃满满一大盘。开始吃晚饭了，托比欢天喜地地爬上凳子。苏珊却走过来，拿走了他的盘子和刀叉，说："我们已经约好了，今天你不能吃饭，你自己也答应了的。"托比看着面容严肃的妈妈，"哇"的一声哭起来，边哭边说："妈妈，我饿，我要吃饭。""不行，说过的话要算数。"苏珊毫不心软。我心疼了，想替托比求情，说点好话，却见儿子对我使眼色。想起我刚到美国时，儿子就跟我说，在美国，父母教育孩子时，别人千万不要插手，即使是长辈也不例外。无奈，我只好保持沉默。那顿饭，从始至终，可怜的小托比一直坐在玩具车里，眼巴巴地看着我们三个大人狼吞虎咽。我这才明白苏珊让我做中餐的真正用意。我相信，下一次，托比想发脾气扔饭碗时，一定会想起自己饿着肚子看爸爸妈妈和奶奶享用美食的经历。饿着肚子的滋味不好受，况且还是面对自己最喜爱的食物。临睡前，我和苏珊一起去向托比道晚安。托比小心翼翼地问："妈妈，我很饿，现在我能吃中国面吗?"苏珊微笑着摇摇头，坚决地说："不!"托比叹了口气，又问："那等我睡完觉睁开眼睛时，可以吃吗?""当然可以。"苏珊温柔地回答。托比甜甜地笑了。

虽然苏珊对托比如此严格，托比却对妈妈爱得不得了。他在外面玩时，会采集一些好看的小花或者他认为漂亮的叶子，郑重其事地送给妈妈；别人送给他礼物，他会叫妈妈和他一起拆开；有什么好吃的，也总要留一半给妈妈。在教育孩子的问题上，我不得不佩服我的洋媳妇。

① http://www.360doc.com/content/10/0917/08/1225903_54267957.shtml

第三节　家庭教育的一般方法

所谓方法，语义学的解释是"按照某种途径"，指的是为了达到一定的目的而必须遵循的调节原则的说明。《辞源》中将方法界定为"量度方形之法""办法""方术、法术"诸义。[①] 家庭教育的方法是在家庭教育目的、任务和原则的指导下，家长对子女实施教育时所采用的具体措施手段和各种影响方式的总和。掌握家庭教育的一般方法，将使家长在教育孩子时有"法"可依，对家庭教育的顺利进行，提高家庭教育的质量具有重要的指导作用。

一、环境熏陶法

在孩子的成长过程中，无时无刻都受外界环境影响。良好的环境是无痕的熏陶。环境熏陶贵在坚持，只要一以贯之，成效将会在"润物细无声"中逐渐彰显。

(一)环境熏陶法的含义

孩子的健康成长，离不开环境的熏陶。环境熏陶法是指在家庭生活中，家长营造和谐的家庭生活环境，通过家庭各种情境的教育因素，使孩子耳濡目染，潜移默化，使孩子的思想行为因长期接触家庭的人和事物而受到好的影响，以培养孩子良好的道德品质和行为习惯的方法。

(二)环境熏陶法的作用

马克思、恩格斯曾经说过，人创造环境，同样环境也创造人。环境对人的影响作用是巨大的，尤其是家庭环境。我们常常说的"书香门第""梨园世家"，指的就是受家庭熏陶而成才的典范。家庭环境包括的范围非常广泛，主要由家庭硬件要素(物质设施等)，以及家庭软件要素(家庭文化、家庭氛围等)组成。

家庭环境对一个人的成长影响巨大。一项科学研究充分地说明了这一点。科学界精英朱克曼曾经研究了1901年至1972年美国培养出来的71名诺贝尔奖获得者的家庭出身(见表4-1)得出结论：不管是遗传的还是社会的原因，诺贝尔奖金获得者的社会出身仍然高度集中于那些能够给子女提供良好的开端，以便获得为制度所承认的机会的家庭里；专业人员的家庭提供了教育和社会的联合优势。[②]

---

① 裴娣娜.教育研究方法导论[M].合肥：安徽教育出版社，2000.4

② http://www.xici.net/b1001988/d73240781.htm

表4-1 美国培养出来的诺贝尔获奖人(1901—1972)和具有博士学位的科学家(1935—1940)的父亲的职业情况

父亲的职业	专业人员※	经理和企业主	农民	零售、服务和事务工作人员	熟练和非熟练工人	情况不详	总人数
诺贝尔获奖者比例(%)	53.5	28.2	2.8	7.0	8.5	/	71
科学家比例(%)	29.1	18.7	19.5	13.1	18.0	1.5	2695

※专业人员是指大学教授、教师、医生、工程师、律师、法官、牧师和艺术家等。

可见，良好的家庭环境，如父母的勤劳、对文化知识的尊重、与成功学者的长期接触、家庭中的宽松平等、高雅的审美情趣、对事业的执著精神等因素，都在潜移默化地熏陶着孩子，对他们的成长起了很重要的作用，甚至造就他们杰出的一生。

(三)环境熏陶法的实施策略

家长要注重家庭生活环境的熏陶，有意识地为孩子创造一个和谐、良好、优美的家庭生活环境，使孩子置身其中，在日常生活中接受影响。家长为孩子创设良好的家庭环境需从硬件要素和软件要素两方面入手。

1.家庭环境硬件要素建设

家庭环境硬件要素为孩子后天的身心发展提供条件。良好的家庭环境硬件要素建设应该包括：

(1)重视创设整洁有序、时有变化的硬件环境

随着生活水平的提高，不少家庭的居住条件得以改善。有的家庭迁入新居，装潢考究，各种摆设精美高档，电器产品应有尽有，但却忽略了孩子成长发展的需要。因此，环境布置除基本家具、炊具、电器等，还应从有益于孩子的教育着眼，应从儿童的角度出发，准备孩子必需的生活用品、学习用品、兴趣爱好拓展品，如音乐、体育、绘画等学习用具和材料等。家庭陈设要清洁整齐，有条不紊，美化效果好，有序并做到时有变化。家庭成员衣着要整洁大方，谈吐要文雅……这些都会使孩子感到舒适、愉快、温馨，他们在整洁、清新、方便的环境中，就会逐步形成爱清洁、爱劳动、做事有条理等良好的习惯。

(2)重视创设属于儿童自己的小天地

现在的独生子女大都住在独门独户的房中，许多家庭的孩子相互很少往来。孩子在家不是大人陪着，就是一个人孤独地玩，这样不利于孩子的整体发展。家长应给孩子设立一个属于他们自己的小天地，供孩子放置玩具、一些半成品材料，也可饲养一些小动物，墙壁上最好有可供孩子涂鸦的小黑板，给孩子更多的自由活动时间和空间，让孩子在自由、平等、宽松的环境里，凭自己的兴趣选择活动内容，进行积极愉快的学习，自由地表达自己的心愿和体会。同时，也可以邀请小伙伴共享愉快时光，孩子在与小伙伴一起玩的过程中，不仅能锻炼和发展孩子的口语表达能力，丰富知识和增强求知欲，培养对同伴的爱心，而且在拼拆玩具的过程中不但其动手能力得以提高，还可使其原有的任性、暴躁的性格逐渐得以平和与改变。

2.家庭环境软件要素建设

家庭对于家庭成员不仅是一个生活场所和文化实体，而且还是心理情感的归宿。每个家庭成员，在心理情感上都会对家庭产生不同程度的依赖性，而且这种依赖性很有可能是终身的。这种心理情感氛围的营造就属于家庭环境软件要素建设，具体包括家长的道德情操、文化修养、实际技能、兴趣爱好和生活习惯等。从某种意义上说，家庭环境软件要素建设对孩子的成长比家庭环境硬件要素建设更重要，更深远。家庭是孩子的避风港，家长保护着涉世未深的孩子。作为家长，准确把握社会对角色行为的期望，注重心理情感氛围、文化氛围等创设，是教育好子女的先决条件。这些无形的影响使孩子自觉或不自觉地成为反映父母形象的镜子，孩子也在最初形成的思想品质、性格情感等方面直接受到父母的影响。家长之间、家长与孩子之间、邻里之间、小伙伴之间和谐、美好、团结上进、仁爱大度的人际关系也是形成良好精神环境的重要因素。

美国的一位心理学家曾对 4 000 名儿童做了调查，结果表明：生活在有笑声的家庭中的孩子，智商都比父母不和的孩子要高。此外，美国的一个研究中心对 61 名儿童进行了长期的追踪研究，从婴儿一直观察到 18 岁，结果发现：有 20 名生长在情感气氛极差的家庭中的儿童，不仅其智力落后于其他儿童，个子也明显矮于其他儿童。此外，研究者还发现：10 多个智力严重不良的孩子，大都来自心理环境不良的家庭，有的父母分居或离异，有的父母正在婚姻上闹纠纷，有的家庭成员之间长期不和睦……①

在家庭教育指导工作中，家长应该明了家长既是孩子的导师，又是孩子的朋友。孩子年龄小，易受环境的影响，可塑性大，家长应有目的、有意识地和孩子交朋友，以平等的身份走入孩子的内心世界，了解孩子的内心需求，尊重孩子的合理要求。家长在家庭中进行一些富有情趣的娱乐活动，这样既能促进与孩子的情感交流，又能使彼此产生共同语言。在愉快的活动中，孩子不仅易于接受家长的教育，也易使孩子体验到安全感和信任感，还有助于促进孩子朝气蓬勃、活泼开朗的良好个性的形成。

总之，家长要为孩子营造良好的心理环境，即着手于为孩子营造民主教养的教育氛围，营造宁静和谐的情感氛围，营造向上的文化氛围，营造勤奋好学的学习氛围，使孩子在良好的家庭环境氛围中拥有安全感和幸福感，乐于与家人生活在一起，愿意为家庭承担一定的义务、责任，彼此互相关心、爱护、理解和尊重。

二、习惯养成法

我国教育家叶圣陶曾经说过："什么是教育，往单方面讲，其实就是培养良好的习惯。"②培养孩子的好习惯不仅是教育的目的，也是家庭教育的核心内容和教子成功的有效方法。

（一）习惯养成法的含义

《新华词典》中，对于"习惯"是这样释义的："长时期养成的不易改变的动作、生活方式、社会风尚等。"行为心理学研究表明：一个行为模式经过 21 天以上的重复会形成习

① http://www.cdsqz.com/Article6/ShowArticle.asp? ArticleID=1730，2009－6－22

② http://www.docin.com/p－8380795.html

惯,而经过 90 天的重复会形成稳定的习惯。[①] 这是针对一般行为模式的建立而言的,当然,如果是要改掉已有的坏习惯,则可能是一个相当漫长的过程。

习惯养成法就是指用一种良好的、优秀的动作定型来教育孩子,使孩子养成一种较为固定的、稳定的良好习惯。

(二)家长需要培养孩子的好习惯

中国青少年研究中心的专家孙云晓指出:“习惯决定孩子的命运。”培根认为:“习惯是一种顽强而巨大的力量,它可以主宰人生。”乌申斯基对习惯做了一个形象的比喻,他认为:“好习惯是人在神经系统中存放的资本,资本会不断地增长,一个人毕生都可以享用它的利息。而坏习惯是道德上无法还清的债务,这种债务能以不断增长的利息折磨人,使他最好的创举失败,并把他引到道德破产的地步。”[②]

家庭是孩子成长的第一环境,是孩子习惯形成的摇篮。在孩提时期,由于孩子的很多学习和生活习惯都还未形成,家长需要从婴幼儿时期就开始关注并有意识地培养孩子形成良好的学习和生活习惯。良好的生活习惯有益于孩子身体的健康成长,良好的行为习惯能造就良好的行为,良好的学习习惯是保证孩子取得好成绩的基础。总之,习惯对于人一生的学习和生活至关重要,良好的习惯是孩子健康成长和发展的保证,能使孩子受益终身(见案例《加加林的好运气》),不良的习惯却会毁掉孩子的一生(见案例调研报告《悲剧从少年开始——115 名死刑犯犯罪原因追溯调查》)。

»加加林的好运气[③]

苏联宇航员加加林,乘坐“东方”号宇航飞船进入太空遨游了 108 分钟,成为世界上第一位进入太空的宇航员。他在 20 多名宇航员中脱颖而出,起决定作用的是一个偶然事件。原来,在确定人选前一个星期,主设计师罗廖夫发现,在进入飞船前,只有加加林一个人脱下鞋子,只穿袜子进入座舱,就是这个细节一下子赢得了罗廖夫的好感。他感到这名 27 岁的青年如此懂得规矩,又如此珍爱他为之倾注心血的飞船,于是决定让加加林进行人类首次太空飞行的神圣使命。

»调研报告《悲剧从少年开始——115 名死刑犯犯罪原因追溯调查》[④]

该报道中谈到,115 名死刑犯从善到恶,绝不是偶然的。他们较差的自身素质和日积月累的诸多弱点是他们走上绝路的潜在因素,是罪恶之苗,是悲剧之根。他们违法犯罪均源起于少年时期。他们中的 30.5%曾是少年犯,61.5%少年时犯有前科,基本都有劣迹,从小就有不良行为习惯。通过调查分析,不良习惯的潜在因素主要表现在以下几个方面:少文化,缺知识,不知礼,不懂法;贪吃好玩,奢侈为荣,怕苦怕累,不学无术;“哥们义气”重如生命,为“朋友”交情,不惜两肋插刀;自作聪明,我行我素;显摆逞能,亡命称霸;伦理错位,黑白不分,是非颠倒,荣辱不清。

以上因不同习惯导致截然不同的人生命运的正反两个案例足以说明,习惯对人发展

---

① http://hi.baidu.com/2j%B0%C9%CE%DE%CB%AE%C3%C0%CE%C4%C7%F8/blog/item/7d904a3cef24bae83c6d9742.html

② http://www.xici.net/u5143532/d75047306.htm

③ 冷颖.影响家长的 101 个经典家教案例[M].北京:北方妇女儿童出版社,2007.105

④ http://www.shssyzx.jsol.net/news/show.aspx? id=994&cid=119

的影响不可小视，直接关系到一个人一生的命运。然而，确有很多家长忽视了在幼儿期对孩子良好习惯的培养，特别是对于孩子的很多不良习惯，抱有听之任之的态度，觉得“孩子太小，不懂，长大懂事了，自然就好了”。殊不知，错过了孩子养成好习惯的关键期，等到孩子已经养成了某些坏习惯再去纠正，就得不偿失，事倍功半了。

(三)如何培养孩子良好的习惯

1.抓住孩子良好习惯形成的关键期

日本教育家福泽谕吉说：“家庭是习惯的学校，父母是习惯的老师。”[①]“少成若天性，习惯成自然。”孩子小时候形成的良好习惯就如天生的一样牢固。儿童期是孩子良好习惯形成的关键期。无论是好习惯还是坏习惯，一经形成就会不自觉地在这个轨道上运行，很难更改。好习惯会使孩子终生受益，坏习惯却有可能使孩子终生受到诸多不利影响。相关研究表明，3～12 岁是孩子形成良好行为习惯的最佳时期。在此时期，孩子求知欲望强烈，很多习惯尚未形成，容易接受成人的引导和训练。

因此，家长一定要充分利用习惯养成的关键期，培养孩子良好的习惯。如果一旦错过关键期，即 12 岁以后，习惯的改造将比塑造要艰难得多。当然，虽说积习难改，也并非不能改，只是所花费的时间和精力要更多一些，训练的难度和强度要更高。

2.良好习惯的培养要在生活中进行

陶行知在其《生活教育》一书中明确指出：“生活即教育。”孩子诸多良好的学习和行为习惯都是在不起眼的生活中逐渐形成并巩固的。作为家长，在知晓了早期生活对孩子良好习惯培养的重要性之后，就应该积极着手为孩子创造一个养成良好习惯的物质和精神环境，注意自己的言谈举止对孩子的影响。在日常生活中，家长应通过各种途径，日积月累，让孩子的良好习惯在家长的精心呵护下自然而然地形成。

3.及时纠正孩子的坏习惯

家长在培养孩子好习惯的同时，要注意纠正孩子的各种不良习惯。不良习惯一旦形成而不经纠正便会跟随孩子一生，对孩子的伤害可能远远超乎想象，甚至影响孩子的命运。

»不良习惯错失人生良机[②]

习惯就是命运。北京有家外资企业招工，报酬丰厚，要求严格。一些高学历的年轻人过五关斩六将，几乎就要如愿以偿了。最后一关是总经理面试。总经理说：“我有点急事，你们等我 10 分钟。”总经理走后，踌躇满志的年轻人们围住了老板的大办公桌，你翻看文件，我看来信，没一个人闲着。10 分钟后，总经理回来了，宣布说：“面试已经结束，很遗憾，你们都没有被录取。”年轻人大惑不解：“面试还没开始呢！”总经理说：“我不在期间你们的表现，就是面试。本公司不能录取随便翻阅领导人文件的人。”年轻人听后全都傻在那里。

对于纠正孩子的坏习惯，家长不仅可以采用通常的说教、负强化等方法，还可以采用冷处理等不同的方法给予纠正。

---

① http://www.360doc.com/content/07/1211/11/40544_885846.shtml

② 冷颖.影响家长的101个经典家教案例[M].北京：北方妇女儿童出版社，2007.105

对于普通的、影响不是很大的坏习惯，如不按时睡觉、赖床等，家长可以用简单的说教方式，动之以情，晓之以理，给予纠正。

对于非常严重的坏习惯，如说谎、打架、逃学等，我们则可以用负强化的方式给予纠正。负强化指当儿童某一不良行为发生后，即施予一种厌恶或惩罚性的刺激，使儿童在类似情境下不良行为发生频率降低，甚至消除的方法。负强化法通常与惩罚结合起来使用，厌恶刺激或惩罚性刺激包括父母使用强烈的否定性言语、警告、瞪眼、暂停某项活动等惩罚方式。

而对于如乱发脾气、任性哭闹等坏习惯，我们可以采用冷处理的方法。此方法主要是家长对孩子的不良行为不关注，不强化，也就是置之不理，使孩子摆脱不良行为。

尤为值得注意的是，家长一定要注意孩子第一次出现不良行为的时间和原因，如孩子第一次骂人、第一次打架、第一次撒谎、第一次逃学等，即便是出于好玩或其他原因，家长也一定要引起重视，用孩子能接受的方式给予纠正，态度一定要坚决、严肃，切忌等到孩子形成习惯后才追悔莫及。

4.习惯培养要按层次进行

孩子的成长是有规律可循的，如儿童左右观念的形成和发展，根据儿童心理学研究，需要经过三个阶段。第一阶段，5～7岁，儿童以自己为中心辨别左右，因此他们能够分清自己的左右手；直到7岁左右，他们才可以分清站在他们对面的人的左右手。第二阶段，7～9岁，儿童能对直观、形象的事物分清左右空间关系，形成直观表象，并能初步掌握左右方向的相对抽象性，但对非直观、抽象的空间关系还比较模糊。第三阶段，9～12岁，儿童能够形成左右方位的抽象概念，能根据表象、记忆建立其空间关系。从上面的发展规律来看，儿童从小到大，对空间和距离的知觉是逐渐完善起来的。因此，对于孩子习惯的培养，就要根据孩子的年龄特点，由浅入深、由近及远、循序渐进地进行，避免拔苗助长。

5.家长的要求要具体

家长在培养孩子好习惯的时候，一定要根据孩子的年龄特点，提出非常具体的要求。我国古代就很重视对孩子良好习惯的培养，并且要求很具体，行立坐卧、起居、饮食习惯都是家庭自立教育的重点。行立坐卧要求“坐必安”“立必方正”“不倾听”。幼儿可以早睡晚起，大孩子则要“鸡初鸣，咸盥漱”，即鸡一叫就应起床，穿好衣服，梳发洗漱，养成早起的好习惯。在饮食习惯上，教育孩子和客人一起吃饭要注意“毋抟饭，毋放饭，毋流歠，毋咤食，毋啮骨，毋反鱼肉，毋投与狗骨，毋固获，毋扬饭，饭黍毋以箸，毋嚃羹，毋絮羹，毋刺齿，毋歠醢。客絮羹，主人辞不能亨；客歠醢，主人辞以窭。濡肉齿决，乾肉不齿决。毋嘬炙”。意思是吃饭时，不要把饭捏成团，不要大口大口地吃饭，不要大口喝汤，口中不要嚓嚓响，不要啃咬骨头，不要将已拿起的鱼肉又放回去，不要把骨头扔给狗，不要总是取某种食物吃而不挑其他，不要急于使饭冷却而扬饭，吃黍时不要用筷子，喝汤时不要连汤中的菜都未嚼就囫囵喝下去，不要往羹汁里加放佐料调味，不要剔牙，不要喝肉酱。要是客人给羹汁调味，主人要道歉说“不擅于煮食”；要是客人喝肉酱，主人要说“家贫，招待不周”。湿而软的肉可用牙咬断，干肉不能用牙咬开吃，烤肉不要大口吞吃。

家长要培养孩子爱劳动的好习惯，不要总是唠叨“你怎么这么懒”“难道你不会打扫一下你的房间吗"，而是要给孩子规定明确的任务。比如，每天扫一次地，每天叠自己的被子，每个星期整理自己的书架一次……这样长此以往，就会养成习惯。

像以上这样形象、直观、具体地提出孩子应该做和怎样做的事情，尤其是对于年龄小的孩子，能让其对家长的要求看得见，摸得着，孩子就有了目标，也知道不同场合、时间该怎么做了。如果父母对孩子没有具体要求和具体操作步骤，要求太笼统就缺乏实效了。

6.鼓励孩子自我教育

林格伦说："儿童需要管教和指导，这是真的，但是如果他们无时无刻和处处事事都在管教和指导之下，是不大可能学会自制和自我指导的。"[①]因此，在习惯培养过程中，自我教育尤其重要。那么，家长该怎样培养孩子自我教育的能力呢?

（1）对孩子有信心，帮助孩子树立自我教育的信心

家长往往认为孩子年龄小，成人不跟着管理是不行的。不要因为孩子年龄小就包办一切，应多提供让孩子自己动手的机会。

»自己的事情自己解决[②]

每天早上，托比醒来后，苏珊把早餐往餐桌上一放，就自顾自地忙去了。托比会自己爬上凳子，喝牛奶，吃面包片。吃饱后，他回自己的房间，在衣柜里找衣服、鞋子，再自己穿上。毕竟托比只有3岁，还搞不清楚裤子的正反面，分不清鞋子的左右脚。有一次托比又把裤子穿反了，我赶紧上前想帮他换，却被苏珊制止了。她说，如果他觉得不舒服，会自己脱下来，重新穿好;如果他没觉得有什么不舒服，那就随他的便。那一整天，托比反穿着裤子跑来跑去，苏姗像没看见一样。又一次，托比出去和邻居家的小朋友玩，没多大会就气喘吁吁地跑回家，对苏珊说："妈妈，露西说我的裤子穿反了，真的吗?"露西是邻居家的小姑娘，今年5岁。苏姗笑着说："是的，你要不要换回来?"托比点点头，自己脱下裤子，仔细看了看，重新穿上了。从那以后，托比再也没穿反过裤子。

托比的舅舅送了他一辆浅蓝色的小自行车，托比非常喜欢，当成宝贝，不许别人碰。邻居小姑娘露西是托比的好朋友，央求托比好几次，要骑他的小车，托比都没答应。一次，几个孩子一起玩时，露西趁托比不注意，偷偷骑上小车，扬长而去。托比发现后，气愤地跑来向苏珊告状。苏珊正和几个孩子的母亲一起聊天喝咖啡，便微笑着说："你们的事情自己解决，妈妈可管不了。"托比无奈地走了。过了一小会儿，露西骑着小车回来了。托比看到露西，一把将她推倒在地，抢过了小车。露西坐在地上大哭起来。苏珊抱起露西，安抚了她一会儿。很快，露西就和别的小朋友兴高采烈地玩了起来。托比自己骑了会儿车，觉得有些无聊，看到那几个孩子玩得那么高兴，他想加入，又觉得有些不好意思。他蹭到苏珊身边，嘟囔道："妈妈，我想跟露西他们一起玩。"苏珊不动声色地说："那你自己去找他们啦!""妈妈，你陪我一起去。"托比恳求道。"那可不行，刚才是你把露西弄哭的，现在你又想和大家玩，就得自己去解决问题。"托比骑着小车慢慢靠近露西，快到她身边时，又掉头回来。来回好几次，不知道从什么时候开始，托比和露西又笑逐颜开，闹成了一团。

---

① http://news.sina.com.cn/o/2005－06－17/17096201254s.shtml

② http://www.360doc.com/content/11/1210/10/7635019_171194347.shtml

(2)帮助孩子准确地认识自己,学会自我评价

要让孩子进行自我教育,家长应该帮助孩子确立一个行为标准。这个标准不是家长给孩子树立的,而是在家长的帮助下由孩子自己树立。标准的高低取决于孩子对自己的准确认识,并进行自我反省,强化自我积极的行为,克服消极的行为。

(3)给孩子恰当的指导,把教育和自我教育结合起来

孩子毕竟年龄还小,习惯培养又是一个需要长期进行的工作。因此,家长要给予孩子适当的指导。在孩子进行自我评价的时候,家长要及时参与,不仅让孩子进行自我评价,父母也要及时对孩子的行为进行评价和监督,这样才能帮助孩子更快地养成好习惯,矫正不良习惯。

三、聆听沟通法

高明的家长会倾听。反过来说,有机会倾听孩子的心声,也是家长的幸运。因为,这说明了孩子对您的信任,而让孩子信任的家长一定是高明、合格的家长。

(一)聆听沟通法的含义

聆听沟通法是指在家庭教育中,家长集中精力认真倾听孩子的话,并采用言语沟通和非言语沟通等方式与孩子的思想感情相互传递和反馈,以求家长和孩子的思想达成一致,感情通畅。

(二)聆听沟通法的作用

用9分钟倾听孩子,用1分钟对他说教,其效果胜过10分钟说教。在家庭教育中,聆听能建立亲子信任,沟通能培养亲子感情。聆听沟通法对孩子成长能起到很好的作用。

首先,它能提高孩子的观察能力。聆听并与孩子沟通交流,了解孩子的想法并鼓励孩子多谈谈学校、身边的事,这既有利于家长掌握孩子在学校的情况,又可通过聆听时所表现出的饶有兴趣来激发孩子的观察能力。家长感兴趣,孩子就愿意讲,就会将平时观察到的“素材”、信息加以汇集再讲出来。因而良好的聆听和沟通,对培养孩子对周围事物观察的敏锐性及提高孩子的生活常识有着十分重要的意义。

其次,它能提高孩子的语言表达能力。提高语言表达能力的前提是“多说话”。一般孩子“说话多”没有问题,但那是一种无序的、毫无逻辑性的自言自语,要“多说话”,甚至“善于说话”就离不开与家长的沟通交流。

最后,它能提高孩子明辨是非的能力。孩子对是非的认识是十分“朴素”的,能满足自己要求的,能使自己开心的就是好的;不能满足自己的,让自己生气的就是坏的。在帮助孩子树立正确的是非观的过程中,家长对孩子的聆听和沟通尤为重要。家长通过聆听,了解孩子对是非的判断,再通过与孩子的沟通,指出哪些判断是合理的,哪些判断是不合理的,逐步克服孩子无理取闹的习惯。同时,在与孩子沟通交流的过程中,鼓励孩子对所述人和事提出自己的看法和见解,以便捕捉孩子的是非观;对孩子错误、片面的看法,要善于把握时机,引导和教育孩子树立正确的是非观。

(三)聆听沟通法的实施策略

家庭教育成功的秘诀之一就在于家长能否与孩子进行良好的沟通,而要解决亲子间的各种沟通难题,家长首先要掌握倾听的技巧。此外,建立良好的亲子关系,有效的沟通是必不可少的。

1.学会倾听

倾听是一种能力，更是一种素质。家长应学会倾听孩子说话。倾听有助于家长与孩子之间良好的沟通，增加孩子对家长的信任与尊重感，有助于了解真实情况，避免因误解而伤害孩子。

（1）尊重孩子，专注倾听

家长在倾听孩子说话的时候，最好停下手头会分散注意力的事情，全神贯注听孩子说话，一是本着尊重孩子的态度，同时也为与孩子的沟通准备一个良好的环境。在沟通的时候，家长应认真听孩子把话说完，不要打断孩子，必要时再说出自己的想法和建议。有些家长一边做自己的事，一边有一句没一句地与孩子说话，心不在焉，常常听错孩子的意思，令孩子感到你不够重视他，甚至可能造成某种误解，伤害孩子的感情。有些家长在听孩子说话的时候，心猿意马，往往是孩子都已经说完了，家长却不知道孩子都说了些什么，使孩子感到自己不被尊重，很是沮丧，不再愿意与家长交流。有的家长存在一种曲解孩子的心理定势：如孩子说累了要休息，一定是想逃避功课；抱怨同学影响其上课，一定是自己找别人讲话的借口……往往是还没倾听孩子说话就妄下结论，这对孩子是很不公平的，是非常有害的。所以，父母在与孩子交流之前，在把手头工作停下来的同时，也要把自己心理上的种种成见、偏见抛开，尊重孩子，认真听孩子讲话。

（2）理解孩子，耐心倾听

具体而言，家长首先要给孩子倾诉的时间和机会。在孩子倾诉的时候家长要发自内心地去关心，即使对成人来说可能是鸡毛蒜皮的“小事”，因为这些可能正是困扰孩子成长的“大事”。

首先，孩子总希望与家长分享喜怒哀乐。如果家长不耐心听孩子把话说完，或听话只听一半，只听好消息，不听坏消息，孩子会觉得对家长说没用，而把情绪埋藏在心里。久而久之，孩子消极的情绪得不到发泄和化解，积累到一定程度，孩子的内心要么封锁，要么反抗、叛逆，给自己和家庭带来伤害。其实有时候，孩子与家长交流，家长只要静静地听他们把话说完，孩子便能从中得到心理上的满足。

其次，对孩子的倾诉不要随意打断。孩子喜欢对父母倾诉，从家长那里得到情绪上的安慰。因此，家长在倾听孩子说话的时候，不要还没等孩子说完，就随意打断他们或表示出厌烦；一旦家长这么做了，孩子会感到自尊心受到伤害，严重的甚至会从此心门紧锁，不再与父母交流。

最后，不要急于表态。当孩子说出他的想法时，无论正确与否，即使与家长的意见相左，即使不正确，也要听孩子讲完，切忌中途就急于表态，甚至立即纠正孩子所谓的“错误”，要允许孩子表达自己的看法。有时候，孩子有不同意见并不一定就是错误的，或是要与大人唱反调，只是理解上的不同而已。

（3）重视孩子，换位思考

有些家长喜欢拿成人的标准来衡量孩子，要求孩子像成人一样思考和行动。殊不知，孩子有他们生长发育的基本特点和规律。一味地过高要求孩子，只会使他们丧失个性，对孩子而言，既压抑，又不公平。

首先，家长要学会站在孩子的角度看问题。家长要站在孩子的角度，抱着平等的态度与孩子交换看法，例如“我想听听你对这件事情的看法”。家长一旦丢掉了成人的认识框架，就能更好地理解孩子的世界，从而在倾听的过程中理解孩子的想法，抓住孩子的内心。站在孩子的角度，就能对孩子的所见所思及看人看事的角度有所领悟，达到交流的顺畅。

其次，家长要充分尊重孩子的想法和兴趣。家长在培养孩子的过程中，喜欢事先设计孩子的未来，然后按家长的希望来培养孩子。孩子是独立的个体，他们有自己的兴趣、爱好、思想，如果家长不尊重孩子的想法，一旦孩子的想法或兴趣违背了家长的意愿，轻则不同意，重则打骂，矛盾和隔阂也会因此产生。

2.有效沟通

许多家长都渴望与孩子沟通，但却有很多孩子不愿意和家长沟通。那么，家长应该如何有效地与孩子沟通呢?

(1)掌握沟通的语言艺术

心理学研究表明：一个信息的表达，语言占7%，声音占38%，表情占55%。[①] 教育孩子的内容再好，一“吼”也就没了。因此，家长在和孩子沟通时，一定要掌握语言的艺术。首先应注意说话的语气，避免用命令的口气与孩子说话，更不要粗暴专制地对孩子说话，应该用温和亲切的声调，这样才能使孩子愿意和家长交流。家长不妨坐下来，以促膝谈心的方式，心平气和地对孩子晓之以理，动之以情，导之以行。如果家长总是高高在上，直接命令孩子，以粗暴专制的方式对孩子说话，强迫孩子接受自己的意见，就会使孩子与家长的距离越来越远，要么顶撞家长，要么从此紧闭心门，不再与家长沟通交流。

(2)与孩子做朋友

家长如果能与孩子进行有效的沟通，就必须平等地做孩子的朋友；要做孩子的朋友，就应该了解并理解孩子，而平等交流是了解、理解孩子的最好手段。

一对美国父母在教育孩子的问题中谈到，只有和孩子成为好朋友，才能当好一名称职的家长。他们在培养孩子方面下了不少工夫，如他们把孩子的启蒙画保留下来，把他们的学习成绩、身高等按逐年变化绘制成曲线图，从小就教他们唱歌、游泳、吹口琴、钓鱼，带他们到博物馆参观，看展览，看节目，有空还带他们到大自然中去呼吸新鲜空气…… 在各种活动中，他们不以自己是父母就说一不二，或摆出什么都对、什么都懂的样子，而是做能给予孩子知识和欢乐的最知心、最可靠、最可信赖的朋友。他们经常组织家庭会议，讨论大家共同关心的问题；还组织家庭音乐会，并将每个人唱的录制在磁带中。这样，他们的孩子有事愿意跟父母讲，从不在心里放着；出门说“再见”，进门问好；做饭当帮手，饭后洗碗；买菜、洗菜；给父母盛饭端汤、拿报纸、捶背；有时父母批评过了头，也不当时顶嘴，而是过后再解释。他们常对孩子讲：“我们是父子，也是朋友，我们有义务培养教育你们，也应该得到你们的帮助。你们长大了，会发现我们有很多的不足之处，发现我们很多地方不如你们，这是正常的。因此，我们要像朋友一样互相谅解，互相帮助。”[②]

(3)尊重孩子的人格

每个人都是独立的个体，有自己的思想、人格。家长们在与孩子沟通时切忌讽刺、挖苦，切忌伤害孩子的自尊心。每个人都有被别人尊重的需求，孩子也不例外。如果他们从小没有受到尊重，连最亲的父母也要践踏他们的人格，他们将难以以正常心态面对人与事，亦难以抬头面对人生。不要以为孩子年龄小就应当什么都听家长的，他们的意见

---

① 舒音，朱泓.亲子沟通的方法与艺术[M].北京：海潮出版社，2005.74

② 舒音，朱泓.亲子沟通的方法与艺术[M].北京：海潮出版社，2005.44

家长可以不尊重。孩子都有很强的自尊心，一样需要维护自己的尊严。从另一个角度讲，人都有一个特点，即你说的事情让我内心满足，我自然愿意听你的。孩子感觉到家长尊重他，自然也愿意与他们交流、分享意见；如果感觉到家长不尊重他，交流很难达成，有效性就更难保证了。

在加拿大，家长对孩子非常有礼貌。加拿大的父母对待孩子和对待客人是一样的尊重，并非是只尊重客人而忽视孩子。当外人去他们家办事情的时候，如果大人正在和孩子谈什么或者做什么，不会因为外人来了，就放下孩子不管，而是告诉客人，我和他谈完就过来，您先坐。如果大人正在和客人谈事情，孩子跑过来要求家长做什么事情，也是一样，父母会告诉孩子，我正在和客人谈事情，等我谈完了就过去和你一起做。[①]

(4)尊重孩子的隐私和个人秘密

随着年龄的增长，孩子们有了自己的世界，也有了一些"小秘密"。家长往往有好奇心，想更多地了解孩子，想了解孩子心中的秘密。当孩子不愿将自己的秘密告诉自己时，有的家长便会采取偷看孩子的日记、信件等形式来达到目的。显然，父母随意翻阅事关孩子隐私的信件、日记等是不正确的。这种偷窥孩子隐私的行为容易给孩子的心灵打下一个深深的烙印，那就是：父母是不可信任的！当身边最亲近的人让孩子产生不信任感时，亲子之间的交流沟通便不复存在了。

据中国青少年研究中心的一项调查，近30%的中小学生日记和信件被父母偷看过。有位中学生在信中写道："我想用世界上最大的声音，告诉所有不信任我们的人：请信任我们！路是我们的，人生是我们的，生命是我们的。我们能够自己装点人生。大人应该给我们一些机会，让我们也试一试，不做一个永久的观众。父母老是说：'我想了解你的想法。'可是他们知道归知道，但并不按我们的想法去安排，这样的理解等于零。"[②]

因此，家长应该尊重孩子的隐私，给孩子留有自己的空间，充分信任孩子，不要随意拆看孩子的邮件或翻看孩子的日记，不要监听孩子的电话，让孩子在自我的空间里处理问题。如果家长能充分信任孩子，孩子在遇到困难时自然会主动与家长沟通，寻求帮助，亲子间的有效沟通才能更好地实现。

四、形象感召法

俗话说："榜样的力量是无穷的。"对青少年来说，这一点更为重要。孩子的年龄越小，榜样的感染力就越大。孩子出生以后，首先接触的就是父母及其家庭成员，其最初形成的行为习惯几乎都是从模仿家长而来的。

(一)形象感召法的含义

形象感召法包含两个方面的含义：一是指家长树立自身的良好形象，给孩子一种榜样示范；二是指家长引导孩子学习偶像、英雄的优秀品质和模范行为，用偶像、英雄、名人等对孩子有感染作用的人物来影响和教育孩子的一种家庭教育方法。形象感召法的目的在于不仅仅是让孩子有一个学习效仿的目标，而是需要家长引导孩子将这一目标转化为成长和进步的动力，将对榜样的崇拜变为前进的实际行为和力量，在实际行动中获得直接经验和新的体会，学习像榜样那样学习与生活，直到变为一种习惯，变为一种自己的

---

① 舒音，朱泓.亲子沟通的方法与艺术[M].北京：海潮出版社，2005.42

② 舒音，朱泓.亲子沟通的方法与艺术[M].北京：海潮出版社，2005.54

行为方式。

（二）形象感召法的作用

理论证明，良好的榜样形象对孩子身心发展的推动力量是极大的。形象感召法对于孩子而言，其最大的作用在于示范性。榜样形象因其自身的典型性、完美性和形象性，往往是理想和实践结合，言教与身教统一且能集中体现时代精神的时代楷模，这对于具有好模仿性和具体形象性的思维特点以及可塑性较强的行为特点的儿童青少年，有很大的感染力和吸引力，很容易激发孩子对榜样形象的模仿性行为。孩子通过对这些榜样形象言行的观察和领悟，可以逐渐将这些良好的言行内化为自身的言行举止，促进其良好思想品德和行为习惯的形成，促进其知、情、意、行的良好发展，从而使其整体素质得到提升。

（三）形象感召法的实施策略

1.家长形象对孩子的感召

据中国台湾媒体“今日新闻网”报道，中国台湾高雄市一名97岁高龄的赵老爷爷，为了鼓舞小孙子好好念书，自己也积极进修，经过三年取得南华大学哲学研究所的硕士学位，成为中国台湾地区年纪最大的研究生。

报道说，97岁高龄的赵慕鹤如今每天都背着书包准时上学。他告诉记者：“同学都是20多岁，都是大学刚毕业，就我一个人较老。”记者问他会不会有压力？赵老先生回答：“没有，大家都相处很好。”

跟20多岁的同学相比，赵老爷爷整整大了70多岁。赵慕鹤说，他爱念书的原因其实是为了要鼓励孙子好好念书，自己先以身作则，花四年到空中大学进修文化艺术系，念完128个学分，接着再一路念到研究所。“我的生活不大正常，有时候晚上到了一两点多，甚至到三点多才睡觉。”

报道说，赵老爷爷每天看书看到半夜两三点，自称一点也不觉得累，早上九点一定准时起床。赵老爷爷不吸烟，不喝酒，有空写书法修身养性。活到老学到老，赵老爷爷成了银发族的最佳示范。①

英国学者菲尔丁曾经说过：“典范比教育更快，更能强有力地铭刻在人们心里。”②托尔斯泰也有句名言：“全部教育，或者说千分之九百九十九的教育都归结到榜样上，归结到父母自己的端正和完善上。”③家长的一言一行不仅会影响孩子的一朝一夕，甚至会影响孩子的一生一世，其重要性不言而喻。因此，作为家长，必须注意自身的形象，要尽力在各个方面为孩子做出良好的示范和表率。

(1)以身作则，做好榜样。俗话说：“三岁看大，七岁看老。”家庭教育对于孩子一生的成长是非常重要的。正如一座大厦，尽管根基深埋于土壤，但它却决定了大厦的高度和风格。对于婴幼儿而言，他们接触最早和最多的都是家长，家长要想成功地教育自己的子女，必须从自己做起，身先垂范，做孩子的好榜样。

以身作则，就是家长要注意自己在生活中的一言一行，用自己的良好形象为孩子做出榜样。对于孩子，家长不仅是一种权威，而且是幼小孩子言行举止标准的提供者。家

---

① http://edu.casd.cn/news/lljy/2009/66/096693025662GDK3A76145D22CD7.html

② http://www.qjedu.cq.cn/html/1/ljzl/gzjb/news_168_4771.html. 2010－7－15

③ http://edu.sina.com.cn/l/2004－04－27/66475.html. 2010－7－15

长的言行举止、情绪态度、性格特征、思维方式、生活习惯以及处事方式在很多情况下都成为孩子的参照，对儿童的身心发展产生较大的影响。家长要真正做好孩子的表率，一定要言行统一，前后一致。事实上，言行相悖比对孩子放任自流效果更坏。用行动感染孩子，教育孩子不要停留在口头。在日常生活和学习中，家长经常会对孩子说应该这样做，不应该那样做来规范孩子的言行。这种空洞的说教所起的作用往往微乎其微，不如行动来的直接真切。要做孩子的好榜样，首先就要端正自己的言行，用自己正确的言行去感染、教化孩子。正如著名教育家马卡连柯曾说过："一个家长对自己的要求，一个家长对自己家庭的尊重，一个家长对自己每一举止的注意，这就是首要的、最重要的方法。"①

(2)尊重孩子，加强亲子沟通，在关爱和亲情中进行家庭教育。天然的血缘关系使孩子对父母有着深深的依恋，父母能成为孩子尊敬和崇拜的对象。父母为孩子做出的品德言行、生活学习的榜样，不仅是一种客观事实，而且对孩子的成长，有着不可忽视和举足轻重的作用。

然而，事实却不尽如人意。日本青少年研究中心曾主持一项调查，问卷对象选择了日本 15 所高中的 13 000 多名学生，美国 13 所高中的 1 000 多名学生，中国内地 21 所高中的 1 200 多名学生。在"谁是你最尊重的人"一问里，日本和美国的学生将"父母"作为第一选择，而在中国孩子的心目中，父母则名列十位以后。② 究其原因，很大程度上是因为不良亲子关系和对父母的不信任造成的。

因此，要发挥家长的榜样作用，就需要构建和谐、相互信任的亲子关系，从对孩子的生活照料开始，留心观察生活，勤于思考，掌握孩子的生活习惯和性格特点，注意了解孩子的身心变化以及身心发展的各种需要，并据此营造和谐的家庭心理氛围，让孩子对家长产生发自内心的信任，进而增强孩子与父母之间的亲子关系，为父母对孩子产生榜样作用提供心理基础。

(3)构建民主的家庭氛围，提高孩子对家庭教育的认同感。民主的家庭氛围能提高孩子以及家长的幸福感，能使家庭教育的效果在潜移默化中达到理想的状态。家长和孩子之间的相互理解是保证孩子对家长产生敬佩的前提，只有在这种和谐的家庭氛围中，孩子才能认同家长的教育方式和教育内容，发自内心地配合家长的各种教育行为，家长的榜样作用也才能得以发挥。

2.偶像形象对孩子的感召

偶像形象对孩子成长的影响，以前我们多强调其负面的因素。事实上，偶像崇拜是儿童青少年成长过程中一种非常正常的心理现象。儿童青少年时期，个体的自我意识开始迅速分化，出现了理想自我和现实自我，随之必然出现自我意识间的冲突矛盾，从而影响自我概念的发展。偶像往往被他们看作是理想自我的化身，在对偶像的心理认同和情感依恋中，暂时不能实现的理想自我得到了释放与强化，从而缓解了自我的冲突和矛盾。因而偶像崇拜可以作为一种情感依托，获得自我独立感的完美形式，具有重要的自我平衡功能。并且，从这种持续的崇拜行为中可以一再缓解自我价值实现的焦虑与困惑。当然，健康的偶像崇拜对儿童青少年健康人格的形成有积极作用。但如果我们放任儿童青

---

① http://www.muqin.com.cn/artq/1023_list.html

② http://www.cnyj.com.cn/myyr/show.asp? id=49398&Page=2

少年去选择崇拜偶像而不加以引导，那么出现偏差也是必然的。如儿童青少年的崇拜方式很大程度上体现在对偶像外部形象的欣赏和浅层次模仿，由于他们对偶像的兴奋点多集中在光彩表面，容易使他们产生迷恋式盲从，而呈现为疯狂“追星”。

因此，作为家长，除自身对偶像崇拜要有客观理性的认识外，同时要掌握一些实施偶像形象感召的必要策略。

(1)理智看待，防止谈“星”色变。就家长而言，要坚决禁止孩子追星是不可能的，也是不理智的。因此，家长要保持理智，要理解孩子的追星行为是成长过程中的正常现象，没有必要把它当成洪水猛兽，谈“星”色变。无论你多么不喜欢，也一定要从孩子的角度去发现这些明星的“可爱”之处，并理智地告诉孩子，明星是人，也是普通人，每个人是不同的生命个体，每个人都有其人生价值和道路。

(2)及时沟通，真正了解孩子。对于偶像崇拜，首要原因是情感需要。紧张、繁忙的现代生活节奏使一些父母较少关注子女的内心世界。特别是青春期，在这个被很多心理学家称作“心理断乳期”的阶段，孩子们非常需要情感抚慰与思想交流。所以，很多孩子把所崇拜的偶像当成自己的情感寄托，渴望需要获得情感共鸣。

因此，与孩子及时沟通是很必要的。有一位母亲看到孩子疯狂地喜欢比尔·盖茨，就问孩子为什么，孩子说喜欢他的成功！是的，有很多孩子追星的原因便是向往成功，渴望成为这样的辉煌成功者，于是便热情地追随眼前的成功者。父母只有走进孩子的内心世界，真正了解孩子在想什么，才能做出冷静而准确的判断，因势利导，促进孩子身心健康成长。

(3)正确引导，方法灵活多变。家长要及时“充电”。如果孩子崇拜哪位明星或英雄名人，家长也应及时“充电”，了解该明星或英雄的状况，不仅仅让自己与孩子有共同语言，还能有针对性地对他们的优缺点进行评价；一方面能与孩子产生共鸣，另一方面也能趁势引导。一个妈妈写道：“我每次一了解女儿喜欢什么明星了，就同步从网上搜索下载女儿崇拜的明星资料，包括身高、体重、生日、喜好等，一应俱全。偶尔还会跟女儿就某条信息的出入争得面红耳赤。其实，与她争执只是想让她知道，追星是件非常普通的事情，让她认为这只是生活的一部分而不是全部。”

家长还应该化崇拜为激励，鼓励孩子模仿偶像的正确行为。偶像的力量是难以估量的。无论哪个年代，无论哪个人，生命中总有那么一个或者几个榜样，占据着他的精神领地，在其或苦闷或茫然或贫瘠的精神世界亮起灼灼之光，引领其前行的道路。

作为家长，可以帮助孩子发掘他们所崇拜的偶像，如为了自己的理想而打拼，对工作的热情和专注，对人对事的真诚和大度等各种值得孩子学习和模仿的地方。比如，一位母亲对崇拜张靓颖的女儿说：“你看人家张靓颖，英文歌唱得这么好，如果有一天你见到你的偶像，人家用英语和你对话，你答得上来吗？”女儿摇了摇头，沉默了一会儿后说：“妈妈，你放心，我一定会好好学习英语，将来总有一天我也能和张靓颖一样，学好英文。”又如，当女儿告诉父亲，自己的偶像“东方神起”在演唱会上公开向自己的母亲道谢，父亲就跟她讲“孝”的道理，鼓励女儿向偶像的正确行为学习。

此外，家长还应多为孩子介绍值得尊敬的人物。崇拜实际上是一种榜样认同和学习，提供什么榜样或展示什么样的榜样对青少年成长十分重要。青少年往往把崇拜的明星当作他们人生发展的楷模以及心灵寄托。家长应该根据孩子不同的发展阶段从文学

作品里，从孩子的同龄人中找出更多的积极向上，符合社会道德规范，适合他们年龄发展特点的榜样形象，如革命领袖、英雄模范、科学家、正面且典型的历史名人、现实人物等。这些榜样应该是富有责任感和奉献精神、创造有价值文化的楷模，他们对孩子不但能起到激励作用，而且对孩子形成正确的人生价值观也颇有帮助，而不应仅仅是外表靓丽、风度潇洒、收入丰厚、生活优越的明星。

家长可以对孩子自发产生的负面的"偶像崇拜"心理和行为进行合适的干预，也可以利用有学习价值的英雄形象来创造另一种明星效应，还可以为孩子的特长搭建实践的舞台，让孩子体会到成功的快乐，用形象的感召来鼓励孩子对成功的追求和积极的自我激励；更为重要的是，家长要引导孩子把对偶像的认识及其示范导向作用，通过实践转化为学习与前进的信念和行为。

五、赏识教育法

有一古希腊神话，讲的是塞浦路斯王子皮格马利翁很喜爱雕塑。一天，他成功塑造了一个美女的形象，爱不释手，每天以深情的眼光观赏不止。后来，他竟爱上了这个"少女"，并给她取名叫盖拉蒂。他还给盖拉蒂穿上美丽的长袍，并且拥抱她，亲吻她，每天祈祷着，期待着"少女"变活。终于，他的真情感动了上苍，美女活了，并成了他的妻子。

人们从皮格马利翁的故事中总结出了"皮格马利翁效应"：期望和赞美能产生奇迹。但是对这一效应做出经典证明，并使它广泛运用的是美国心理学家罗森塔尔和他的助手们。因此，"皮格马利翁效应"又称"罗森塔尔效应"。

1960 年，哈佛大学的罗森塔尔博士曾在加州一所学校做过一个著名的实验。

新学期，校长对两位教师说："根据过去三四年来的教学表现，你们是本校最好的教师。为了奖励你们，今年学校特地挑选了一些最聪明的学生给你们教。记住，这些学生的智商比同龄的孩子都要高。"校长再三叮咛："要像平常一样教他们，不要让孩子或家长知道他们是被特意挑选出来的。"

这两位教师非常高兴，更加努力教学了。

一年之后，这两个班级的学生成绩是全校中最优秀的，甚至比其他班学生的分数值高出好几倍。

随后，校长又告诉他们另一个真相：他们两个并不是本校最好的教师，而是在教师中随机抽出来的。①

正是学校对教师的期待，教师对学生的期待，才使教师和学生都产生了一种努力改变自我、完善自我的进步动力。这种企盼将美好的愿望变成现实的心理，在心理学上称为"期待效应"。它表明：每一个人都有可能成功，但是能不能成功，取决于周围的人能不能像对待成功人士那样爱他，期望他，教育他。

可见，适当的赞赏可以增强家长对孩子的信心。随着信心的增强，家长对孩子期许的提高，又通过各种途径使孩子的自我效能感和学习的内驱力提高，进而最终增强家庭教育的效果。

---

① http://baike.baidu.com/view/41398.htm? fr=ala0_1

(一)赏识教育法的含义

“赏识”一词,现代汉语释为欣赏、赞扬,意为对人所拥有的才能或作品的价值的肯定和赞赏。赏识教育法是指在家庭教育中,家长教育子女时所采纳的一种积极的精神状态和有效的教育技巧,用肯定与赞扬的方法来鼓励孩子成长的每一点进步,以促进孩子身心健康成长的方法。

(二)赏识的力量

与传统的棍棒教育截然不同的赏识教育已经得到了越来越多的家庭教育研究者、家长及孩子的认可,推行赏识教育的根本源于是家长对孩子的爱、信任和尊重。这些发自家长内心情绪的流露会在有意无意中给孩子传达一些积极的讯息,如“父母是看好我的,是信任我的,我是能成功的……”这些都是孩子产生积极向上的动力,其教育的力量也已逐渐开始凸显。托尔斯泰曾经说过:“称赞不但对人的感情,而且对人的理智也起着巨大的作用。”周弘在谈到对女儿周婷婷的教育时曾说:“赏识导致成功,抱怨导致失败,不是好孩子需要赏识,而是赏识教育使孩子变得越来越好;不是坏孩子需要抱怨,而是抱怨使孩子变得越来越坏……”[①]

有这样一个孩子,他在外婆家和奶奶家判若两人。

每次在外婆家,外婆都对他赞不绝口:“这么好的小孩子真是难得,小小年纪就懂礼貌,还知道吃东西的时候要分一份给外婆!”

可是在奶奶家却是另一番景象了。

孩子一进门,奶奶就开始数落:“像你这么调皮的孩子真是天下难找,要多捣蛋有多捣蛋,还整天搞恶作剧。”

再看看孩子,帽子歪戴着,鼻涕也不擦,一副毫不在乎的样子。

原因其实很简单:外婆总夸他,于是越夸越好,在外婆家,他就是好孩子;奶奶老是训斥他,于是越骂越糟,在奶奶家,他就是坏孩子。[②]

美国心理学家威廉·詹姆斯说:“人性最深刻的原则就是希望别人对自己加以赏识。”[③]他还发现,一个没有受过激励的人,仅能发挥其能力的20%～30%,而当他受过激励后,其能力是激励前的3～4倍。孩子总是在别人,特别是家长对自己的态度和评价中了解自己,同时在体验反思中对自己定位。赏识的力量主要源于以下三个方面:

1.赏识能增强孩子的自信心

很多孩子无论在生活还是学习中都缺乏自信,做事缩手缩脚,极不利于孩子的健康成长。对此,很多家长都将其原因归结为孩子的性格、环境使然。殊不知,孩子信心的缺乏却跟家长的教育有很大的关系。很多家长习惯放大自己孩子的缺点,而对于孩子的优点和进步却觉得是理所当然的。因此,在和孩子相处时,总爱抱怨孩子这不对,那不行,想让孩子聪明,就老说孩子笨;想让孩子动作快点,老说孩子手脚不麻利;想让孩子出类拔萃,却总拿孩子的缺点和其他孩子的优点相比。

尽管家长的出发点是想让自己的孩子变得更自信,更优秀,但是这种教育的方法,只

---

① 冷颖.影响家长的101个经典家教案例[M].北京:北方妇女儿童出版社,2007.171

② 冷颖.影响家长的101个经典家教案例[M].北京:北方妇女儿童出版社,2007.150

③ http://www.docin.com/p—20590539.html

能给孩子一种负面的讯息，即不管我如何努力，但我总是不行，不如别人。长期处于这样的消极心理状态下，会逐渐挫伤孩子的自信心，甚至对自己、对家长产生怀疑和怨恨，极不利于孩子身心的健康成长。

相反，家长如能用赏识的眼光看待自己的孩子，用积极的心态看待孩子成长路途中的点点滴滴，多鼓励，少批评，随时给孩子传递"你能行""你是最棒的""你是妈妈的骄傲"等正面、积极的讯息，假以时日，孩子就能真正树立起对自己的自信，不怕困难，迎难而上，最终获得成功。

2.赏识能激发孩子学习的兴趣和内在动力

俗话说，兴趣是最好的老师。的确，面对沉重的学业压力，如果没有兴趣的支撑，孩子很难在学习中得到快乐。作为家长，提高孩子学习兴趣的途径之一就是赏识。一位学生英语经常不及格，有一次英语考了 60 分。回家后，父亲马上伸出大拇指，由衷地夸奖："英语这么难，我儿子能及格，真不错。儿子，你真棒！"逐渐地，孩子的英语成绩越来越好。这一事例充分证明，用赏识的眼光看待孩子，可以提高孩子对学习的兴趣和学习的内在动力。

»改变了人生的家长会①

第一次参加家长会，幼儿园的老师说："你的儿子有多动症，在板凳上连三分钟都坐不了，你最好带他去医院看一看。"回家的路上，儿子问妈妈，老师都说了些什么，她鼻子一酸，差点流下泪来。因为全班 30 位小朋友，只有她的儿子表现最差。唯有对他，老师表现出不屑。然而她还是告诉她的儿子："老师表扬你了，说宝宝原来在板凳上坐不了一分钟，现在能坐三分钟了。其他的妈妈都非常羡慕你的妈妈，因为全班只有宝宝进步了。"那天晚上，她儿子破天荒吃了两碗米饭，并且没让她喂。

儿子上小学了。家长会上，老师说："全班 50 名同学，这次数学考试，你儿子排在第 40 名。我们怀疑他智力上有些障碍，你最好能带他去医院查一查。"走出教室，她流下了泪。然而，当她回到家里，她对坐在桌前的儿子说："老师对你充满了信心。他说你并不是个笨小孩，只要能细心些，会超过你的同桌，这次你的同桌排名是第 21 名。"说这话时，儿子暗淡的眼神一下子充满了光亮，沮丧的脸也一下子舒展开来。她甚至发现，从这以后，儿子温顺得让她吃惊，好像长大了许多。第二天上学时，去得比平时都要早。

孩子上了初中，又一次家长会。她坐在儿子的座位上，等着老师点她儿子的名字，因为每次家长会，她儿子的名字总是在差生的行列中被点到。然而，这次却出乎她的意料，直到家长会结束，都没听到她儿子的名字。她有些不习惯，临别时去问老师。老师告诉她："按你儿子现在的成绩，考重点高中有点危险。"听了这话，她惊喜地走出校门。此时，她发现儿子在等她。走在路上，她扶着儿子的肩膀，心里有一种说不出的甜蜜，她告诉儿子："班主任对你非常满意，她说了，只要你努力，很有希望考上重点高中。"

高中毕业了。第一批大学录取通知书下达时，学校打电话让她儿子到学校去一趟。她有一种预感，她儿子被第一批重点大学录取了，因为在报考时，她对儿子说过相信他能考取重点大学。儿子从学校回来，把一封印有清华大学招生办公室的特快专递交到妈妈的手里后，突然转身跑到自己房间里大哭起来，儿子边哭边说："妈妈，我知道我不是个聪

---

① 冷颖.影响家长的101个经典家教案例[M].北京：北方妇女儿童出版社，2007.169

明的孩子，可是，这个世界上只有你能欣赏我……”听了这话，妈妈悲喜交加，再也按捺不住十几年来凝聚在心中的泪水，任它流下，打在手中的信封上……

3.赏识能融洽亲子关系

赏识，就像是一艘远航邮轮的助推器。孩子非常在乎家长对自己的各种评价，哪怕只是家长一个眼神，一句轻松的话语，都可以拉近心与心的距离，增加孩子对家长的依恋和信任感，使亲子关系更加融洽；而亲子关系的亲密无疑会提高家庭教育的效果。夸奖是心理需要的满足与肯定，是前进的动力。

帕瓦罗蒂——伟大的歌剧演唱家，认为他父亲和奶奶对他的夸奖和鼓励具有重要的意义。当他还是个小男孩，是个坏孩子时，奶奶把他放在膝上；当他热情洋溢地哼着一支摇篮曲时，奶奶会说：“你会成为一个大人物，看着吧。”他在学校是个差生，但善于和人打交道，他还特别喜欢唱歌。“我的爸爸不断地鼓励我，他说我有唱歌的潜力。”22 岁时，他辞去了教书的工作，开始卖保险，为发展他的声乐天分筹备金钱和腾出时间。父亲和奶奶的夸奖使他最终走向成功。①

（三）赏识教育法的实施策略

赏识你的孩子，并不等于盲目地对孩子说“孩子你太好了，你真棒，你一定能行”。这样不但起不到实际的效果，用多了还可能让孩子反感，或者是漠然。只有进行合理的赏识教育，才能既让孩子开心，又能达到既定教育目标。

1.树立赏识的观念

每个孩子仿佛天生就是为了得到家长的赏识，家长的一句肯定、一句鼓励、一个拥抱对孩子来说都是莫大的幸福！因此，家长要树立这么一个信念，即把眼光凝聚在孩子的优点上。要坚信每个孩子都有潜在的才能等待开发，只是暂时被压抑了，需要父母给予关怀和爱。每个父母应该像对待天才一样对待自己的孩子，那时你就会发现你的孩子虽不爱弹琴却喜欢绘画，虽没耐心却有创意，虽不善言辞却很热心，总有他优秀的一面。尽量少盯着他的缺点不放，这样容易小题大做，从而打击孩子的自信心。

2.创造机会，耐心等待

赏识不只是停留在口头上的赞美，而是一种行动，家长应多给孩子创造发挥他们才智的机会。比如，孩子刚学了表演，就鼓励将其所学在家里为大家展示，并让全家人都来欣赏并赞赏；鼓励孩子朗诵短文并发表心得；经常邀请小伙伴来家里玩，让孩子们每人献出一个绝活。此外，随时找机会让孩子帮你忙，洗碗、拖地、收衣服、收拾屋子……在这些过程中，孩子从不会到会，从会到好，越做越有信心，自然就不会退缩在自卑自闭的角落里。

赏识还是一种宽容，既然给孩子机会，就需耐心等待孩子发挥潜力。有些家长没有耐心，看孩子做不好事，就干脆自己来，孩子也乐得坐享其成，而让自己的天资睡着了。另一些家长，当孩子一时达不到自己的要求时，就一味地指责、批评，没有给孩子更多的时间和更多的耐心，孩子的潜能就容易被压抑住。

3.赏识要及时

当孩子出现进步时，要及时地给予表扬；如果当时没有表扬，事后才提起，其效果将大打折扣。

---

① 冷颖.影响家长的101个经典家教案例[M].北京：北方妇女儿童出版社，2007.150

小刚5岁了，从不自己穿鞋。大人怕他上学迟到，自己也赶时间，总是帮他穿，但对此也很头疼。有一天，小刚准备出去玩，但妈妈还在洗澡，小刚等不及了就自己穿，好不容易穿好了，妈妈也正好洗澡出来，见小刚已经把鞋穿好了，心里很高兴，但并没有表露出来，而是自然地牵着小刚的手下楼去了。

第二天，又要出门了，但小刚却不肯自己穿鞋了。妈妈说："小刚，你昨天都是自己穿的呀，怎么今天就不行了呢？来，乖，自己穿。"可小刚却怎么也不愿意，非要妈妈帮他穿。

试想，如果当时妈妈看见小刚自己穿好鞋就能及时地表扬说："小刚，今天自己把鞋穿好了，真能干，妈妈很高兴，从明天开始你就自己穿鞋哦！"小刚得到妈妈及时的表扬，一定高兴得满口答应，赏识的效果也就自然达到了。

4.赏识不能滥用

(1)赏识要恰当，不能盲目

有一位妈妈，刚刚听完了赏识教育的讲座，感到自己开窍了。回家之后，儿子正为小测验的成绩差而发愁。妈妈学着讲座人的语气和神情说："孩子别愁，你能行！妈妈相信你！"

没想到孩子急了，一口气说了一大堆话："我能行？半年来我每天加班加点，想提高学习成绩，这次却在班上倒数第十。我能行，那你告诉我我哪儿行？别以为你想什么我不知道，你这是赏识教育。我们班郭峰她妈妈就是这样，特讨厌。我们大家都给她起了外号叫'赏识教育'。你以后少来这一套，我这两下子我清楚，不用你赏识。"①

因此，赏识的时候，要根据孩子的实际情况，就事论事；少说一些不着边际的话，而引起孩子的反感，弄巧成拙。比如，孩子以前每次吃饭都要人喂，有一次终于自己吃饭了，家长就应该说："孩子真乖，可以自己吃饭了。"孩子就会非常开心，从心里满意。而你如果说："孩子，你真乖，真是妈妈的好孩子。"孩子可能会觉得不知所措，甚至反感。

(2)赏识要适当，避免滥用

有的家长认识到赏识教育的重要，于是无时无刻不在赏识自己的孩子。本来是孩子轻而易举就办到的事情，或是孩子本来就应该做好的事情，家长却夸张地去表扬，让孩子觉得表扬来得太容易，反而不当回事，而失去赏识的效果。而且，夸得多了，还会造成孩子的自我膨胀，认为自己无所不能，变得很骄傲，反而听不进一句批评的话，受不起一点挫折。

(3)赏识要因人而异

赏识要抓住孩子的性格特点。有的孩子比较胆小自卑，就要多鼓励，多表扬。有一个盲童，心里非常自卑，总觉得自己不如别人。这时，父母就要抓住孩子哪怕是一点小小的进步给予赞扬，表扬往往能给孩子带来无穷无尽的动力和自信。但有的孩子狂妄自大，骄傲自满，如果仍然一味地表扬、赏识，反而会害了孩子。

有一位母亲，了解了赏识教育之后，热血沸腾。回到家，她看到她的孩子正在沙发上跳，就说道："孩子，你真厉害，能跳这么高！将来一定能做个跳高运动员。"孩子一听，来劲儿了，天天在沙发上跳，一个多星期就把沙发跳坏了。原来，她的孩子是个多动症儿童，越夸就越发不可收拾。

---

① 孟迁.新好父母必修课1家教ABC——为人父母的是与非[M].北京：当代中国出版社，2005.32～33

六、挫折教育法

孩子在成长的过程中缺少面对挫折的经验和能力，一旦遇到困境，自己就会感到不知所措。家长一定要注意对孩子的“挫折教育”，让孩子在不断的失败中成长起来，且不乏上进的信心。

（一）挫折教育法的含义

挫折是指个体在动机驱使下进行有目的的活动时受到阻碍，导致其动机驱力不能得到正常的疏泄，从而产生的紧张状态与情绪反应。挫折教育法是指在家庭教育中，让孩子在受教育的过程中遭受挫折，从而激发他们的潜能，锻炼他们的意志，磨炼他们的心理品质，以达到让孩子健康成长的目的。

（二）挫折教育的必要性

在充满激烈竞争的社会，很少有一帆风顺的事，孩子的一生会遇到很多挫折。家长不可能保护孩子一辈子，孩子终究要独立面对困难和挫折。自古有“从来富贵多纨绔，自古磨炼多英才”“玉不琢，不成器”的说法。古今中外，无数正反两方面的事例都证明了这些结论。巴尔扎克认为，苦难是人生的一块垫脚石，对于能干的人是一笔财富，对于弱者是万丈深渊。世界上的许多著名人物，在他们成名之前，都遇到过很多困难。生物学家达尔文，小时候因为学习成绩差而面临退学；发明家爱迪生，为了研制灯丝用了 160 吨矿物和金属材料，结果都失败了，可是他并不泄气，继续努力，最后获得了成功。统计数据表明，获诺贝尔文学奖的人中，一半以上都有坎坷的经历。《经济日报》曾登载过几十位“逆境中成功的美国企业家”的成长历程，他们都有过失败的经历，都有较强的挫折耐受力。①

北京市教育研究会曾就“你遇到失败打击时能顶住吗？”的问题进行了广泛的问卷调查，结果 31.2％的儿童回答“自己承受挫折的能力不强”“没有经受过失败的打击和锻炼”。②

我国曾经举办过一次中日儿童夏令营。在夏令营的过程中发现，中国的孩子不能吃苦，遇到一点困难和挫折就哭，闹着要回家，继而中断夏令营；而日本的孩子却能够自己解决困难，并没有任何怨言，自己照顾好自己，再苦再累也坚持到夏令营收营。究其原因，中日孩子的差别就在于家长是否对孩子进行过挫折教育以及其有效度如何。

日本的家长很重视从小磨炼孩子的意志，极为重视对孩子的挫折教育。从幼儿园起就安排“棍棒对击”“赤足教育”“寒冬裸身锻炼”；中学时则安排“孤岛生存训练”；即便是全家人一起出游，孩子也要自己背很重的包，自己问路、坐车，甚至找旅馆，大人从不包办代替。而许多中国的父母们，对孩子保护过度，哪怕一个小小的困难也要帮孩子解决。长此以往，孩子一旦遇到挫折和失败就如世界末日来临，无法承受，往往选择退缩和放弃，甚至走上自杀的不归路。

如今，大多数家庭都只有一个孩子，家长把他们当成家里的小皇帝，生怕孩子受一丁点儿苦，受一丁点儿委屈。在家人的呵护下很少经历艰难困苦和生活中的各种磨炼、挫

---

① 张大均.心的教育（4～6 岁幼儿家长用书）[M].贵阳：贵州人民出版社，2002.114

② 张大均.心的教育（4～6 岁幼儿家长用书）[M].贵阳：贵州人民出版社，2002.107

折。尽管这样的生活看似很“顺”，但如果从完美人格塑造、坚强意志锻炼的角度思考，过于平坦的人生道路会成为孩子成长中的缺憾。一个孩子，如果没有经过困难和挫折就品尝不到成功的喜悦；没有经历苦难，就感受不到什么是幸福。因此，家长有意识地让孩子从小经受挫折，体验艰苦，经受磨炼是非常必要和重要的。这样，才能让孩子摆脱依赖，独立自主，培养不畏艰难的坚强意志和毅力，逐渐形成对困难、挫折的心理承受力和对复杂环境的适应能力，有足够的意志应对未来社会的竞争。让孩子在面对艰难和困难中锻炼较强的心理承受能力和坚强意志，增强其自理自立能力，对其今后的人生会有非同寻常的意义。

(三)挫折教育的实施策略

1.家长要正确认识挫折

每个人都渴望成功，但是很多时候总是事与愿违。面对挫折，有人选择继续前进，有人选择逃避，其结果自然有悲有喜。著名心理学家马斯洛说过：“挫折未必总是坏的，关键在于对待挫折的态度。”[①]的确，挫折教育的出发点和归宿也正是引导孩子在经历挫折的过程中培养独立意识和坚韧不拔的品质。

对挫折的理解和认知，是家长对孩子进行挫折教育的关键环节。许多家长对孩子的一切都包办代替(穿衣、穿鞋、收书包、削铅笔、换圆珠笔芯)，过度保护，宁可自己苦死累死，也不让孩子受半点苦，自认为是在爱孩子。但从孩子的角度看，从更深层次去看，这种爱从某种程度上剥夺了孩子经受锻炼的机会，缺乏理智，是溺爱。而溺爱，是家长送给孩子最可怕的礼物，其结果只能造成孩子的懒惰与无能，并导致孩子责任心差，依赖性强，这样的孩子今后走上社会也很难发挥作用。可谓“惯子如害子”，不仅害了孩子，也害了社会，值得为人父母者深思。

2.创造机会让孩子体验挫折

现实生活中并没有很多挫折情境，但挫折常常会不期而遇。一旦遇到突然而来的挫折时，若没有心理准备，孩子往往会手足无措，陷入困境。因此，家长要时时处处做有心人，创造机会让孩子吃苦，训练孩子从小战胜挫折的毅力和意志，努力培养孩子百折不挠、坚韧不拔的品质。只有当孩子充分感受到挫折带来的痛苦体验时，才能激发起他们克服困难的动力。

家长可以主动创设一些挫折的情境，如适当让孩子吃点苦、受点罪，经历生活的磨难，尝试生活中的不如意；做做家务以体会父母的艰辛；带孩子爬山让其体验劳累；适当让孩子尝试“饥饿体验”；让孩子参加竞赛，独自完成任务等，以此训练孩子战胜挫折的毅力和意志。

在日常生活中，家长要舍得让孩子做事，要把对孩子进行挫折教育看作是日常生活中的一部分，是孩子成长经历中的宝贵精神财富。做事总要吃苦的。夏天让孩子出去买个冰激凌要被太阳晒，要流汗，有的孩子还可能摔一跤；家长虽然心疼，但高兴的是孩子毕竟承受住了考验，还把冰激凌买回来了。这才是真正地爱孩子，是对孩子最高境界的爱——理智和智慧的爱。家长对孩子一定要“藏起一半的爱”。爱在心里，让自己站得更高一些，看得再远一些，想得再深一些，孩子自然走得更远，也更坚实。

---

① http://www.eduzhai.net/youer/349/364/516/youer_122933.html

》教孩子坚持一下[①]

哈佛女孩刘亦婷的妈妈希望女儿能够有坚强的意志承受极限的考验,就与刘爸爸在刘亦婷10岁的时候进行了一个残酷的训练:捏冰一刻钟!

这个游戏的目的是要训练刘亦婷的忍耐力。刘亦婷需要在一刻钟内捏一大块在冰箱里冻得结结实实的冰块。刘亦婷做到了,正是这种不断的训练使刘亦婷拥有了坚强的性格和勇于面对挑战的勇气。

下面是刘亦婷的日记:和爸爸打赌

1991年8月9日(10岁时)

嘿!告诉你吧,昨天晚上,我和我爸爸打了一个赌。结果呀,嘿,我赢了一本书呢!

事情是这样的。晚上,爸爸从冰箱里取出一块冰,这块冰比一个一号电池还大呢。爸爸说:"婷婷,你能把这块冰捏15分钟吗?你办到了,我就奖给你一本书。"我说:"怎么不行?我们来打个赌吧!如果我捏到了15分钟,那你就得给我买书哦。"爸爸满口答应了。

爸爸拿着秒表,喊了一声:"预备,起!"我就把冰往手里一放,开始捏冰了。第一分钟,感觉还可以,第二分钟,就觉得刺骨的疼痛,我急忙拿起一个药瓶看上面的说明书,转移我的注意力。到了第三分钟,骨头疼得钻心,像有千万根针在上面跳舞似的,我就用大声读说明书的方法来克服。到了第四分钟,我感觉骨头都要被冰冻僵,冻裂了。这时,我使劲咬住嘴唇,让痛感转移到嘴上去,心里想着:忍住,忍住。第五分钟,我的手变青了,也不那么痛了。到第六分钟,手只有一点儿痛了,而且稍微有点儿麻。第七分钟,手不痛了,只觉得冰冰的,有些麻木。第八分钟,我的手就全麻了……当爸爸跟我说"15分钟了"的时候,我高兴地跳着欢呼起来:"万岁,万岁,我赢了!"可我的手,却变成了紫红色,摸什么都觉得很烫。爸爸急忙打开自来水管给我冲手。

我一边冲,一边对爸爸说:"爸爸,你真倒霉啊!"爸爸却说:"我一点儿也不倒霉,你有这么强的意志力,我们只有高兴的份儿。"

这就是我赢书的经历,你看,多不容易啊!

3.帮助孩子掌握战胜挫折的方法

(1)自我暗示

在困难面前,家长需要通过鼓励给孩子以勇气和安全感。家长可以教育孩子在面对挫折的时候学会用暗示来自我鼓励。当他们遇到挫折的时候,告诉孩子暗示自己"我能行""我可以解决的""我一定要战胜它"。这些话语本身包含着一种自我肯定,这种自我肯定的暗示能转化为一种激励的力量,使孩子鼓起勇气去面对挫折,并想办法战胜它。

(2)寻求帮助

在遇到困难的时候,当孩子依靠自己的力量无法解决时,家长要教育孩子主动地寻求周围人的帮助。例如,孩子自己一个人出远门,在迷路时向警察或周围的人问路、求助。孩子在成长的过程中,由于经验、力量都有限,寻求帮助是他们面对挫折时解决困难的一个好方法。

---

① 李凌青,崔华芳.培养孩子意志力的方法[M].北京:中国纺织出版社,2006.216

(3)补偿替代

当孩子在某方面受挫，由于自身的原因或客观条件的限制而无法达到目标的时候，家长可以试图帮助孩子在另一方面取得成功，以此来补偿替代所受的挫折。例如，孩子在体育竞赛的时候失败了，家长可以鼓励引导他在艺术、数学等其他方面取得成功，以此来达到心理的平衡，增加孩子的自信心。

(4)学会宣泄

当孩子遇到挫折的时候，难免会沮丧、失望。家长可以引导孩子把低落的情绪适当地宣泄出来，如哭泣、叫喊、跑步等。合理的宣泄可以排解孩子在遇到挫折时的不良情绪，可以减轻他们的心理压力，这对于培养孩子乐观的精神和积极的心态有很好的作用。

此外，遭遇挫折，面对失败，父母自身要保持一个积极乐观的精神，多从积极方面去看待，父母的精神可以感染孩子，孩子才会有一个正确认识和对待挫折的良好积极的心理环境。

(四)实施过程中需注意的问题

当然，家长对孩子进行挫折教育不能简单地等同于让孩子"多吃苦"。适当地"吃苦"只是培养孩子抗挫能力的途径，而不是目标。在实施挫折教育过程中，家长还需注意几个重要的问题。

1.挫折教育要因材施教

首先，要根据孩子的性格进行挫折教育。对性格内向、自尊心较强、生性懦弱的孩子，家长应尽可能地鼓励孩子面对困难，帮助孩子分析原因并教给孩子一些对待挫折的方法。而对于性格外向、娇生惯养的孩子，家长不妨让他们受点冷落，有意识地设置一些困难，鼓励他们自己的事情自己做，不会的事情学着做，最终让孩子得到锻炼。其次，挫折教育要和孩子的年龄相符。尽管挫折教育也应该及早施行，但是对于年龄过小的孩子，挫折教育的内容和方法应该相对容易。最后，施行挫折教育还要和孩子的性别相符合。

2.挫折教育要适度和适量

家长在对孩子进行挫折教育时，要注意挫折的情境创设要合情合理，一定要注意适度和适量的原则，要注重考虑挫折的难度是否适合孩子的承受力。如果情境太难，挫折太大，孩子无论经过多少努力也难得到成功，只会徒增孩子的挫败感，打击孩子的自信心；如果情境太容易，挫折太小，孩子轻而易举就解决了，对孩子也起不到磨炼的作用，达不到挫折教育的效果。因此，家长要从孩子的实际情况出发，挫折的情境设置要充分考虑到孩子的年龄、性别和能力大小，有针对性地对孩子进行挫折教育，只要方法得当，并注意适度和适量，定能起到挫折教育应有的作用。

3.挫折教育的实施要循序渐进

挫折教育尽管是以培养孩子心理承受力和意志为目标的教育。实施过程中，家长要制订科学的计划，遵循教育规律和成长规律，根据孩子的年龄和心理特点，分步骤实施，循序渐进地对孩子进行挫折教育。

七、批评惩罚法

任何一个孩子在成长的过程中，都需要表扬、奖励的正向引导，而且越多越好，但这绝对不意味着家长不要批评孩子，不能惩罚孩子了，这种方向的约束和抑制同样必不可少。

（一）批评惩罚法的含义

批评惩罚法，就是在家庭教育中，对孩子所表现出来的不良行为与某种不愉快的或惩罚性的刺激结合起来，多次重复配对出现，使其以后在类似情境或刺激下，该不良行为的发生频率降低，甚至消除的方法。

（二）批评惩罚法的适用范围

批评和惩罚都是一种否定的"负强化"，只是程度不同而已。批评一般用于对缺点、错误和过失较轻的否定，而惩罚多用于对性质和后果较严重的缺点、错误和过失的否定。

家长之所以要批评惩罚孩子，总是希望孩子的某些不良行为能借助惩罚的力量得以改善，并能知晓错误的行为可能带来的后果。尽管我们在家庭教育中一般不提倡凡事都用批评惩罚法，但是对于如下这些特殊情况，我们则需要考虑使用这一方法：当孩子故意犯错、反复犯错的时候；当家长温和的说教不起任何作用的时候；当孩子犯下原则性错误而不知悔改的时候。批评惩罚法作为一种较为极端的教育方法，家长切不能滥用，每次惩罚和批评都应该达到相应的效果。

（三）批评惩罚法的实施策略

批评惩罚需要讲究艺术，尽量做到既不伤害孩子，又能起到积极的教育效果。因此，父母们在使用批评惩罚手段时，要注意以下几点：

1.爱为基础，尊重是前提

爱心是批评惩罚的底线。批评惩罚的前提是给孩子足够的尊重和信任。每个孩子都有值得父母赞扬的优点。当家长要批评惩罚孩子的某些不良行为时，先要相信孩子是个好孩子，允许并认真倾听孩子申诉犯错的理由；同时，家长在批评惩罚孩子之前应把自己内心的感受跟孩子说说，让孩子体会家长对自己的爱并知道自己并非一无是处。

2.讲清要求，明示在先

有些家长平时很少把自己对孩子的要求与孩子讲清楚，盲目认为自己明白孩子就一定明白，忽略了孩子的理解力和成年人之间是有差距的。所以，家长应将自己的希望、要求、规则都对孩子讲明白，并且与孩子达成共识，甚至约定。由于孩子的自我控制能力较差，最好事先告诉孩子，如果有违要求或规定就要受到惩罚。这样，当孩子违规时往往接受批评惩罚的自觉程度和成效较高，可以给孩子一个自我纠正错误、自我教育的机会。

3.处理及时，注重实效

孩子年龄越小，在批评惩罚的时间上越要接近他的错误行为，犯错后要立即批评惩罚，注重"现场"教育，给孩子现身说法，具体直观，便于孩子接受。如果事过之后再批评惩罚，儿童就会因为缺乏真实感，不能深刻领会为什么会被批评惩罚。当一些家长发现孩子的某些不良习惯后，常常爱对孩子说"看我回家怎么收拾你！""你等着，等你爸回来了有你好看的！"等。这些话对孩子来说大多不怎么管用。孩子要么诚惶诚恐，只想赶快逃离家庭；要么不当一回事儿，一会儿就把家长的话抛脑后了，无法起到批评惩罚的作用。故此，当您发现孩子做错了某件事时，一定要掌握好教育的时机，及时执行批评惩罚措施，会起到事半功倍的效果。

4.说明原因，讲清道理

孩子虽然小，但也明白道理。家长在对孩子进行批评惩罚之前，应先给孩子讲清道理，让其明白不良行为对成长有什么负面影响，为什么要批评惩罚他，这样有利于他改正

错误。如果孩子在迷迷糊糊中被批评惩罚，他会感到很委屈。

5.前后一致，说到做到

如果您告诉孩子，因为他犯了错而惩罚他，不允许他去看最喜欢的电影了，您就一定要做到，说话算数。轻易改变主意，将会使您今后的批评惩罚措施都失去效力。

6.就事论事，不翻旧账

有些家长爱唠叨，在运用批评惩罚法教育孩子某些不良行为时，总是忍不住把孩子过去做错的事情都拿出来数落一番。其结果是，在家长没完没了的叨叨声中，孩子往往已不记得自己到底是哪件事做错了，还容易产生排斥心理，有违初衷。因此，家长一定要以事说事，不要翻旧账，以免削弱批评惩罚的效果。

7.惩罚适度，注意场合

家长给孩子的惩罚，要因人因事、因时因地而定。有些孩子性格较内向、敏感，对这样的孩子，也许您瞪他一眼，或者冷落他一会儿他就知错而改了；而有些孩子则不然，即使家长打了他也不会觉得怎样。因此，家长要根据孩子个性而定，以免批评惩罚过当或无效。另外，如果是在公共场合或正在吃饭或做作业前，孩子所犯错误不那么严重，家长应慎用批评惩罚法，切忌体罚，以免伤害孩子的自尊心或影响消化或导致学习情绪低落。无论怎样，体罚都是一种最无力且不得已而为之的批评惩罚方法，既伤害孩子的自尊心，也难以让孩子真正感受批评惩罚的意义。

8.对事勿对人，避免伤害

家长在运用批评惩罚的教育方法时，尤其要注意避免对孩子使用人身攻击语言，以免给孩子的心理带来巨大的伤害。家长在批评惩罚孩子时，一是要力求让其明白，您批评惩罚的只是他的错误行为，他仍然是您所喜爱的孩子，如果改正了错误，您会更喜欢他；二是运用您的智慧，把本该生气的事用孩子能接受的语言予以表达，或将对此事的批评化解为一句玩笑，既不伤孩子自尊心，又能让孩子在自责中乐意接受并以此为戒。

9.奖惩结合，体验快乐

家长通过适当的批评惩罚对孩子的不良行为进行教育以后，孩子如果有了明显进步，父母则要视情况及时鼓励和奖励，让孩子体验到进步的快乐，更乐意改正错误。

»“美国之父”父亲的欣慰①

华盛顿是美国第一任总统。美国首都华盛顿市就是为了纪念这位“美国之父”而命名的。

华盛顿是一个大种植园主的儿子，家中有许多果园，果园里长满各种果树，也夹杂着一些杂树。为了让果树生长得好，应该把杂树砍掉。华盛顿的父亲经常到果园里砍伐杂树，他也跟父亲到果园去玩。

一天，小华盛顿自己跑到果园里，好奇地拿起斧子在一棵良种核桃树上砍了几下。第二天，父亲发现果树被砍后，十分气愤，生气地问孩子们：“这是谁干的？”看到父亲盛怒之下，小华盛顿没敢做声。后来父亲消气了，华盛顿主动向父亲承认了错误，等待父亲的惩罚。

儿子的诚实，使父亲感到莫大欣慰。他凝视儿子片刻后，不仅没有责罚他，反而把儿子拉到身边，抚摸着他的头说：“你砍树是不对的，但你诚实的行为胜过一千棵树的价值，你是一个好孩子。”

---

① 唐彦生，隋玉梁，于一.家庭教育大百科[M].北京：蓝天出版社，1999.886

总之,"犯错误"是孩子成长中的必修课,只有修完一定的"课时",他才能真正获得举一反三、自我反思、自我完善的能力。家长要理解过失的价值,看到在孩子成长中,他的"过失"与"成就"具有同样的正面教育功能。[①]

八、休闲调节法

1918年,美国教育界就将休闲教育列为中学教育的一条"中心原则":"每个人都应该享有时间去培养个人和社会的兴趣。如果能被合理地使用,那么,这种闲暇将会重新扩大一个人的创造力量,并进一步丰富其生活,从而使他能更好地履行自己的职责。"如果相反,滥用闲暇时间将损害健康,扰乱家庭,降低工作效率,并破坏其公民意识。这种休闲调节的教育方法在家庭教育中同样适用。

(一)休闲调节法的含义

英文"leisure"(休闲)源自拉丁文的"licere"(指被允许或自由)。中文中"休闲"从字面上来理解,包括了两个层面的意思:其一是休息,即令人恢复精神或体力的休息活动;其二是闲暇,即闲暇的自由时间。休闲调节法是指在家庭教育中,利用闲暇时间休息、放松,以达到精神恢复、心情愉快的目的的教育方法。

(二)家庭教育中开展休闲活动的意义

1.休闲调节增进个体健康

休闲是紧张的生活和疾病之间的缓冲。研究发现,就缓解压力而言,诸多因素中,只有称职感、自然锻炼、程度锻炼、目的感和休闲活动能够起到缓解压力的作用。[②] 具体说来,休闲活动能够增进个体健康。首先,它使人们意识到社会支持的存在;其次,休闲活动如同其他一切积极健康的日常娱乐活动一样,对人身体素质的提高具有十分重要的作用,循序渐进、持之以恒的娱乐活动是保持身体健康的重要方式;最后,休闲活动中的主体性、自由感是人获得自我满足的重要前提,对人的心理健康尤为重要。同时,在休闲活动中,人是在内心之爱驱动下行事,是对生活的热爱,是对生命的赞赏;没有对生活的热爱,就无法享受休闲,同时也与健康无缘。[③]

2.休闲调节使个体精神自由

休闲调节使个体获得精神的自由[④]:其一,时空的自由是个体获得精神自由的前提。休闲教育以自然、社会为背景,随时随地地进行教育,使个体摆脱有限空间的束缚,自由地感受生命律动。其二,活动的自由是个体获得精神自由的载体。休闲教育是一种自我开发式的活动,它引导个体进行自由的选择,个体以自己喜爱的方式去生活,去创造生活,做自己生活的主人。其三,心灵的自由是休闲教育的价值,伴随着闲适、宁静,使个体处在一种安然的境界,给生命注入新的活力。

(三)休闲调节法的实施原则和途径

休闲教育就是培养孩子对休闲行为的选择和价值判断的能力的教育。它的内容广

---

① 尹建莉.好妈妈胜过好老师[M].北京:作家出版社,2009.36

② 杰弗瑞·戈比.你生命中的休闲[M].昆明:云南人民出版社,2000.338

③ 张敏.生命的意义:在休闲教育中提升[J].太原师范学院学报(社会科学版),2008(6):77~79

④ 张敏.生命的意义:在休闲教育中提升[J].太原师范学院学报(社会科学版),2008(6):77~79

泛，有对理财能力、玩的能力、辨别是非的能力、对美的欣赏能力、社会交往能力等方面的培养，还可以教育孩子通过创造性的休闲方式来表达自己的追求与理想，鼓励孩子把自我发展与承担社会责任联系在一起。良好的休闲教育，可以促进孩子德、智、体、美、劳的均衡发展，养成健全人格特征，激励自我实现的需求目标。

开展家庭休闲教育的关键在于家长。因此，家长必须具备正确的休闲教育观。只有家长树立正确的休闲教育观，孩子的休闲生活质量才能得到真正意义上的提高。

1.休闲调节法的实施原则

除了家长自己树立正确的休闲教育观之外，家长必须帮助孩子树立正确的休闲观，应让孩子明白，正当健康的休闲活动应符合三个原则。一是有益原则，即休闲活动既有益于身心健康，又不给他人与社会带来危害，同时考虑个别差异。比如，当读书疲倦时，可选择户外郊游；劳动过累时，可选择静态性项目，达到均衡协调的效果。二是经济原则，要量力而行，争取花较少的钱而得到积极的效果。如打乒乓球、踏青、参观美术馆等。三是安全原则，既要慎选休闲场所（如在室内要考虑通风、灯光、逃生门等设施，在户外要考虑地点、天气路况等因素），又要慎选休闲友伴。

2.休闲调节法的实施方法

在具体实施过程中，家长可以利用社会休闲娱乐设施为孩子选择最为适宜的休闲资源，如与孩子一同前往公园、体育馆、游乐场、风景区或图书馆等地，放松身心，修身养性。此外，家长要结合孩子的性格和爱好，培养孩子的兴趣而施以适当的方法，丰富孩子的业余休闲生活。

九、社会参与法

联合国《儿童权利公约》明确规定了儿童的生存权、发展权、保护权和参与权。与会专家表示，在维护儿童的生存权、发展权和保护权的基础上，满足儿童参与家庭、学校、社区和文化生活的需要，是当前推动儿童权利保护的重大课题。

为了促进儿童权利保护和儿童参与，专家和小朋友们呼吁，利用大众传媒宣传，普及儿童参与权和相关法律，同时也鼓励和支持儿童参与媒介活动。鼓励儿童有更多机会参与家庭、学校、社区以及更广泛的社会生活，增强儿童的公民意识，树立"新儿童观"，发挥儿童的主体作用，培养儿童参与家庭、学校、社会生活的能力。

（一）社会参与法的含义

社会参与法是指让孩子参与社会生活，在一定的社会条件下学会社会规则，顺利地实现孩子从自然人到社会人的转变过程的方法。

（二）社会参与法的必要性

儿童在其成长的过程中，随着生活范围的不断扩大，可能会遇到这样那样的问题和挑战，甚至会遇到挫折。1993 年，联合国教科文组织组建了"国际 21 世纪教育委员会"。该委员会主席雅克・德洛尔发表文章指出："学会认知，学会做事，学会做人，学会共处是未来教育的四大支柱。"①可见，对孩子的教育不仅要求要具备读写能力，而且要具有逻辑思维、实践能力和奋斗精神，特别是要学会合作，具有所谓的"团队精神"。这一能力的形

① 臧羽青.家庭教育与儿童社会化[J].辽宁师专学报（社会科学版），2002(3)：35～37

成，离不开儿童的社会化教育，而社会参与法是这一教育的有效方法之一。

儿童社会化是在社会系统中通过自己的活动得以实现的。在社会系统中，家庭成为儿童社会化的第一场所，也是一个无可比拟的第一社会环境。家庭为儿童提供了第一次人际交往，第一种人际关系，第一项社会规范，第一个社会角色。同时，家庭也为儿童提供了活动的场所和内容，为儿童独立参加社会生活之前在社会上提供了第一次定位，还为儿童培养了与家庭其他成员互相作用的最初能力。正是这种能力，为其今后在社会上与同伴、同事、朋友、上下级人物、配偶和自己的孩子等形成正常关系提供了心理准备。①

尽管积极参与各种社会活动是孩子健康、和谐成长的必需元素，然而目前，很多家长却存在着这样的误区——重成绩轻能力。“只要把学习搞好了就行了，其他什么都不用你做。”似乎孩子只要考高分，其他一切都可以不管。一次关于“杰出青年的童年与教育”的调查中发现，在被调查的148名杰出青年中，有81.08%在家时经常自觉做家务；13.51%有时做，仅有5.41 %很少做家务。可见，家务劳动使杰出青年学会基本的生存之道，学会自理，并在劳动中懂得了生活的艰辛和为他人服务的乐趣。②

由于缺乏社会实践，很多孩子的社会技能及社会适应力也很差：不知如何跟人相处；大事干不来，小事不愿干；学习成绩好，却不懂如何应用等。有些大学刚毕业的学生，走入工作岗位后屡屡不顺利，换了好几份工作，都因为不能很好地处理人际关系、同事关系而不得不被迫辞职。因此，在家庭教育中，培养孩子的社会参与能力是非常必要的。

（三）社会参与法的实施策略

社会化是人发展的必然结果。人的生活离不开人际交往，更离不开教育，家长应抓住家庭教育这一关键环节，为儿童将来的全面发展打下一个良好的基础。家长对孩子进行社会性教育主要从以下方面入手：

1.改变观念，树立培养儿童社会性发展的意识

家长的观念意识是培养孩子社会性发展的前提。如果家长只看重孩子的学习成绩而忽视其社会能力的培养，那么孩子在家庭中得不到家长的有效支持和培养，社会性发展将会受到很大的束缚。因此，家长要改变观念，树立起积极主动的意识，培养孩子的社会性发展，还要努力创造条件，让孩子有各种锻炼的机会。让孩子参加社区活动，锻炼孩子的人际交往能力等，都是较好的途径。

2.在实践中发展儿童的亲社会行为

亲社会行为是人们在社会生活中表现出来的谦让、互助、协作和共享的有益行为。它是一种极其高尚的道德行为，是个体社会化发展的一个重要指标。③ 亲社会行为并非孩子一出生就有，孩子必须经过一定的教育和训练，才能获得。在我国以独生子女为主的大多数家庭中，家人对孩子百依百顺，甚至无原则地迁就，养成了他们自私的性格，平日里没有机会学习谦让、互助、协作、共享。很多孩子在与同龄人交往的时候，只想到自己而不考虑别人。因此，家长应利用各种机会发展孩子的亲社会行为，尽可能多地与孩子共同参与活动，平等地对待孩子，不给他们“特殊待遇”。如有好吃的东西大家一起吃，

---

① 臧羽青.家庭教育与儿童社会化[J].辽宁师专学报(社会科学版)，2002(3)：35～37

② 程芳.家教的误区及对策[J].广西教育，2001(12)：37～40

③ 臧羽青.家庭教育与儿童社会化[J].辽宁师专学报(社会科学版)，2002(3)：35～37

有好玩的东西大家一起玩，而不是让孩子独享。长辈在关心子女的同时，也创造机会让孩子学会关心"照顾"长辈，使孩子从小感受到关爱别人的乐趣，学会谦让，学会与人平等相处，学会关爱他人。

3.鼓励儿童积极交往

交往能力是现代社会生活对人的基本要求，也是一个人能否适应社会生活的一个重要因素。幼儿期有两种交往：一是与成人的交往，二是与同辈人的交往。在与同辈人交往中，儿童不仅能更好地认识自己，而且还能建立与他人之间的平等关系，学会正确待人接物，关心同伴，与同伴合作完成任务，学会在争执或矛盾中协调关系。因此，家长应创造条件鼓励孩子与人交往。多带孩子参加社会活动，鼓励他们广交同学伙伴。有些父母基于"安全问题"或"怕孩子吃亏"等心理，剥夺了孩子交往的机会，造成了孩子心理的孤独、焦虑，不利于儿童社会性的发展。

4.培养儿童的角色意识

人在社会中，总是处在一定的人际关系和社会地位中，扮演不同的角色，孩子也不例外。他们在家是孩子，可以在父母面前撒娇；在学校，他们是学生，与同龄人是伙伴，要平等地与朋友相处，要遵守纪律，尊敬老师。如果孩子不懂得这种角色含义，在不适宜的场合表现不适宜的举动，如在学校肆无忌惮，和老师、同学撒娇，那么他们的社会角色意识就容易出现混乱，在与人交往的时候也较容易遭受挫折。社会化教育就应该使儿童懂得如何掌握社会规范，如何控制自己的行为，如何正确扮演社会角色和如何进行角色转换。

【思考与运用】

1.家庭教育有哪些基本原则？

2.家庭教育的主要方法有哪些？

3.什么是手表定律？手表定律要求在家庭教育中家长应该怎么做？

4.在与幼儿沟通时，家长应该如何倾听？

5.在偶像教育的问题上，存在哪些问题？家庭教育该如何改进？

6.什么是蝴蝶效应？如何在家庭教育中运用？

7.结合现实的案例，谈一谈家长该如何运用赏识教育法进行教育？

8.挫折教育的重要性是什么？如何对孩子进行挫折教育？

9.家长在进行批评惩罚时应讲究哪些艺术？

10.家长应该如何增进孩子的社会性发展？

【本章相关学习资源】

1.张伟，刘晓明.心灵培育——家庭教育的理念和方法[M].长春：吉林人民出版社，2007.

2.冷颖.影响家长的101个经典家教案例[M].北京：北方妇女儿童出版社，2007.

3.贾国均.家庭教育术[M].北京：科学普及出版社，1991.

4.秦德彪.教子心经：我的家庭教育经验与反思[M].北京：红旗出版社，2005.

5.中华家庭教育网 http://www.zhjtjyw.com/

6.管理孩子的学问：保姆119(1—8集)http://www.360doc.com/content/11/1210/10/7635019_171194347.shtml

第五章　家庭教育的内容

家庭教育的内容，主要涵盖德、智、体、美、劳等内容。但随着社会的发展，文化的进步，家庭教育的内容变得更加复杂多样，家庭安全教育、家庭社会技能教育、家庭感恩教育也成了当今家庭教育的重点。因此，这些内容的和谐统一在家庭教育中变得更为重要。人应该是各方面和谐发展的，对孩子的教育必须从各方面同时并举，注重对孩子进行综合教育，促使其在各方面得到健康和谐发展。

第一节　家庭体育

英国教育家洛克曾经说过："健康之精神寓于健康之身体。"洛克是家庭体育的首位倡导者，主张在进行家庭教育时将家庭体育放在第一位。"身体是革命的本钱。"一个人，尤其是孩子，若没有良好的身体素质，将严重影响其日后的正常生活乃至生命。因此，家长要充分认识到家庭体育保健对孩子身心和谐发展的重要性。

一、家庭体育的含义与特点

(一)家庭体育的含义

家庭体育是指在家庭生活中，以家庭成员活动为基本形态的活动，是家庭成员根据自己的爱好和需求，按照一定的体育要求所进行的以增进家庭成员的身心健康，养成良好的健身习惯为目的的各种体育锻炼活动形式的总和。它包括父母或其他年长者在家里对儿童青少年进行的体育教育，家庭成员在家庭生活环境中的体育活动。它是以身体锻炼作为基本途径，并结合运用娱乐体育、作息制度中的体育活动、节假日旅行、远足、游乐和体育比赛等，既是家庭社会活动的一种形式，也是社会体育的一种具体形式。

(二)家庭体育的特点

1.对象的广泛性

家庭的普遍性决定了家庭体育对象的广泛性，这是其他任何体育形式都不能代替的。家庭体育为贯彻《全民健身计划纲要》提出的群众体育要"因人、因时、因地制宜"原则提供了更多的可行性条件，使全国健身活动更具广泛的群众性和可行性，人人都能持之以恒参与健身。

2.锻炼时间的业余性

家庭体育的锻炼时间是不确定的，家庭成员利用闲暇时间，以积极健康的娱乐方式，经常性地参加家庭共同喜爱和擅长的体育项目，丰富余暇生活，满足强身健体的需要。在活动中通过相互帮助，默契配合，克服困难，使身体素质得到提高，心理上得到满足，增进身心健康。

3.锻炼内容的随意性和自主性

家庭体育的内容丰富多彩，家庭成员可以自主选择锻炼活动项目，从健身、健美到体育观赏、体育娱乐；从球类到各类棋牌；从早晚散步到节假日郊游、爬山；从小孩游戏到老年人的气功、太极拳等皆可成为家庭体育的内容。家庭体育锻炼对场地器材的要求不高，有无器械都可以进行，可在自家庭院，也可以是公园空地，还可以到野外去。家庭体育活动的开展以家庭成员的喜好和能力自由组合，自觉自愿地进行。

4.锻炼方式的灵活多样性

家庭体育的锻炼方式灵活多样，操作方便，安全实效。由于参与者都是家庭成员，关系亲近，活动形式不需要很正式，适当改变规则和玩法都可显示出趣味性和随意性的特点。在活动中，家庭成员相互沟通，孩子可以介绍在学校学到的锻炼项目和手段，家长可以传授在单位或社会活动中掌握的锻炼方法，老年人也可以介绍长期摸索到的健身经验；没有固定套路，比较随性；既锻炼了身体，又增进了相互的感情，还学到不同的锻炼方法和锻炼项目。

5.体育教育的持续性

随着学习型社会的不断推进，家庭体育教育作为家庭教育内容的一个有机组成部分，也成为了终身学习的一部分。体育锻炼的习惯在家庭成员之间有着相互感染、相互鼓励的作用。据统计，在有锻炼习惯的家庭中成长的孩子养成锻炼习惯的远远大于没有锻炼习惯的家庭中成长的孩子。也就是说，孩子的体育锻炼习惯一经形成，便可能伴随一生。因此，家长一定要从小培养孩子锻炼的兴趣和坚持体育锻炼的习惯，为孩子的成才做好体质准备。

二、家庭体育的内容与价值

(一)家庭体育的内容

家庭体育锻炼的基本内容应参照学校体育活动内容，并结合孩子年龄、兴趣和身体素质等综合考虑后确定，通常包括田径运动、体操、舞蹈、球类、游戏、游泳、武术等内容。

1.田径

田径包括走、跑、跳、投掷、攀爬等项目，是家庭体育教育的主要内容之一。根据孩子的运动能力和兴趣，家长可以有针对性地安排散步、短跑、长跑、慢跑、立定跳远、投掷沙包、攀爬等项目。

2.体操

可供家长选择的体操项目较多，可以结合孩子在幼儿园、学校等地学习的基本体操进行安排，坚持进行体操锻炼，可以帮助孩子系统地练习全身各个部位的力量和协调性。

3.球类

球类运动是一种简便易行、易于坚持且深受家长、孩子欢迎的体育锻炼形式。家长可以根据孩子的年龄和爱好选择足球、篮球、排球、羽毛球、乒乓球等球类。坚持球类运动有利于促进儿童身体的协调发展，提高孩子的身体素质和运动敏感性，在竞争性的运动中还能帮助孩子学会团队协作精神。

4.游戏

家庭游戏是指具有一定情节、动作、比赛规则和经过构成的综合性体育活动。可供选择的游戏活动形式多样，内容丰富，可以进行自由创编。在游戏中不仅能锻炼身体，还可以充分发挥孩子的主观能动性，促进孩子体力和智力的协调发展。

此外，还可以进行游泳、舞蹈、武术以及诸如跳绳、爬楼梯、拍球等一些因地制宜、就地取材的体育锻炼内容形式。

(二)家庭体育的价值

1.家庭体育具有深刻的教育价值

人们与体育、身体、活动经验的联系也是学习过程。从事一项体育运动，不仅是体育技巧的学习，也是规则价值、如何行为以及如何生活的学习过程。家庭体育首先可以教导基本生活技能，人首先在家庭中学会坐、立、行、走、跑、跳、攀登、爬越等基本的生活技能，而家庭体育是人获得这些基本技能的重要途径。① 因此，家庭体育的教育价值大体上可归于传统的和现代的。传统的家庭体育的教育价值主要体现在育德、益智、健体三个方面；现代归纳为审美体验价值、创造性发展价值、社会交往价值等方面。因此，家庭体育的深刻教育价值就体现在通过丰富身体体验，提高生活质量。②

2.家庭体育具有促进人的全面发展的价值

家庭体育一方面促进孩子身体的健康发展，因为它可以促进孩子的身体发育，使肌纤维变粗，心肺功能增强；使骨骼变粗，骨密质增厚，骨骼抗弯、抗折、抗压的能力增强；使呼吸深长，摄入的氧含量增加，可以改善大脑供血、供氧情况，增强大脑分析综合的能力，从而使整个有机体的工作能力提高。另一方面，家庭体育可以磨炼孩子的意志力，增强其吃苦耐劳的精神。在家长带领和督促下孩子经历严寒和酷暑，持之以恒地进行体育锻炼，可以使其逐渐具备不畏严寒、不怕流汗、不怕吃苦、懂得坚持的顽强意志和精神。更重要的是，在长期的体育锻炼中，孩子经过生理和心理两方面的历练，具备战胜困难的坚强意志和能力，这将会是孩子一生的宝贵财富。家庭体育活动可以调节平日孩子学习的紧张、烦闷等情绪，有利于平衡和稳定孩子的情绪。此外，在体育活动中，家庭成员以平等的身份出现，给孩子充分展示自我的空间，有利于培养孩子平和的个性。

三、家庭体育的原则与方法

(一)家庭体育的原则

1.循序渐进，男女有别

在体育锻炼的过程中，运动量一定要由小到大，循序渐进。孩子一旦投入到所喜爱的打球、游泳、跑步或其他健身运动中，就常常忘记了时间，家长此时应严格控制孩子的运动量以及动作难度和锻炼时间，逐步加大运动量。这是因为孩子的各器官发育尚不完善。例如，孩子的肌肉容易疲劳，活动量太大或时间太长都容易造成损伤。因此，家长在为孩子安排体育锻炼时，在时间、难度与活动量上，务必做到循序渐进，由易到难，注意多加保护，务必做到安全第一。

---

① 蔡传明等.现代家庭体育的社会学分析[J].福建体育科技，2001，20(6)：1～3，10

② 操伊芬.现代家庭体育的价值与可持续发展研究[D].芜湖：安徽师范大学，2006.14

男孩与女孩在生理上有很大的差异，女孩肌肉力量不如男孩，但柔韧性比男孩好；女孩下肢比男孩短，骨盆较宽。因此，男孩女孩在锻炼的侧重点上应该有所差异。男孩可以多进行一些速度、力量的锻炼。女孩则可以多进行一些运动量相对小一点的技术型体育锻炼，如艺术体操、球类运动等。另外，青春期的女孩有生理期，在月经期间，抵抗力相对下降，最好参加小运动量的活动，尤其禁止月经期间游泳，并要注意卫生保健。

2.合理安排，因地制宜

家庭体育和家庭教育，家庭日常生活、保健和营养关系紧密。家长在制订家庭体育锻炼计划时，要充分考虑到体育锻炼和日常家庭生活之间的关系，合理安排好孩子学习、锻炼、劳动、睡眠等活动之间的关系，逐渐固定下来并形成一种良好的生活习惯。此外，体育锻炼，尤其是需要坚持性的体育锻炼，需要激发起孩子的内在兴趣，家长要以身作则，针对孩子的身体、年龄特点因地制宜地选择适合孩子锻炼的体育项目，激发其坚持体育锻炼的兴趣。

3.全面锻炼，持之以恒

人体是一个统一的有机体，人体各个系统之间互相联系，互相制约；身体某系统功能的提高，会影响全身其他系统功能的发展；全身各个系统的功能普遍提高了，身体各种素质也就提高了。要使身体素质全面提高，就必须进行全面的身体锻炼。家长要避免只让孩子从事一两项体育锻炼而忽视了锻炼的全面性。如果只是为一项体育成绩而练习，会引起孩子身体局部的过度疲劳，反而削弱了体育锻炼的作用。

体育锻炼要引起人体构造和功能方面的显著变化，不是短时期内可以见效的，只有经过较长时间的锻炼，机体才能有所变化，体质才能增强。如果中断锻炼，人体内各器官和系统的构造及功能上通过锻炼所取得的变化，会逐渐消退。因此，锻炼要持之以恒，坚持不断。对于正在长身体的中小学生来说，每天至少应该保持一个小时的锻炼时间。家长应该引导孩子把锻炼身体与培养坚强的意志结合起来，让孩子养成从小锻炼身体的习惯。

4.科学锻炼，营养配合

孩子进入锻炼状态和退出锻炼状态，都要讲究科学性。当孩子的身体从平静状态进入激烈活动状态或从激烈活动状态恢复到平静状态时，都应让机体有个适应的过程，以使神经、肌肉和血液循环，或逐渐进入兴奋甚至应激状态，或逐渐降低兴奋直至恢复状态。因此，家长要引导孩子在锻炼前做好各种准备活动，如压压腿、扩扩胸，逐渐让机体兴奋起来。孩子如果不做准备活动，猛然加速，便很可能导致神经系统功能及内脏器官功能的紊乱，使孩子出现心慌、无力、呼吸困难、动作失调等现象。锻炼后也要进行适当的放松活动，如慢跑、慢走、放松呼吸、伸胳膊、踢腿等。孩子激烈活动后也不能大量饮水，以免血容量骤增，使心脏负担加重。饮水时，可适当增加盐分，以维持电解质平衡。运动后也不能立即躺下或坐下，否则会造成脑部充血现象，严重的还会出现休克。

孩子进行锻炼时，由于活动量大，身体消耗较多，此时如不注意及时补充营养，便会影响孩子运动后疲劳的恢复，时间长了，还会使孩子体质下降。因此，在孩子锻炼过程中，必须适当加强营养。应及时给孩子补充能量，以补充糖类为最佳。因糖类易氧化而且耗氧少，是运动过程中理想的供能物质。孩子运动时，不宜吃过多的脂肪，因为脂肪氧化时耗氧量高，血液中脂肪过多还会影响血液流动，对运动不利。孩子锻炼过程中，由于肌肉活动加强，酶活性提高，激素的调节功能加强，需要合成大量的蛋白质来补充。蛋白质还有助于增加神经系统的兴奋性，加强神经反射活动。因此，家长应多给孩子吃些富含蛋白质且易消化的食物。孩子运动时维生素的消耗也增多，及时给予补充可使孩子更快地消除疲劳，多给孩子吃些蔬菜和水果，如青椒、西红柿、桔子等。此外，家长还要让孩子保证充足的休息和睡眠。

（二）家庭体育的方法

1.创设良好的家庭体育环境

人们对健康的追求，离不开良好的环境。优化家庭体育环境应该以孩子为主体，家长为主导。首先，家长必须转变观念，应把健康的身体和良好的心理状态作为孩子一生发展中最重要的事情来抓。正确处理一些日常生活中体育与消费、体育与学习等看似矛盾的问题。其次，家长要营造家庭的体育氛围。比如，家长每天定时收看体育新闻，与孩子到运动场进行锻炼。家长还应掌握一些科学教育孩子的方法，多尊重、理解孩子，重视影响孩子健康的诸因素，使孩子在和谐的家庭氛围中成长，并愉悦地形成终身体育观念，养成自觉锻炼的习惯，以适应时代的发展。再次，要进行必要的体育投资。家长应尽可能地为家庭体育活动进行必要的投资。

2.制订家庭体育活动计划

针对我国家庭体育活动随意性较大的问题，建议每个家庭根据各自的实际情况制订出体育活动的计划，养成体育锻炼的习惯。目前，世界各发达国家都将全民健身活动置于重要的战略地位，并相应采取了许多生动活泼、具体实用的活动形式。例如，美国的“跑步和健康日”、日本的“体育节”。我们也可以从中借鉴一些行之有效的经验，设立适合每个家庭特点的“家庭体育计划”“家庭出游日”“家庭体育游戏竞赛”“家庭郊游节”等，使家庭成员能在运动中取乐，在乐中健身。另外，为了使家庭成员能一起运动，家庭体育活动计划应该充分考虑每一位家庭成员的特长、特点、兴趣等，全家共同参与制订活动计划，让孩子有充分的自主性，也更乐意参与。

3.具体实施过程中采用切实可行的教育方法

在具体实施过程中，家长要根据孩子的性别、年龄和身体素质等基本特点制订切实有效的教育、锻炼方法。具体教育方法包括：可控性体育训练法，即在家长的指导、控制下对孩子进行活动能力的训练，以训练孩子活动能力进行身体锻炼，促进身体素质的提高；采用游戏的方式进行教育；用竞赛的方法进行体育锻炼或是家长在日常生活中有意识地设置体育环境，让孩子在了解体育知识的同时增强对体育锻炼的兴趣和动力。

4.将家庭体育与学校体育有机结合

学校体育的根本目的是增进学生身心健康，教会学生通过体育增进健康的能力，形成体育增进健康的意识和习惯。长期坚持家庭体育，不但能使家庭成员增进健康，培养乐观自信的个性特征，积极调节生活方式，养成良好的生活习惯，而且能够为家庭妇女和儿童带来参与体育活动的可能性，并享受体育带来的乐趣，同时能够调节家庭成员之间的和谐关系，促进家庭稳定。所以，家庭体育与学校体育之间是相辅相成的，家庭体育应该作为学校体育的延伸和补充。

5.在家庭体育过程中始终注意安全问题

由于不同年龄阶段的孩子身体条件不同，处于生长发育过程中，在体育锻炼过程中容易受到损伤。因此，家长要始终注意安全问题，要注意对孩子安全意识的培养，避免进行力不能及的动作或运动，注意各种正确的身体姿势和动作的培养，养成良好的锻炼习惯。在体育活动的选择上，不要安排难度过大、疼痛感较强的项目，原则上不要设计技巧性训练。有条件的应该将体育锻炼的场所设置在室内或有沙土的平地或草地上进行，以降低孩子受伤的可能性。在锻炼过程中，衣着要宽松吸汗，穿软底鞋，增强运动的安全性和舒适性。

第二节 家庭德育

中共中央国务院在《关于进一步加强和改进未成年人思想道德建设的若干意见》中明确指出："家庭教育在未成年人思想道德建设中具有特殊重要作用。"道德教育，不仅仅是学校和教师的责任，更是家庭和父母的责任。绝大部分家长都很重视家庭教育对孩子身心健康发展的重要意义，但是大多把时间和精力集中于孩子早期智力开发或是各种形式的特长开发上，家庭德育却被忽视，这是造成孩子厌学、自私、懒惰、难以与人相处等恶习的根源。

一、家庭德育的含义与特点

(一)家庭德育的含义

德育，即思想品德教育。家庭德育指的是在家庭环境中，由父母或其他年长者对孩子及其他年幼者(儿童和青少年)施加有意识的思想道德教育或无意识的影响，是把一定的道德规范、思想意识、政治观念转化为受教育者品德的一种教育活动。家庭德育的对象是年轻一代，其核心是品德教育。

(二)家庭德育的特点

1.家庭德育的随机性

家庭德育与学校德育不同，它没有一定的系统性，也没有具体的预期教育目标，通常随机采取灵活多样的方式对孩子们进行道德教育。比如，遇到需要帮助的人，教育孩子要主动帮助他人，助人为乐；参观烈士陵园时，进行爱国主义教育；看对青少年有意义的电视、电影时，适时进行诚实勇敢的人格教育等。这些看似琐碎，却在不知不觉中对青少年的成长产生着潜移默化的影响。正如教育家马卡连柯所说："在教育中没有小事，你们扎在女儿头上的一个蝴蝶结，为孩子买的一顶帽子、一件玩具——所有这些在儿童生活中都是有极大意义的东西。细枝末节是日日夜夜、时时刻刻起作用的，整个生活都是由它们组成的。指导这种生活，将是你们最重要的任务。"[①]因此，家庭德育时间是随机的，家长对儿童的道德教育应该抓住时机，灵活施教，虽然有些内容并不直接与道德教育相关，却间接地影响着家庭德育。

① [苏联]马卡连柯.马卡连柯全集.第三卷[M].北京：人民教育出版社，1957.356

2.家庭德育的渗透性与实践性

家庭德育不同于学校教育，没有专门的教育设施，没有固定的教育时间、场地，没有固定的教育大纲、教材，往往随家庭日常生活进行，把对孩子的品德教育融在家庭生活中，具有很大的渗透性，如吃、穿、房间布置和整理、访亲探友等方面，家庭德育渗透于家庭生活中的各个方面。可以说，家庭生活中的一切方面都有教育因素。因此，家长要抓住时机适时进行教育，挖掘出家庭生活中的教育因素。

与学校德育相比，家庭德育具有更强的实践性。学校德育往往是课本上的内容，有些不完全切合孩子们的生活实际，与他们的人格和素质的发展不甚适应。学校德育更多是讲授式的，孩子们很少有实际体验的机会，致使孩子们不能主动参与其中。家庭德育则更贴近生活，符合孩子的年龄特点。家长往往是在具体情境中对自己的孩子进行道德教育，因而更侧重于体验式地学习。

3.家庭德育有深刻的感情基础和天然的亲情基础

父母对孩子的爱是无私、真诚、质朴、深厚的。这种天然的爱，使孩子懂得父母为了哺育他们而历尽辛苦，从而由衷地生发出感激父母养育之恩的情感，也使孩子对父母存在本能的依恋和依赖的情感。建立在这种血缘和伦理基础上的稳固关系，是一种持久、强大的教育力量。这种相互间无比深厚的爱，可以成为激发孩子积极向上的动力。如果家长善于用自己的模范言行寓道德教育于亲情之中，则可产生无法比拟的力量。

父母的态度直接影响孩子对世态炎凉、人情冷暖的感受。父母爱孩子，孩子感到人与人之间是友好的、亲切的、信任的，就会把从父母那里得到的爱迁移到对家人、对同学、对老师的爱上，进而升华到对祖国、对人民的爱。父母的爱可以使孩子学会用高尚的情感去对待别人，形成团结、友爱、互助等良好品格。据某少管所的调查表明，少年犯中因家庭结构破坏，父母感情破裂和家长教育方法粗暴的占51.8%。[①] 可见，深刻和良好的感情基础对家庭德育的作用巨大。

4.随着社会变迁，家庭德育发生了深刻变化

随着全球化的影响以及社会的不断发展，我国德育传统和西方伦理思想发生了激烈的碰撞。此外，各种不利因素，如急功近利、拜金主义、享乐主义等也对传统的家庭德育提出了新的挑战。这不仅影响着世界观、价值观、人生观尚未成型的孩子的道德构建，在很多情况下，家长本身也会出现各种形式的道德判断困难，进而会影响家长在孩子心目中的权威性，并在一定程度上造成家庭道德教育问题的困惑和两难选择。因此，当前家庭德育，家长不仅要恪守家庭德育的优良传统，也要根据社会发展变化中新的需要，有针对性地对孩子进行具有时代特色的德育教育。

二、家庭德育的内容与价值

（一）良好的家庭德育促进孩子成才

史学家司马光指出，“德者，才之帅也”“君子挟才以为善，小人挟才以为恶。挟才以

---

① 刘英.家庭德育与子女成才[M].河北：河北科学技术出版社，1992.15

为善者，善无不至矣；挟才以为恶者，恶迹无不至矣”。[①] 这就是说，人的知识、才能要靠道德来统率，一个人的道德状况决定了一个人有了知识才能去干好事还是干坏事。一般说来，有才无德的人，其行不远，其业不伟，不是才智得不到充分发挥，就是其才智成为社会前进的阻力。“蒸汽机之父”瓦特的悲剧就是一个印证。瓦特曾经为人类文明做出了巨大贡献，但当他成为“波尔顿 · 瓦特公司”的老板后，整天沉醉于金钱和物质享受之中，不但自己不再努力钻研科学技术知识，还处处压制别人，成为他科学技术知识发展道路上的绊脚石。[②]

“望子成龙，望女成凤”是家长普遍的心理倾向，但很多家长重视孩子的学业成绩多于道德规范，每天关注孩子的作业胜过关注孩子的品德培养。人才，是先成人后成才。也就是说，孩子首先应该懂得如何做人；如果没有品德，即使有很高的学问，仍然会步入歧途。

有一个网络高手，他在计算机方面堪称天才，但因为从小家长对其疏于管教，他为了上网，用各种骗、偷的手段来得到金钱。长大后，他供职于一家 IT 公司，但由于小时候大手大脚惯了，打工赚的薪水远不够他开销。于是，他利用自己在计算机方面的才能，侵入各大公司电脑，获取商业机密，进而进行敲诈勒索。最后，他因为诈骗罪成了阶下囚。

可见，道德教育是非常重要的，有才有德可以促进社会的发展，而有才无德只会对社会的发展起破坏作用。只有良好的家庭德育，才能促进孩子成才，才能使孩子的“才”为社会服务。

(二)良好的家庭德育促进家庭幸福

家庭德育是家庭幸福的杠杆。孩子从呱呱坠地的那一刻起，家长就把自己的希望寄托在孩子的身上，家庭幸福与否很大一部分体现在孩子的身上。孩子的好与坏，家庭首先尝到甜与苦。孩子健康成长，品德高尚，受到学校及社会各方面的表扬，家长的心里甭提多甜了，感到无限安慰，家庭将充满快乐；反之，在外头干了缺德的事或违法犯罪，整个家庭生活就蒙上了阴影，弥漫着痛苦。

徐州钢铁医院的锅炉工老 C，本人没有什么文化，他最大的心愿就是能有个儿子出人头地。之前生了 5 个孩子都是女儿，直到第 6 胎才喜得贵子。孩子一落地，就成了全家的“中心”人物和重点保护对象。家里人口多，收入少，但只要是儿子的要求，全家人即使饿肚子也要满足其愿望。儿子同别人的孩子打架，家长总怪别人的孩子不好，甚至训斥完人家的孩子，还要去告诉孩子的家长。

在全家的溺爱下，小 C 成了小霸王，骄横任性，不可一世。孩子上学后，逃学、旷课、打骂同学是家常便饭，几乎天天有老师、同学告状，学习成绩是一年不如一年。老 C 自知儿子这样下去是不能出人头地的，哪知他一批评儿子，儿子就和他争吵，根本不听父亲的劝告。有一次，父子俩再次爆发战争，小 C 用铁棍活活把父亲打死，小 C 也因此受到了法律的严惩。[③]

无数事实证明，良好的家庭德育，不仅能促进孩子成才，更能让整个家庭处于一种和谐、温馨的环境中，带给家庭成员幸福；反之，则必然给家庭带来灾难。

---

① 葛瑛山，朱金焕.家庭教育指南[M].北京：宇航出版社，1988.23

② 葛瑛山，朱金焕.家庭教育指南[M].北京：宇航出版社，1988.23

③ 葛瑛山，朱金焕.家庭教育指南[M].北京：宇航出版社，1988.26～28

(三)家庭德育是学校德育的补充

总的来说,家庭德育是基础,学校德育是主导;家庭教育是基础,学校教育是延伸。家庭和学校应保持着高度的一致性,同质同向地培养社会所需要的人才。学校和家庭道德教育在育人的目的上虽然保持一致,但两者之间作用和地位各有侧重,不可替代,并随孩子的成长和环境等因素的变化,其地位和作用呈动态消长趋势。学校教育需要家庭教育的密切配合,因为孩子入学后大部分时间仍在家中度过,父母对孩子的影响是学校老师无法替代的。更重要的是,学校德育如果没有家庭的支持、配合和强化,也难以达到好的效果。

(四)家庭德育是构建和谐社会的重要组成部分

家庭作为社会的细胞,它总是与社会息息相通的。家庭德育的好坏,关系到社会的安定团结,是建设和谐社会一个不可忽视的环节。我国古代从来都把"齐家"作为"治国"的根本之道。"齐家、治国、平天下"的思想正是反映出家庭德育为社会和谐做出的贡献。在精神文明建设中,也特别强调首先在全国青少年中普及理想、道德、纪律、文化教育,提高全民素质。社会的和谐、国家的稳定,家庭担当着重要的作用,而家庭德育更是其中必不可少的条件,担负着十分重要的责任。

三、家庭德育的任务与方法

(一)家庭德育的任务

1.培养孩子基本的社会认知

家长应该教育孩子在成长中了解国家的基本政治制度和政治体制、民主和人的基本权利、社会以及社会生活的基本规范、国家在世界上的地位和国际环境,以及各种法律法规、社会学的基本知识、家庭伦理关系、社会生态意识等。

2.培养孩子健康的人格

健康的人格涉及最基本的人生态度,以及对待他人的态度。懂得爱并能理性施爱是家长进行家庭德育的前提,孩子就是从家长的言行中接受到人格教育的。不懂得去爱或错误施爱的家长必定会产生错误的家庭德育行为,培养出人格不健全的孩子。

3.培养孩子基本的社会规范意识

孩子们在家庭中习得了对待自我与他人的基本规范,如诚实、公正、自我控制、勇气、信心等。例如,一个孩子习得了孝顺长辈的规范时,就构成了孩子人格的基础;而孝顺的规范会帮助孩子投射到对待社会的年长者及老师、长辈和领导中,它构成了孩子一生为人处世的一个重要基础。

4.培养孩子学会爱

家庭中所汇聚的父母之爱、夫妻之爱、亲子之爱与手足之爱,其中最基本的是夫妻之爱和亲子之爱。亲子之爱是一种永恒的爱。舐犊之情,人皆有之。亲子之爱应将尊重信任与严格要求相结合,正面教育与积极引导相结合,身教与言教相结合,在家庭环境中要利用特定的人伦活动、人伦环境营造民主、平等的教育氛围,还要让孩子学会大爱,即爱祖国,爱集体,爱社会,爱他人。

5.培养孩子懂文明讲礼貌

文明礼貌是一个人有修养、有道德的反映，是国民良好素质的体现。许多国家把文明礼貌看作是国民教育的头等大事。如果人人都讲文明礼貌，生活就会很愉快、健康，社会秩序也会更有保障，国家建设就能更顺利进行。文明礼貌教育具体包括礼貌用语、待人接物的礼节、文明行为规则等内容。

(二)家庭德育的方法

作为家长，首先要认识到家庭德育对孩子身心和谐发展的重要性，在具体实施过程中，还要运用适当的方法对孩子进行有效地教育。可供家长选择的家庭教育方法有以下几种：

1.实践锻炼法

实践锻炼法是指在家长的指导下，有目的、有计划地让孩子参加各种社会实践活动，训练和培养他们优良道德习惯的方法。实践与锻炼有利于形成儿童知行统一、言行一致的良好品德。品德行为不仅必须在实践中体现，而且必须在实践中经过反复巩固，才能使品德行为成为自然的、一贯的、既定的品德习惯。在品德锻炼的过程中，家长要给孩子讲清意义，以提高他们的认识，启发他们的自觉性，不能只要求孩子做什么，还要帮助他们明确为什么这么做，这一点对孩子形成一定的品德和自我教育能力更有意义。孩子明确了为什么，也能在行动上更持久，使其品德表现更为巩固，他们也会更加乐于实践，更有参加实践与锻炼的积极性与自觉性。在此基础上，提出明确且严格的要求并及时督促检查，并对实践与锻炼的方法进行具体指导，对出现的问题及时解决和纠正，不管孩子出现好的还是坏的品德行为时，都要及时给予反馈。家长要根据孩子的年龄特征和品德状况，选择恰当的方式，有意识地让孩子经常参加一些家务劳动、公益劳动和生活自理性劳动等，让孩子感受到劳动后的愉快和心理的成熟。在日常生活中，训练孩子与家人、他人交往中应有的文明行为与礼节，并经常加以督促检查。

2.说理示范法

说理是家长用摆事实、讲道理、说服教育、以理服人的做法提高儿童的认识水平，逐步形成儿童良好品德的一种教育方法。这种教育方法运用最为经常，最为广泛，是家庭德育的一种基本的、重要的方法。

少年儿童由于阅历浅，认识能力不高，不容易分清是非、善恶、美丑、荣辱等界限，即使能肤浅地分辨，也是知其然而不知其所以然。因此，他们常常做错了事而不自知，即使当他人提醒后，又不知为什么错以及错的危害有多大，仍然常常犯同样的错误。可见要使孩子坚持正确的言行，改正错误，就必须遇事讲清道理。家长要有针对性地，耐心细致地给孩子讲清错在哪里，为什么错，错的后果是什么以及如何去纠正错误等，从根本上提高他们的认识能力，增强他们的道德感、理智感，使他们能够明辨是非，识别善恶，了解美丑，体验荣辱。

除说理外，家长的示范作用也尤为重要。因此，家长还要身体力行，言传身教，为孩子树立良好的榜样，处处为孩子做好示范，用自己良好的品德形象潜移默化地影响孩子。除了家长自己示范外，还可以发挥英雄人物的示范感召作用，利用榜样生动感人的事迹和榜样的人格力量打动孩子，使孩子感到可亲、可敬，值得效仿，并发自内心要向他们学习。

3.品行评价法

品行评价法是家长依据一定的品德要求，对子女的品德行为进行评价、判断，激励他们积极上进，预防和克服不良品德的一种德育方法。品行评价法有利于加强子女对品德规范的认识，并对他们的道德行为产生一定的导向和约束作用，有利于子女的道德认识向道德行为转化，达到知与行的统一。[①] 运用评价的方法激励儿童更快地进步，更健康地成长，心理学上称之为"评价效应"。评价效应有积极的，也有消极的。评价正确恰当，能激发儿童奋发向上的热情，是积极的效应，也称正效应；如果评价不正确、方法不当或者评价正确而儿童认识跟不上，通过评价他们变坏了，是消极效应，或称负效应。因此，家长要恰当运用评价手段，增强正效应，避免负效应。

首先，家长要贯彻"以表扬奖励为主，批评和惩罚为辅"的原则。古人说："罚子十过，不如奖子一长。"品德评价的目的是长善救失，激励儿童进步，应从提高儿童的认识，调动其内在积极性出发，充分肯定成绩，表扬优点，让儿童鼓起前进的风帆；指出其缺点与错误则应实事求是，客观公正，要避免专制，应发扬民主。评价时，要尽可能让儿童自己发表意见：哪些做得好，为什么好；哪些做得不好，为什么不好。这样让他们对自己的言论行为做出自我体验和评价。最后，家长应该注意子女的年龄特征和个性差异，实事求是且客观公正地进行评价，切忌主观武断，简单从事。

4.规范约束法

规范约束法是指家长依据社会道德规范的要求，制订出家庭道德规范来约束子女品行的方法。规范约束法有利于子女形成稳定的道德行为习惯。家长运用这种方法的关键，是制订被儿女们自愿接受，并具有约束力的家庭道德规范条文。家长可以和孩子一起制订家规，用家庭规范来约束孩子的道德行为。家长要针对孩子年龄阶段的特点，按照孩子日常生活的不同时机，以及遇到的不同道德问题，从不同的角度支配和约束孩子的道德行为。为了更好地发挥家规的作用，就要使孩子熟悉和牢记家规的内容，并经常对照规定进行检查，随时纠正违反家规的行为。

5.自我教育法

自我教育是指在家长的启发引导下，儿童自觉地对自己的言行进行调节、控制，自我评价、自我监督、自我反省、自我追求，以提高品德水平，形成良好的行为习惯。

孔子说："吾日三省吾身。"这句话就是指自我道德修养。在家庭德育中，家长要具备高度的责任感和掌控较高的教育艺术手段，要有效地使孩子达到自我修养的目的，具体包括：立志法，即激励孩子立志，树立道德志向并付诸行动；内省法，即要求孩子自省，按道德规范检查自己往日的言行，进行自我剖析、自我审视，达到自我完善；慎独法，即监督孩子严于律己，自觉约束，以内心的道德信念和道德感悟，调控自己的行为，尤其做到"出淤泥而不染"，具有抗腐蚀、拒诱惑的能力；慎微法，即鼓励孩子任何有道德的行为都从小事做起，例如不随地吐痰，要爱护草木、团结邻里、举止文明、讲究礼貌，遵从古人关于"勿以善小而不为，勿以恶小而为之"的训导。总之，家长要引导孩子将个人的自我修养与家庭集体的自我教育结合起来，将家庭成员间的相互促进和帮助，转化为促进孩子自我修养的外部动力。

---

① 唐彦生，隋玉梁，于一.家庭教育大百科[M].北京：蓝天出版社，1999.69

第三节　家庭智育

每个家长都希望孩子聪明，因为聪明和成才密切相关。因此，在家庭教育中，如何积极有效地对孩子进行智力教育也是一个值得关注的问题。

一、家庭智育的含义与特点

(一)家庭智育的含义

家庭智育，是指在家庭的环境和背景中，家长或有关人员对受教育者进行的智能教育活动，可分为学前家庭智育和入学后家庭智育。学前家庭智育是孩子入学学习和成才的基础；入学后家庭智育和学校智育是一致的，是学校智育的补充。

(二)家庭智育的特点

1.一致性

家庭智育与学校智育相一致，都是由培养人才的目标和任务所决定的。因此，家庭智育应该作为学校智育的补充，配合学校智育共同开发孩子的智力。

2.特殊性

学校智育主要是通过教师授课、课堂活动的形式来进行的；家庭智育则是通过家庭成员潜移默化的影响和家庭生活熏陶来进行的，它与学校智育在教育方法、教育内容方面不甚相同，有别于学校智育。

3.针对性

学校智育有同样的教材、同样的进度和同样的考试，学生在同一起跑线上，不容易照顾每个学生的个性特点，而家庭智育恰好解决了学校智育这个难题。家长对孩子比较了解，可以依据孩子的年龄特征和各方面的实际发展状况，有计划、有针对性地因材施教。

4.灵活性

学校智育有专门的教学大纲、教学进度、教学评价等，而家庭智育则是零散的，分布在生活的每个细节之中，家长在教育时也没有一个固定和事先的模板，较为随意和灵活。

二、家庭智育的价值

智力是人成才必须具备的基本素质，是决定一个人发展前景的重要因素之一。家庭是孩子智力发展的第一环境，家庭智育对孩子今后的学习和成长发展具有重要作用，也有其特殊的价值。

(一)早期智力潜能开发

人的脑神经细胞有140亿个左右，3岁前已形成70%，已经具备进行智育方面教育的生理基础。现代脑科学研究证明，早期智力开发不仅能促进正常孩子的正常发展，还能有效预防和改善因围产因素和心理因素等造成的智力低下。这是因为人的大脑在形成初期有代谢功能，可塑性强；一旦局部神经细胞受损后，其功能可以由邻近的细胞代替，进行有效地改组；但是，如果过了这个敏感期，将成为永久性缺陷。也就是说，人脑组织一旦就绪,就不再可能实现整个的重组。国外有研究者认为,人生受教育的迟早与时机,与其智力潜能发挥是成正比的。如果人在出生之日就有良好的教育环境,其智力潜能可以发挥到十成。如,5岁开始教育可以发挥到八成,10岁开始教育只能发挥到六成;如果让其自然成长,则只能发挥到二至三成。虽然此说法不一定确切,但国内外大量研究证明,接受过早期智力教育、训练的婴幼儿比未接受早期智力教育的同龄儿的智商要高。[①] 许多研究者还提出了智力发展的"关键期"概念,即智力的某一方面发展的最佳年龄。比如,两岁前是动作发展的关键期;2～3岁是口语发展的关键期;4～5岁是学习书面语言的关键期;5～6岁是词汇能力发展的最佳期;4岁前是图像视觉发展的敏感期;5～5.5岁是掌握数字概念的最佳年龄;3～5岁是音乐能力发展的关键年龄;3～8岁是学习外语的关键期等。

总之,人的智力能否充分开发,时机的把握尤为重要,家长若能尽早对孩子进行智力开发并适时抓住孩子智力开发的关键期,有意识地在最佳年龄对相关能力进行开发训练,孩子的智慧和能力就能得到最佳发展,取得事半功倍的效果。反之,如果错过了最佳年龄再进行训练,就会有一定难度且减缓孩子智力发展的速度和效果。正如某公式所示:早期教育花一公斤的气力=后期教育花一吨的气力。我们来看看下面两个案例:

»案例一[②]

在20世纪70年代初,美国曾发生了一起罕见的虐待儿童案件。一位叫吉妮的女孩,在其出生20个月后,被其暴虐的父亲囚禁在小屋中达12年之久。这期间,她既听不到声音,也看不到电视,而且只要她发出任何声音,便遭到父亲的毒打。她由盲人的母亲定时喂饭。她的母亲由于惧怕丈夫,很少与吉妮交谈。吉妮直到13岁时才被人发现,这时她完全不能说话。后来语言专家对其进行了长达7年之久的认真细致的语言训练,但是她的语言表达远比同龄儿童差。她不会使用冠词、代名词、助动词、动词时态等,说出的句子仍是语法错误的句子。这一案例,较直接地为语言习得存在关键期这一事实提供了证据。

»案例二[③]

一位19岁的墨西哥男孩,由于先天的疾病,他生来丧失听力。他在家里与语言正常的父母用手势语进行交流,15岁那年安装了助听器,使得他能够听到他人的谈话。之后,他在家里开始学习西班牙语。科学家对这位男孩进行了语言产生和语言理解两方面的测试。结果发现,在使用助听器的34个月后,他口语发音仍有很大的困难。当要求他描绘一个熟悉的卡通片时,他只能说出一个词——cat(猫),能写出一些简单的词汇。在使用助听器的48个月后,他的交流仍然主要依靠手势语,不能单独使用口语,而且说出口语的平均长度少于两个词。在语言理解方面,科学家对他使用助听器8个月、12个月、16个月、20个月、24个月、34个月后分别进行阅读理解的测验。结果发现,在使用助听器34个月后,他在连词理解、动词时态运用、理解before/after句型中的时间关系、理解

① 彭德华.家庭教育新概念[M].兰州:甘肃教育出版社,2001.36

② http://baike.baidu.com/link? url=h71SiU6tRI1WrhC7oozrXXtD3RELyrLRyGKBstp8swIsqroDI7iYi5yv3I-cL79C8ZpId5EcDKnU-FZoNEoIR

③ http://baike.baidu.com/link? url=h71SiU6tRI1WrhC7oozrXXtD3RELyrLRyGKBstp8swIsqroDI7iYi5yv3I-cL79C8ZpId5EcDKnU-FZoNEoIR

some/one/all 的含义以及理解简单否定句含义等方面都存在很大的困难，而且这些测验成绩与使用助听器 8 个月时的测验成绩相比，无显著性差异。这说明经过两年的学习，他并没有在上述测验内容的成绩上有任何提高。这个男孩平时通过手势语与父母交流，也受到父母很好的情感关怀，这说明他认知和情感发展的环境是正常的。然而，他在听力恢复后，在青春期之后语言的学习仍存在很大的困难，这就说明他是由于错过了语言习得的关键期造成的，而不是由其他认知、情感缺陷等方面的原因造成的。

(二)促进儿童多方面发展

社会的发展对人才提出了较以往更高的要求，需要具有多方面素质和能力的复合型人才，这些都需要高智力作为基础。因此，要充分发挥家庭智育的优势，要求家长理解"智"和"知"的内在联系，在开发孩子智力潜能，培养各种智能和掌握学习知识的基础上，从树立奋斗目标着手，激发孩子的学习潜能，鼓励孩子将来不论从事什么职业，都要做一个品德高尚、有真才实学、对社会有贡献的人，有效地用情感去感染孩子，培养孩子高尚的情操，以促使孩子在德、智、体、美、劳诸方面协调发展，培养适应社会发展需要的高素质人才。

(三)积极配合学校智育

家庭智育与学校智育的任务相一致，一方面是配合学校智育的任务与要求；另一方面是根据孩子个体的学习情况弥补学校智育的不足，有计划地更好完成学校课程的家庭辅导作用。

三、家庭智育的内容与途径

儿童期是个体智力发展最迅速和最易受环境影响的时期，早期的环境刺激和学习经验对人一生的发展具有极大的影响。由于不同年龄阶段孩子的身心发展都有其自身的规律和特点，故家庭智育的内容也各有侧重。下面将分别对学龄前期家庭智育和学龄期家庭智育的内容予以探讨。

(一)学龄前期家庭智育的内容与途径

学龄前期家庭智育的内容主要是家长对学龄前阶段孩子进行智力因素和非智力因素两方面的培养。

1.各种常识的培养

未来社会对人才的能力素质要求是全面而具体的，这种素质的获得，不能仅依赖学校教育，家庭的早期常识教育对儿童综合素质的培养起到了重要的奠基作用。

(1)初步的社会生活知识

认识自己和别人，包括知道自己的名字、年龄、性别，知道自己的家庭及所在的地区，知道自己和别的孩子的关系。

认识周围的环境，如家庭、幼儿园、小学、工厂、商店、军营、邮局、本地的名胜及它们的名称、名胜与人的关系、具有的意义。

认识周围成人的劳动，从最接近的劳动开始，认识他们劳动的主要内容、使用的劳动工具、他们劳动的成果及劳动的巨大价值和意义。

知道国家的名称和首都，认识国旗、国徽、领袖和重大节日。

认识常见的交通工具，知道它们的名称、特征、功能，了解必要的交通规则。

(2)浅显的自然知识

认识天气和季节的变化,知道有晴天、阴天、雨天、刮风下雪,知道春夏秋冬四季,一年四季与人的生活、生物生长的关系。

认识常见的植物,如蔬菜瓜果、花草树木和其他农作物,知道它们的名称、特征、用途,观察它们的生长过程,并参与力所能及的种植栽培,了解管理的简单知识。

认识常见的动物,如家畜、家禽、鸟类、昆虫和野兽等,能正确地说出它们的名称、外形特征、习性、用途,并进行初步分类。

认识日常生活中浅显的科学常识,如水、冰、蒸气的变化情况与作用,物体的沉浮以及声、光、电、热、磁等物理现象。

知道有关安全和卫生的一些常识。

(3)初步的数学知识

认识和比较物体的大小、多少、长短、粗细、宽窄、厚薄、深浅、轻重等;认识几何形体;认识时间,知道一年有几个月,一月有多少天,一天分上午、下午和晚上,一个星期有几天等;认识空间,知道上下、左右、前后;知道昨天、今天和明天的概念,学会看时钟、日历;认识 100 以内的数,学会 20 以内的加减。

(4)音乐、美术常识

音乐是以声音塑造形象的听觉艺术。要教给孩子有关唱歌、跳舞、欣赏音乐、打击乐器的一点粗浅知识的技能,尤其是唱歌的知识。美术是以线条和色彩塑造形象的视觉艺术,要教给孩子有关绘画、泥工、纸工和欣赏美术作品的一些浅显知识与技能,尤其是画画的知识。

(5)其他基本能力和技能训练

要教给孩子一些包括穿脱衣袜、吃饭、盥洗、如厕、睡觉、整理等知识技能;要教孩子记住自己父母的名字、工作单位、住址和门牌号码等知识;还要教给孩子有关正确地走、跳、跑、平衡、投掷、攀登和钻爬等基本动作技能。

2.幼儿智力因素的培养

智力因素是指直接参与认知过程的心理因素,主要包括观察力、注意力、记忆力、想象力和思维力等。研究表明,学前期幼儿智力发展的速度相对学龄期等年龄阶段要快很多。学前期是幼儿接受和理解知识、智力潜能开发的奠基阶段。因此,家长对学前期孩子智力因素的培养显得尤为重要,其内容主要有以下几个方面:

(1)观察力的培养

观察力是一种特殊形式的感知能力,是指人通过眼、耳、鼻、舌、身来感知客观事物的能力。观察力是智力的一个重要组成部分,是想象力、思维力、创造力、记忆力健康发展的基础。观察能力的强弱,直接影响到孩子智力水平的高低。[①]

»可贵的好奇心[②]

20 世纪最伟大的科学家爱因斯坦,3 岁多才学会说话,5 岁时仍结结巴巴说不清楚。12 岁那年,他进入路提波法中学读书。由于不喜欢那种死记硬背的功课,除数学和古典

① 吴建光,崔华芳.培养孩子观察力的 50 种方法[M].北京:北京工业大学出版社,2007.3

② 唐彦生,隋玉梁,于一.家庭教育大百科[M].北京:蓝天出版社,1999.893

文学外,其他功课均不及格,老师都说他"智力迟钝"。最后,校方勒令他退学。

儿子受到这样的打击和屈辱,父亲是怎么对待的呢?一天,父亲买来一个小罗盘给他玩,小爱因斯坦拿到这个玩具,高兴极了,摆弄来摆弄去,爱不释手。忽然,他的眼睛被玻璃下面轻轻抖动的那根红色小针吸引住了。他把罗盘翻转过来,倒转过去,可罗盘下的那根小红针,老是指着原来的方向不变。他好奇地问父亲:"爸爸,这根小红针怎么老是不变方向呢?"父亲没有马上回答孩子提的问题,而是对孩子说:"你再好好思考思考。"就这样,一个小罗盘唤起了这位未来科学家探索事物原委的好奇心。

在退学以后,爱因斯坦通过自学考上了联邦工业大学,主攻数学和物理学。有一次上实验课,教授让学生按他讲的操作步骤去做,而从小富有独创性的爱因斯坦却另辟蹊径,按自己的设想去做。结果出了事故,右手被烧伤了。他的父亲知道后,不仅没有批评,反而鼓励他说:"你肯动脑筋,敢闯新路,这种创新精神比按部就班的成功更可贵。"后来,这个被认为"智力迟钝"的少年被誉为"人类宇宙中有头等光辉的一颗巨星"。

因此,家长应重视孩子观察力的培养,以利于其智力的增长和智力水平的提高。

第一,培养孩子观察的兴趣。兴趣是入门的向导,没有兴趣,观察就不能收到预期效果。家长可利用孩子喜欢的图片、实物、玩具等培养孩子观察的兴趣。

第二,丰富观察的内容,为孩子观察的深度和广度打下基础。观察力的高低与孩子视野是否开阔有关,这就要求家长丰富和扩大孩子观察的内容。观察不能仅局限于家里的事物,家长应带领孩子走出去,引导孩子学会发现和观察新的事物,引发孩子提问、思考,并探索和寻求答案。家周围的公园、商店、建筑物、公路、桥梁、大自然、日月星辰、花鸟虫鸣等都是孩子观察的对象。家长应处处做一个有心人,引导孩子观察。

第三,教给孩子正确的观察方法。首先,家长应指导孩子按一定的顺序和步骤进行观察,或由上到下,或由远及近,或由左到右等,这样可以使观察渐次有序,不至于杂乱无章。其次,引导孩子寻找观察对象的细微变化。由于幼儿观察事物比较粗略、笼统,不善于区别事物之间的细小差别。故家长要引导幼儿仔细捕捉观察对象的特性,学会从所感知的事物中区分出最重要的因素,并认真比较差异之间的联系和相互作用。

第四,充分调动幼儿的多种感官参与观察活动。幼儿观察的稳定性不强,家长需要经常变换方式,用新的刺激延续和稳定观察状态和时间,如调动和变换孩子的视觉、听觉、触觉、嗅觉等感官相继参与观察,引导他们运用多种器官去感知事物各方面的特征,让幼儿多看、多想、多听、多讲、多摸、多嗅,以加深幼儿对事物的印象。比如观察醋,不仅观察醋的状态、颜色,还让孩子亲口尝尝,并说说喝醋的感觉。

(2)注意力的培养

注意力是人对一定事物指向和集中的能力,它在各种认知活动中起着主导作用。[①]幼儿期是注意力形成和培养的关键期。注意力的发展是孩子一切认识活动顺利进行的基础和保证,也是幼儿入学后学业成功的关键。因此,家长必须对孩子注意力的培养给予足够的重视。

第一,营造安静环境,培养注意的稳定性。幼儿注意力稳定性差,容易受新颖奇异的刺激而转移,这是学前期幼儿的普遍特点。家长应尽量为孩子创造一个安静的环境,减少让孩子分心的因素。例如,当孩子在安静地玩积木或看小人书的时候,应避免人来人

---

① 崔华芳,李云.培养孩子注意力的50种方法[M].北京:北京工业大学出版社,2007.3

往或和孩子说话;周围环境的布置如墙面布置不宜太过花哨;电视、电脑、零食等可能吸引孩子注意力的物品也应远离孩子视线,以保证孩子注意力的稳定性。

第二,通过游戏训练孩子的注意力。幼儿的注意力受兴趣的支配,游戏是幼儿感兴趣的活动,在游戏活动中孩子能全身心地投入,不仅可以有效地集中幼儿的注意力,还能延长其注意的时间,使其注意力得以训练和提高。家长可以让孩子多参加如角色游戏、体育游戏、音乐游戏等融入各种知识的益智游戏活动,培养他们的注意力。如"找相同与不相同"的比较游戏,家长可以选取一些只有一处不同的物体让孩子分辨、比较:颜色、形状、大小均相同,只有重量不同的积木块,或仅仅孔数不同的纽扣等,鼓励幼儿摆弄材料,通过自己的动手操作、分类、比较、讨论后得出结论。这种将知识贯穿于游戏中,让幼儿边玩边学的学习方法符合学前期儿童爱动手、爱玩、爱说的特点,可以大大地提高他们的学习兴趣,从而能较长时间且专注地进行学习活动。

第三,训练孩子根据目的自觉地集中注意力。家长可以事先给孩子提出活动要求,让孩子完成。如提问孩子"妈妈的衣服哪儿去了""桌上的玩具少了哪一样",或叫孩子画张画送给妈妈做生日礼物等,这样有目的地引导幼儿学会有意注意,可让其逐步养成围绕目标、自觉集中注意力的习惯。[①]

(3)记忆力的培养

俄国科学家谢切诺夫说道:"一切智慧的根源在于记忆。"[②]记忆在智力结构中占有重要地位,是孩子一切智力活动的基础,关乎孩子今后一生的学习和发展。[③] 因此,家长应重视孩子记忆力的培养。

第一,逐渐增加孩子记忆的容量。起初帮助孩子记忆家庭成员的姓名、年龄、生日,玩具等物品摆放位置,家庭住址,社区周围的环境设置,进而记忆儿歌、童话故事、游戏过程和规则等,逐渐扩大孩子记忆的信息储备量。

第二,提高孩子记忆的能力。首先,提供能提高记忆的生动直观、形象具体的事物。幼儿形象记忆占主导地位,往往对那些形象鲜明、生动有趣的东西感兴趣,记忆也较为稳固。家长应运用生动直观、形象具体的事物,使孩子在无意识中记住需要掌握的知识。其次,教给孩子正确有效的记忆方法。比如,利用儿歌押韵、朗朗上口、易记的特点增强其记忆能力。如:1像铅笔细长条,2像小鸭水上漂,3像耳朵听声音,4像小旗随风摇,5像秤钩来卖菜,6像豆芽咧嘴笑,7像镰刀割青草,8像麻花拧一遭,9像饭勺能吃饭,0像鸡蛋做蛋糕。[④] 最后,记忆过程中要尽量调动孩子的各种感官参加。运用眼、耳、鼻、舌、手等多种感官参加记忆活动,使大脑神经联系广泛,在对丰富的信息加工时,易获得全面、清晰的信息,有助于记忆快速且深刻。

第三,营造良好记忆环境和选择记忆的最佳时间。幼儿的自我控制能力差,记忆活动很容易受外界事物干扰。所以家长应给孩子创造一个良好的记忆条件,如独立安静、整洁舒适的房间。一般来说,上午9～11时,下午3～4时,晚上7～10时为一天最佳记忆时间,记忆效果相对其他时间更好。

---

① 韦伟.如何培养幼儿的注意力[J].广西教育,2007,(Z1):95

② http://zaozhuang.dzwww.com/news/weijiao/t20060711_1606142.htm

③ 吴建光,崔华芳.培养孩子观察力的50种方法[M].北京:北京工业大学出版社,2007.3

④ http://mlsy.fj61.net/show.aspx? id=1928

(4)想象力和思维力的培养

想象是人类的一种带有创造性的心理活动,是在人脑中对已有的记忆表象进行加工改造而创造新形象的过程。思维则是人认识过程的高级阶段,是智力的核心,是人的一种最复杂的心理活动。培养孩子的想象力、思维力要注意以下几点:

第一,给孩子提供发展动作思维的机会。家长要从小训练孩子自己穿衣、扣纽扣、穿鞋、吃饭,自己操作玩具并解决活动过程中出现的问题,从动作或活动开始到完成动作或结束活动,整个过程都有助于孩子动作思维水平的提高。切忌嫌孩子动作慢或认为自己替孩子做省事,而放弃孩子动作思维发展的机会。

第二,丰富孩子的生活经验,促进其想象力和思维力的发展。家长应让孩子广泛接触、观察和体验生活,并引导其在生活中捕捉形象,积累生活经验和知识,以使孩子脑海中有较为丰富的可供加工改造的表象,并让其用具体形象的描述丰富他们的想象力。

第三,多渠道发展孩子的想象力和形象思维能力。家长可利用音乐、绘画、手工、游戏和玩具激发孩子的想象和思维,促进其想象力和思维力的发展。如"画音乐",即让孩子边听歌曲或音乐边根据自己对音乐的理解和想象画面,对有声音乐做无声绘画想象,以音乐作品所描写的音乐形象,唤起孩子对相关的视觉印象、听觉印象以及有关事物的联想来发展孩子的想象和形象思维能力。在"画音乐"的过程中,孩子将听觉印象经过大脑的加工,转化为视觉印象的过程就是进行创造性想象和具体形象思维的结果。

第四,利用语言促进孩子的想象力和思维能力的发展。孩子的语言能力是其智慧的表现,家长应多与孩子用言语交流,鼓励孩子多与小伙伴们对话,有利于孩子在言语交流中丰富和积累词汇,锻炼口齿伶俐和准确表达语言的能力。家长还可利用给孩子讲故事、儿歌、童话的机会,让孩子续讲结尾,当有了一定数量的积累后,让其自编故事,在促进孩子语言表达能力发展的同时培养孩子的想象力和形象思维能力。

3.幼儿非智力因素的培养

广义的非智力因素是指智力因素以外的一切心理因素。狭义的非智力因素主要指动机、兴趣、求知欲、情感、意志和性格等。非智力因素是智力开发的保证和促进。只有当非智力因素参加到智力活动中去,智力活动才具有积极性和主动性。家长对幼儿的智力开发还应重视幼儿非智力因素的培养。

(1)兴趣和求知欲的培养

兴趣是人对某种事物持续地倾注着积极感情的认识活动。这种积极的感情是指兴奋、愉快、欢乐等。[①] 见物有感谓之"兴",心有所感而乐此不疲谓之"趣"。科学家爱因斯坦说过:"兴趣是最好的老师。"兴趣是孩子认识世界的动力,幼儿一切自主选择的活动无不始自兴趣,而一切的活动追根究底亦源于兴趣。[②]

首先,家长应注重孩子的兴趣导向,将孩子的兴趣引导到有利于孩子发展的正确方向。家长应注意不能以自己的喜好为孩子的兴趣,如家长喜欢和孩子逛商场,久而久之,逛商场就是孩子的兴趣所在了;如果家长喜欢和孩子逛书店,自然孩子也对书籍和知识感兴趣。因此,家长要把握孩子的兴趣方向,引导孩子对学习、对知识、对科学、对大自然的兴趣。

---

① [美]G·F·库德,B·B·波尔松.《孩子兴趣的开发与培养》[M].北京:职工教育出版社,1989

② http://www.ckedu.com/web/0/200712/11201600015.html

其次，在培养孩子对事物广泛的兴趣中激发孩子的求知欲。引导孩子积极参加文娱、体育和远足等活动，如带孩子去郊游时，引导其探索大自然的无穷奥秘：天为什么会下雨？雷鸣和闪电是怎么回事？太阳为什么会升起和落下？猫为什么会捉老鼠？这些都会使孩子产生强烈的好奇心和探究愿望。家长要及时肯定和鼓励孩子勤于思考、探究的积极性，并和孩子一起讨论、分析，共同寻求答案。

»早期开发的奇异想象①

德国著名诗人歌德是个独生子，父母很疼爱他，对他的教育十分用心。父亲常常抱着幼小的歌德一面在公园或田野里散步，一面教给他通俗易懂的歌谣。他还想方设法通过游戏活动向儿子灌输知识。歌德的母亲在教育孩子上，也颇用心思。在歌德刚满两岁时，母亲就每天像上课一样给孩子讲故事，而且每当讲到有意思的地方就停住，以后的故事情节让歌德自己去想象。在母亲的循循善诱下，小歌德每次都开动脑筋对故事的发展做各种各样的猜测和设想，有时还和奶奶商量。当小歌德在母亲继续讲故事之前猜出了故事情节时，他就高兴地叫起来。这些故事不仅教他懂得道理，而且使他丰富了词汇，发展了想象。

出色的家庭教育，使歌德在科学、文学、音乐、绘画等方面受到良好的熏陶。歌德8岁时，除了掌握德语外，还精通法语、意大利语、拉丁语。他一生写出了很多名著，流传于世。今天，当人们欣赏着《浮士德》，并为这位天才诗人的奇异想象而惊叹时，不能不想到，歌德的卓越想象力正是在童年时代由他父母的循循诱导而逐渐发展起来的。

最后，家长应尽可能让孩子在活动中体验到成功的喜悦，这是巩固兴趣和激发求知欲的最好办法。比如，孩子懂得的一些科学小知识常得到家长、老师、同伴等的赞赏，还在科学知识竞赛中得过奖，孩子就会对科学知识倍感兴趣，并且主动地去寻求更多的知识。

(2)坚强意志的培养

意志是人为了实现某种目的，在行动中自觉克服困难时所表现出来的心理过程。②幼儿期意志的培养可以使孩子养成不怕困难，做事有恒心、不放弃，自觉为某一目标而努力的优秀品质。家长可以从意志的自觉性、自制性和坚持性等方面进行培养。首先，家长应表扬和鼓励孩子的自觉性行为。比如，孩子想成为班上的“背诵之星”，自觉地反复背诵儿歌，直到家长抽背后完全无误，此时家长应及时予以表扬。其次，家长应通过建立制度约束机制，培养孩子的自制力。比如，给孩子制订合理的生活作息表，让孩子按规定执行，准点起床、学习、玩耍；必须在做完功课的情况下才能去玩；物品要摆放整齐，用完后要放到原来的位置等，让其从小就生活在一个有序、有约束的环境中。最后，鼓励孩子为达成目标不懈坚持。要求孩子一旦决定做什么，一定要为目标的实现而不断努力，遇到困难也不放弃，要有坚持的勇气和毅力。考虑到幼儿的年龄特征，目标的设定必须适当，太难或太易达到的目标都不能使孩子的意志得到锻炼；同时，家长对幼儿表现出的努力和取得的点滴进步，要适时、适度地肯定和表扬，一个目标达成后，再和孩子一起设定下一个稍加难度的目标。

---

① 唐彦生，隋玉梁，于一.家庭教育大百科[M].北京：蓝天出版社，1999.890

② 吴宝琦.怎样培养孩子的坚强意志[M].合肥：安徽科学技术出版社，1989.22

(3)自信心的培养

自信心对于孩子的成长至关重要，自信心强的人能应对成长道路上的种种困难，迎接各种挑战。缺乏自信，则往往遇事畏头畏尾，害怕困难，不敢尝试，其认知能力、动手能力、交往能力及运动能力等发展也较缓慢，不利于孩子的发展。

»撒切尔夫人的自信[①]

玛格丽特·撒切尔夫人是一位小杂货商的女儿，可是她通过自己的奋斗却成为了英国历史上第一位女首相。她的崛起引起了欧洲和世界各国的注意，被称为“世界第一女人”。她的成功与父亲自幼对她的谆谆教诲密不可分。

撒切尔夫人的父亲罗伯茨，是位白手起家的杂货商。女儿很小的时候，他就对她寄予厚望，希望她将来能有所作为。为此，当撒切尔5岁的时候，父亲把她送入学校，并从那时起就不允许她说“我不会”或“太难了”之类的话。她父亲经常带她去听音乐会、演讲，和她一起读许多名人自强、自信、自立的传记。她父亲教她对自己要有信心，千万不要去迎合别人，并经常对她说：“自己要有主见，不要人云亦云。”

正如后来她在当选为首相时所说：“我父亲的教诲是我信仰的基础，我在那个十分一般的家庭里所获得的自信教诲正是我大选获胜的武器之一。”

撒切尔夫人的成功经历告诉父母一个道理：鼓励能激发孩子的自信心，有了自信心，就有了战胜困难的基础。

因此，家长应从小培养孩子的自信心。

第一，家长不能对孩子过度保护或过度要求，在放手让孩子做事的同时，给孩子提出适当的要求和任务，增加孩子的成功体验，并适时给予肯定和鼓励以增强其自信心。

第二，家长要相信并鼓励孩子，变“我不行”为“我能行”。如孩子在幼儿园不敢在课堂上背诵儿歌，害怕背不好小朋友会看不起自己，从不举手，还常常躲避老师的目光。这时，父母要多鼓励孩子：“爸爸妈妈相信你能行。”父母还应帮助孩子做好充分准备，让孩子提前背熟，直到孩子自信满满。

第三，家长要正确评价孩子。孩子本身的经验是有限的，并且自我意识模糊，易受暗示，可塑性强，其自信心最初是建立在别人对他们的反应上。[②] 对幼儿来说，父母是重要人物，如果经常随意地批评和否定，那么幼儿就会觉得自己很笨，从而也会否定自己，产生自卑。经常得到肯定、鼓励的幼儿能从成人对自己的肯定与鼓励中获得信任感，从而增强自信心。[③]

(4)积极情感的培养

幼儿期是情感教育的重要时期，良好的情感有助于幼儿养成积极的个性品质，对孩子的身心健康和谐发展十分重要。家长应培养孩子成为一个懂情感并富有同情心的人，让孩子不但善于了解和表达自己的情感，而且懂得了解他人的情感并主动对别人的情感做出适当反应，促进孩子情感智能的良好发展。在日常生活中，要求孩子关心和帮助家人及他人，如奶奶生病了，主动关心奶奶，给奶奶送药端水；鼓励孩子和邻居小朋友分享

---

① 李凌青，崔华芳.培养孩子意志力的方法[M].北京：中国纺织出版社，2006.103

② 吴春联.如何培养幼儿的自信心[J].幼儿教育，2000(6)：35

③ 朱燕娜.如何培养幼儿的自信心[J].科海故事博览：科教创新，2008(6)：33～34

玩具;在家长向灾区人民捐钱捐物的榜样示范下,主动要求捐出自己攒在存钱罐里的钱,父母应及时对孩子所表现出的良好情感行为给予赞赏和强化。

(5)良好性格的培养

性格对孩子的一生起着决定性的作用,良好性格是孩子身心健康发展的必备条件,对今后的学习和生活产生重要影响。幼儿期是孩子最易受影响且性格形成最为关键的阶段,家庭为孩子性格的形成奠定了重要基础,家长应重视孩子的性格培养。首先,为孩子创设和谐温馨的家庭环境,良好的家庭气氛,家庭成员融洽相处,彼此民主平等,互相关心,互相爱护,对孩子良好性格的形成影响很大。其次,抓住孩子性格形成的关键期,理智地施爱,针对不同气质类型的孩子施以适合的教养方式,不溺爱也不过分严苛。第三,利用游戏促进孩子良好性格的形成。通过游戏,可有意识地改善孩子的不良性格,如对好动、稳定性差的孩子,可安排他们在游戏中担任安静的角色;对任性、胆怯的孩子,可让其扮演解放军战士,让他们学会克服自身弱点,增强其自控力;对粗心的孩子,让其扮演医生或护士,在细心照顾病人的过程中改掉粗心的毛病。

(6)人际交往能力的培养

首先,家长要在日常生活中给孩子创造与他人交往的条件与机会,不只是与父母、亲友交往,还要多带孩子走出家门,扩大社会交往范围,学会交流,学会沟通,让孩子在一次次的交往中受到锻炼。比如,有客人到家里,要告诉孩子应该有礼貌地打招呼和交谈;公交车上主动给老奶奶让座等。其次,在游戏中培养交往能力。比如,和孩子一起玩角色扮演游戏,爸爸扮演邮递员上门送信,教会孩子该怎样与之沟通。第三,教给孩子与人相处的良好心理品质。比如,对人要热情、尊重、理解、关心、诚恳、讲信用,使孩子在与人交往中丰富知识、经验,提高技能;在交往中认识自己,了解他人,明白人与人之间、人与社会之间的正常关系。幼儿交往能力的提高将有助于幼儿更好地适应社会,融入集体,形成未来社会所需要的社会性行为。①

(二)学龄期家庭智育的内容与途径

学龄期家庭智育是指家长对7～18岁这一年龄段的子女进行发展智力的教育。学龄期家庭智育是学前期家庭智育的延续。7～18岁是孩子处于小学与中学的时期,家长想要正确地对孩子进行智育,就必须了解孩子在小学时期(7～12岁)和中学时期(13～18岁)的学习特点,掌握学龄期家庭智育的方法,才能有效地针对不同时期的孩子进行智力开发教育。

1.学习特点

(1)小学生的学习特点

小学阶段的学习内容比较简单,学科也相对简化,主要是掌握一些基本的知识和能力。比如,语文主要是识字和简单的听说读写能力培养,数学主要掌握基本的运算能力,其他学科主要是些直观、感性的知识。

7～12岁这一年龄阶段的小学生,由于年龄小,缺乏学习经验,学习的主动性差,没有独立学习的能力。他们的学习缺乏明确的目标和自制能力,带有明显的依赖性和被动

① 刘雏燕.浅谈如何培养幼儿的交往能力[J].河南农业,2008(24):39

性，一旦离开教师和家长，往往会觉得茫然不知所措，无法自觉地安排学习。他们的注意和记忆都受兴趣的支配和影响。学习时，他们往往只会注意新奇、有趣以及自己感兴趣的东西，对事物只是处于表面的认识，甚至模糊、混乱。比如，有的小学生喜欢图片，但他们有时只注意图片的颜色、大小，而不会去领悟图片所要表达的深层含义；他们的注意力容易受外界因素的影响，往往因为外界的一点干扰而分散。他们在课堂上很难长久集中精力去听课，时间过长容易疲劳甚至引发厌学情绪。记忆方面，虽然到小学高年级有了一定的理解记忆，但机械记忆仍占主导地位。比如，乘法口诀、数学公式等都是靠不断地重复记忆，且最先记住的往往是他们感兴趣的东西。在想象和思维方面，以具体形象性为主。小学生的想象主要由模仿性想象、再现性想象向创造性想象过渡，小学中、高年级学生想象的创造性成分不断增加，且具有一定的目的性。小学生的思维则是从以具体形象思维为主逐步过渡到以抽象逻辑思维为主要形式，但抽象思维还是受感性、直观的影响，具有具体形象性。比如，写日记时把晴天写成"大太阳"，这说明他们的抽象思维能力还有限。

（2）中学生的学习特点

中学时期的学习与小学时期有很大的不同。中学是掌握基础知识、基本技能的最佳时期，又是为今后发展创造条件的重要时期，学习的课程门类逐渐增加，内容也逐步加深，由小学学习中直观的、感性的、零碎的知识点变成了更为完整、系统的知识体系。因此，中学生的学习难度增加了，压力也增大了。

在学习方法上，中学生独立、自主学习的能力不断增强。大多数中学生特别是高中生能够根据自己的特点制订不同的学习计划，合理安排自己的时间，能够总结自己在学习中的经验教训，确立自己的学习目标，对与学习相关的许多人、事、物有了自己的看法。

在学习能力方面，中学生各方面的学习能力明显增强，如选择适宜学习方法的能力和自我考核、自我评价以及自我调节的能力；获取知识（阅读、听记和搜集资料等）和运用知识（表达、操作和解决问题等）的能力显著提高；智力（理解记忆能力、抽象逻辑思维能力、创造能力等）不断增强。但是，由于中学生的自控力较差的特点，容易受外界不良行为习惯的影响，这会影响这些能力的充分发挥，有碍取得好的学习效果。所以，家长要在这些方面注意引导孩子。

2.学龄期家庭智育的途径与策略

学龄期家庭智育主要体现在家长对孩子的学习辅导上，许多中小学生学习缺乏自主性、独立性，有的学生还有厌学情绪。所以，家长要积极引导孩子，采用正确的辅导方法。

（1）做好入学前的准备

幼儿园的生活比较轻松自由，没有固定的学习时间与明确的学习任务，主要以游戏活动为主。学龄初期的孩子由无拘无束的幼儿园生活进入正规的学校生活，由以玩为主的幼儿到以学为主的学生，这是人生中第一次大的角色转换，孩子要从各方面适应学生这一角色。家长应帮助孩子做好由"玩童"到"学童"的角色转换，尽快适应小学生活，顺利实现幼小衔接，完成各项学习任务。为此，家长要充分做好孩子入学前的准备，主要包括物质上、制度上、精神上和生活上的准备。

物质上的准备，主要是学习用品的购置，包括书包、文具盒、铅笔、橡皮、尺子等。父母在购买文具时，首先要保证学习用品的规格要符合儿童的身体发育需要，如买书包时提倡买双肩包，而且不能过大，要与孩子的身高有一定的比例。为低年龄儿童买笔时提倡以铅笔为主，不提倡圆珠笔与钢笔，这主要由低龄儿童的手部小肌肉群还未发育完善的生理特征所决定。其次，购买时要注意保证色彩不能过分鲜艳，以防止孩子上课注意力的分散。

制度上的准备，主要是指家长要合理安排作息时间，帮助孩子制订科学的生活作息制度。首先，家长应保证孩子每天 9～10 小时的睡眠时间，高质量且充足的睡眠时间是孩子高效学习的前提条件，这是因其身体发育规律所决定的。其次，家长不能给孩子过重的学习负担，把学习、休息、娱乐时间安排得合理妥当以便有旺盛的精力学习，还应给孩子留有其自己自由支配的时间。家长最好不要占用孩子的周末时间，让孩子能够自己安排其周末生活。

精神上的准备，主要是指家长要帮助孩子认识到小学生活与幼儿园生活的不同，帮助孩子对小学生活有思想上的认知。为了使孩子对学校有一个感性上的认识，家长可以提前带即将上学的孩子到学校去看看，引导孩子观察小学的校园环境与小学生的学习生活，如看看老师是怎样给同学们上课的，同学们又是怎么学习的。对学校生活的提前预知和感受，可以激发孩子上学的愿望以及对知识的渴求，有利于做好孩子进入小学学习的心理准备。

生活上的准备，主要指在孩子上学前，家长应有意识地培养和锻炼孩子独立生活的能力，如穿衣、系鞋带、上洗手间、了解安全知识等，以保证孩子上学后能自理自己的学习生活，扮演好学童的角色。

(2)提高孩子的学习成绩

孩子的学习成绩是家长、老师判断其学习效果的依据。孩子学习成绩好，有利于增强其自信心和成功感，促使孩子学习更加努力。反之，孩子学习成绩差，家长也不关心，这样易形成恶性循环，使孩子消极学习。因此，家长应当重视并帮助孩子提高学习成绩。

第一，创设良好的学习氛围。良好的学习氛围是孩子取得良好学习成绩的保证。家庭的整体氛围会直接对孩子的学习产生影响，和睦、温馨、愉快的家庭氛围对孩子的学习有益。相反，如果父母经常吵架，这种氛围使孩子的心理压力增大，则有碍孩子的学习。因此，家长应给孩子营造一个安静、自然、和谐、进取、稳定，有利于孩子学习的氛围，使孩子能在良好的家庭氛围中安心学习。

第二，帮助孩子制订学习目标。制订学习目标有利于帮助提高孩子的学习成绩。有了学习目标，孩子的学习才会有方向，有动力，才会不断进步，取得好的成绩。家长应帮助孩子制订具体的目标，如每天做多少作业，看多少时间的书，这样不断坚持就会收获多多。家长应结合孩子的学习实际情况，根据不同的孩子制订不同的学习目标，学习成绩好的目标可以高一些，学习成绩差的目标应当稍微低一点。另外，家长有必要帮助孩子制订短期目标与长远目标。

第三，培养和训练孩子认真学习的良好习惯。好的学习习惯是孩子学习成功的重要因素，家长应注重孩子良好学习习惯的培养。一是要求孩子每天放学后必须按时回家，回家后必须完成作业后才能玩；二是家长要培养孩子养成自觉做作业、独立思考、独立完成作业的良好学习习惯，必将令孩子终生受益；三是要求孩子养成自学的好习惯，当孩子学习中有弄不懂的问题时，家长要教会孩子善于从书本、字典、词典中寻求答案，并在此

过程中不断提高其自学的能力。

第四，重视孩子学习的薄弱环节。对于孩子学习中经常性的、反复出错的作业，家长一定要引起重视。这些薄弱环节如不及时解决，学习欠账越积越多会导致恶性循环，积弱难返，使孩子的学习成绩不断走低，陷入心有余而力不足的境地。因此，家长一定要经常对孩子容易出错的作业进行检查，及早发现孩子学习中的薄弱之处，做到心中有数；还可专门为孩子准备一个错题本，让其反复练习；针对这些薄弱环节，耐心地帮助孩子分析原因，为其创造学习条件，改进学习方法，下苦功加以弥补，变弱项为强项。

(3)提高孩子的应试心理能力

孩子考试成绩不理想，有时是因为平时没有认真学习、复习和准备，考试时遇到难题便无从下手。有的孩子平时成绩不错，但考试效果却不好，有可能是考前没休息好，过分疲劳或求胜心切以至于考试时过于紧张；也可能是孩子粗心造成失利；也可能是老师、家长对孩子期望过高，无形中成为压力。面对这些情况，家长应帮助孩子做相应的调整和改进，以提高孩子的应试心理能力。

第一，注意考前生活安排。一是要注意合理安排膳食，保持营养平衡。家长在孩子考试前不要刻意加很多荤菜和各种补品，以免孩子因吃得太多加重胃的负担，反倒会影响考试；二是家长督促孩子适当减少考前学习的时间，并在保证孩子睡眠的基础上，进行适当的体育锻炼，如打羽毛球、乒乓球、散步等，以达到积极休息的目的。

第二，正确对待考试。首先，家长要帮助孩子正确认识考试，要让孩子懂得考试是对自己学习效果的检测，是了解自己学习情况难得的机会，不要害怕考试，更不必担心考试失败，通过考试能让自己清楚哪些方面还存在问题，以便加以改进和完善。其次，家长要教育孩子以平常心、平常事对待考试，以积极的心态应考。考试答题时，心态要沉着冷静，状态要积极，丢掉一切私心杂念，轻装上阵，全身心投入答题。

第三，答题技巧训练。孩子对答题技巧的掌握程度直接关系到考试效果。因此，孩子在平时做作业时，家长应对此“训练有素”，对孩子施以答题技巧的训练。一是教孩子熟悉不同题型的答题要求；二是做试卷时，应先整体浏览一遍试卷结构，做到心中有数；答题前认真审题，多读几遍弄清题目要求，答题时应先易后难，在遇到不会做的题时不要慌，先做个记号放一放，千万不能因此乱了思绪，影响下面的答题，待做完后面的题再回头做前面未做的难题。此外，还要训练孩子知道，有的题可以用多种解法，当用一种方法解决不了问题时，再试着用另外一种方法；答题完毕后，应当仔细检查，查漏补缺。

(4)指导孩子科学用脑

科学用脑对中小学生非常重要，如果不会科学用脑，则容易引发脑的疲劳。孩子脑疲劳，注意力就会不集中，容易走神，记忆力也会下降，反应迟钝；有时候失眠多梦，严重影响睡眠质量。出现这种状况，尽管孩子努力学习，也不会取得理想的成绩。现在中小学生学习负担过重，学习时间长，已成为影响中小学生身心健康发展的一个重要因素，家长要尤为注意。

首先，家长应为孩子补充脑营养。除合理安排孩子的学习与休息时间，还应注意多给孩子提供奶、蛋、鱼、虾、瘦肉、大豆、蔬菜、水果等补脑的食物。

其次，科学安排作息时间。科学合理的作息时间会对学习起促进作用，反之则对其带来负面影响。家长有必要和孩子一起制订作息时间表，科学安排孩子起床、学习、午休、锻炼、玩耍、睡觉的时间，并督促孩子自觉遵守。制订作息时间表需要注意的是，一是家长要特别注意孩子学习和睡眠时间的科学性（见下表 5-1），不要打疲劳战，要劳逸结合，才能提高学习效率，争取事半功倍的学习效果；二是预留孩子自理的时间，家长一定要注意在时间安排上留有余地，让他们安排自己想做的事情，家长不应过多干涉，力争达到学得专心，玩得放心的境界。

表 5-1　中小学生一日学习时间和睡眠时间对照表①

年级	学习时间	睡眠时间
小学一、二年级	不超过 4 小时	不少于 10 小时
小学三、四年级	不超过 5 小时	不少于 9 小时
小学五、六年级	不超过 6 小时	不少于 9 小时
初中一至三年级	不超过 7 小时	不少于 8 小时
高中一至三年级	不超过 8 小时	不少于 8 小时

（5）积极配合学校智育，进行课外学习辅导

课外学习是孩子巩固学校课堂学习内容、拓展知识面、增长见识、培养自学能力、培养兴趣和发展个性的必要方式。指导孩子进行课外学习，家长应主要从以下几个方面进行：

第一，课外学习材料，一种是孩子学习教材的辅助参考材料，主要为帮助孩子加深课内知识的理解，如对课堂笔记进行整理，对课内知识进行复习、巩固的练习题，对新课进行预习等；另一种是课堂以外的学习材料，主要帮助孩子扩大知识面和开阔眼界。学习材料包括中外文学佳作、听力材料，以及通过广播、电视、报刊、杂志等多领域的学习材料。

第二，学习方式，家长应指导孩子通过各种方式如多看、多读、多听、多想、多练、多参与各种活动进行课外学习。

第三，处理好课内与课外学习的内容与时间关系。学习内容和时间都应以巩固和满足课内学习内容和时间为原则，在学懂课内知识的基础上才能允许孩子涉及其他课外学习材料。

第四，锻炼自学能力，家长在孩子进行课外学习时，不但要指导孩子处理好博览和精读的关系，还应要求孩子在读书时勤于思考，善于发现和解决问题，学会做眉批边注，勾画记号，摘记卡片，做读书笔记，写学习心得以及学会积累资料等；还可以鼓励孩子将对学习的一些思考与同学们交流和讨论，这些都有助于提升孩子的自学能力。

---

① 根据国家质量技术监督局和卫生部于 1998 年分别颁布的《小学生一日学习时间卫生标准》和《中学生一日学习时间卫生标准》整理。

第四节　家庭美育

法国雕塑家罗丹说过，美是到处都有的，对于我们的眼睛，不是缺少美，而是发现美。[①] 感受美、创造美的能力以及正确的审美观，并不是生来就有的，也不会自然而然地产生，需要经过专门的教育和训练才能真正获得。

一、家庭美育的含义与特点

（一）家庭美育的含义

家庭美育，即是在家庭中对孩子进行关于美的教育，是以人情美、艺术美、自然美、社会美为主要教育内容，对孩子进行潜移默化的感染和熏陶，培养孩子正确的审美观念，使其具有感受美、鉴赏美、表现美和创造美的能力，为孩子未来的发展和美好人格的形成奠定基础。

（二）家庭美育的特点

1.时间的早期性、长期性

早期性是指家庭美育比学校美育、社会美育在时间上要早得多。事实上，人在母腹中就已经开始接受审美教育，即胎教美育。专家们认为，审美教育的起点在胎儿。同样，婴幼儿时期也是早期美育的一个关键阶段。历史上许多文学家、艺术家、科学家的成长与他们早期的家庭美育有密切关系。因此，重视家庭早期审美教育已成为当今幼儿教育的一种趋势。

长期性是指对孩子的审美教育是家长终身的义务。因为家庭不仅是人生的起点，也是人生的终点。如果不注意长期性而中断，可能使孩子审美兴趣淡漠，影响审美观念的形成。只有始终如一地对孩子进行美的教育，才能完成家庭审美教育的任务。

2.内容的丰富性、形象性

美育的内容涵盖很多方面，生活美、艺术美、自然美、社会美，这些方面渗透到生活中，就变成了丰富多样的内容：家居布置、乐器学习、绘画、制作玩具……任何跟美有关的教育活动都能够纳入到美育的内容中。

美育和德育、智育不同。德育是通过传播伦理道德观念来正人；智育是通过抽象、概括了的概念、判断、推理的思维形式育人；美育则是通过具体可感知的美的事物的形象来感染人。[②] 形象在美的领域中占统治地位。美是寄寓在个体的、活生生的事物中，而不是在抽象的思想中。因此，孩子们在欣赏美好事物的时候，不论是自然美、社会美还是艺术美，都是以鲜明生动的形象（由色彩、线条、形体、声音等因素构成）进入感官，影响人的思想感情，陶冶人的个性情操的。

---

① http://tieba.baidu.com/f? kz=124889926

② 彭德华.家庭教育新概念[M].兰州：甘肃教育出版社，2001.65

3.形式的灵活性、潜移性

家庭美育的灵活性表现在美育不受时间、地点、条件、内容、形式上的限制，可以经常地，随时随地进行。比如，给孩子吃梨，就可以随机讲“孔融让梨”的美德；逛公园，可引导孩子观察动物的神态、鲜花的颜色；可在给孩子听故事、听音乐、看电视时，进行一些经常、灵活、随时随地的审美教育，把美育贯穿于孩子的全部生活之中。

家庭美育是一个“随风潜入夜，润物细无声”的潜移默化的过程。因为孩子们在欣赏美的时候，他所感受到的直接效果是情感的体验，体验某种理性的认识。不论是对美的热爱，还是对丑的憎恶，孩子们都不会是无缘无故的，都基于他对某一事物的理解。因此，要实现家庭审美教育，就要有意识地把各种美的因素渗透于孩子的生活之中，使他们在自觉不自觉中受到美的启迪和熏陶。

4.作用的深刻性、持久性

对孩子进行审美教育是一个逐步积淀、陶冶的过程。这个过程既是漫长的，细致的，同时又是深刻的，久远的。美育对儿童心灵的陶冶，如春风化雨，点滴滋润。一位诺贝尔获奖者回忆自己经历过的生活时曾说：“妈妈从小重视对我的艺术培养，教会我热爱美，热爱生活。那些美好的回忆给我的生活烙下了深刻的印记，它将陪伴我终身。”凡是长期经历过美感教育熏陶的人，都会形成一种完美的心理结构和心理定向。这种心理结构和心理定向一旦形成，就具有较深远的稳定性，会对人的生活产生重大的影响，甚至对人的一生都起作用。

二、家庭美育的内容与价值

（一）家庭美育的内容

“美”分为现实美和艺术美两大类：现实美主要指大自然、生活环境的美和人的言行、品德的美；艺术美主要是指文学、音乐、舞蹈、戏剧、各种工艺美术等。具体而言，家庭美育的内容可以分为以下四种：

1.艺术美

艺术美主要包括文学、音乐、舞蹈、戏剧、绘画和各种工艺美术。

文学是利用文学作品的审美作用，形成文化美，发展孩子初步的审美能力。优秀的文学作品是美的集中表现，它以形象、生动精练的语言塑造人物形象给孩子展现了美好动人的情境。通过对故事、童话、儿歌、电影、电视等作品的感受、体验，可以丰富孩子的想象力，发展他们的审美能力和对美的创造力。

音乐是灵感，是催化情感、激活想象的艺术；舞蹈、戏剧作为艺术的表现形式，展现美的张力。在音乐的净化中，孩子们逐渐会分辨高雅与庸俗，同时激发他们的艺术兴趣，发现其爱好与特长，施展其才华。

美术作品具有直观性和可视性，形象生动，有助于锻炼孩子的视觉，又能够发展他们美好的情感，净化他们的心灵。孩子一般对形象好、色彩鲜艳的图画、小物品表现出极大的欣赏欲，并用涂鸦来表示他们对世界的理解。美术教育可以让孩子对颜色、形象有更深入的认识，可以激发他们丰富的想象力、创造力。

2.自然美

生机勃勃的大自然，对孩子的影响也颇为巨大。春天万物萌生，夏日百花盛开，秋季

果实成熟，冬季大雪纷飞；山川、河流、大海、草原、沙漠、戈壁，这一切都可以给孩子带来兴奋和愉悦，使他们在精神上得到鼓舞和感召。人本来就是大自然的一分子，有一种接触大自然的本能需要。自然风光、名胜古迹、多样动植物，这些大自然的美都可以启迪孩子的心灵，开启孩子的心智大门，培养他们对人生和大自然的热爱。自然美还可以改变孩子的性格和气质，陶冶孩子的情操，丰富他们的精神生活。

3.社会美

任何人都生活在社会中。在日常生活中，常常会用到"您好""谢谢""对不起""没关系""再见"等礼貌用语。要使孩子懂得，这种文明礼貌语言，能更好地沟通人的感情，增进人与人之间的合作与友谊。让孩子理解基本的文明行为规则，逐步学会互助、友爱、谦让、宽容，正确地处理与周围人的关系，做到尊敬长辈、爱护弱小、助人为乐、见义勇为，照顾残疾人或孤寡老人，遵守社会公德。社会美还包括社会生活中物质产品的美，这些美的物质，在生活中也可以给人以美的感觉、美的享受。

4.人情美

随着年龄的增长，孩子心灵的世界扩大了，他们不再像童年时那样喜欢跟父母一起逛街、旅行，而希望走出家门，自己去认识世界。他们希望到社会上结交朋友，与同龄人尽情地玩耍，坦率地谈心，激烈地争论，认真地切磋。一种新的人际关系开始了，于是人情美便产生了。人情美是在高尚的人生观指导下，为人处世的态度，并因此建立的良好的人际关系。人情美可以让孩子在良好的人际关系中体验到爱与被爱，关心与被关心，帮助与被帮助，这对于他们美好心灵的养成有着重要的作用。

（二）家庭美育的价值

教育家苏霍姆林斯基指出："美是道德纯洁、精神丰富和体格健全的强大源泉。"[①]可见，美育在一个人的成长道路上有着多么重要的作用和价值。

1.丰富孩子的精神生活，唤起他们对美的追求

爱美之心，人皆有之。儿童从小就有向往美、追求美的自然表现，如爱看色彩鲜艳的东西，爱听悦耳动听的歌曲，乐于在自己生活的周围环境中发现美，捕捉美。他们爱美的天性是开展家庭美育的基础。家庭美育恰好能满足孩子们对美的追求，丰富他们的精神世界，让他们在美的事物的陶冶中，热爱并追求美好的事物和美好的生活。

2.塑造孩子美好的心灵

家庭美育，就是要早早地在孩子的心灵中，播下正直、诚实、勇敢、谦虚、勤劳、善良、宽厚、坚贞的种子，这些美好的品德有利于孩子的健康成长。家庭是孩子赖以生活的场所，孩子的心灵就如一张洁白的纸，需要家长为他精心地描绘。家庭美育在教育孩子的过程中，心灵能够受到陶冶，道德情操也会处于审美的境界之中，他们的感情将得到净化，精神将得以升华。

3.促进孩子才智的发展

自然界处处充满着美的魅力，然而"玉不琢，不成器；人不学，不知道"。要使孩子的审美意识和智慧萌芽，变成科学探索和艺术创造的动力，就需要家长通过种种途径，对他们的兴趣爱好进行引导，从而开启孩子的智慧。美育以通过不同的艺术手段，把孩子所

---

① 彭德华.家庭教育新概念[M].兰州：甘肃教育出版社，2001.63

看到、听到的事物形象、音调、旋律、故事等进行回忆后再认识，然后才能描绘、复述、表演或再创造。这种形象记忆能力，对于提高学习水平和智力素质都是十分重要的。心理学家皮亚杰认为，所有智力方面的工作都要依赖于兴趣。通过审美教育，培养孩子对美的事物的爱好和兴趣，拓展他们的探求精神，是开发其智力的一把钥匙。例如，孩子需要外界环境的刺激，郊游能满足他们的心理欲望，让孩子投入大自然的怀抱中，通过欣赏大自然无限美好的风光，从而发展孩子的观察力、想象力和语言表达能力。

三、家庭美育的任务与方法

（一）家庭美育的任务

在家庭中实施的美育，是以家庭的日常行为和环境为依托，天然的亲子情感为媒介，以培养和提高家庭成员发现美、欣赏美、创造美为主要任务的教育。此外，家庭美育还是建设社会主义物质文明和精神文明的需要，是孩子全面发展教育的重要组成部分。

（二）家庭美育的方法

教育家叶圣陶说："教育——就是养成良好习惯。"孩子天生模仿力强，辨别美丑的能力却很差，所以家长的表率作用尤其重要。要提高孩子的美感，家长要从自己做起。

1.提高家长修养

家长的修养程度高低，直接关系到家庭美育的实施广度、深度和有效性。因为孩子毕竟在生理、心理上都还未成熟，对是非善恶、美丽丑陋没有一个明确的评判标准，很容易被周围环境影响和左右。因此，家长要为孩子筛选美育的内容，在生活中对孩子进行美德教育。如果家长的修养高，他们所传授给孩子的必然是更高境界的美；反之，庸俗甚至道德品质低下的家长，给孩子带来的影响必然是负面的。例如，一个随便践踏花草的家长，很难要求孩子做到爱护花草，爱护大自然。因此，要想孩子得到较高的审美教育，家长应该努力提高自己的修养，使其对孩子的审美教育更加有效。

2.创设一个美的环境

一个良好的家庭居室环境，不仅有助于孩子的学习进步和身体健康，而且有利于孩子形成美好的生活情趣和完美的个性品格。家长应当保持居室的整洁；在色彩的选择与家具的陈设上，要讲究和谐、明快、淡雅，避免杂乱、斑驳、浓艳。家长还可以根据孩子的性格、气质的特点，选择合适的色调去影响他们的情感与情绪，陶冶他们的心灵。有条件的家庭，还可以让孩子有自己的一点小天地，让他们按照自己的兴趣、愿望，亲自设计自己喜欢的居室，让孩子目之所及，充溢柔和温馨的色调，感受美。

3.鼓励追求，发展兴趣

在孩子刚刚懂事的时候，就引导他认识并喜欢各种先进事物，并创造条件，让孩子去向往它，熟悉它，把握它，之后更要有意识地鼓励孩子追求这一目标，使之逐渐在孩子头脑中明晰起来，成为孩子前进的动力。当发现孩子有对美的追求愿望和兴趣时，要及时鼓励，抓住时机发展兴趣。兴趣是最好的老师，家长要引导孩子发展那些有益的、健康的兴趣与爱好，要根据实际帮助孩子做好选择。孩子对某种事物产生了兴趣，要鼓励他坚持下去，发展并扩大它；如果他在某方面有些天赋，自己却没有产生兴趣，可以帮助、引导他产生兴趣，一旦选定兴趣则要坚持。

4.引导发现，激励创新

任何教育都没有让受教育者自己发现，自觉挖掘、认识事物的本质，自己解决问题更为有效，更为可贵了。在家庭美育中，家长有意引导孩子发现美，热爱美，让孩子通过观察、分析、思考、比较和印证，突破困惑和迷茫，获得一个全新的认识。孩子十分珍惜自己获得的这个认识，会把它融入到自己的思想里，落实到行动上。很多孩子在发现美以后，会发挥自己的想象力激发美的创造。尤其是在少儿时期，想象力特别活跃，用以展现创造才能的机会也特别多。因此，家长在这个时期，要注意对孩子创造美与发现美的培养。

5.由表及里，重视内在美

很多孩子对美的理解往往只局限在外表，他们追求穿戴，认为只要打扮得漂亮就是美。因此，家长要让孩子弄懂外在美和内在美的涵义以及应追求什么样的美。外在美包括服装美、语言美、行为美、风度美，绝对不仅仅是服装美。人最重要的是内在美，内在美即心灵美，是指一个人内心世界的美，其核心是道德美。我们中华民族有优良的传统美德，家长要教育孩子会爱别人，关心别人，有良好的道德修养，拥有一颗美好的心灵，才是真的美。

第五节 家庭劳动教育

统计显示，各国中小学生每日劳动时间为：美国 72 分钟、韩国 42 分钟、法国 36 分钟、英国 30 分钟、中国只有 12 分钟。德国法律明确规定：孩子必须帮助父母做家务，其中 6～10 岁要帮助父母洗餐具，给全家人擦皮鞋；14～16 岁要负责擦汽车和菜园翻地；16～18 岁要完成每周一次的房间大扫除。① 劳动教育在国外十分普遍，但在我国，由于现今以独生子女为主的家庭占大多数，孩子在家中劳动的时间少之又少，劳动教育也变得十分缺乏。

一、家庭劳动教育的含义与特点

(一)家庭劳动教育的含义

家庭劳动教育，是家长向孩子施加的一种以劳动观念、劳动习惯、生产技术知识、劳动技能为内容的教育活动，其目的在于培养孩子热爱劳动、尊敬劳动者、珍惜劳动成果的好习惯，并使他们获得一些基本的生产知识和劳动技能，从而促进孩子的全面发展。

(二)家庭劳动教育的特点

1.当前家长对劳动教育持轻视的心态

如今大部分家庭的孩子都是独生子女，家长望子成龙，望女成凤。因此，在大部分的家长看来，只有学习成绩好才是最重要的，孩子做不做家务都无所谓。甚至一些家长压根不让孩子参与劳动，认为那是浪费时间。懒仅仅是可能变“虫”的问题，而分数却是关系到将来是否成“龙”的问题。家长认为让孩子劳动会干扰他们学习，为使孩子将所有时

① 常艳春，寒雨.孩子健康成长，勿忘家庭劳动教育——郑沪生副研究员访谈录[J].家长.2007(1)：1～4

间都用在学习上，不但自理性劳动不让孩子插手，就是学校组织的假日义务劳动也不让孩子参加。

2.家庭劳动教育在时间、行为上具有很大的随意性

家庭劳动教育没有固定的时间，可随时进行，时间长短也很随意。劳动方式也各种各样，扫地、擦桌子、收拾房间、洗衣服等。劳动可以在许多场合进行，甚至连修车、编程、设计、做饭都是劳动。家庭劳动教育不仅包括创造物质产品，也包括创造精神产品。在这种随意的时空中，家长要指导孩子既动脑，又动手，能文能武，全面发展。

3.家庭劳动教育具有很强的实践性

劳动教育是实践性很强的活动，是与技术、技能直接相关的。在家务劳动中，有生活知识的传授，有脑手的配合练习，有体力体质的锻炼，有良好生活习惯的培养，有亲子感情的交流，有对生活苦乐的体验，有意志的锤炼，有技能的培养。因此，家长应指导孩子从小事做起，从身边事做起，从现在做起。劳动不仅是做家务（叠被子、洗袜子、扫地、洗碗、整理书架、收拾房间），很多公益活动（绿化美化环境，帮助军烈属、残疾人和孤寡老人）、服务性活动和社会工作也是劳动。

二、家庭劳动教育的内容与价值

（一）家庭劳动教育的内容

家庭劳动教育的内容大致分为基础性内容和拓展性内容两个部分。家长在进行劳动教育内容的选择时，可以本着立足现实、贴近孩子生活实际、体现时代需求的原则进行，其内容主要包括：

1.生活自理能力教育

对于不同年龄的孩子，家长可以根据孩子能力的强弱进行相应的、循序渐进的生活自理能力教育。年龄小的孩子可以从学习简单的生活自理做起，如穿衣服、系鞋带。孩子年龄稍大点则可以加入洗小物件、择菜、洗碗等家务劳动，逐渐过渡到让孩子学会通过自己的劳动为家人分担。家长要注意以身作则并给予指导。

2.社会实践活动

家庭劳动教育不仅仅局限于家庭范围内，家长还可以有意识地将孩子带到社会中学习各种劳动技能。社会上的各种公益劳动、爱心活动都可以适当地让孩子参与。这不仅可以使孩子得到锻炼，同时也能在一定程度上增强孩子的社会责任感和参与意识。

3.各种劳动技能的培养

家长还要有意识地选择能提高孩子劳动技能的活动，如简单的种植、养殖、修理等技能，甚至可以帮助孩子进行各种技术实验，使孩子形成善于动手的习惯。

家长还可以根据孩子的兴趣和爱好，为孩子选择适宜的劳动教育内容，如各种工艺制作、简单的设计、发明创造、职业体验等活动，以增强孩子对劳动的兴趣和动手操作能力。

（二）家庭劳动教育的价值

1.锻炼孩子坚强的意志

孩子在劳动的过程中会遇到很多困难和挫折，每一个困难、挫折都是对孩子意志力、

耐力等能力的考验和磨炼。而每一次磨炼都会让孩子增长克服困难的勇气和面对挫折的耐力。在劳动的过程中，孩子体验到劳动带来的成就感，这种成就感不断积累，就会逐渐形成独立自主、坚毅和自信的心理品质。劳动能培养孩子珍惜劳动成果，养成艰苦奋斗的好习惯，能锻炼他们吃苦耐劳、克服困难的坚强意志，有利于培养孩子自立、自强的进取精神。

2.有利于培养孩子的责任心

孩子们在劳动中能学会关心他人，增进与人的感情。孩子从小从事力所能及的家务劳动，能增强主人翁意识，并逐渐养成为他人服务的意识，明确并承担对家庭的责任和义务。责任心是做人的重要基础，而从小对孩子进行劳动教育，对培养孩子的责任感大有裨益。孩子长大后也能承担起家庭和事业的重任，成为对社会有益的人。

3.有利于孩子形成健康的人格

培养孩子学会劳动，树立正确的劳动观念和养成好的劳动习惯，是孩子学会生活的重要保证，将影响孩子的一生。有研究证明，从小做家务、热爱劳动的孩子能吃苦，有才干，对生活充满自信，人际交往能力强于不爱劳动的孩子。美国心理学家威兰特对波士顿地区 490 名孩子进行了 20 年的跟踪研究发现，爱干家务的孩子和不爱干家务的孩子相比，长大后的失业比例为 1∶15，犯罪比例为 1∶10。爱干家务的人平均收入要比不爱干家务的人高出 20%左右。[①] 可见，从小对孩子进行劳动教育，对他今后的健康成长及形成健康的人格有很重要的作用。

4.提高孩子的生活自理能力

上海一所大学的一名学习成绩优异的学生被勒令退学，其退学的原因竟是生活完全不能自理，在学校无法生活，严重影响到了学习。这样的例子在高校中越来越多见。很多学生不会洗衣服，寝室乱成垃圾堆也不会打扫，甚至要请父母陪读照顾生活，这都是家长疏于从小对孩子进行家庭劳动教育的结果。家长应从小重视孩子基本的生活自理能力的培养，掌握诸如洗衣、打扫卫生、做饭等生活技能，使孩子在反复的实践操作中总结经验，提高效率，能够自己照顾自己，逐步提高生活自理能力。

三、家庭劳动教育的任务与方法

（一）家庭劳动教育的任务

1.为自己服务

假如我们没有教孩子学会自己照顾自己，那么孩子长大以后将在做好工作、维护幸福的婚姻或是照顾他人等方面显示出能力不足。家庭劳动教育应从孩子为自己的服务开始，家长要重视指导孩子学会自己穿衣戴帽，自己系鞋带，自己吃饭、喝牛奶，自己如厕，自己上学等事情；教育他们从小懂得“自己的事情自己做”的道理，自己做一切力所能及的事情。

2.为家庭服务

孩子不但要学会照顾自己，而且还要学会关心家庭里的亲人。作为家庭的一员，理

① 常艳春，寒雨.孩子健康成长，勿忘家庭劳动教育——郑沪生副研究员访谈录[J].家长.2007(1):1~4

所当然有承担家庭劳动的义务。家长要注意给孩子提供参加家务劳动的机会，让孩子做点力所能及的小事，如摆放餐具、替爷爷捶背、帮奶奶关门、给爸爸拿鞋子等，使孩子成为对家庭做出贡献的人。

3.为社会服务

孩子长大后，总要迈向社会。家庭生活与社会生活密切相关，家庭劳动教育的任务之一便是要让孩子学会为社会服务。家长应该支持孩子参加社会公益劳动，培养孩子助人为乐、无私奉献和热爱劳动的良好品质。家庭劳动教育要培养孩子做事认真负责的精神，使他们将来更好地适应社会，服务社会，成为对社会有用的人。

(二)家庭劳动教育的方法

1.家长要更新观念，走出劳动教育的认识误区

目前，家长们对劳动教育主要存在这样的思想误区：担心家务劳动会影响孩子学习；担心孩子不会做家务，反倒添乱；担心孩子吃苦受累。我国传统文化中读书做官的思想以及升学压力深刻地影响着父母的教育观念。中国人的传统意识中，秀才、君子之流是不屑于劳动的。人们读书是为了做官，从事劳动似乎用不着教育，劳动完全从对子女的教育内容中挤了出去。同时，学校中的升学意识也使得劳动教育被轻视和削弱。这样，不用说让人们去热爱劳动、尊敬劳动者，许多人连起码的自我服务劳动也不愿做。显然，轻视劳动教育，后果将不堪设想。因此，要走出劳动教育的误区，首要的是要变革社会对劳动和劳动教育的传统观念，劳动不应被看成是低人一等的事，劳动教育也不应看成是对简单劳动力的训练，而要把它提高到人的发展的高度来理解。只有观念改变，才能使劳动教育受到重视。

2.家长要放手让孩子做事，从小培养劳动行为习惯

在家庭中强调让孩子“动手做”是符合儿童生理和心理特点的。心理学家皮亚杰的发生认识论深刻地表明了“做”在儿童发展中的作用。儿童的天性是好动的，他们在“做”中运用自己的感觉器官去认识客观世界，并通过各种实践活动来检验对事物的感知是否符合事实。儿童的动作技能和心智技能都是通过“做”形成的，他们的兴趣、动机的形成，情感意志和道德品质的培养也都是通过“做”进行的。因此，家长要为孩子创设劳动实践的机会与环境，让孩子从小体验劳动的快乐和劳动的意义，在劳动中磨炼意志品质和吃苦精神，使他们终身受用。家长应该给孩子提供到劳动者中间去的机会，了解他们，从而使孩子在心理上与他们接近。农村的家长们应常带孩子去田地里看劳动的情况，让孩子帮助锄草、施肥、收庄稼；城镇的可带孩子去工厂看生产的情况，去车间打零工等。

3.家长参与和指导相结合，创建劳动教育环境

近些年，轻视劳动教育已经成为普遍存在的社会现象，一些教师和家长甚至把劳动作为一种惩戒的手段，错误地把劳动教育当作劳动改造，使孩子鄙视、厌恶劳动。因此，在家庭教育中，就要特别重视劳动，应该把劳动当成光荣的事情，家长要参与，也要指导。

(1)家长参与

在大多数情况下，我们要求孩子做一些家务，并非完全出于劳力的需要，更多的是为了培养孩子的责任感与合作精神。全家人一起劳动，有利于孩子更好地完成自己的任务，掌握与父母共同劳动的技能，体会到“人多力量大”的道理。例如，一家人到菜地种

菜，父亲挖洞，儿子撒种，母亲填土，不一会儿，活就干完了。这样，孩子对种菜的新鲜感和显示劳动能力的愿望就会发展成为对家庭生活做贡献的自豪感。

(2)家长指导

孩子的劳动知识有限，劳动技能不强，他们需要得到父母悉心的教导和帮助，特别是当他们刚开始进行某种劳动时，父母的指导就显得更为重要。例如，孩子第一次整理床铺，提示他如何把枕头、被子放正；第一次布置餐桌，告诉他碗筷的摆放方式。随着孩子劳动次数的增多，劳动经验的积累，父母可从"幕前"转到"幕后"。对于孩子的劳动，家长指导要有耐心，要多鼓励，少批评。

第六节　家庭安全教育

未成年人是一个特殊的社会群体，因为缺乏自我保护意识，容易造成意外伤害。据研究显示，全世界每年有 100 多万 14 岁以下的儿童死于意外伤害。在中国，意外伤害占儿童死亡总数的 26.1%，而且还在不断增加。据广州疾病控制中心最新调查显示，儿童意外伤害引起的死亡率已经超过了最致命的肺炎、恶性肿瘤、先天畸形和心脏病死亡率的总和，而且意外伤害发生率高达 50%。意外伤害已成为 0～14 岁儿童第一大健康"杀手"。[①] 可见，家庭安全教育刻不容缓。

一、家庭安全教育的含义与价值

(一)家庭安全教育的含义

安全教育是指教育者在一定的社会背景下，通过一定的教育手段、教育过程，对受教育者进行教育，从而增进受教育者关于安全方面的知识和技能，影响受教育者的思想活动和行为活动的过程。家庭安全教育指在家庭的背景和范围中，在家长的监护和指导下进行的安全教育。

(二)家庭安全教育的价值

打开电视新闻，翻开报刊杂志，关于儿童受骗、被拐、被绑架、不幸死于意外事故的消息层出不穷，触目惊心。有人曾做过调查，我国某儿童医院一年中因意外损伤住院的孩子有 646 例。据报载，欧盟成员国内，每年死于车祸等宅内外事故的儿童多达 1 万～3 万人，终身致残的 3 万人。[②] 保证孩子的健康与安全，是每位家长的第一职责。然而，健康与安全不能被动地等待给予，而应该让孩子主动获得，安全教育的价值就体现于此。

1.减少孩子的意外伤害几率

据统计，我国每年有数以万计的儿童溺水身亡。仅以安徽庐江县为例，该县人寿保险公司每年意外伤亡保险赔款达 200 万元左右，其中儿童溺水死亡的占赔付额 70%以上，

---

① http://www.ycwb.com/gb/content/2004－05/31/content_700137.htm，2009－7－11

② 张大均.心的教育(4～6 岁幼儿家长用书)[M].贵阳：贵州人民出版社，2002.11

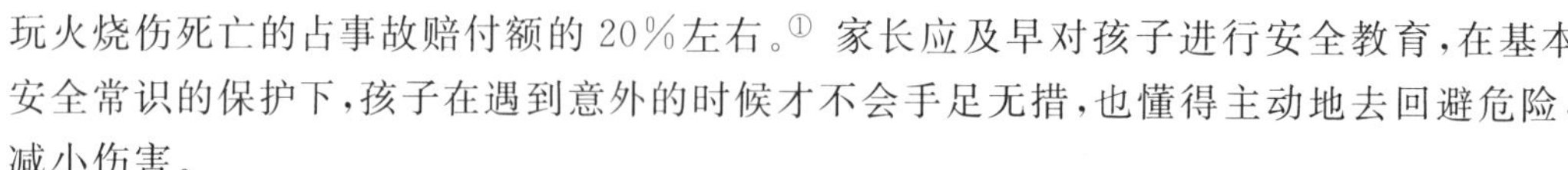

玩火烧伤死亡的占事故赔付额的20%左右。① 家长应及早对孩子进行安全教育，在基本安全常识的保护下，孩子在遇到意外的时候才不会手足无措，也懂得主动地去回避危险，减小伤害。

2.提高孩子的自我保护意识

孩子在成长的过程中，其发育不够完善，缺少社会经验，缺少对周围事物的认识，加上家长的过分保护，使他们对外界环境的适应能力较低。很多孩子发生意外，很大一部分原因是没有一种自我保护的意识，没有一个能尽力照顾自己和能成功地使自己不受损坏所必需的主观条件。因此，家庭安全教育的作用就是在传授安全知识、引导孩子规避危险的过程中，增强孩子自我保护的主观意识。

3.促进社会的和谐发展

团中央向全国的少年儿童发起了一个“雏鹰行动”，其宗旨是培养“五自新人”，其中包括自强、自立、自学、自护、自救。自护、自救就占了其中两项，可见把少年儿童的安全摆在了多么重要的位置。少年儿童是祖国的花朵，也是未来社会主义建设中的栋梁之材。减少伤害、快乐成长，不仅关系着家庭的幸福，也关系着祖国未来的希望和社会的和谐。

二、家庭安全教育的内容与方法

(一)家庭安全教育的内容

1.消防安全

家庭教育中，在消防安全方面需要教育的内容主要包括防火和自救。防火即要教育孩子少玩烟花爆竹等与火有关的游戏，野外禁止玩火。自救即当发生火灾时需要注意的事项，如不要盲目乱跑，学会用湿毛巾捂住口鼻，打119火警电话等。

2.交通安全

家庭教育中，有关交通安全的教育包括在路上行走时要走人行道；注意各种红绿灯的标识；上下汽车要注意过往车辆；坐车时不要将头、手或身体其他部位伸出车外，防止意外挂伤；不在马路上逗留、玩耍、打闹；禁止穿越、攀登、跨越道路隔离栏；禁止走入高速公路等。

3.家居安全

家居安全教育包括如下内容：

(1)安全用电；(2) 雷雨时不要打电话；(3)一个人在家要关好门窗；(4) 对陌生人来访不要随便开门；(5)外出游玩要告诉家长行程去处；(6)不把家中钥匙挂在胸前；(7)不搭乘陌生人便车；(8)不要在阳台、走廊把身体探出太多；(9)不要盲目从高处跳下；(10)不要盲目模仿电视武打危险动作；(11)做家务劳动时要防止烧伤、烫伤、煤气中毒，还要慎用刀、剪、针、钉、锤等尖锐的工具，防止划伤；(12)在家中出现意外伤害时学会急救：如果不幸烧伤、烫伤，应用冷水冲洗，千万不能用热水或酒精擦洗；有异物进入眼睛后，应用清水冲洗眼睛；(13)教孩子记住必需的电话号码，如父母、警察局、消防、医院等电话。

4.活动安全

儿童在户外活动时，受环境、天气、自身状况的影响，出事故的几率往往很高。那么，

---

① 张大均.心的教育(4～6岁幼儿家长用书)[M].贵阳：贵州人民出版社，2002.16

家庭安全教育中，有关活动安全的内容主要包括游泳安全和郊游安全。游泳安全，即要禁止孩子在江河池塘里游泳，不要随意跳水，游泳最好在浅水泳池里，并有识水性的人陪同。郊游安全主要包括：(1)外出郊游，要穿平底、齿痕较深且轻便的鞋子，最好背双肩包，可以空出双手抓攀和帮助身体平衡；(2)过木板桥、年久失修的桥前要用木棍或其他物品探一探是否结实；(3)夏天郊游，要戴太阳帽，多喝水，还要随身带一些清凉油、风油精、藿香正气水或人丹等药品，以防中暑；(4)到公共场所时，如商场、超市、电影院等，要注意安全出口的位置，一旦发生火灾等意外状况，迅速找到离自己最近的紧急出口疏散；一旦发生拥挤，一定要牢牢地抓住周围的固定物品，想办法站稳，避免踩踏。

5.饮食安全

孩子的身体健康也是安全教育的一大重点，不卫生的饮食、误食及传染疾病，常常威胁着孩子们的健康乃至生命。因此，饮食安全也是安全教育中非常重要且不可忽视的一环。饮食安全包括：(1)基本的卫生习惯：勤洗澡、换衣、剪指甲，饭前便后要洗手，不能随地吐痰，不用手抓熟食；(2)食物常识：霉变、过期食物不食用；垃圾食品、街边摊等不卫生食品少食用。

(二)家庭安全教育的方法

一位幼儿园教师说："每逢周一晨检，我们都会发现个别孩子的手、脸、脖子，甚至头上或被划伤，或被抓伤，严重的还缝针包扎，让人看了心痛。"①的确，无论作为教师还是家长，最不愿意看到的就是孩子受到各种意外伤害，面对越来越多的安全事故的发生，实施普及家庭安全教育迫在眉睫，家长必须了解基本的家庭安全教育的方法。

1.日常生活中点滴传授安全常识

孩子的生活经验有限，不能识别很多危险的情境，父母在日常生活中要一点一滴地对其进行安全教育。如走在路上，看到地上有电线，就要教导孩子远离它；打雷下雨时教育孩子不要在树下躲雨；看到没有盖的下水道应绕开走；不要随意触碰电源插座等。

父母要注意不要过分保护孩子，应该给孩子说明各种危险，耐心地告诉孩子各种危险的注意事项，以及如何回避危险，如何保护自己，如何自救。比如，不要玩打火机，否则会烧手或引起火灾；不要从高处跳下，否则会骨折等。孩子知道了这样做的危险后果，理解家长的限制是对自己的爱护，也就不敢贸然尝试了。对于一些胆子特别大的孩子，在后果可控制的范围内，让他尝尝"苦头"，如孩子爱玩热水瓶，就让孩子感受一下开水冒气时热量的灼伤感，孩子以后就不敢贸然玩热水瓶了。

2.培养孩子积极的自我保护能力和自救能力

孩子懂得了一些安全常识还不够，对于运动系统不发达、灵活性较差的孩子来说，有时候他们明明知道自己处于危险中，却不一定知道怎样去处理。因此，家长应该有意识地训练。在家中，使用刀、剪、针、钉、锤等尖锐的工具时，家长一定要先做示范，并告诉孩子危险之处，要尽量避免。对于年龄偏小的孩子，不能让他们使用这类物品。家长还可以和孩子做游戏，假设各种危险的场景：迷路了怎么办？地震了怎么办？着火了怎么办？引导孩子想出各种办法并与孩子在游戏中演习，培养孩子积极的自我保护能力和自救能力。

---

① http://eblog.cersp.com/userlog29/220860/archives/2008/1080576.shtml

3.训练孩子在危险中的冷静和勇敢

冷静与勇敢，这就涉及了孩子的心理承受问题。如今的孩子，在父母的百般呵护下成长，心理承受能力往往较差。因此，需要父母多给孩子一些问题，让他们自己解决；多给孩子一点挫折，让他们自己学会承受和调节。

这需要父母在生活中言传身教，日积月累，从小就注重培养孩子的独立性，多鼓励孩子自己去面对困难，克服其依赖性，使他们感到自己有能力和办法应付遇到的危险和困难。在日常生活中，家长可刻意安排“危险场景”，鼓励孩子大胆尝试，迈出勇敢的“第一步”，而这“第一步”的成功与否是关系孩子下一步行动的关键。家长在鼓励孩子做一些力所能及的自我保护工作时，切不可盲目催促孩子，逼迫其一定要成功，而应该让孩子自我尝试，由易到难，层次逐渐提高，使孩子体验到成功的快乐。多次成功增加了孩子面对危险和解决困难的经验，经验的增多又给孩子带来自信，再遇到紧急状况的时候才能冷静而不会乱了手脚，从而达到让孩子面对危险时能够勇敢和冷静的目标。

第七节　家庭社会技能教育

当孩子3岁左右，开始具有一定的自我意识之后，社会技能的发展随之开始了。社会技能主要包括：交往技能、与同伴合作解决问题的能力以及关心、同情他人的情绪。这时孩子的生活空间从家庭拓展出来，开始与更多的人交往，与更广阔的生活环境互动交流。为了帮助孩子跨出家庭的生活圈，家长应该针对孩子的年龄和性格特点对其进行各种社会技能的教育和训练。

一、家庭社会技能教育的含义与价值

（一）家庭社会技能教育的含义

家庭社会技能教育，指的是在家庭的环境中，家长运用已有的社会知识，有效而适当地与孩子进行积极交往，以实现自己与孩子互动目标的行为方式，从行为、认知和情绪三个部分培养并训练孩子社会技能发展的过程。

（二）家庭社会技能教育的价值

孩子生活在社会里，他们的社会技能状况直接影响其身心的健康发展、同伴关系、学业成就和未来的社会适应力。

1.家庭社会技能教育促进儿童身心健康发展

在孩子成长过程中，他们与周围的一些人建立并保持着较为亲密的关系。父母、同伴、老师、亲戚等作为儿童生活中的重要他人，向儿童提供情感、信息、工具等各种积极的社会支持。研究结果表明，儿童获得的社会支持与其身心健康水平之间存在明显的正相关关系。儿童获得的社会支持越多，对自己获得的社会支持越满意，他们的身心健康水平就越高。反之，儿童获得的社会支持越少，对自己获得的社会支持越不满意，他们的身

心健康水平就越低。[①] 因此，家庭社会技能教育进行得好，儿童所获得的社会支持就多，他们就精神愉悦，心情舒畅，进而促进其身心的健康发展。

2.家庭社会技能教育增进儿童良好的同伴关系

人是社会关系的产物，社会关系是人生存和发展的基石。建立和维持良好的人际关系对一个人的成长具有重大的意义。关于儿童同伴关系的研究发现，同伴关系在儿童社会化中起着成人无法替代的作用。如果没有与同伴交往的机会，儿童将不能学习有效的交往技能，不能获得控制攻击行为所需要的能力，不利于性别社会化和道德价值的形成，不利于儿童亲密感、归属感和同盟感的获得等。[②] 因此，家庭社会技能教育可以帮助儿童建立和维持良好的同伴关系。有较高的社会技能，孩子们在与同伴交往的过程中就能主动发起有效性交往，并选择言语沟通和解释策略来有效地解决人际冲突，因此也较受同伴的欢迎，利于建立良好的同伴关系。

3.家庭社会技能教育提高儿童学业适应力和社会适应力

众多研究发现，社会技能低下与学业成绩不良之间存在着密切的联系。有关学习困难儿童的研究发现，学习困难儿童的社会技能缺陷与他们的学习成绩、社会适应能力直接相关，学习困难儿童的社会技能显著低于非学习困难儿童。与此相反，社会技能水平较高的儿童更可能取得学业上的成功。因为社会技能水平较高的儿童更可能以恰当的方式与同伴、老师进行互动，并更多地获得他们对自己学业的支持。例如，社会技能水平较高的儿童更可能有成功的机会。[③] 因此，家庭社会技能教育可帮助孩子提高各方面能力，从而更好地适应学校生活和未来的社会生活。个人的成长，要经过幼儿园、小学、中学和大学教育的过程，当学生生涯结束走向社会后，会经历一个由不适应到适应的过程。那些社会技能水平高的个体能够通过获得他人的帮助较快地适应新的生活和工作，而那些社会技能水平较低的个体在遇到问题或困难时往往不会积极争取他人的帮助，或者想获得他人的帮助但是又不知道怎么做，从而导致工作不顺利、环境不适应等问题，从而影响其良好社会适应的发展。

二、家庭社会技能教育的内容与方法

(一)家庭社会技能教育的内容

在社会技能教育中，合作与竞争是核心内容。培养社会技能的关键，就在于培养孩子合作与竞争的意识和能力。因为现代人生活在一个充满竞争的时代，竞争是不可避免的，而合作是现代社会的另一个要求，缺乏合作能力，同样也会失败。

1.培养孩子良好的竞争意识、积极的竞争态度和方法

(1)帮助孩子树立正确的竞争目的

家长要让孩子明确竞争的目的，参与竞争不一定非要赢不可，竞争的目的不在于结果的输赢，而在于过程中能力、素质的锻炼和提高。帮助孩子树立正确的竞争目的，孩子就能用一个较好的心态去对待和参与竞争，从而激发他们的竞争意识。

---

① 王美芳等.儿童社会技能的发展与培养[M].山东:华文出版社,2003.28

② 王美芳等.儿童社会技能的发展与培养[M].山东:华文出版社,2003.27

③ 王美芳等.儿童社会技能的发展与培养[M].山东:华文出版社,2003.29

(2)磨炼孩子的意志,正确对待失败

有的孩子害怕竞争,害怕失败,不敢主动去争取。家长要磨炼孩子的意志力,因为一个人经受的考验越多,承受的困难和压力越大,意志力就会磨炼得越坚强,也敢于竞争。在家庭中,父母可以与孩子多进行一些竞争性的游戏,如下棋、赛跑等。家长应让孩子既有输的体验,也有赢的体验,特别要教育孩子以正确的心态对待失败,失败后要及时调整心态,总结教训,学习别人的长处,争取下次赶超别人。在日常生活中,家长要鼓励孩子面对人生的各种困难,指导孩子找出克服困难的方法,使孩子在战胜困难的过程中磨炼意志。

(3)教育孩子选择正确的竞争手段

»两种家教,两样人生①

这是关于两个孩子和两位父亲的故事。

第一个孩子是班上的优等生,可每次考试总会有几个同学的成绩排在他之前,他从未拿过头名。"爸爸,为什么我总也超不过前面那几个同学呢?"孩子一脸愁云。

父亲没有回答,而是拿来一张白纸,在上面画了一条长长的线,说:"你有办法让这条长线变短吗? 试试看!"孩子绞尽脑汁,想了很多长线变短的办法,结果都无济于事。父亲依然没有说话,只是拿起笔在那条长线下面画了一条更长的线……

"哦,爸爸,我懂了! 要胜别人一筹,要超过别人,最好的办法就是努力使自己做得比别人更出色,更优秀。"孩子恍然大悟。

第二个孩子是班上的小队长,他总想着怎样尽快熬到中队长的位子,却每每事与愿违。孩子忧心忡忡地问父亲该怎么办。父亲没有回答,而是兴致勃勃地和孩子下起跳棋来。孩子的棋技绝不比父亲差,可最后还是败下阵来。"这里有个诀窍,要在下棋中获胜,只想着在自己前行中搭桥还不行,还必须在关键的时刻拆别人的桥,让他举步维艰……"

"哦,爸爸,我懂了,要超过别人最有效的办法不在于如何为自己搭桥尽快前行,最根本的是善于阻止别人超过自己。"孩子茅塞顿开。

多年后,两个孩子已长大成人,走上各自的岗位。第一个孩子以父亲的"长线"理论指导自己,所到之处,单位垂青,事业有成。第二个孩子以父亲的"拆桥"理论做航标,结果不仅没有功成名就,而且没有单位要这种小人。

两种家教,给孩子换来的是两种人生。

»不翼而飞的笔记本

某重点中学的一个班级在考试前夕发生了一件奇怪的事情:班上几位成绩好的同学的各科笔记本在一夜之间都不翼而飞了,而考试刚过,这些笔记本又好端端地回到了几位同学的书桌里。大家一看就明白:是有人故意拿走的,拿走的目的也很清楚,就是为了让这些成绩优秀的同学考得不理想。

从以上两个案例中,我们可以发现,如果孩子用不光彩的手段来竞争,即使赢了,也不会得到同伴和社会的认可,会遭到社会、世人的唾弃。因此,家长如果真的希望孩子将来有好的发展,拥有健康、灿烂的人生,切记在教育孩子竞争的时候,要选择光明正大的手段,依靠自己的实力取胜,而不是走旁门左道,用不光彩的方式来取胜。

---

① 冷颖.影响家长的101个经典家教案例[M].北京:北方妇女儿童出版社,2007.134

2.培养孩子的合作能力，树立正确的合作观念

(1)树立正确的合作观念

由于现在多是独生子女家庭，孩子从小被娇惯，自私、小气、不与他人分享较普遍。家长应该告诉孩子，分享、合作并没有失去什么，而是互惠互利的一件事情。因为分享体现了自己对他人的关心，别人也会对你给予相同的回报；合作体现了人与人之间的分工、协调，发动大家之力来达到共同的目标，能起到事半功倍的效果。

(2)善于发现别人的优点

有效的合作是大家发挥各自的优点和专长，互相弥补别人的不足，从而使效益达到最大化。因此，家长应该引导孩子善于欣赏别人，发现他人的优点。家长可以让孩子分析家人及朋友的优点，学会欣赏而不是排斥。同时，家长也要让孩子明确分析自己的优点，考虑如何运用自己的长处与别人合作，如何学习别人的长处弥补自己的不足，从而实现有效的合作。

(3)遵守合作规则

能够与他人顺利合作的人一定是有诚信的人，因为合作成功的基础是建立在遵守共同规则上的。家长应该教育孩子对自己的言行负责，恪守信誉，这样才能保证合作成功。

(二)家庭社会技能教育的方法

社会技能教育的方法，首先是认知和情绪情感技能的培养，其次是行为技能的训练。家庭对孩子进行社会技能教育时，应该主要从这两个方面着手。

1.社会技能的认知培养

社会技能认知的培养就是要教给儿童一些社会知识，即恰当的目标和策略。具体包括：[①]

(1)激发儿童学习社会知识的意图和愿望。

(2)界定要学习的社会技能。对儿童而言，指导者在界定要学习的具体社会技能时，不能过于抽象，要尽量具体一些。例如，告诉儿童“领导技能”是指“提出让同伴们一起玩的好主意”；“支持技能”是指“做一些使其他玩伴感到高兴的好事情”；“提问技能”是指“问其他儿童问题，使他们能够告诉自己一些事情或使他们能够回答自己”；“评论技能”是指“只谈论自己和其他儿童正在做的事情”。

(3)提供社会技能的正面和反面实例。例如，在学习合作技能时，让儿童列举出一些合作的例子，也列举一些不合作的实例。在列举反面实例时，一定要让儿童认识到不恰当行为的消极后果。如，两人玩一个玩具时，其中一个只自己玩而不让另一个孩子玩，结果使两人都玩得不开心。

(4)让儿童回忆和演练所学习的社会技能，力求让儿童能够正确说出所学习的社会技能，并让他们通过角色扮演，练习所学习的社会技能。

(5)引导儿童想出可以应用所学社会技能的其他情境，使其更好地掌握社会技能。

2.社会技能的训练

孩子是通过观察和练习各种社会人际关系行为而提高社会技能的。对于孩子，培养

① 王美芳等.儿童社会技能的发展与培养[M].山东：华文出版社，2003.186

社会技能的较好方法就是社会技能示范与角色扮演。

(1)示范

示范是指家长向孩子演示行为技能，让孩子去模仿学习。模仿对于孩子来说是直接而快速的。例如，要教给孩子合作技能，家长可以利用生动的录像，或自己的演示榜样有效地使用合作技能；在示范中，家长可以把各种社会技能分解为一系列行为步骤，每一个步骤都要让孩子观察、模仿，并在各种情境中，如学校、家庭、社会交往活动等不同情境中使用这一技能。

(2)角色扮演

角色扮演在家庭社会技能培养中具有许多优点：孩子转换角色以便于能更好地了解他人的思想观点和体验；可以体验到使用这些社会技能所带来的作用；可以有效地促进孩子对所学新行为的记忆和保持。

家长应该有意识地让孩子把看到或听到的社会技能进行行为演练，以便于他们最终能在实际生活中使用这些技能。在这一阶段，家长先要让孩子动脑筋想一想：在生活中，什么时候可以运用示范过的社会技能给自己带来好处。然后，在练习社会技能时，家长可以和孩子一起模拟真实的情境，让孩子通过扮演某个角色练习所学习的行为技能。

(3)反馈评价

除了示范和角色扮演，家长要对孩子的角色扮演练习进行反馈和评价，让他们知道自己的练习情况。反馈和评价对于改进孩子的社会技能有重要的作用。当孩子的角色扮演结束后，家长要对他们的演练情况进行评价、讨论。当孩子的角色扮演行为越来越像榜样的行为时，家长要及时给予鼓励和表扬，有时还可以给予物质奖励。同时，在这一过程中，家长要注意给予孩子正确的指导，促使他们不断提高、改善对社会技能的应用水平。

(4)迁移训练

迁移训练是指采用多种方法或措施，促进儿童把新学习的技能从训练情境迁移到实际生活情境。①

因此，家长要为孩子创设条件，在实际生活中让孩子去体验社会技能，特别是在角色扮演过后，让孩子去接触一个真正的社会技能。例如，家长在与孩子做了“当父母”的角色扮演游戏过后，找个机会让孩子真正地做一次“家长”，让孩子管理全家人的生活一周。如果孩子不能把新学习的行为迁移到真正的生活情境中，那他们的社会技能培养就没有达到真正的目的。

第八节　家庭感恩教育

孩子是家庭的中心，让他们学会“感恩”，就是让他们学会懂得尊重、关爱他人。因此，学会“感恩”，对于现在的孩子来说尤其重要。

---

① 王美芳等.儿童社会技能的发展与培养[M].山东：华文出版社，2003.182

一、家庭感恩教育的含义与价值

(一)家庭感恩教育的含义

《说文》中曰:"恩,惠也。"《现代汉语词典》也讲:"恩,即恩惠,就是给予的或受到的好处。"[①]感恩就是对别人给予的帮助表示感谢,就是个体对有利于自己生存和发展的因素表示友好及回报的过程,其中又主要是表示友好。

家庭感恩教育是指孩子在成长过程中,由家庭成员通过一定的教育方法与手段,通过一定的感恩教育对孩子实施的识恩、知恩、报恩和施恩教育的过程。它可以分为认知和行为两个层面:认知上包括识恩与知恩,行为上包括报恩与施恩。

(二)家庭感恩教育的价值

1.家庭感恩教育是幼儿道德品质的基石

感恩是一种基本的道德价值取向,是道德品质的基石。古人云:"滴水之恩,当涌泉相报。"感恩教育是以德报德的道德教育,是一种以人性唤起人性的人文教育,是对整个社会的一种共生共存的教育。幼儿阶段是一个人性格、习惯、品德形成的重要阶段,在幼儿阶段进行感恩教育有着十分特殊的价值及意义。感恩教育就是为了让孩子学会感恩,对他人的帮助怀有感激之心,让孩子知道每个人都在享受着别人的付出给自己带来的快乐生活,并从身边的亲人做起,通过感谢父母,感谢家庭,推己及人。同时,感恩教育与幼儿的生活相贴近,更符合幼儿的年龄特点。从小培养关注他人的能力、体验他人情绪的能力、表达自身感受的能力,将有助于今后形成对他人较高的关怀取向,是道德品质中十分重要的一环。

2.对幼儿实施感恩教育有利于幼儿的健康发展

幼儿具有较强的可塑性,天真无邪,容易受到各方面的影响,良好道德品质的养成需要成人全面、及时的引导。因此,尽早施行感恩教育,尤其对幼儿道德品质培养,更具实效。幼儿感恩意识的获得不是一个自发的过程,5～6岁是幼儿道德品质养成的关键时期,同时也是幼儿自我中心思维占强势地位的时期,幼儿难以从他人的角度思考和理解问题。这就需要成人一方面抓住关键期及时教育,以增强感恩教育的效果;另一方面,在幼儿心性未定之前实施感恩教育,防止不良影响的侵入,可以保证幼儿的健康发展。[②] 如果不及早对幼儿实施感恩教育,幼儿就有可能受到利己主义思想的影响,表现出自私自利的性格特点,并延续到其成人以后,从而不利于其人格的完善。

3.感恩教育是家庭温馨和谐的保障

"养儿防老",这说明了我国传统家庭教育思想中对子女知恩图报的心理期望。中国的父母一般都愿意为子女的发展付出一切,甚至牺牲自己的事业和生活。虽然近年来,人们的社会生活方式有所改变,但中国父母喜欢享受天伦之乐,他们还是希望自己的孩子能够孝顺。如果孩子不懂得理解父母,不认可他们的恩情,不知道回报父母,家庭必然

---

① 中国社会科学院语言研究所词典编辑室编.现代汉语词典(第3版)[M].北京:商务印书馆,1998.331

② 冯婉桢,叶平枝.幼儿家庭教育中的感恩教育[J].学前教育研究,2007(4):59～61

会出现不和谐的状况，对家庭也有很多的破坏性。在中国传统文化中，"孝"被认为是一切道德品行的基础。所谓"知恩"首先是知父母的恩，一个不懂得孝敬父母，对父母不知恩报恩的人，就是一个毫无德行可言的人。这样的人不可能对别人感恩戴德，也不容易得到社会的认可，人际关系也必然紧张。因此，对于成长中的孩子来说，无论是社会文化的发展需要，还是家庭的温馨和谐，都需要感恩的心和行动来回馈。

4.加强感恩教育是构建和谐社会的需要

党的十六届四中全会明确提出建设和谐社会。"和谐社会"，即和谐发展的社会，包含民主法治、公平正义、诚信友爱、充满活力、安定有序、人与自然和谐相处等。建设和谐社会的根本是需要具有和谐思想的人。一个具有和谐思想意识的人必然是一个感恩图报的人，而一个能够感恩图报的人也容易养成和谐的思想观念。一颗感恩的心，就是一颗和平的种子。加强感恩思想教育，可以使孩子学会关爱他人，关心社会，养成知恩图报的观念，形成和谐的人格。从社会角度而言，通过感恩教育，人人常思回报，少索取，将使整个社会更加和谐、稳定，是社会整体文明程度提高的重要表现。

二、家庭感恩教育的缺失与对策

(一)家庭感恩教育的缺失

由于当前我国以"独生子女"为主的家庭普遍存在，家长的过分溺爱让很多孩子都养成了只知受惠，不知感恩；只知索取，不知奉献；只知攀比，不知回报；只知被爱，不知责任等不良倾向。自私、狭隘、霸道、不容人、不讲道理，缺乏或者没有爱心，不知道也不懂得关心他人的现象普遍存在。一项调查显示：现在的孩子普遍不懂得体谅家长辛苦的占77%；爷爷、奶奶或父母生病了，不懂得要主动去表示关心的占69%；受到别人的帮助或关心，却不懂得要主动地向别人表示感激或感谢的占57%。[①] 这一结果说明现在的孩子只懂得受恩而不懂得施恩。下雨天，年老的奶奶蹲在地上给孩子换鞋子，而孩子却心安理得，竟没有一声"谢谢"。孩子大小便在身上了，老师毫无怨言地帮孩子换上干净的衣服，孩子却认为理所当然，没有任何表示。遇到困难时，同学们倾情的帮助，孩子欣然接受却没有任何表示。以上情况，都表明感恩现象十分缺失。

家庭感恩教育的缺失，最重要的原因就是家长不重视感恩教育。大部分家长在对孩子的培养上，过于重视智力开发，却忽视了孩子的德育教育。现在的孩子大部分是独生子女，全家一切以他们为中心，他们所获得的爱太泛滥，太单向，使他们处于爱的麻木之中。家长们在爱的问题上，只尽给予的义务，不讲索取的权利，自己千辛万苦，再穷也不穷孩子。久而久之，家庭小环境促成了孩子们以自我为中心、唯我独尊、目中无人的心态和习惯，不会想着去关心别人，感激他人。

C家和D家两个家庭，父母都失业了，家庭顿时陷入了困境。面对同样的境况，两个孩子的表现却截然不同。C家的孩子依旧没有改变以前爱吃零食、穿名牌运动服鞋的习惯，最近又迷上了搜集各种新型玩具，已达到废寝忘食的地步，根本不体谅父母的操劳和辛苦，还一个劲儿地找家里要钱，稍不顺心就大吵大闹。C父总是很无奈地摇摇头："以

---

① 吴近华.滴水之恩 涌泉相报——幼儿感恩教育研究报告[J].才智，2008(22)：108～109

前让孩子吃好的，穿好的，玩好的，凡事都顺着他。我们失业了，不在孩子面前倾诉失业后的失落，更不会抱怨挣钱太辛苦和受到太多的委屈，照常满足他的吃穿要求和他想要的零花钱，可是没想到孩子却如此不体谅我们。”D家的孩子一向表现好，虽然最近常迟到，可是成绩却有进无退。原来D家的父母失业后承包了一个小杂货店，白天黑夜顾不了家，可是奶奶瘫痪在床6年，吃喝拉撒全靠别人伺候。在小D很小的时候，他就要帮助照顾奶奶，还要帮助父母做一些力所能及的家务，从小就很体谅人。这次父母下岗，也将实情告诉了孩子，孩子主动提出照顾好奶奶并搞好自己的学习，不让父母担心。

两个家庭，小C和小D的差别却如此之大，可见，家庭感恩教育对孩子的成长有多么重要。

(二)家庭感恩教育的对策

1.家长要做好感恩表率

父母是孩子的第一位老师，父母的言行对孩子有很重要的影响。因此，要进行家庭感恩教育，父母首先要做好表率。家长首先要感恩于自己的父母，孝敬老人；对于给予过自己帮助的人，更要积极地表示感谢，并尽自己的努力也去帮助他人。对待孩子也如此，当孩子在家庭生活中帮助了父母或他人时，父母不要因为孩子小而拒绝孩子的帮助，而要有敏锐的体察，并及时感谢孩子的施恩行为，使其体会到施恩的快乐。父母的榜样示范能够促使其更加自觉地感恩、知恩、报恩与施恩。一位母亲长年累月为自己卧病在床的父亲洗脚，擦拭身体，她的孩子耳濡目染，也经常主动帮助爸爸妈妈干一些力所能及的家务活。母亲每次都会对孩子抱以感谢的目光和言语，孩子体会到了感恩的快乐，在平时的生活中也经常帮助他人，并对帮助自己的人表示感谢。

2.在生活细节中渗透感恩教育

感恩教育不能靠灌输，也不能光靠讲道理，而是要在生活中去体验。因此，感恩教育应从发生在孩子身边的小事做起，让孩子在日常生活中的一点一滴、一言一行中潜移默化地学会知恩和感恩。家长要多留心、发掘生活中和影视文学作品中的感人事迹，用作感恩教育的素材。比如，在农田里看到农民顶着太阳辛苦劳作，就让孩子感受他人的辛苦，感受平时吃的饭是多么来之不易，学会感恩和珍惜。在感恩节、母亲节、父亲节、教师节要感恩，在不是感恩节的日子里也一样要感恩。在生活中，在社会中，孩子都或多或少受到过他人的帮助，一旦孩子得到了帮助，哪怕是来自于家庭成员的帮助，家长也要立即让孩子致谢，并告诉孩子要对帮助的人心存感激，因为正是有了他人的帮助，孩子们才可以更快乐地生活。在潜移默化中进行感恩教育，往往能让孩子领悟其中的道理，为感恩教育的有效实施提供良好的基础，达到“润物细无声”的效果。

3.努力把感恩意识转化为感恩行为

对于父母的养育之恩，孩子一般都心存报答感恩之意。一项调查显示，54.77%的青少年表示，会竭尽所能全力回报；50.62%在自立之前会从精神上、感情上给父母安慰；45.85%会多做家务减轻父母负担；36.66%等拿到第一份工资就表达自己的回报；62.37%认为读好书是最好的回报；只有3.27%认为理当接受，不予回报。但不少青少年心存感恩，却羞于表达或不知如何表达。在接受问卷调查的青少年中，约半数(50.09%)表示，由于害羞而没有对父母说过“我爱你”；34.81 %曾对父母说过“我爱你”；10.6%表示从没有想过要说出来。① 受中国传统教育思想的影响，孩子们表达感情的方式往往比较含蓄内敛，很多人缺少说出爱的勇气和行动。因此，仅让孩子感受和理解父母为家庭和养育自己所付出的辛劳，仅有感恩的意识还不够，更要引导孩子把意识转化为行为，如努力学习，主动关心和体谅父母，帮父母做家务，为家人、同伴及他人服务等，学会用行动和优异的学习成绩回报父母对自己的养育之恩。

4.让孩子学会分享和关爱

对于当下的独生子女，他们的所得和付出不成正比，面对家长无条件的关爱他们更多的是理所当然地接受，很少想到用何种方法给予回报。要让孩子能发自内心地对家长感恩，首先要让孩子学会分享和关爱。作为家长，要让孩子学会和亲友分享，并学会在适当的时候关爱他人，让孩子意识到分享和关爱他人，让他人快乐的同时，自己也会快乐。

5.充分挖掘利用社会资源进行感恩教育

社会环境蕴含着丰富的教育资源，我们应当充分挖掘和利用这一资源实施感恩教育。比如，带孩子去参观名胜古迹，萌发孩子热爱家乡、热爱大自然的美好情感；鼓励孩子参与各种爱心募捐；慰问敬老院的老人；参加植树等有意义的社会活动；培养幼儿施助于人的快乐，从而达到回报家人、回报社会的教育目的。总之，感恩教育是一项教育工程，它不是孤立的，需要家庭、幼儿园等教育机构以及社会各方面的共同努力，才能实现教育目标，促进孩子健康发展，人格完善，促进社会良好风气的形成，推动社会和谐进步。通过感恩教育，这些心怀感激的孩子们，会在人生的道路上迈出更加坚实的脚步。

【思考与运用】

1.家庭体育的内涵是什么？有什么价值？进行家庭体育的原则有哪些？

2.家庭德育的特点有哪些？开展家庭德育的方法是什么？

3.家庭智育有哪些内容？学龄前期和学龄期家庭智育的内容有何不同？为什么？

4.家庭智育的任务与方法有哪些？

5.家庭美育的内容与方式有哪些？

6.家庭劳动教育的价值体现在哪里？

7.家庭社会技能教育的关键是什么？

8.家庭安全教育中交通安全和消防安全的内容有哪些？

9.家庭感恩教育的缺失原因及对策有哪些？

【本章相关学习资源】

1.黄全愈.素质教育在家庭[M].广州：南方日报出版社，2001.

2.晨曦.美国父母家教的科学方法——世界一流的素质教育[M].安徽：安徽人民出版社，2002.

3. 中国德育教育网 http://www.chinadyjy.cn/

4 .中国素质教育网 http://www.chinaszjy.cn/

① 俞晓歆.青少年感恩教育缺失的原因及对策分析[J].上海青年管理干部学院学报，2008(1)：45～47

第六章　人生不同时期的家庭教育

人的成长与发展，是一个动态变化的过程。从胎儿期开始，到出生，再到婴幼儿期、童年期、青少年期、老年期，一直到死亡，个体的成长与发展都离不开家庭，家庭教育对个体的成长发展具有重要的作用。人生发展与家庭教育有着十分密切的关系。在人生发展的不同阶段，家庭教育的主要侧重点各有不同。本章主要针对人生发展的不同年龄阶段特征来阐述各个时期家庭教育的特点与策略。

第一节　妊娠期（孕期）和胎儿期教育

一、妊娠及妊娠期

妊娠，即怀孕，是指胎儿在母体内发育成长的过程。妊娠期是指从受精开始到胎儿发育成熟，顺利分娩出母体的整个时期。妊娠期对于胎儿的发育非常重要，胎儿的成长受母体内、外环境的影响。因此，孕妇要养成良好的生活习惯，保持健康的生活方式和积极愉悦的情绪，为胎儿的成熟提供一个最佳的环境。

（一）妊娠期特点

妊娠期大约有280天，可分为妊娠早期（1个月至2个月）、妊娠中期（3个月至6个月）及妊娠晚期（7个月至10个月）。在不同的时期，胚胎或胎儿的特点不同。

1.妊娠早期即胚期

也就是受精卵形成后1周至8周，是细胞和组织分化时期。在这一时期，受精卵经过分裂、增殖和分化形成胚泡和三胚层。三胚层又经过分化发育演变成雏形器官组织，进而形成胚胎，胚胎经过迅速生长分化形成胎儿。

2.妊娠中、晚期即胎儿期（3个月至10个月）

本阶段的特点是胚胎迅速生长，雏形器官组织的形成分化与各种机能的建立和逐步完善，逐渐具备产后能独立维持生命的形态及生理条件。在发育的不同阶段，胚体的不同部位之间和不同器官组织之间往往表现不同的生长和分化时序，出现不同的形态结构和生理特征，这些变化均受到遗传信息和环境因素的影响。

（二）妊娠期营养

胎儿在子宫内生长发育，需要足够的热量与营养素供给。妊娠期间如果营养不良，就会影响胎儿脑和身体的正常发育，甚至导致不同程度的畸形。因此，必须重视孕期营养素的合理供给和保证孕期膳食的平衡，以保障胎儿的正常生长和发育。

1.妊娠期所需营养素

营养素是食物中对人体有益的有机和无机化合物的总称，主要包括蛋白质、脂肪、碳水化合物（糖类）、维生素、无机盐和水六大类。其中，蛋白质、脂肪和糖类是供给热量的营养素。（见表6-1）[①]

表6-1 几个国家推荐的孕妇每日膳食中热量及蛋白质供给量

国家	孕中期增加值			孕后期增加值		
	热能（千卡）	热能（千焦）	蛋白质（克）	热能（千卡）	热能（千焦）	蛋白质（克）
日本	+150	627	+10	+350	1463	+20
英国	+250	1045	+6	+250	1045	+6
中国	+200	836	+15	+200	836	+25

（1）蛋白质

蛋白质是组成人体的重要成分之一，是构成细胞组织的材料，是生长发育的物质基础，也是人体维持正常生理功能的重要物质。胎儿需要蛋白质构成其组织，孕妇本身也需要蛋白质供给子宫、胎盘的发育及产后身体的恢复。因此，妊娠期间必须给予充足的蛋白质营养素。如果孕妇蛋白质摄入不足，尤其是动物性蛋白的缺乏（动物蛋白含有较多人体自身不能合成的必需氨基酸，如赖氨酸等），就会影响胎儿发育，特别是大脑的发育，会引起脑细胞数量减少，智力水平下降。整个妊娠期间需要的蛋白质摄入量约为900克，但妊娠各个时期的摄入量是不平衡的。（见表6-2）。[②] 孕妇需根据蛋白质贮留特点逐步增加不同时期蛋白的摄入量。肉类（猪、牛、羊、鸡、鸭）、蛋类、鱼类及乳类都富有动物性蛋白质；豆类、谷类中含有植物性蛋白。

表6-2 妊娠蛋白质贮留动态变化及贮留克数

内容	10周	20周	30周	40周
胎儿	0.5	27	160	435
胎盘	2	16	60	100
羊水	0	0.5	2	3
子宫	23	100	136	154
乳房发育	9	36	72	81
血液	0	30	102	137
总计	34.5	209.5	532	910

（2）脂肪

脂肪是组成和修补组织的成分。人体的器官和组织在其组织分化及形态发育的过程中，都离不开合成含磷脂及固醇的新细胞；脂肪组织分布在皮下和内脏各器官间，保护

① 李洪曾.学前儿童家庭教育[M].大连：辽宁师范大学出版社，2002.207

② 上海市妇女联合会，好孩子集团.好孩子亲子学苑教材[M].北京：人民教育出版社，1999.18

内脏减少损伤，脂肪不传热，有助于维持体温恒定。脂肪是胎儿神经系统的重要组成部分，脑细胞在发育过程中需要适量的脂肪酸。因此，妊娠和哺乳期应摄入适量的脂肪，以保证孕妇自身及胎儿的需要，但也不能增加过多，以免孕妇发胖而影响健康及分娩。一般认为，其热比以25％～30％较为适宜。[①] 动物油和植物油是脂肪的主要来源，鸡鸭油、动物内脏等都含有丰富的脂肪。

(3)碳水化合物

碳水化合物又名糖类，是自然界中最丰富的有机物质，根据其分子结构可以分为：单糖（葡萄糖和果糖）、双糖（蔗糖、麦芽糖和乳糖）、多糖（淀粉、纤维和果胶）。糖类是人体主要的热能来源；是构成身体的重要物质，参与很多生命过程；能调节生理机制，是人体主要器官不可缺少的营养素。在妊娠期间，随着胎儿代谢的增加，需要的热量也不断增加。因此，要保证孕妇摄入充足的糖类，如果母体糖类供给不足会使孕妇易患酮体征；另外，患糖尿病的孕妇，婴儿可能发生高胰岛素血症。一般碳水化合物无规定供给量标准，孕妇每日至少应该摄入200～250克以上的碳水化合物，以防止酮体征出现。妊娠中后期，膳食中碳水化合物所提供的热能应占总热能55％～60％左右。[②] 糖类的主要食物来源是含有大量淀粉和少量单糖和双糖的谷类和根类食品，如各种粮食和薯类，各种食糖（蔗糖、麦芽糖）、蔬菜、水果等。

(4)维生素

维生素是维持人体生命和代谢不可缺少的微量有机化合物，是维持人体生长发育和调节生理功能的主要成分。维生素按其溶解性可分为两类：脂溶性维生素，如维生素A、D、E、K；水溶性维生素，如维生素B族和维生素C。人体比较容易缺乏的是维生素A、D、C和B族。体内过量或缺乏维生素，都会引起物质代谢失调。如适量的维生素A可以保证胎儿发育、肝脏储备和孕母泌乳的储存。反之，过多摄入则会影响胎儿骨骼的正常发育甚至畸形。维生素B_6和叶酸缺乏会引发巨幼细胞性贫血。因此，妊娠期间必须摄入适量的各种维生素，否则会妨碍孕妇的正常生理功能和胎儿的正常发育，导致代谢紊乱，生长停滞，产生畸胎，严重的还可引起流产、死产或新生儿死亡。

为保证妊娠期各种维生素摄入的科学性，确保胎儿的正常发育，我国规定：孕妇维生素A的每日供给标准为1 000微克视黄醇当量；维生素B_1、维生素B_2的每日供给量标准为1.8毫克；维生素B_{12}的每日供给量为4.0微克；维生素C的每日供给量为80毫克。我国尚没有制订维生素B_6的供给标准，可参照美国1981年提出孕妇维生素B_6的每日供给量为2.6毫克；孕妇叶酸的每日供给量可参照世界卫生组织和美国1981年提出的标准，即800微克。[③] 此外，孕妇应经常接触充足的阳光照射和保持合理膳食，以预防维生素D缺乏。维生素除来自谷类、肉类、鱼类、蛋类、牛奶以外，大部分存在于各种蔬菜和水果之中。

---

① 上海市妇女联合会，好孩子集团.好孩子亲子学苑教材[M].北京：人民教育出版社，1999.19

② 李洪曾.学前儿童家庭教育[M].大连：辽宁师范大学出版社，2002.208

③ 上海市妇女联合会，好孩子集团.好孩子亲子学苑教材[M].北京：人民教育出版社，1999.24～26

(5)无机盐和微量元素

无机盐既是生命物质的重要组成部分,也是生命物质的环境。人体内的许多元素都存在于无机盐中,其中含量较多的有钙、磷、镁、钾、钠、硫、氯七种。其他如铁、铜、碘、锌、锰和钴等含量极少,称之为微量元素。

无机盐是构成人体组织和正常生理功能所必需的。人体不断进行新陈代谢,每天都有一定数量的无机盐,通过各种途径排出体外。因此,必须通过膳食给予补充。无机盐在食物中分布很广,一般都能满足机体需要,但钙较容易缺乏。妊娠期间母体内需要贮存大量的钙,以供给胎儿骨骼和牙齿的发育,如果母体长期缺钙,可能会影响胎儿骨骼的正常发育,使新生儿易患佝偻病,孕妇也容易患骨质软化病。因此,孕妇一定要及时给予补充。中国营养学会1988年修改了孕妇膳食中钙的供给量,孕中期供给量为1 000毫克,孕晚期为1 500毫克,膳食不足者可补充钙制剂。[①] 食物中海产类含钙较丰富,如虾皮、海带、紫菜等,绿色蔬菜如白菜、菠菜、油菜、芹菜等含钙也较多。

微量元素在人体内虽然含量甚微,但它的缺乏和过剩都会影响人体的正常代谢。微量元素参与生命活动的各个重要环节,对孕妇及胎儿的健康亦是非常重要的。因此,妊娠期应多加补充,尤其注重对铁、锌和碘的补充。妊娠期间,母体对铁的需求量不断增加,孕期缺铁会导致胎儿较早出现缺铁性贫血,孕妇贫血产出低体重儿的概率比较高,孕妇严重贫血者还易引起早产。因此,孕妇应摄入一定的含铁量丰富的食品,如肉、肝等。近年来,研究表明,锌与妊娠有密切关系,孕妇缺锌容易导致胎儿畸形,也易引起孕妇流产。我国营养学会首次提出孕妇膳食中锌的供给量标准,孕后期每日摄入锌应为20毫克。[②] 锌多存在于动物性食品、谷类、豆类和蔬菜中。孕期甲状腺功能活跃,甲状腺能促进胎儿生长发育,故应加强碘的摄入量。我国规定,妊娠中、后期每天应摄入碘175毫克。[③] 海产中含碘多,如海带、海虾、海鱼等。

2.妊娠期孕妇合理饮食

妊娠期除上述所需的各种营养素,在妊娠的不同时期,对各种营养素的需求也各不相同。所以,还应适当安排好孕妇的饮食,以平衡膳食,保证胎儿的健康发育。

(1)妊娠早期(1个月至3个月)。这一时期,胎儿还未成形,其发育所需营养不多,此时孕妇不需要刻意补充过多的营养素。妊娠反应强烈的孕妇可少食多餐,吃清淡少油的食物,清晨吃些干的食品,可减轻胃部的不适反应。

(2)妊娠中期(4个月至7个月)。这一阶段,胎儿发育加快,孕妇食欲好转,需要加强各种营养素摄取量。此时由于子宫逐渐增大,压迫肠道,易发生便秘,所以孕妇需要特别注意多吃蔬菜、水果并搭配些粗粮,以防便秘。

(3)妊娠末期(8个月至10个月)。这一时期,胎儿生长发育最快,胎儿有一半的体重是在这个时期获得的。胎儿体内大部分的钙、铁,也是在此阶段从母体获得的。因此,孕妇要多吃些营养高的食品,如瘦肉、鱼类、乳、蛋及豆类,注意所需无机盐和微量元素,如含钙、铁、锌等较丰富的食物的摄入。此时孕妇活动量减少,应适当控制主食和脂肪的摄入量,以免孕妇发胖,胎儿生长过大而难产。另外,为了减少体内水的蓄积,应减少饮食

---

① 李洪曾.学前儿童家庭教育[M].大连:辽宁师范大学出版社,2002.209

② 上海市妇女联合会,好孩子集团.好孩子亲子学苑教材[M].北京:人民教育出版社,1999.23

③ 上海市妇女联合会,好孩子集团.好孩子亲子学苑教材[M].北京:人民教育出版社,1999.23

中盐、碱的用量，以防孕妇下肢水肿现象的发生。

总之，在妊娠期间，孕妇需要多种多样的富有营养的食物，但必须注意合理的营养及平衡的膳食，每种营养素应保证需要量适中，各种营养素之间比例适宜，保持平衡。因此，妊娠期孕妇的食物一定要保证多样化，做到米面混合，粗细粮并用，荤素搭配，蔬果兼有，这样才能起到互补作用，保证营养合理全面，才能为胎儿的健康发育提供一个有利的母体内环境。

（三）妊娠期保健

妊娠期保健是为了保证孕妇的健康，使胎儿在妊娠期间正常发育，足月时能安全分娩出身体健康、智力发育良好的新生儿。因此，做好孕期保健，对于家庭的幸福至关重要。妊娠期保健应主要从以下几个方面入手：

1.远离烟酒

众所周知，吸烟有害人体健康，尤其在妊娠期间，孕妇吸烟对胎儿的危害更甚。烟草中含有大量的尼古丁、一氧化碳和焦油等其他有害物质。尼古丁是一种无色透明的油状挥发性液体，可引起胎盘血管收缩，减少胎儿血液供应，导致胎儿心率改变。由吸烟而进入母体血液中的一氧化碳与血红蛋白结合，形成的碳氧血红蛋白，能通过胎盘，进入胎体致使胎儿缺氧，大脑发育不良。焦油常黏附在咽部和支气管表面上，长久积存可诱发异常细胞生成，形成癌肿。另外，其他有害物质的作用，容易导致流产、胎儿宫内发育迟缓、低体重，甚至早产、死亡。此外，父亲吸烟对胎儿也具有同样大的危害。随着父亲吸烟量的增加，婴儿畸形率也不断上升。因此，孕妇不仅要严格要求自己养成不吸烟的好习惯，也要劝诫丈夫不吸烟，远离吸烟群体，避免二手烟的吸入，以保证胎儿的正常发育和健康成长。

酒精对胎儿的危害也是巨大的。特别是孕期大量酗酒可导致女性生殖机能受到伤害。因为大量酒精进入体内，使生殖细胞受损，从而使受精卵发育不全。酒后受孕可使胎儿发育迟缓与智力低下。孕期酗酒，能使胎儿发生“胎儿酒精综合征”，表现为：胎儿发育缓慢；中枢神经系统机能障碍，如脑生长发育落后以致日后学习困难等；面部畸形，如睑裂短小、小眼、斜视、眼间距短等。另外，酒精也会对男性生殖系统有影响，男性酗酒者并发睾丸萎缩、不育、性欲降低和阳痿等，也会导致精子形态变化，活动能力下降，影响精子质量。因此，妊娠之前以及妊娠期间（包括父亲和母亲）都尽量不要酗酒，为生育健康的下一代做好准备。

2.慎用药物

俗话说：“是药三分毒。”妊娠期孕妇用药需慎之又慎，因为任何药物，不管是何性质、多大剂量、用药时间长短，或多或少都会对胎儿的正常发育产生影响。因为用药后，药物都会经过母亲血液，透过胎盘，经过脐静脉到达胎儿体内。因此，妊娠期间应当尽量少用药物，如果孕妇有疾病必须用药时，必须找医生问询并遵照医嘱合理用药。有研究表明，以下几种药物对胎儿是有害的，孕妇应尽量避免使用。（见表 6-3）①

① 吕建国.家庭生态与教育[M].太原：山西教育出版社，1992.96

表 6-3 对胎儿有害的药物

类别	药物名称	引发的病变
抗生素	四环素	牙齿发黄、短肢、肝脏受损、骨骼发育不良
磺胺类	磺胺素	黄疸、溶血病
镇静剂	眠尔通、利眠宁、氯丙嗪	发育迟缓、无肢、短肢、无耳、腭裂、食管闭锁等
性激素	雌激素、雄激素、黄体酮	女胎男性化、畸形等
激素	甾体避孕药、可的松、强的松	染色体断裂、兔唇、腭裂
过量维生素	大剂量维生素 A、K、O 和大剂量维生素 B_6	黄疸、贫血、高血钙、智力低下、新生儿维生素 B_6 依赖症
抗肿瘤药	放射性碘、抗癌药	损害甲状腺、胚胎死亡
抗抑郁药	丙咪嗪	四肢畸形

总之，在妊娠期间，为了胎儿与母亲的健康，孕妇一定要安全、有效、适当、慎重地用药，切忌滥用或需用而故意不用而导致无可挽回的结果。

3.避免接触有害物质

除了上述两个方面，我们周围生活环境中还有许多有害物质，如射线、噪音、大气污染等。这些有害物质，不利于我们身体的健康，尤其对孕妇的危害性更大，不仅不利于母体本身的健康，还有害于胎儿的正常发育。常见的几种有害物质及其危害性参见下表：

表 6-4 几种常见的有害物质及其危害

有害物质名称	危害性
射线	导致基因突变、胎儿头部畸形狭小、智力发育迟缓
噪音	破坏心脏、血液循环系统及神经系统（特别是听觉系统），导致新生婴儿出现恐惧、不安等不良情绪
大气污染	导致神经系统、循环系统发育障碍

因此，孕妇及家人要认识日常生活中常见的有害物质，并尽量避开，为新生命的健康成长和顺利分娩创设有利的条件。

4.保持愉悦的情绪

孕妇的情绪直接影响胎儿的生长发育。情绪是衡量一个人健康的重要指标之一，这是当今被人们普遍认可的。在妊娠期间，孕妇的情绪良好与否跟胎儿能否健康成长有着密切的联系。孕妇的生活状况，比如环境的变更、婚姻家庭的质量等都会影响到孕妇的情绪与心态。人的情绪与植物神经系统、内分泌系统都有密切的联系，而胎盘直接受供于孕妇的血液循环系统和内分泌系统，故孕妇的喜、怒、忧、思、悲、恐、惊等情绪活动都能直接影响其血液循环和内脏活动以及一系列的生命功能，这些都将通过母体进而影响到胎儿的生长发育。

孕妇经常保持愉悦的情绪，可以促使其血液中有利于健康的化学物质增加，从而为胎儿的发育成长提供有利的刺激。当孕妇心情愉快时，可以保持心率处于一种平衡、和谐的状态，为胎儿的身心发育提供最佳的内环境。当孕妇长期精神紧张、恐惧不安时，胎儿也会感到不安，胎动频率和强度也增加。孕妇长期处于恐惧不安与焦虑中，会使胎儿出生后，体重较轻，而且烦躁、爱哭闹，睡眠差，经常吐奶，频繁排便，进而导致营养缺乏，身体消瘦，以致影响身体和智力的发育。

因此，孕妇应注意培养自身的良好情绪。首先，通过内因培养自己良好的心理素质。在妊娠期间，孕妇要保持既平和又健康向上的积极心态，多看美好的景物，多听优美的声音，多想美好的事物，时刻保持内心的愉悦。其次，需要丈夫及家人的配合，尤其需要丈夫加倍地理解与体贴，孕妇与丈夫之间应该有良好的情感交流，要互相关心，互相爱护，相敬如宾。最后，还需要一个宁静舒适、整洁雅观的居室环境。总之，保持愉悦的情绪和良好的心境不仅有利于孕妇体内各系统的机能处于最佳状态，而且对胎儿的健康成长也大有裨益，其作用不可小视。

此外，妊娠期间，孕妇还要保证充足的睡眠、清洁的起居卫生、有节制的性生活以及宽大舒适的衣着、适度的妆容等。总之，在妊娠期间，孕妇要尽量保持健康的生活方式，形成良好的生活习惯，保持愉悦的身心，为胎儿的成长发育提供一个有利的内外环境。

二、胎儿期教育

胎儿期教育简称胎教。胎教是人最早接受的教育。胎教是指根据胎儿发育的不同年龄阶段和生命特征，通过调节母体孕期的内外环境，促进胎儿中枢神经系统释放神经递质及内分泌物质，使生物化学和生物物理环境相互渗透，干预胎儿的大脑发育，启迪智能，改善胎儿的生命素质，促进胎儿的健康发育成长，从而起到教育的作用。[①]

我国的胎教思想源远流长，北齐颜之推的《颜氏家训》，其《教子》篇就有胎教之说。"古者，圣王有胎教之法：怀子三月，出居别宫，目不邪视，耳不妄听，音声滋味，以礼节之。"[②]随着近现代科学技术的发展，胎教思想不断科学化，胎教也逐步发展成为一门科学。当前，有很多关于胎教的学说，如音乐胎教说、语言胎教说、运动胎教说、情绪胎教说、意念胎教说、母爱胎教说和环境胎教说等。

（一）胎儿期教育的目的和意义

胎儿期教育的目的在于优生，在于改善母体内外环境，免除不良刺激对胚胎和胎儿的影响，为优良基因的充分表达创造尽可能优越的环境和条件，使后代身心得到健康发展，以提高人类的质量。[③] 实行胎教，是实现优生、优育和优教的重要组成部分，也是家庭教育的发端，是教子成才的第一步，是人口素质优化的第一个环节。在胎儿期给予胎儿有益的影响和教育，能为儿童的早期教育打下良好的基础。相反，如果丧失了胎教的机会，到孩子出生后再弥补就为时已晚，所以进行胎教具有一定的必要性。实施胎教的意义主要体现在以下几个方面：

---

① 李天燕.家庭教育学[M].上海：复旦大学出版社，2007.168

② 卢乐山.学前教育原理[M].北京：北京师范大学出版社，1991.125

③ 唐彦生，隋玉梁，于一.家庭教育大百科[M].北京：蓝天出版社，1999.577

1.促进胎儿身体的健康

孕妇和胎儿进行适当的体育锻炼可以促进胎儿的身体健康。孕妇坚持散步，做产前体操，不仅可以调节身心，还能为胎儿成长提供有利的内环境。胎儿在父母的帮助下进行体育训练，如体操、游戏、散步等，可以促进胎儿身体健康发育，使之出生之后体格健壮且动作较为灵敏。

2.促进胎儿智力的发育

当今社会竞争激烈，一个国家的兴盛，一个民族的发展离不开高素质的人才，而人才的培养需要从胎儿期开始。胎儿具有惊人的能力，不仅具有视觉、听觉和记忆能力，而且能够感受到母亲的情绪变化。在妊娠期间，采取适当的方法对胎儿进行有规律的刺激，有利于胎儿大脑皮质得到良好发育。通过胎教，可以开发胎儿的智力，促进人类智商的提高。

3.提升胎儿感受美的能力

孕妇经常接触美好事物，可以保持愉悦的心情，提高对美的鉴别能力。母亲这种对美的体验，可以传递给胎儿，让胎儿获得感情、感觉上的满足，胎儿也能感受到事物的美好。

（二）胎儿期教育的内容与方法

胎教对于胎儿的健康成长具有重要的意义，实施胎教具有一定的必要性和可行性，胎教的具体内容及实施方法主要有：

1.音乐胎教

音乐胎教是指通过音乐对母体内的胎儿施教。具体来讲，就是孕妇为胎儿提供丰富的音乐材料进行教育的方法。音乐是感情、心灵的语言，它能使人随着优美的旋律，张开幻想的翅膀。胎教音乐对于促进孕妇和胎儿的身心健康有着重要作用。音乐能使孕妇心旷神怡，产生良好心境，进而影响胎儿的情绪。同时，音乐也能刺激胎儿的大脑皮层，促进脑细胞的发育和脑功能的发展。进行音乐胎教，不仅对开发胎儿的智力具有积极意义，而且能促进胎儿的身体、情感，以及将来性格的良好发展。

音乐胎教一般是在妊娠中后期，即胎儿 6 个月左右开始实施比较合适，因为此时胎儿已具备一定的听觉能力。胎教音乐主要有两大类，一类优美、宁静，以 E 调和 C 调为主，主要是给母亲听的；另一类轻松、活泼、明快，以 C 调为主，主要是给胎儿听的。具体到某个胎儿，要根据其具体特点选择不同类型的胎教音乐。胎动频繁的胎儿可侧重选择一些舒缓、柔和的曲子，而对那些胎动较弱的胎儿则应选择轻松活泼、节奏感强的圆舞曲等乐曲。

进行音乐胎教，需要注意的是，一是给胎儿选听的曲目要短小且不要频繁更换，一般一周内固定一两首左右效果较佳，以期给胎儿大脑皮层留下较深印象，起到促进胎儿脑和智力发展的作用；二是直接给胎儿播放音乐时，应将录音机放置距离孕妇腹壁 2 厘米处，音量适中且播放时间不宜过长，一般以 5 分钟左右为宜，以不损伤胎儿的听觉器官为原则；三是孕妇所听的音乐要以优美、舒缓、轻柔的为主，也可适当听一些比较欢快的音乐，听音乐的时间可较为随意，孕妇可根据自己的实际情况选择听的时间段，听的次数也可多可少，因人而异。另外，进行音乐胎教时，孕妇如能怀着对胎儿无比的爱，和着音乐用自己的声音为胎儿唱出轻柔甜美的歌声，则是音乐胎教的最佳方式。

尤为重要的是，听音乐的时候，孕妇切不可三心二意，听而不闻，如果仅仅将音乐视作背景材料，听得再多也不起作用。因此，进行音乐胎教时，孕妇一定要静下心来，专心聆听音乐，尽可能随音乐而遐想、共鸣、陶醉，这样才可能使胎儿受益，真正发挥音乐胎教的作用。

2.语言胎教

语言胎教是指准父母给予胎儿语言刺激，并与胎儿进行积极语言交流的教育方法。适当的语言刺激不但能使胎儿感受到父母的爱，增加安全感，还能有效刺激胎儿脑细胞的生长，促进其出生后语言乃至智力的发展。

语言胎教可以在日常生活中随时进行。准父母可以经常和胎儿交谈，如介绍家庭情况、家庭成员、周围环境、日常起居等，内容较随意，口吻轻柔。比如，早晨起床，可以抚摸着腹部说“早上好，宝宝”，打开窗户可以告诉胎儿“宝宝，今天天气真好，我们出去散散步吧”等。另外，还可以进行专门的语言训练，即有选择，有层次地给胎儿听一些简单、篇幅短小、富有儿童情趣、朗朗上口的儿歌、童谣、童话故事、诗歌、散文等。胎教语言材料可以是光盘或下载的内容，但一定要注意挑选内容和录制质量上乘的。最好的方式是由准父母为胎儿朗读，由于胎儿对低音比较敏感，准爸爸准妈妈们在对胎宝宝进行语言胎教时，声音尽量放低，以便在充满爱意的美好意境中共同获得良好的情绪体验。

需要注意的是，语言胎教不可过早，一般从妊娠 4 个月左右开始进行，每天定时给予胎儿语言刺激，但时间不宜过长，以 1～2 分钟左右为宜。胎教语言材料最好是两种语言以上，有利于胎儿大脑左右两半球语言功能的均衡发展。

3.运动胎教

运动胎教是指在妊娠期间，孕妇通过一系列有规则的运动训练促进胎儿生长发育的方法。运动能促进血液循环，增加胎儿氧的供给和废物的排出，能刺激胎儿的大脑和器官的发育。适当的运动还可以解除孕妇的疲劳，调节孕妇的神经系统功能，保持一种良好的心理状态，对胎儿的发育也有利。运动胎教可以分为直接运动胎教和间接运动胎教两种。

直接运动胎教是指孕妇通过推压腹部直接运动，帮助胎儿在母腹内直接做“体操”。具体做法：一般从妊娠 4 个月左右开始，训练时孕妇应仰卧，全身尽量放松，先用手在腹部来回抚摸，然后用手指轻戳腹部的不同部位，并观察胎儿的反应。动作要轻柔自然，用力均匀适当，切忌粗暴。如果胎宝宝用力来回扭动身体，准妈妈应立即停止动作。到妊娠 6 个月后，可以用双手轻轻拍打腹部，并用双手轻轻推动胎儿，帮助他在子宫里“散步”。如果配合音乐进行如上运动，将会收到更加理想的效果。切记训练要循序渐进，不可急于求成，每次时间以不超过 10 分钟为宜。另外，在妊娠前三周和临产期不宜进行。

间接运动胎教是指通过孕妇的活动(如孕妇体操等)间接促进胎儿的活动，带动胎儿间接做“体操”。孕妇体操的姿势主要有仰卧姿、跪姿、站姿三种。仰卧姿有抱膝扭腰、抱膝压腹、屈膝抬臀、平仰卧起坐等几种。跪姿主要是双腿交换屈伸，具体做法：双手支撑，右膝前屈，左膝后伸；然后换左膝前屈，右膝后伸。站姿主要有双臂反向回环和单腿站立两种。需要注意的是，孕妇要量力而行，不可强求自己做完所有动作，若感觉到累就应停止；锻炼时间一般以 5～10 分钟为宜；动作的速度与幅度由孕妇的实际情况而定。一般来讲，动作宜缓慢，幅度不要过大，动作要均匀，不要太过猛烈。

4.情绪胎教

情绪胎教是指通过孕妇的心理活动和情绪状态间接地给胎儿以良好影响，即指孕妇保持自身良好的情绪情感，并与胎儿进行积极情感交流的教育方法。

孕妇不同的情绪反应会对胎儿产生不同的影响。科研人员在对五个月胎儿进行认真观察后发现，当孕妇身体健康、精神状态良好时，胎儿就愉快，有时还笑；反之，胎儿就烦躁，有时还皱眉。母亲愉悦、豁达、甜蜜的心理状态可以通过和谐浑浊的心音传递给胎儿，积极地影响日后孩子的性格、气质、情感体验以及智力诸方面的发展。[①]

情绪胎教在整个妊娠期间都非常重要，在妊娠早期尤为如此。因为在怀孕的前三个月，孕妇的生理反应如恶心、呕吐、乏力、食欲不振等，往往影响孕妇的心情，表现出烦躁、易怒、易激动、抱怨等情绪。孕妇的不良情绪可以通过其内分泌的改变而影响胎儿的正常发育。因此，在妊娠早期，孕妇尤其要注意保持健康愉快的心情，用自己愉快的情绪、良好的心态感染和影响胎儿，使其健康生长发育。

情绪胎教的实施，首先需要孕妇加强意志锻炼，控制各种有害的过度刺激，尽量丰富自己的精神生活，比如外出散步、听音乐、阅读等。孕妇还需要经常与胎儿进行积极愉悦的谈话，让胎儿感受到母亲的爱。其次，需要丈夫对妻子的体贴关爱，从精神上给予安慰，从生活上给予照顾，经常抚摸妊娠中妻子的腹部会令孕母和胎儿体验到温馨舒畅的情意。

5.意念胎教

意念胎教是指依靠母亲的意念给胎儿的生长发育以积极的影响，一般从孕期第二周开始进行。有人把胎教分为胎儿美丽期、聪明期和健康期。美丽期即以双亲的仪容或其中一方为自我楷模，孕妇要经常思索双亲容貌的优点，如大眼睛、双眼皮、长睫毛等。如双亲认为自己的容貌不理想，可以用美丽的挂图或塑像代替，以达到日有所思，像有所依的目的。胎儿聪明期，孕妇要多看有益的书籍，多听名曲音乐，多欣赏优美的图画，并注意文明礼貌，举止行动落落大方。胎儿健康期，孕妇要做到精神愉快，情绪饱满，睡眠充足，营养丰富，以满足胎儿的生理心理需要。

上述这种胎教有点类似气功中的“以意导气”“意念遥诊”。因此，我们戏称为“意念胎教”。其实，悉心细想，这其中是不无道理的。根据我们介绍的知识，胎儿美丽期正是胚胎期，在这个时期内，胚胎迅速生长，主要器官都要分化完成；胎儿聪明期和健康期正是胎儿发育的中后期，即胎儿快速生长、智力发育的关键期，在这个重要时期搞好营养保健，保持心理健康自然十分重要。[②]

6.母爱胎教

母爱胎教是指妊娠期内，孕妇使用爱的语言，充满爱的心情，与胎儿“谈情说爱”，并时刻向胎儿传递爱的信息的方法。母爱可以调动母体内的一切本能来悉心爱抚胎儿，可以作为一种良好的心理刺激优化胎儿生长的环境，可以保护胎儿生长的心理环境免受不良因素的影响。有研究表明，胎儿在 6 个月至 7 个月时，已出现心理萌芽，能够细致地辨别母亲对自己的态度和情感，并对此做出反应。国外有个名叫克里斯蒂娜的女孩出生

① 唐彦生，隋玉梁，于一.家庭教育大百科[M].北京：蓝天出版社，1999.580

② 唐彦生，隋玉梁，于一.家庭教育大百科[M].北京：蓝天出版社，1999.581

后，拒绝吸母亲的乳汁，而对别人的乳汁却不厌恶。后经专家研究证明，唯一的原因是她母亲当初不愿生她并想过堕胎。大量的实验证明，热爱胎儿的母亲所生的孩子要比厌弃胎儿的母亲所生的孩子健康，厌弃胎儿的母亲早产、流产比率较高，且新生儿体重低于标准婴儿，精神异常者也较多。这样的孩子长大后，往往情绪不稳定，多患肠胃病。[①] 由此可见，母爱是胎教的必要条件，母爱是胎教的基础。

母爱胎教的实施贯穿于日常生活中，需要准爸爸和准妈妈配合进行。妊娠期内，准妈妈要多与胎儿说话，说话的语调要轻缓、柔和，要多听舒缓优美的音乐，多看可爱的婴儿照片，在这些过程中，孕妇要时刻表达出自己对胎儿的爱。为了让胎儿得到最完整的爱，准爸爸也要以温柔的爱心来体贴孕妇，在双亲的配合下，让胎儿从小就感受到父母的爱。

7.环境胎教

环境胎教是指孕妇提供优美舒适的环境刺激以促进胎儿发育生长的教育方法。优美的环境，比如大自然的色彩和风貌对促进胎儿大脑细胞和神经的发育十分重要。因此，年轻夫妇在准备受孕前 6 个月就应开始学习环境卫生知识，以利于优境养胎。孕妇要尽可能多地到风景优美的公园及郊外领略大自然的美，并把这种美的体验讲述给胎儿，让宝宝也能感受到自然之美。另外，就是创设舒适、干净、整洁的室内环境，来为胎儿的发育提供有利条件。

总之，胎儿教育的内容和方法有很多，上述是几种常用且便于实施的方法，但绝对不是唯一的。胎教是正规教育的辅助方法，具有理论依据与验证，但也不是唯一的。准父母们可以根据自身情况选择适合自己的方法进行。

(三)胎儿期教育禁忌

实施胎教，需循序渐进，切忌心太急。有的孕妇实施胎教，期望值过高，使得物极必反，收不到应有的良好效果。比如，有的孕妇在进行语言胎教时，长时间将耳机放在腹部，造成胎儿一生下来就对语言有一种反感；再如，听音乐时，也不能没完没了地听，有时连孕妇都会觉得烦，更何况胎儿。有些父母望子成龙心切可以理解，但凡事都应有个度，一旦过头了就会适得其反，不仅达不到目的，反而会导致不良影响。因此，孕妇必须学习胎教的科学内容，掌握实施胎教的正确方法，适时适度适当地实施胎教，这样才能孕育出一个健康聪明的宝宝。

第二节　婴幼儿时期的家庭教育

婴幼儿时期(0～6 岁)是指人出生后到上小学以前的年龄阶段。其中，从出生后到 1 个月称为新生儿时期；1 个月到 1 岁称为婴儿期；1 岁至 3 岁称为前幼儿期；3 岁到 6 岁称为幼儿期。也有人将 0～3 岁称为婴儿期，3～6 岁称为幼儿期。这个阶段是人的发展之开端，从一个软弱无力过着“寄生生活”的小生命体到能够独立行走、学会说话、智慧萌芽的独立个体，其间的变化是惊人的。如何认识婴幼儿的身心特点并有针对性地进行养育

---

① http://www.61bay.com/edu/q96835.htm

与教育是家庭教育至关重要的问题。

一、婴幼儿的身心发展特点

婴幼儿时期是人的发展最为迅速的一个时期，在短短几年时间里，身体和心理的发育都极为迅速。下面将从0～3岁和3～6岁两个阶段对婴幼儿的生理和心理特点分别进行简要阐述：

(一)0～3岁婴儿的生理心理特点

在孩子出生的头三年里，身体和心理的发育速度是相当惊人的，具体表现在生理和心理两个方面：

1.生理特点

(1)从体格上来看，婴儿的身高和体重从出生到1岁变化巨大。(见表6-5)①

表6-5　九省市正常儿童体格发育的衡量平均值

年龄组	体重(公斤)		身长(厘米)		头尾(厘米)		胸围(厘米)	
	男	女	男	女	男	女	男	女
初生	3.27	3.17	50.6	50.0	34.3	33.7	32.3	32.6
半岁	8.22	7.62	68.1	66.7	43.7	42.8	43.8	42.7
1岁	9.66	9.04	75.6	74.1	46.3	45.2	46.1	45.0
2岁	11.95	11.37	86.5	85.3	48.2	47.1	49.2	48.2
3岁	13.63	13.16	93.8	92.8	49.1	48.1	50.8	49.8

(2)从身体动作的发展来看，婴幼儿身体动作的发展遵循从上到下，从中心到末梢的发展次序。出生后第一年和第三年发展较快，第二年发展相对缓慢。两个月的时候，可以稍微抬头；4.3个月时，可翻身一半；5.8个月时，能够侧卧翻身；6.6个月时，可独坐片刻；7.2个月时，能够扶着双手站立；7.3个月时，可以独坐自如；10个月时，可扶一只手站立；10.4个月时，可以独站自如；11个月时，能扶双手走；11.3个月时，可以扶着一只手走；15.6个月时，能独走几步；16.9个月时，能够独走自如；20.5个月时，能跑但不稳；25.7个月时，能跑且能控制。②

(3)从骨骼和肌肉的发育来看，由于婴儿的骨骼柔软，脊柱的弯曲尚未定型，肌肉的收缩力也相对较差，故不能长时间保持同一姿势，以避免骨骼血液供给不足，甚至因长时间承受身体重量发生变形，以及肌肉群长时间处于紧张状态而影响其生理发育。

(4)从躯干和内脏的发育来看，婴儿的躯干和内脏特点与成人的不同，婴儿的头较大，四肢较短，躯干较长；心脏比成人跳动得快；消化系统较弱，消化能力不强。

(5)从感知觉发育状况来看，婴儿皮肤保护功能差，易感染；代谢活跃，分泌物多，需经常清洗；体温调节功能差，容易受凉或中暑；渗透作用强，一些有害物质很容易通过皮肤被机体吸收，引起中毒。婴儿眼睛发育不良，调节能力差，容易近视。就婴儿的听觉而言，由于其耳咽管短、平，上呼吸道的细菌、病原体容易从耳咽管进入中耳，引发中耳炎。

① 季成钧.家庭教育学[M].海口：南方出版社，1998.165

② 季成钧.家庭教育学[M].海口：南方出版社，1998.167

此外，婴幼儿对噪音比较敏感，当噪音大到 60 分贝时，就会影响睡眠和休息。

2.心理特点

心理发展的特征与规律是家庭教育的依据，婴幼儿的心理特征主要表现在认知、情绪、意志及语言这几个方面：

(1)认知特点

孩子在婴儿时期对外部世界开始有了兴趣，认知活动从低级到高级逐步发展。1 个月时目光可随着发光体转移；两个月后开始有了辨听能力；3 个月能注意新异的刺激物；4 个月会区分酸、甜、苦、辣等不同味道；5 个月时会发出笑声；6 个月开始认生；约 1 岁左右，能够寻找隐藏物，比如妈妈不在时知道要找妈妈等；1～2 岁，开始有了想象的萌芽，如会把布娃娃当成妹妹；3 岁左右想象力开始增强，但是这一阶段思维的发展以直觉行动思维为主，零散而贫乏，缺乏系统性与抽象性。

(2)情绪发生发展

婴儿情绪出现较早。刚出生不久的新生儿，当吃饱睡足后会表现出愉快的情绪。1 个月后，便会笑；4 个月至 5 个月时，便会笑出声来，并能与成人进行情绪交流；6 个月时，已能认识人，情绪反应会因人而异，对母亲的情绪较为依恋，对母亲十分亲热，对生人表现出“怯生”；6 个月至 12 个月，是怯生的高峰，第二年便会下降；在大约 3 岁时，孩子已经具备爱、同情、尊敬、好奇、失望、恐惧、惭愧、厌恶等 20 多种情绪反应。由于年龄小，婴幼儿情绪易冲动、变化、不稳定，易受外界影响，常有“破涕为笑”的变化。

(3)意志品质特征

意志萌芽于孩子 2～3 岁的时候，表现为可以克服一些简单的困难，比如摔倒之后，在成人的安慰下可以抑制住疼痛不哭等。但是由于婴儿行动的目的性很差，容易受外界干扰而转移目标，所以坚持性和自制力也比较差，很多时候都不能自制。

(4)语言的发展

孩子从一出生只会哭，到牙牙学语，再到能够说出单字、词语，最后能够说出完整的句子，经历了语言由产生到发展的过程。1 岁以前是语言发展的准备阶段，表现为牙牙学语，发简单的音节，如“ma、pa、ba”等；1～1.5 岁的孩子处于理解语言阶段，这时孩子能听懂大人说的许多话，但能够说出的话不多，有的孩子甚至完全说不出话；1.5 岁以后，孩子有一个似乎突然开口说话的阶段，一下子能说好多话；两岁左右的孩子，虽然说话不成句，但总是喜欢叽里咕噜地自言自语，更喜欢模仿大人说话，所以家长切勿掉以轻心，要用标准的普通话与孩子交谈，为其语言发展创造一个良好的环境；到了 3 岁，孩子能够初步运用语言表达自己的意思。总之，0～3 岁婴儿的语言能力虽然还很低，但却处于一个飞速发展的时期。此时若家长与孩子交谈甚少，孩子就很少有接触语言的机会，将对他的语言发展带来消极影响。

(二)3～6 岁幼儿的生理心理特点

1.生理特点

3～6 岁幼儿的身体结构和机能比以前有了更进一步的发展，突出表现在身高的增长速度相对减慢，身体比较结实，精力比较充沛；幼儿的动作也比以前更加灵活自如，活动范围不断扩大，与外界环境的交往更加积极；小肌肉群的发育也更加精细，能够通过亲自动手操作来认识物体的性能。比如，3 岁幼儿能够较长时间地摆弄物体或玩某种玩具。正是在这种与人和物的活动交往中，幼儿的积极性才得以充分发展。另外，这一阶段神经系统进一步发育完善，具体表现为幼儿大脑的重量继续增加，从 3 岁的 1.01 千克左右发展到 7 岁的 1.28 千克左右，已经基本接近成人脑的重量。幼儿脑的结构与机能已相当成熟，已能较好地调节、控制自己的行为，还能对事物进行初步分析，综合地加以认识。到了 6 岁左右，幼儿神经系统髓鞘化已基本完成，这为上小学提供了生理条件。

2.心理特点

(1)认知特点

3～6 岁幼儿的认知能力比 3 岁以前有明显提高。具体表现为，他们能够通过语言获得知识，和别人进行交流，对事物的理解能力也有所提高；这一阶段的孩子开始出现长时记忆，能够记住一些事情且终身不忘；但是，这时幼儿的感知、记忆、思维、想象等认知过程仍带有明显的具体性。感知在认知中有重要作用，孩子需要通过自己的感觉器官来认识外部事物，他们的思维活动需要依靠事物在头脑中的具体形象或借助具体的实物操作来进行，以具体形象思维为主。此时，孩子的逻辑思维发展开始萌芽，想象力也迅速发展起来，但思维的抽象概括能力还相当低下。

(2)情绪特点

在幼儿期，幼儿的情绪特点主要表现为短暂、外显、强烈、易冲动、不稳定。3～4 岁时这一特点更为突出，无论是肯定的或否定的情绪和情感，都带有易变的特点，这说明在幼儿期幼儿还没有形成稳定的个性倾向，非常容易受到外界刺激物的影响。到 5～6 岁时，幼儿的情绪变得不像以前那么容易波动，此时的幼儿情感不那么外露，稍微能够隐藏内心的真实情感。除了情绪外，幼儿开始有了比较复杂的情感体验，即在情绪的基础上产生的对人、对物的关系的各种体验。

(3)意志品质

3 岁左右幼儿的各种意志品质开始发展。到 4 岁后，意志品质有明显的发展，出现了较高水平的动机，能较主动地克服困难。此外，自觉性、自制力、坚强性等都有进一步发展。

(4)语言发展特点

3 岁以后，幼儿语言发展特征主要表现为以下三个方面。其一，词汇内容更为丰富，词类范围扩大，既能理解又能使用的词汇不断增加。到 5～6 岁的时候，幼儿语言连贯性得到迅速发展，连贯词语逐步取得支配地位。其二，幼儿时期开始产生内部语言。内部语言是有声语言发展到一定阶段的产物，它是借助一种介于有声语言和内部语言之间的语言形式，即出声的自言自语而产生的。内部语言跟抽象逻辑思维和有目的、有计划的行为有更多联系，主要执行自觉分析综合及自我调节的机能，内部语言和人的自觉性有联系。其三，到幼儿晚期，幼儿开始掌握一些简单的书面语言。书面语言的特点是，开始以词语本身作为综合分析的对象，如从句中分析出字、词，从字、词中分析出音节，从音节中分析出字母；反过来，又把字母组成音节，把音节组成词，把词组成句子。在幼儿晚期可以进行简单的识字教育。

二、婴幼儿时期家庭教育的实施

婴幼儿时期是人生发展的第一个阶段，也是人的发展最为迅速的阶段之一。从呱呱坠地时软弱无力的小生命成长为能独立行走、会说话的个体，短短五六年的变化是相当惊人的。这一阶段家庭教育的主要任务是对婴幼儿进行身体的养护和良好生活习惯的养成，良好个性的塑造以及语言能力的培养，具体的内容及实施方法如下：

（一）良好生活习惯的养成

生活习惯主要包括睡眠习惯、饮食习惯、排泄及卫生习惯以及独立生活能力等方面。良好的生活习惯，对于孩子的健康成长具有重要意义。要养成良好的生活习惯，关键在于家长对孩子的教育。

1.睡眠习惯

身体的健康离不开良好且高质量的睡眠，婴幼儿时期是养成良好睡眠习惯的关键期。培养婴幼儿良好的睡眠习惯需要从下面三个方面着手：

（1）保证充足的睡眠时间

由于婴幼儿神经系统发育尚不完善，大脑皮层神经细胞耐受力小，极易疲劳，睡眠时间相对需要较长。一般来讲，新生儿需要 20 小时的睡眠；两个月的婴儿需要 16～18 小时；4 个月保证 15～16 小时的睡眠；1 岁时需要 13～14 小时；两岁时保证 12～13 小时的睡眠。①

（2）养成独自睡觉的好习惯

如果家庭条件容许，应尽量让婴幼儿单独住一个房间或单独睡一张床，从小养成孩子独自睡觉的习惯。不要养成睡前家长抱着、哄着、拍着、摇着入睡的不良习惯，尽量让孩子自然入睡，睡前可以给孩子听一些舒缓的乐曲，帮助孩子入眠。

（3）良好的睡眠姿势

最好选择右侧卧的睡姿，这样不仅能使心脏获得更充足的血液，新陈代谢更加旺盛，还有利于胃肠蠕动，能促进消化，也能减少对心脏的压迫。

此外，对于新生儿，还要养成晚上睡觉、白天活动的良好习惯。遵循大自然的昼夜作息规律和人的大脑活动特点，有利于婴儿在白天活动时接受丰富的刺激以促进大脑皮层的发育，在晚上休息时得到充足的睡眠。

2.饮食习惯

婴幼儿时期是生长发育的关键期，因此需要合理而有营养的，能基本保证婴幼儿营养需求的“平衡膳食”，并形成良好的饮食习惯。

首先，吃饭定时定量，不偏食，不挑食，不吃零食。家长应该帮助孩子养成按时吃饭的好习惯，尽量不给孩子吃零食；不要过分满足孩子的要求，不能孩子想吃什么就给什么，以免养成偏食、挑食的坏习惯。其次，要养成专心吃饭的习惯，不要边吃边玩。家长要尽量为孩子提供安静、舒适、愉快的进餐环境，不要让孩子边吃饭边玩玩具或边看电视。最后，吃饭要细嚼慢咽。大人不要过于催促，以免影响食物的消化及引起幼儿的厌

---

① 彭德华.家庭教育新概念[M].兰州：甘肃教育出版社，2001.85

食情绪。

3.排泄及卫生习惯

良好的排泄习惯,有两层含义。一是指孩子能够自己控制便溺,不随意排便。对孩子进行大小便自我控制的训练,是婴幼儿期的主要内容。孩子学会自如地控制大小便是入学的一个必要准备,同时也能提高孩子的自信心。对孩子的排便训练要把握时机,不能过早,也不能过晚。研究表明,在1.5～2岁之间开始训练为宜,因为随着感知动作的发展和自控能力的增强,才有可能学会大小便的自我控制。过早训练不符合小儿生理机能成熟程度,收效甚微。在训练时,成人要注意方法和态度,孩子控制不好时,不能责骂和惩罚,要耐心、和蔼地给孩子以帮助。否则,会使孩子幼小的心灵笼罩上一层焦虑和恐惧的阴影,不但学得慢,还会留下较深的心理创伤,甚至形成遗尿的毛病。二是指养成孩子每天按时大便的习惯,每次大便时间不能太长,一般5分钟以内即可。

此外,培养孩子良好的卫生习惯和独立生活的能力也尤为重要。在日常生活中,家长切忌事事包办,过分保护,要相信孩子有独立做事的能力,引导和帮助孩子做力所能及的日常小事,比如自己吃饭、穿衣、洗脸等。

(二)良好个性的塑造

个性是指一个人的整体精神面貌,具体是指具有一定倾向性的心理特征的总和,它包括个性倾向性和个性心理特征两个方面。个性倾向性主要是指人的兴趣、需要、动机、理想、信念等因素。个性心理特征是个性中最稳定的部分,主要指人的气质、性格、情绪、情感、能力等方面的特点。个性一般在两岁左右开始萌芽,3～6岁具有雏形,20岁左右才逐渐定型。个性是后天受周围的人和环境教育的影响,在长期的生活实践中反复巩固而逐步形成的。新生的婴儿是自然的生命体,心理发育不完全,还不具有人的个性。因此,幼儿的个性具有极大的可塑性,家长要抓住这个关键期培养幼儿良好的个性,为日后良好个性的形成奠定基础。

1.了解幼儿的气质类型,给予适当的教育

每个人一出生就具有独特的气质类型。人的气质类型一般分为四类,即胆汁质、多血质、黏液质和抑郁质。

(1)胆汁质

胆汁质的幼儿容易激动,重感情。家长要热爱和关心他们,当他们犯了错误时,要用信任和委婉的口吻批评,不要训斥。家长要特意安排他们做一些细致活儿,培养他们耐心细致的品质,还要特别注意培养他们的抑制能力,不能过分满足他们的需要。

(2)多血质

多血质的幼儿对人亲切,善于交往,语言表达能力较强,但是注意力常常不太集中,做事浮躁,有头无尾。所以家长要特别注意培养他们的注意力,从小事入手,要求他们做事时必须专注、投入,尽心尽力做好每一件事。当孩子在决定做一件事之后,要求他们持之以恒、耐心细致地坚持做完,逐渐养成专注、刻苦耐劳的品质。

(3)黏液质

黏液质的幼儿动作比较迟缓,注意力不易转移,中规中矩,老实听话。家长可以和他们玩一些训练灵敏度和速度的游戏,如比赛穿衣、洗漱等。由于他们常对周围的事物漠

不关心，家长要特别培养他们关心他人和集体的态度，引导他们与外界积极交往。

(4)抑郁质

抑郁质的幼儿表现都比较沉闷、孤僻、胆怯，缺乏信心。对他们要特别亲切，多给予关怀，鼓励他们与他人接触交流，鼓励他们多参加集体活动；对于这类型的幼儿要特别注意培养他们的自信心，帮他们克服胆小怯懦的缺点。

总之，家长一定要时时、处处做有心人，在日常生活中细心观察孩子，根据孩子的具体个性特征给予恰当的教育，以有利于孩子日后的成人成才。

2.从小培养幼儿形成良好的性格

性格是一个人区别于其他人的最鲜明且稳定的心理特征，它是个性心理特征中最本质、最核心的部分，良好的性格是一个人成功的前提。幼儿由于生活经验不丰富，自我意识、判断能力、荣誉感等均不稳定，对人对事还不能做出正确客观的评价，幼儿的性格相当不稳定。因此，在幼儿性格形成的关键期，需要家长的积极引导。

(1)家长要根据幼儿的先天特点区别对待。对偏内向的孩子要鼓励他们多说话，多给予他们表扬与鼓励，培养他们活泼开朗的性格；对待性格偏外向的孩子要培养他们稳重、踏实、认真、善于克制自己的性格品质。

(2)家长要创造和谐的家庭氛围。人是环境的产物，环境对人的影响非常大，尤其是幼儿。幼儿易受外界影响，其最初的性格和习惯的形成很大程度上受环境的影响。因此，家长要给孩子创设一个和谐、幸福的家庭环境，使孩子沐浴其中并逐渐内化为孩子性格中的良好因素。

(3)家长要为幼儿提供好的榜样。幼儿的模仿性极强，作为家长一定要注意自己在日常生活中的言行举止，为孩子起到良好的表率作用。

(4)家长要平等地对待幼儿，把幼儿看作是一个有能力的独立个体，要尊重幼儿，为幼儿提供民主的生活环境。

除了以上两点之外，家长在平时要注意多观察幼儿，及时发现幼儿的兴趣并加以正确地启发和引导。由于幼儿的情绪外显、易变不稳定，家长要为幼儿树立良好的情感榜样，引导幼儿认知并控制自己情绪的能力。良好的意志品质对于幼儿来讲也是非常重要的，因此家长要有意识地培养幼儿不怕困难和坚强的意志品质。还要为幼儿提供丰富的刺激，促进其感官的训练与智力开发。凡此种种，都将随孩子的成长慢慢渗透其中，在孩子性格形成的过程中起到积极的推动作用，有助孩子良好性格的形成。

(三)语言能力的培养

前面已分别介绍了0～3岁和3～6岁两个阶段婴幼儿语言发展的特点，由于两个阶段语言发展的侧重点有所不同，下面分别介绍这两个阶段语言能力的培养重点。

1.0～3岁婴儿语言能力的培养

孩子从出生时只会用哭声来表达自己的需要与情感，到1岁半左右能够用语言来表达自己的愿望，这是一个质的变化。两岁左右是孩子口语发展的关键期，这一时期的主要任务是培养孩子的口语表达能力，具体地说就是要教会孩子会听话和会说话。具体是指，在孩子的生活经验范围内，能听懂别人说的简单的词、句并做出相应的反应；要求孩子能够听得准确，反应敏捷且无错误，并能运用已掌握的词汇和短句与别人交谈或向别人表述某件事，表达自己的愿望和感情；要求孩子能够说得清楚、明白，尽管不能非常连贯，但是能在借助手势语和表情之下准确表达自己的意思。

在1.5岁之前，主要是培养孩子的听话能力。首先，要求家长在平时与孩子多说话，给孩子提供丰富的语言环境，尽量说标准的普通话并且注意发音时的口形、表情等，为孩子开口说话提供好的榜样。其次，由于孩子认知过程带有明显的具体性，要求家长在教孩子说话时将说话的内容与具体事物或活动联系起来。比如给孩子穿衣服时，可以边穿边说“妈妈在给宝宝穿衣服，这件衣服是红色的”；在开灯或关灯时可以教孩子认识灯的开、关现象。

在1.5～3岁期间，主要任务是培养孩子的说话能力。首先，要求家长尽量用规范的普通话、书面语言，用孩子能够听得懂的语言与孩子交谈，但家长和孩子都要尽量避免使用如“饭饭”“菜菜”“果果”等重叠字，为孩子今后理解和使用书面语言奠定基础。其次，家长要鼓励孩子多说话，鼓励孩子用自己的语言来表述生活中的见闻和感受。第三，要求家长养成认真、耐心、仔细、有兴趣地听孩子讲述的好习惯。即使家长很忙，很不耐烦也不能表现出厌烦情绪，更不能粗暴地打断孩子的讲话。成人良好的态度是鼓励孩子把话说下去且说好的重要条件之一。第四，家长还可以对孩子进行专门的口语训练，比如看图说话、讲故事、说儿歌、说顺口溜等。

»从白痴到天才①

1814年，在德国获得博士学位的学者中，有一位文质彬彬的少年，他的名字叫卡尔·威特，摘取博士桂冠这一年，他仅仅14岁！

少年威特的成才，是父亲有意识地进行早期教育的结果。

老威特一直认为：“对于孩子来说最重要的是教育而不是天赋”“孩子成为天才还是庸人，不是决定于天赋的多少，而是决定于从生下到五六岁时的教育。就是那些只具有一般禀赋的孩子，只要教育得法，也能成为非凡的人。”他这一观点，在当时遭到许多人的反对。威特风趣地说：“只要上帝赐给我一个孩子，而且人们认为他不是白痴，那我就一定能把他培养成非凡的人。”

也许是他的话真的让上帝听到了，不久，他妻子生了个儿子，这是一个先天不足的孩子。威特为此大为伤心：“是因为什么罪孽，上帝给了我这样一个傻孩子！”妻子更是对这个孩子的成才没有信心，她说：“这样的孩子，教育他也不会有什么出息，只是白费力气。”邻居也背地里说孩子是个白痴。

卡尔·威特也给儿子取名卡尔·威特。父亲对儿子的先天不足虽痛惜，但是，他仍然怀着极大的热情和希望，认真地教育小威特。

父亲对独生子小卡尔·威特的早期教育是从语言训练开始的。在小威特刚会辨别事物时，父亲就开始教他说话了。不过，他是用一种特殊的方式教儿子说话的。父亲在儿子的眼前伸出手指头，儿子看到后，伸出小手想抓住它。刚开始时，怎么也抓不到，后来，一下子抓到了，儿子非常高兴，就把手指放在嘴里吃起来。这时，父亲就用和缓而又清晰的语调反复发出“手指、手指”的声音给他听。儿子停止了吮吸的动作，因为他听到了一种声音，随即小眼睛开始寻找声源。于是，视觉和听觉多次结合，儿子的小嘴也试着

---

① 唐彦生，隋玉梁，于一.家庭教育大百科[M].北京：蓝天出版社，1999.894

模仿了。不多久，小威特就学会了"手指"的发音。

孩子稍大一点时，父母就抱着他东瞧瞧，西看看，教他识别饭桌上的餐具和食物、身体的各个部分、家内的器具和食品、房子的各处、院子里的草木及其他能引起孩子注意的实物名称，也教他动词和形容词，使他的语汇渐渐丰富起来。小家伙稍微能听懂说话了，父亲和母亲就天天给他讲故事，让孩子集中精力听，然后把故事复述一遍。这样，日积月累，小威特五六岁时，就毫不费力地记住了 30 000 多个词汇。

在对儿子进行语言教育时，老威特有一个原则，就是从一开始就教标准德语。为此，父亲自己从不教儿子不规范的语言，而且严禁妻子、仆人说方言和土话。

在对孩子的早期教育中，老威特很注意教学方法。每当儿子发音准确时，父亲就摸着他的脑袋表扬说："说得好！说得好！"当儿子发音不标准时，他就对妻子说："你看，你儿子说××时发音不标准。"对此，妻子同他配合得相当默契，说："是吗？我儿子连那样的话都不会说？"这样一来，小威特的学习劲头就得到了激励。

2.3～6 岁幼儿语言能力的培养

3 岁的幼儿基本能够听得懂成人说话，并且能够比较清楚地表达自己的意愿与想法。这一阶段的主要任务是继续训练幼儿的口语表达能力，并且扩大幼儿的词汇量，培养幼儿的阅读兴趣。

丰富幼儿的词汇量，需要家长有意识地进行。首先，在日常生活中，家长与孩子谈话时，要生动形象地向幼儿介绍他们周围的事物和活动名称。比如在吃饭时，引导孩子准确地讲出餐具与食物的名称；在玩时，让孩子叫出玩具、运动器械的名称等。其次，扩大孩子的活动范围。3 岁以前，孩子的主要活动范围是家。3 岁以后随着活动能力的增强，家长可以带孩子去逛街、公园、郊游等。在游玩中，有意识地鼓励孩子讲出他们的见闻以扩充其词汇量。第三，家长可以引导孩子看图片讲述事物或故事，并在其引导过程中提出难度适当的问题让幼儿思考并回答。家长可以先示范然后让幼儿模仿，但示范一定要规范、详细。这一阶段，除了扩充幼儿的词汇量以外，家长要通过为幼儿选择一些符合幼儿阅读的图书来培养幼儿的阅读兴趣，让幼儿从小养成爱读书的好习惯。

老威特还特别注意让孩子在玩中练习说话，在自然界和社会生活的各种场合增长见识，开阔孩子的眼界。看到建筑物，他就告诉孩子并教孩子说，那叫什么，座落在什么地方；看到古城，他就对孩子说这个城的名字，给他讲古城的历史。小威特两岁以后，父亲不论走访亲友，还是上街买东西；不论参加音乐会，还是看戏剧，到哪里都带着他。而且，只要有空，他就带孩子去参观博物馆、美术馆、动物园、植物园、工厂、矿山、医院和保育院，使孩子在兴致勃勃的游戏中开阔眼界，增长见闻，陶冶性情。

小威特三岁半了，父亲决定开始教他认字。老威特知道，教孩子干什么，最重要的是引发孩子的兴趣。教孩子认字，就要使孩子产生认字的欲望。怎么才能使孩子产生这个欲望呢？一天，父亲给儿子买了几本画册，非常有趣地讲给他听，讲完后对孩子说："如果你能识字，这些书你都能明白。"不久，他又买来一些画册，这一次，他不再给孩子讲了，而是对小威特说："这个画上的故事非常有趣，可爸爸没有功夫给你讲。"小威特心想，要是自己能认字该有多好啊，就可以看好多好多的书了。于是，孩子识字的想法和愿望被激发起来了，要求爸爸教他认字。这时，父亲进入了教儿子识字的阶段。

为了进一步提高孩子的学习兴趣，父亲去打字行买来 10 厘米见方的德语字母印刷体铅字、罗马字和阿拉伯数字各 10 套。然后把这些字都贴到 10 厘米见方的小板上，以游戏的形式给孩子教字。先教音，接着以“拼音游戏”的形式在玩耍中教孩子组字。小威特虽然还未掌握读法，很快就在游戏中学会了朗读。

孩子长到3岁以后，父亲就领他到各地周游。5岁时，父子俩几乎游遍了德国所有的大城市。在旅途中，观赏风光，游览名胜，寻找古迹，凭吊古战场……白天游览，晚上回到旅馆后，父亲就让儿子把看到的写在信上，邮给母亲和小朋友。

为了培养孩子专心致志的学习精神，老威特严格规定小威特的学习时间和游玩时间。小威特6岁以后，就学习法语。开始时平均每天学习10分钟的功课。在这个时间里，如果母亲和女仆来问事，父亲一概拒绝，并严肃地说：“威特正在学习，现在不行。”如果有客人来，父亲也不离开座位，而是吩咐：“请稍等片刻。”

老威特对孩子的培养教育是全方位的。除了前边讲的几个方面，他还注意培养儿子雷厉风行的作风。不管是学习还是干其他什么事，他都要求儿子干净、麻利，否则，即使干得再好，父亲也不满意。

老威特不但重视及早发展孩子的智力，而且也注意从小教育孩子做好人。

从儿子懂事之日起，父亲就给儿子讲述从古到今的各种劝人行善的故事。德国有许多讴歌仁爱、友情、度量、勇气、牺牲的诗篇。小威特稍微长大一些时，父亲就给他背诵各种道德诗。很快，刚刚几岁的小威特就都背下来了。

父亲花大量功夫，为的就是让小威特把善行作为一种乐趣。只要小威特做了好事，他就表扬说：“好！做得好！”有时也在妻子和亲人面前表扬说：“威特今天做了这么一件好事。”他还为儿子做了一个“行为录”，儿子做了好事，就记到上面留作永久纪念。由于这种鼓励，幼小的威特为了一辈子做好事而拼命努力。

在对孩子进行正面教育的同时，老威特还经常讲给儿子有关坏人的故事，并且给予严厉批评。帮助儿子从小分清善恶，敬慕好人，憎恶坏人，以善拒恶。

父亲还注意陶冶孩子的感情。小威特3岁时，有一次，看到一条狗跑过，他便像一般孩子那样，一把拽住狗的尾巴，把它拉到自己身边，正巧被父亲看见。于是父亲就拽住他的头发，脸色吓人，揪住不放。小威特吃了一惊，把拽着狗尾巴的手放开了。这时老威特也把手放开了。然后说：“威特，你喜欢被人拽着头发吗？”小威特红着脸说：“不喜欢。”“如果是这样，那么对狗也不应当是那样。”

附近的人们有了灾难，老威特总是要前去看望。在父亲的影响下，小威特也把自己存的钱拿去慰问。于是，父亲就表扬他：“威特，你做得很对，尽管你的礼物很少，但却像《圣经》里那个舍出自己全部小钱的寡妇那样有价值。”

在老威特的精心塑造、培养、教育下，小威特像一棵笔直的小树，没有那么多枝枝杈杈，茁壮成长，终于少年得志，摘取了博士的桂冠。

三、婴幼儿存在的主要问题及家庭教育对策

婴幼儿时期的家庭教育对于孩子的发展至关重要，但也存在一些问题，主要表现为依恋、任性或者闹独立性及说谎这几个方面。

（一）依恋

依恋，是婴幼儿对成人的比较稳定的情感关系，是孩子对家长的爱的雏形，与婴幼儿和亲人的交往相联系。孩子在大约6个月时，出现了第一次“社会性微笑”，从此便开始运用非正式的语言与亲人（主要是母亲）交往。这种前语言交往方式的出现，是孩子开始

社会化的表现。在这种交往中,孩子和母亲之间有了相互的了解,亲子依恋关系也日益发展。

良好的依恋关系能促进孩子良好的心理发展和社会性发展,反之,过于依恋则有碍孩子健康心理和社会性的发展。生活中,孩子在 6 个月前进入托幼机构,困难较少;而在 3 岁以前离开亲人去入托,会出现比较明显的分离焦虑。比如,有些孩子不愿意去幼儿园,即使家长哄着孩子去了幼儿园,有的孩子也会长时间地哭闹不安,这就是依恋关系遇到障碍的表现,需要家长给予积极的引导。

具体地讲,要求家长善于掌握和婴幼儿关系的亲密程度。一方面,家长需要给予孩子适当的爱,让孩子获得爱和安全感,但是要掌握分寸,理智地控制情绪,不能溺爱和放任,不能感情用事或过分满足孩子的要求;另一方面,不能使孩子的依恋感发展到过高程度,要训练孩子对除家长以外的成人,如老师的基本信赖感,为婴幼儿从单纯的亲子依恋关系,逐渐扩大到产生与其他小伙伴及成人交往的人际关系准备条件。

(二)任性

在孩子成长过程中,3～6 岁是孩子人生的首要转折时期,也称“危险期”。在此时期,孩子的独立性与个性开始萌芽,凡事不但希望自己独立去做,而且总是力图摆脱大人的约束,但孩子的智力发展水平却限制了其对自我意愿合理性的判断,体现为思维具有自我中心性,以自己的需要和兴趣为中心,倾向于从自己的立场与观点去认识事物,不考虑客观的环境条件与他人的处境,从而会提出一些不合理要求,并固执己见,具体表现为任性。比如,一味地坚持自己的意愿,不管是否合理;想干什么就干什么,十分霸道;有时还会故意和成人作对,喜欢用“就不”“偏不”来唱反调。

究其原因,孩子的任性一是由儿童的心理思维特点所决定。心理学家皮亚杰的认知发展理论认为,儿童在 2～7 岁时思维具有不可逆性和自我中心主义。所谓不可逆性就是指儿童无法改变思维的方向,使之重新回到起点,从另一面去思考问题;所谓自我中心主义就是这一阶段的儿童在面对问题时,只会从自己的观点着眼,不会考虑别人的不同看法。正因为有这样的特点,儿童一旦有了什么想法,就很难改变。二是因祖父母过于溺爱所致。孩子是他们的心肝宝贝,百般宠爱,想要什么就给什么,即使孩子有不对的地方。他们认为孩子小,不懂事,不但不教育,反而迁就。久而久之,孩子便形成一种理应被包容、被关爱、被保护的依赖型人格,稍不如意就乱发脾气,导致其越来越任性,养成“任性”的不良习惯。

孩子的任性可以通过良好的教育加以克服与防止,如果引导不当就会演变为阻碍孩子成长发展的消极因素,甚至导致不良后果。作为家长,要因势利导,积极帮助孩子实现那些可以做到的事情,切忌事事包办和过分保护。

首先,家长对子女的要求要符合儿童发展水平和特点,从自己孩子的具体情况出发,采取良好的教养方式正确地爱孩子。对于孩子的合理要求尽量给予满足,但是对孩子的缺点和不合理要求不可一味满足与迁就,应采取说理的方式或者转移孩子的注意力,不能有求必应。

其次,家长可以采取冷处理的方法。孩子出现任性行为时,如果一时难以劝说,家长可以采取暂时不予理睬的方式,等孩子自己觉得无奈而安静时再给他讲道理,并提出合理的要求让孩子完成。

第三,家长要用爱来感化孩子,用道理来说服孩子。当孩子任性时,家长要善于运用自己的情感教育孩子，比如孩子要求不合理时，家长可以表现出生气、伤心的情感，让孩子直接感受到家长的心理感受，从而意识到自己的要求过分令家长难过等。

第四，让孩子多与人交往，逐渐弱化任性。家长要鼓励孩子多与同龄人交往，让孩子在和小伙伴交往的过程中，懂得相互谦让、包容，多为对方考虑，与小伙伴友好、快乐地玩耍，慢慢改变任性的行为。

第五，教会孩子懂得“选择”，明白事理。当孩子发生任性行为时，家长可以提出两种解决方案，让孩子自己选择其中一种方案，能有效化解其行为。而更重要、更深层次的意义在于，家长如能适时把握运用“选择”的时机并长久坚持，孩子也会慢慢由一个任性的孩子逐渐成长为一个懂道理、明事理、勤思考、善选择的有智慧的孩子，这对孩子今后的人生发展具有深远而非凡的意义。

(三)说谎

幼小的孩子是天真坦诚的，但我们会发现孩子也有不说实话的时候。对此，我们要认真分析，不能轻率地认定是说谎行为。孩子的说谎行为主要分为以下三种：

1.无意说谎行为

无意说谎行为是指孩子由于受其身心发展水平的限制，往往将想象世界与现实世界相混淆。比如，有的孩子把自己想象中的事物认为是真实存在的而导致说谎。对于孩子的无意说谎行为，家长要学会宽容、理解与等待。帮助孩子分辨理想与现实的区别，特别是三四岁的孩子常常将自己想象的、实际上没有发生的事当作是真实的。家长要注意在平时让孩子学会用“我想”“我猜想”等词语来表达自己的想法。

2.故意说谎行为

故意说谎行为是指孩子为了达到一定的目的，或是因虚荣心驱使，或是为了掩盖错误和逃避惩罚，或是为了庇护他人缺点而故意撒谎。比如，有的孩子为了让家长开心而故意说自己在幼儿园表现好得到小红花。对于孩子的故意说谎行为，家长要严肃对待，引导孩子认识到撒谎的危害并教导孩子要诚实。家长要多采用民主的教育方式，在引导过程中以说服教育为主，对孩子不能太苛刻，对孩子的要求要合理，不能粗暴地对待孩子。

3.模仿说谎行为

对于孩子的这种模仿说谎行为，家长除加以正确引导外，更重要的是要为孩子树立好的榜样，诚实守信，以身作则。家长绝对不能对孩子说谎，对孩子的承诺要兑现，对孩子要守信用。

总之，不管是无意说谎行为、有意说谎行为还是模仿说谎行为，都应引起家长的高度重视，分清孩子说谎的原因，分别给予恰当的引导和教育。虽然幼儿期孩子说谎往往是心理不成熟的表现，但若不注意就会养成撒谎的坏习惯而难以克服，以至埋下祸根，乃至酿成大错。因此，家长要特别注意，引导孩子从幼儿期就开始做一个诚实的好孩子。

第三节　童年期的家庭教育

童年期是指六七岁至十二三岁上小学的这一年龄阶段，这一时期是人生发展的又一个关键期。由无拘无束的“玩童”进入有明确学习任务并承担一定社会责任和义务的小

学生，这一转变对人的影响是巨大的。角色的转换、社会地位的变化以及学习、生活环境的改变都将使童年期孩子的生理和心理发展有其自身的特点。故此阶段儿童身心发展如何，家庭教育该如何进行，将是本节主要探讨的问题。

一、童年期儿童的身心发展特点

孩子从出生时的一无所知到经历了充满着无限自由、无比快乐的幼年生活，到6岁左右开始进入了人生发展的第二个关键时期，即童年期。处于童年期的儿童，其身心发展处于一个相对平稳的时期。

(一)儿童的生理特点

在童年期，儿童的身体发育不是很明显，处于一个相对稳定时期，其特点具体表现为：

1.身体发育较为平稳

身高是人体高度的指标，是正确估计身体发育特征和评价生长速度不可缺少的依据；体重是在一定程度上反映儿童骨骼、肌肉、皮下脂肪和内脏重量增长等综合情况的指标。小学阶段儿童的身高体重增长比较平稳，身高平均每年增长4.5～5厘米，体重平均每年增长2.5千克左右。儿童的骨骼发育比较迅速，但是很多软组织还未发育完善，易变形弯曲，易脱臼，但不易骨折。儿童的肌肉发育还不完全，含水分多而蛋白质少，故肌肉韧带力量小，缺乏耐力，易疲劳。因此，针对童年期儿童骨骼、肌肉的发育特点，不能让他们的骨骼、肌肉过多承重，以免影响发育和带来损伤。

2.神经系统发育特点

童年期孩子大脑的重量显著增加，由6岁时的1.2千克左右，到9岁为1.35千克左右，再到12岁时达到1.4千克左右，基本接近成人的脑重。大脑额叶显著增大，额叶在解剖上是成熟最晚的，这标志着儿童向成熟迈进了一步。此时，大脑的机能也日益完善。六七岁时神经髓鞘化已完成，条件反射易形成，易巩固且不易泛化。儿童的高级神经活动的基本过程——兴奋和抑制的机能也有了一定的发展并逐渐趋向平衡，这为儿童能够和外界事物建立更多的暂时联系，为儿童学习更多的东西并对所学内容加以准确分析，能更好地支配自己的行动提供了生理上的保证。为此，家长要注意保证儿童足够的睡眠时间(7～9岁需11小时，10～11岁需10小时，12岁需9～10小时)，以促进儿童神经系统的正常发育。

(二)儿童的心理特点

童年期是儿童心理发展的重大转折时期。在生活上，孩子从以游戏为主导活动的幼儿园生活，逐步转入以学习为主导活动的学校生活，开始感受到学习、环境等方面给他们带来的压力。在思维方式上，将由具体形象思维，逐步向抽象逻辑思维过渡。具体来讲，这一阶段儿童的心理特点主要表现为：

1.认知发展

儿童认知特点最主要表现为思维上的发展，即由以形象思维过渡到抽象逻辑思维，但这种抽象逻辑思维在很大程度上，仍然是与直接和感性经验相联系的，仍然有很大成分的具体形象性。儿童思维过程的发展突出体现为概括能力的发展。在整个小学期间，儿童的概括能力的发展逐渐从对事物外部感性特点的概括到越来越多地转为对事物本质属性的概括，逐渐从对少数简单事物的概括发展到对复杂事物的概括。小学儿童概括能力的发展大致经历了如下三个阶段：

（1）直观形象水平阶段，主要是指低年级（7～8 岁）儿童的发展水平。他们能够概括事物的特征或者属性，但更多注意到的是事物直观的、形象的、外部的特征或属性。

（2）形象抽象水平阶段，主要是指二三年级（8～9 岁）儿童的概括水平。他们的概括能力处于形象水平向抽象水平的过渡状态。概括中直观的、外部的特征或属性逐渐减少，而抽象的、本质的特征或属性的成分不断增加。

（3）本质抽象水平阶段，主要是指高年级（10～12 岁）儿童的概括水平。由于儿童生活经验的不断丰富和智力活动的锻炼，此时的概括开始以本质抽象为主，初步地接近科学的概括，但是与高度抽象概括还相距太远。

儿童认知的发展，除了思维的明显变化外，观察力、注意力、记忆力、想象力的发展与幼儿时期相比，也有明显的进步。具体表现在：儿童观察的精确性明显提高，随意性减弱而目的性增强；儿童的注意由低年级的无意注意占主导逐步发展为高年级的有意注意占优势，由容易注意那些具体形象生动的事物为主到开始关注并表现出对抽象逻辑性强的事物感兴趣；儿童的记忆也由以无意记忆、具体形象记忆、机械记忆为主发展为以有意记忆、抽象逻辑记忆和意义记忆为主；儿童想象的有意性迅速增长，想象中的创造性成分日益增多，而且想象也更具有现实性。

2.情绪情感发展

随着年龄的增长，儿童的情绪情感也开始呈现出新的特点。由于儿童生活经验的不断增加，生活范围的不断扩大，情绪情感的内容日益丰富。比起幼儿期易外露、易波动、不稳定的情绪情感特点，童年期儿童情绪情感的稳定性和深刻性不断增加。随着年龄的增长，儿童调节与控制自己情绪情感的能力相应增强，情绪情感也表现出内隐性。所谓内隐性指的是随着心理活动水平的提高，幼儿能够逐步调控并掩饰自己内心的情绪情感而不是马上发作。比如，在幼儿园遇到不愉快或伤心的事时，能够抑制住等放学回家见到亲人时再诉说委屈并放声大哭。另外，高级社会情感也开始出现，比如道德感、理智感、美感等都逐步发展起来。儿童的意志在童年期也有较大的发展，体现在儿童意志的目的性、持久性、自制性与果断性等方面。

3.自我意识与性格发展

相对于婴幼儿时期的孩子来讲，童年期儿童的自我意识不断丰富化，整体化。个体的整体性自我意识不断觉醒，主要体现为儿童自我评价能力的发展。儿童的自我评价由比较笼统的评价发展到对自己不同方面能力的评价；由顺从别人的评价发展到有独立见解的自我评价；对自己的评价由以外部行为评价为主发展到初步对内心品质的评价。儿童的自我意识由即瞬式的感受发展为比较稳定的自我认知。儿童的性格也在不断参加集体活动及与同伴的交往过程中逐步稳定起来，有了初步的集体感，开始知道团结同学，相互帮助，对自己和他人都有了比较稳定的态度。

4.言语发展

在儿童期，儿童已具备了基本的言语交际能力，已经能够运用比较丰富的口头词汇来正确表达自己的思想。但是，语言的逻辑性和连贯性还不够完善，他们的言语还不很完整，内部言语还很不发达，也不善于掌握书面语言。具体地讲，儿童言语发展的特点主要体现在以下几个方面：

(1)儿童口头言语的发展

口头言语分为对话言语和独白言语两种,低年级的儿童以对话言语为主,二三年级时独白言语开始发展,小学高年级的儿童口头言语表达能力初步完善,会说比较完整的合乎语言规则的句子。

(2)儿童书面言语的发展

儿童在入学初期,口头言语已经有了很好的发展,但是书面言语还非常贫乏,儿童书面言语的发展远远落后于口头言语的发展。儿童时期是获得书面言语的关键期,主要通过识字、阅读与写作活动来获得。

(3)儿童内部言语的发展

内部言语是一种无声言语,其重要特点是,先想后说或先想后做,对有关自己所要说的、所要做的思想活动本身进行分析综合,用批判的态度来对待自己的思想内容和思维活动。[①] 也就是说,儿童的内部言语具有内隐性和简约性的特点。内部言语的发展与思维发展水平密切相连。低年级儿童能够在运算中短时间内运用无声言语,高年级儿童在计算、阅读中,无声言语逐步占主导。

二、童年期家庭教育的实施

孩子从走出家庭,走进幼儿园,而后进入小学,开始系统地学习文化知识,家庭教育的主要任务也由养成教育转变为培养孩子会学、乐学,具体包括:培养儿童的学习兴趣,养成良好的学习习惯;正确对待孩子的学习成绩;培养儿童的创造性思维;培养儿童的良好个性。

(一)培养儿童的学习兴趣,养成良好的学习习惯

由幼儿园进入小学,孩子的活动由以游戏为主逐步转变为以学习为主。学习成为了孩子的主要任务。对于刚入学的孩子来讲,培养其对学习的兴趣甚为重要。为了让孩子对学习产生兴趣,喜欢学习,愉快并轻松地学习,必须养成良好的学习习惯。

1.培养儿童的学习兴趣

俗语讲:“兴趣是最好的老师。”兴趣,是一个人积极地认识事物的一种心理倾向,是行动的动力。儿童的心理发展水平决定了他们的学习更多地凭借兴趣推动。因此,家长要积极引导孩子,善于观察并发现孩子学习的兴趣。

儿童的学习兴趣主要包括对书本、对学校和对学习本身的兴趣。为了培养孩子从小就喜爱书本,喜欢阅读,家长可为孩子购买设计美观、内容丰富的课外读物,也可带孩子到图书馆阅读各式各样的图书,进而让孩子明白书本是将来学习的主要工具,想知道的东西都可以从书上学到,激发孩子对书本的兴趣。为了让孩子喜欢上学、喜爱学校,家长可利用闲暇带孩子到小学去参观,培养孩子对丰富的学校生活的兴趣。初入学的孩子对学习本身最感兴趣的不是其内容,而是各式各样的学习过程与学习活动,家长要配合教师为孩子学习提供丰富多样的学习方式。此外,家长要善于观察孩子,及时发现孩子的兴趣点,并通过提出有一定难度、值得思考的问题等途径来激发孩子的好奇心与学习兴趣。

2.养成良好的学习习惯

良好的学习习惯是提高学习效率,保证学习质量的关键。小学阶段的儿童刚刚开始正规的学习生活,这一阶段是良好学习习惯养成的关键期,家长要尤为重视。良好的学

---

① 朱智贤.儿童心理学[M].北京:人民教育出版社,2003.321

习习惯主要包括以下几个方面的内容：

首先，家长要为孩子提供一个安静、舒适的学习环境，以便于孩子能集中精力地专心学习。有条件的话，最好让孩子有一间自己的房间，房间内物体摆设要简单有意义。比如，可以在墙壁上贴一些如牛顿、爱因斯坦等科学家的画像，以激励孩子爱学习，爱思考。房间的采光条件要好，学习的位置要科学合理，一是桌椅高度要符合儿童的身高比例，即桌椅比例以孩子坐下其上身挺直时，手肘能平放桌面为合适；二是要求孩子做到"三个一"的正确书写姿势，即身体距离桌子一拳，书本距离眼睛一尺，握笔的手距离笔尖一寸；三是做作业时光线充足，亮度合适，光线源自左前方；四是引导孩子正确使用、整理、爱惜学习用品，爱护书本和保持书本清洁等。

其次，家长要对孩子的家庭作业给予合理辅导，不能过度包办，也不能放任自流，要督促孩子按时完成作业，养成良好的学习习惯。一是培养孩子认真专注做作业的习惯，要求孩子在做作业时心神专注、投入，不能边玩或边看电视边做作业，并养成完成作业后自觉认真检查的好习惯。二是培养孩子独立做作业的好习惯，要求孩子独自完成作业。如遇到难题时要独立思考解决，不能轻易求助，如求助家长；家长也不能直接告知答案，要学会等待，不可急于求成；要巧设提问，多方启示，引导孩子善于思考，勤于思考，启发孩子从书中寻求解决的办法，体验成功的快乐。如果直接告知孩子答案，会养成孩子的依赖和懒惰思想，不利于孩子独立学习与思考。

(二)正确对待孩子的学习成绩

孩子的学习成绩是每位家长最为关心的事情，而家长对待孩子学习成绩的态度会直接影响孩子学习的动机。一些家长过分看重孩子的考试成绩，考得好与否家长对孩子的态度判若两人。如孩子考得好，全家高兴而因此放松对孩子的要求，不讲原则地满足孩子的不合理要求；反之，考得不好，全家垂头丧气，犹如末日来临，训斥，甚至打骂孩子。如此长而久之，孩子会慢慢认为自己学习很辛苦，是在为家长学习，考得好家长有面子，考差了自己受苦，由此逐渐引发对学习的恐惧感而厌学、逃学甚至离家出走。

因此，家长要正确对待孩子的学习成绩。家长应该多做纵向比较，尽量少做横向比较。只要孩子的学习成绩比以前稍有提高，家长就应该给予肯定与鼓励。家长要信任孩子，要时刻关心孩子，要看到孩子学习上微妙的变化和点滴的进步，对孩子多鼓励，多肯定，少斥责，少否定，不以考试论英雄，更不能以考试成绩的高低改变对孩子学习上的一贯要求。更重要的是，家长要教育孩子懂得学习是自己的事情，学习成绩好与否关系到自己今后的发展，好好学习并非为了获得某种利益。

(三)培养儿童的创造性思维

21世纪需要的是具有创新能力和创造性思维的人才。年幼的儿童活泼好动，思维灵活，处于创造力的萌芽阶段，是创造性思维发展的关键时期。因此，作为家长，就要对孩子多给予鼓励、赞扬和支持以发展他们的创造力。

1.在民主自由的家庭环境中，培养儿童的创造性思维

良好的家庭环境是儿童进行创造的前提条件。良好的环境是指家庭成员之间以及家长与孩子之间感情融洽，相互之间相处轻松愉快，家长尊重孩子的意愿，民主平等地对待孩子。只有这样的和谐氛围才有助于孩子创造力的发展。如果家庭成员的关系紧张，经常吵嚷并责骂孩子，会使孩子害怕、压抑而不敢表达自己的想法与意愿。因此，家长要

让孩子感受到他们的爱与尊重，引导孩子在民主和谐的氛围中充分发挥创造的潜能。比如，在生活中，家长可以让孩子自编故事、自制玩具、自编舞蹈等，这些都能促进儿童的创造性思维发展。

2.在实际动手操作中，培养儿童的创造性思维

创造性思维是在儿童亲自动手操作中及独立解决问题中逐步发展起来的。因此，家长在家庭教育中要引导和启发孩子多看、多听、多做、多想，放手让孩子动手自己做力所能及的事情，切忌家长事事过分包办代替。在日常生活中，家长发现孩子有与众不同的思维方式和带有创造性的火花时要给予肯定与鼓励。孩子在平时遇到困难与障碍时，家长要鼓励孩子不怕困难，并想办法解决难题，需要的话要给予适当的支持。总之，在生活细节中鼓励孩子，敢于并善于创造。

3.在与周边环境的积极互动中，培养儿童的创造性思维

丰富的生活和知识经验是创造力发展的基本条件。家长可以利用闲暇时间带孩子到博物馆、美术馆、展览馆去参观；可以带孩子到公园、郊外的大自然中去观察；引导孩子收看《动物世界》《科技博览》等电视节目，阅读科普读物，做科学小实验，饲养小动物等来开阔眼界，丰富知识经验；鼓励孩子与周围世界多接触交往，善于观察、发现，在与环境的互动中，培养孩子的创造性思维。

（四）培养儿童的良好个性

处于小学阶段的儿童，刚刚走出家庭，开始接触集体生活环境，个性具有相当大的可塑性。因此，家长要抓住这个关键期，对孩子进行积极引导，培养孩子的优良个性，为其一生的发展奠定基础。

1.培养儿童敢于克服困难的坚强意志

日常生活中，难免会遇到这样那样的困难，培养儿童具有坚强的意志品质对他们的健康成长有着非常重大的意义。家长可以通过以下途径来培养孩子的意志品质。首先，家长要以身作则，为孩子树立好榜样。在生活中遇到困难时，家长不应消极逃避而要积极面对困境，并表现出不折不挠的坚强意志力。其次，家长要创设一定的环境，为孩子提供磨炼意志的机会。比如，在日常生活中，家长要敢于放手让孩子做其力所能及之事，不能凡事包办而使孩子失去锻炼的良机；家长还可以鼓励孩子多参加户外活动，如参加夏令营、冬令营等训练，在活动中锻炼坚强、果敢、不畏困难、吃苦耐劳的意志品质。第三，家长要为孩子指出明确的学习、生活目标。目标是行动的指南和不竭动力，要使孩子明白学习、生活的意义是为了获得个人将来的发展和祖国发展的需要，那么即使遇到困难与挫折也会坚持下去，不会轻言放弃。

2.培养儿童遵纪守法、严于律己的自律意识

孩子从无拘无束的幼儿园走进有正规学习生活的小学，刚刚开始接触纪律。因此，家长要给予高度重视，抓住时机培养孩子守纪律的好品质。首先，家长要让孩子知道遵守纪律的重要性。平时可以带孩子到一些公共场所如车站、码头、超市等实地参观，让孩子亲身感受纪律与秩序的重要性。其次，家长要配合学校教育，督促孩子自觉遵守课堂学习纪律以及学校的常规作息制度、清洁卫生制度等。第三，带孩子参加一些社会活动，在实践活动中培养孩子遵纪守法的好品质，如聆听音乐会要知道保持会场的安静，过马路要遵守交通规则等。

3.培养儿童集体主义道德感、同情心等高级情感

孩子进入小学，可以接触更多的同伴，过比较正式的集体生活，让孩子学会关心集体、关爱同伴对孩子今后成长、成人非常重要。

首先，从日常生活小事抓起，培养孩子关心他人的好品质。比如，平时家里有客人到了，家长要鼓励孩子为客人搬凳子、拿碗筷等；再如，邻居家的叔叔阿姨上夜班需要白天休息，就要让孩子保持安静等。第二，培养孩子的同情心。比如，坐公交车时，遇到老弱病残者要主动让座，看到邻居家里有病人要主动去关心帮忙等。第三，鼓励并支持孩子多参加集体活动，在集体中学会帮助他人，为集体着想。比如，参加学校的集体劳动、课外活动等。

4.培养儿童勤俭节约、热爱劳动的高尚美德

勤俭节约是中华民族的传统美德，家长要让孩子从小就认识到勤劳俭朴、热爱劳动对个人及社会的重要性，让孩子认识到贪图享乐、不思进取的危害。因此，家长首先要严于律己，做勤俭节约的典范；不大吃大喝，不爱慕虚荣，不贪图享受。在日常生活中，家长要引导孩子做一些力所能及的家务活，养成热爱劳动的好习惯。其次，家长还可以为孩子讲一些勤俭节约的生动故事与案例，以此引导孩子学习同伴、榜样身上的好品质，让孩子从小养成勤俭节约、热爱劳动的高尚美德。

三、童年期儿童存在的主要问题及家庭教育对策

童年期是人生发展的第二个关键时期，处于这一时期的儿童主要存在学习上、人际交往上以及行为上的一些问题，家长要充分认识到这些问题的危害，并给予积极引导，以促进儿童日后的健康发展。

(一)学习问题

儿童的学习问题主要表现为：注意力不集中、多动和厌学、逃学等。

1.注意力不集中、多动

这一问题主要出现在小学低年级，具体表现为：上课咬指甲、铅笔、扣子，坐不住等。孩子出现这些问题与其年龄阶段特征，如肌肉骨骼发育不完全、活泼好动有关，也与儿童的睡眠时间不充足和睡眠质量不高有关。因此，家长应该给予积极关注与正确引导。

首先，家长要督促孩子按时作息，保证充足的睡眠，为孩子的专心学习提供前提条件。要求孩子晚上 9 点 30 分必须入睡，早上 7 点准时起床，养成早睡早起的好习惯。其次，家长要善于利用兴趣来训练孩子专心致志做事的能力。比如，有的孩子喜欢看连环画，有的喜欢下棋，要在孩子感兴趣的活动中给予及时引导，培养其专注精神。第三，家长要引导孩子认识到活动和自己行动的目的性。比如，让孩子认识到上课专心听讲、课后认真完成作业是取得好成绩的条件，孩子对自己的行动目的明确之后，就可以依靠意志力来集中注意，专心学习。第四，家长可以运用奖惩的方法来激励孩子集中注意地学习、做事。比如，家长可以选择一个有趣的故事讲述给孩子听，然后叫他复述，根据复述的结果给予适当的奖励，这也是训练孩子注意力集中的好办法。

2.厌学、逃学

这一问题在小学高年级儿童中出现得比较多。儿童厌学、逃学是缺乏学习兴趣的表现。儿童对学习不感兴趣的原因可能是由于学习压力过大，家长、老师要求过严，也可能是学习成绩较差、学习习惯散漫等原因所致。要解决这一学习问题，父母要做到三点：

(1)家长要与学校教师沟通，不宜给孩子布置过多的家庭作业，并且家长更不能占用

孩子正常的休息娱乐时间来逼迫孩子学习。当前很多孩子都是独生子女，父母望子成龙心切，过多占用孩子周末休息时间，逼迫他们参加乐器、舞蹈、绘画、体操等各种特长班，导致孩子几乎没有自己自由支配的时间，只有通过逃学来获得“自由”。

(2)家长要培养孩子的学习兴趣与良好的学习习惯，让孩子自觉地喜欢学习，善于学习。这一点，前面已有详尽的阐述。

(3)家长要注意教育方法，对孩子要多鼓励，多肯定。平时要多关注孩子，及时发现孩子的点滴进步并给予鼓励，帮助孩子体验学习上的成功，培养孩子的学习自信心与自主性。

(二)人际交往问题

交往是人类自身发展和社会生活的需要，儿童只有学会与人交往，才能够健康成长，童年期儿童在人际交往方面存在的问题不尽相同，其主要表现为：有的儿童冷淡、孤僻、不合群，有的儿童好争斗、爱欺负弱小等。对此，家长要分别对待，给予不同的指导。

1.冷淡、孤僻、不合群

日常表现为冷淡、孤僻与不合群的儿童，一般都比较自卑，缺乏自信心。导致这一问题的原因多半是孩子从小处于被忽视的地位，经常被责骂和非难，缺乏关心和爱。因此，让孩子变得自信、独立至关重要。

(1)家长要尊重孩子，提升孩子在家庭中的地位，多给予孩子关怀、体贴与帮助，让孩子感受到家长的重视与爱。

(2)家长平时要注意采用平等的态度与孩子多谈心，多鼓励孩子大胆地表达自己的感情与意愿；并尊重孩子正确的想法与做法，鼓励孩子积极上进，增强孩子的勇气。

(3)家长要善于观察孩子的日常表现，及时发现孩子的痛苦与忧愁，并鼓励他们把自己的苦楚用恰当的方式排解。

(4)家长要为孩子创造条件，鼓励孩子多出去走走，如走走亲戚、串串门等，多与人交流以增加与人交往的自信心及交往技能。

2.争强好斗，反抗易怒

表现出这一问题的儿童，一般都狂妄自大、骄傲自满、自私、气量狭窄，不能容忍别的同伴超过他，不能融洽地与别人相处，常常与他人发生冲突；爱反抗、好顶撞、易激怒，情绪控制力较差。这些孩子普遍都是从小被长辈娇生惯养，过分溺爱，平时得到过多的赞扬、夸奖，而很少受到挫折，他们不懂得尊重别人，不会正确地与人相处。

因此，要纠正这些问题，家长首先要理性地爱孩子，不能过分溺爱，过分保护，过分放纵，要给孩子提出合理的要求，并鼓励孩子自己动手做力所能及的事情。其次，家长要严格要求孩子，适当约束。对孩子的表现给予合理的评价，表扬要具体，奖励、夸奖要合情合理，对孩子要做到奖惩适时、适当、适度，而不能一味地表扬、奖赏。第三，家长要鼓励孩子多参加集体活动，增强其对集体生活的归属感，在集体活动中认识到有比自己更加优秀的人，让孩子学会尊重他人。

(三)行为问题

儿童刚刚走出家庭，对外界没有自己的评判标准，易受坏榜样的影响而出现说谎、偷窃等行为问题。作为家长，要善于观察，及时发现并给予帮助。

1.不诚实行为

小学生的不诚实行为表现为说谎，但与幼儿期有很大不同。幼儿的说谎主要是受心理发展水平不高，不能分辨想象世界与真实世界的区别所致，多半是无意识的，而童年期儿童的说谎行为则多是由于受到坏榜样以及不良家庭教养方式（有时候孩子说真话会挨打骂，说假话反倒不会）的影响，带有明显的不诚实性和故意性。

因此，童年期儿童的说谎行为要引起家长的高度重视。为了教育孩子从小诚实，首先，家长要以身作则，对孩子守信用，说话算话，为孩子的诚实提供好的榜样。其次，家长要正确对待孩子所犯的错误，多询问多了解。不要不分青红皂白就采用粗暴的方式对待孩子，如痛打或痛骂孩子，使其养成为逃避家长的惩罚而说谎的行为。第三，一旦发现孩子说谎，家长要态度严肃，方法正确，对孩子进行积极引导，讲清道理，让其认识到说假话的危害，可以选择一些故事或实例进行说服教育。

2.偷窃行为

在小学阶段，有的孩子会出现偷窃行为，这主要是由于受到不良榜样的影响以及某些合理的需要得不到家长的满足所导致。无数事实证明，从小有小偷小摸行为的孩子，长大了很可能会走上犯罪的道路。

对此，家长要给予足够的重视与积极的引导。首先，家长要让孩子认识到偷窃的危害性，让孩子远离那些有此类不良行为的同伴。其次，家长要满足孩子的合理需要，对孩子的需要不能一概拒绝，否则会让孩子有机可乘，找到偷窃的理由。比如，孩子想买本漫画书，而家长却坚决不同意，想得到书的强烈愿望会迫使孩子去偷钱买书。第三，家长要以身作则，自身行为要检点，为孩子提供好的学习榜样。

»狠心的妈妈①

那是我在百货店玩具柜台工作时遇到的一件一生都难以忘记的事情。"对不起，您能听一下这孩子的话吗？"我被一位30多岁的母亲叫住，有一位小学一年级左右的男孩子紧张地站在母亲身旁。那男孩儿像贝壳一样闭着嘴，眼睛只是向下看。

他母亲以严厉的语气说："快点，这位阿姨很忙！"我感到空气骤然紧张起来，到底是什么事呢？我一边猜想着，一边仔细看着这母子俩。这时我发现那男孩儿手中握着什么东西，他那双小手还有点颤抖——那是件当时很受孩子们欢迎的玩具，这种玩具每次进货都被抢购一空，而且被盗走的数量不亚于销售量。

"怎么了，你说点什么呀！"孩子的母亲很生气，眼眶里溢满着泪水，这时男孩儿已经上气不接下气地哭了。

我的心脏仿佛被猛戳了一下，我又一次面向孩子，我想我必须要听他说句话，我甚至感到这个瞬间可能会左右孩子今后的人生。

这时，他的手不自然地伸开，被揉搓得破烂的包装中露出了玩具。

"我没想拿的。"他费了很大力气才说出这句话。我现在还记得，孩子最后泣不成声地说了一句："对不起。"母亲那时的表情难以形容，我感到她好像放心地深叹了一口气。

然后，他的母亲干脆地对我说："请叫你们的负责人来，我来跟他说。"这时，我第一次懂得了母亲对孩子深深的爱和教育子女的不易，我被她的行为深深地感动了。

"不用了，我收下这玩具钱，这件事就作为我们三个人的秘密吧，孩子明白自己做错了事，这就够了。"

我只道出了心情的一半，眼泪已夺眶而出。那位母亲几次向我鞠躬道歉的身影，我现在也忘不掉，永远忘不掉。

---

① 冷颖.影响家长的101个经典家教案例[M].北京:北方妇女儿童出版社，2007.90

第四节　青少年时期的家庭教育

青少年时期是人生发展的关键期，是个体由幼稚走向成熟，由儿童走向成人的一个过渡时期。青少年时期是指十一二岁至十七八岁这段时间，也即初中、高中阶段。这一阶段是个体的世界观、人生观、价值观形成的重要时期，因此家长要给予足够的重视与指导。

一、青少年身心发展特点

青少年时期，是人的生长发育的第二个高峰期，被人们称作“暴风骤雨”期，也被称为“第二次心理断乳期”。这一时期，个体的生理和心理都发生了巨大的变化。这个时期，又可分为少年期（初中阶段）和青年初期（高中阶段）两个阶段，下面将分别阐述初中生与高中生的身心发展特点：

（一）初中生的生理心理特点

少年期主要是指十一二岁至十三四岁这一时期，即初中阶段。处于少年期的初中生，出现了类似于婴儿期的“日新月异”的变化，具体体现在生理与心理两个方面：

1.生理特点

初中生的身高体重陡增，脑和神经系统不断完善，性机能日益成熟。

（1）身体外形的变化

处于少年期的初中生，其身高体重发生了很大变化，男女身高平均每年增加 6 厘米左右，体重平均每年增加 4 千克左右。一般女生的生长发育比男生早 1～2 年，女生一般十一二岁身体各部分开始迅速增长，而男生一般 13 岁开始快速发育，并且很快就赶超女生。此时，少年的骨骼迅速增长，肌肉也变得结实有力；但身体各方面的生长发育不太均衡，如骨骼的生长超过肌肉的生长，尤其是下肢增长较快，超过身体躯干的增长，因此显得手长腿长，体型不太协调。

（2）心、脑和神经系统的发育

初中生大脑皮层细胞的机能与结构都发生了很大变化，联络神经纤维在数量上大大增加，联络神经元的联络也不断形成。大脑神经活动的兴奋性比较高，大脑功能由第一信号系统很快转变到第二信号系统，并占主导地位。（所谓第一信号系统是指人脑与动物的大脑都具有的条件反射机制，也即对具体的、现实的第一信号形成条件反射。如吃过酸梅的人，只要一看见酸梅就有唾液分泌。所谓第二信号系统是指人类所特有的条件反射机制，即对语言刺激、抽象信号等能形成条件反射。如“谈虎色变”，人并没有见到具体的虎的形象，但是一个“虎”字就使人脑联想到具体的虎，引起恐惧的心理反应。[①] 人类的高级神经活动乃是第一信号系统和第二信号系统共同活动、相互作用的结果。动物只有一个信号系统，相当于人类的第一信号系统。第二信号系统的发生与完善使人类高级

---

① http://baike.baidu.com/view/140597.htm

神经活动出现飞跃，它是人类社会活动的产物。[①]）但神经系统的发育，特别是神经系统对运动的调节方面跟不上身体的增长，从而使少年期孩子的运动协调能力较差，动作协调性与童年期相比反倒显得有些笨手笨脚。除此之外，少年期孩子由于心脏的发育较血管及身体各器官系统的生长缓慢，会经常出现心跳较快、血压偏高、头部不适以及容易疲劳等现象，主要缘于心脏活动出现机能障碍所致。

（3）第二性征的出现

所谓第二性征是指由性成熟现象引起身体外部的一些生理变化，如男孩音调变低，上唇出现胡须，长出阴毛和腋毛；女孩音调变尖，乳房隆起，臀部变大，出现阴毛和腋毛等。[②] 第二性征的出现是少年期孩子身体发育的第二个显著特征。随着第二性征的开始出现，男女体型明显分化，男孩体态日益健壮，变得坚强结实，女孩变得婀娜多姿。同时，少年期孩子的性器官发育不断成熟，表现为男孩出现遗精现象，女孩出现月经初潮。性腺机能也开始成熟并发生作用，生殖器官逐步完善。随着性生理的发展，青少年的性心理也成熟，但是性的社会性成熟度还不够，远远落后于性生理、性心理的成熟。所以，青少年时期会出现一个长达10年左右的“性饥饿期”，要引起家长的高度重视。

2.心理特点

处于少年期的初中生，其感知、注意、记忆、思维等认知过程日益成熟，情绪意志、自我意识等也有了很大变化，独立性日益增强，世界观、人生观也开始形成。

（1）认知的发展特点

初中生的感知能力相对儿童时期有了显著的发展。视觉感受性，10～12岁比7岁时增长率可达60%；听觉感受力，如辨音能力，10岁时是6岁的3～4倍；知觉能力，从明显的无意识性和情绪性发展到有意识性、有目的性，到11～12岁时能长时间有效地知觉事物。[③] 初中生的注意力、记忆力比学龄初期儿童有了显著的发展。初中生的记忆以有意记忆、意义记忆为主，记忆的目的性、长时性有所增强，能将记忆与联想结合起来，在理解的基础上记忆等；注意的集中时间增加明显，注意的有意性、目的性和稳定性显著加强，能有意识地控制和调节自己对事物的注意，注意力的分配能力也有所发展。初中生的思维发展的主要特点是：抽象逻辑思维日益占主要地位，但思维中的具体形象成分仍然起着重要作用。也就是说，初中生在进行抽象逻辑思维时，需要感性经验或感性材料做支撑，逻辑推理能力尚在不断发展，思维的独立性和批判性有所发展，但还带有明显的主观性和片面性。

（2）情感、意志的发展特点

初中生的情感表达强烈、丰富、外显，但同时也敏感、脆弱、易偏激，情绪不太稳定，忽而振奋激昂，忽而失落沮丧，不易预测，情绪自控能力还有待进一步发展。初中生在意志方面也有了明显的发展。对自己行为的自控能力较以前有显著的增强，对自己行动的目的性、活动的目标性认识日益清晰，为了达到目的，实现目标，他们能够付出努力，克服困难。但是，如果在群体活动中，易受他人的影响而失去理智，失去对自己行为的控制，易受别人的诱惑等，自身判断能力的发展还有待完善。

---

① http://zhidao.baidu.com/question/62833419.html

② 朱智贤.儿童心理学[M].北京：人民教育出版社，2003.479

③ 李天燕.家庭教育学[M].上海：复旦大学出版社，2007.180

(3)自我意识的发展特点

自我意识是指个体对自己的认知和态度。少年时期是自我意识高涨的时期。自我意识在两岁左右萌芽,经过了幼年期、童年期的发展,发展到青少年时期,呈现出以下特点:一是初中生关注自己的内部精神世界、内心品质,开始去了解别人的和自己的个性特点,并开始关注自我内心体验,开始自我评价;二是初中生能够更加自觉地评价别人和自己的个性品质;青少年先学会如何去评价别人,然后逐步学会以别人为"镜子"来评价自己,他们对别人或对自己品质的评价能力日益发展起来;三是初中生对别人或对自己个性品质的评价能力尽管发展起来了,但是与成人相比还是不高,而且带有不稳定性;他们的评价往往不客观,带有明显的主观性和片面性;对自己的评价落后于对别人的评价,往往高估自己而苛求别人,评价太笼统且模糊。

少年时期的孩子,成人感和独立感开始产生,随着身体的加速发育和成熟,意识到自己是个大人了,希望家长像对待成年人一样地对待他们,并力图摆脱对家长的依赖以及成人对他们的管束。这种成人感和独立感的产生,使他们的自尊心日益增强,更加要求人格上的独立,不希望家长事事都管着,要求自己有适当的个人权利等。因此,经常因观点相异与同伴发生争吵,顶撞老师、家长,且往往情绪偏激,坚持己见,妄下结论。

(二)高中生的生理心理特点

青年初期是指十五六岁至十七八岁这一时期,即高中阶段。处于青年初期的高中生,与处于半幼稚半成熟的初中生相比,其身心各方面的发育都已经达到了相当成熟的阶段,具体表现在:

1.生理特点

经历了少年期暴风骤雨式的成长发育,处于青年初期的高中生,其生理上已基本成熟。高中生的身体发育已接近成人的水平。他们的身高和成人差不多,骨骼已全部骨化,肌肉力量也在不断增强,具备了独自从事体力工作的能力;他们的皮质结构和机能方面也已发育完成,并达到成人水平;脑和神经系统的发育也基本成熟,接近成人水平;17岁时,脑重量已经达到成人的水平;性机能的发育也已经成熟,从而对两性关系问题有了进一步的认识。

2.心理特点

与初中生相比,高中生的心理发展水平已经基本接近成人,具体表现在认知、情绪意志及自我意识三个方面:

(1)认知发展的特点

高中生的知觉和观察水平不断提高,具有目的性和系统性,观察更加全面和深刻,能够发现事物的本质,抓住事物的细节,但是也存在一些缺陷和不足,如观察的程序不够恰当、观察的精确性不够、急于下结论等;注意的集中性和稳定性有了很好的发展,注意的范围也到达了一般成人的水平,能够在复杂活动中很好地分配注意力,对自己不感兴趣的材料也能集中注意力;记忆的发展也达到新的水平,能够很好地完成一定目的的记忆任务,更多地运用意义记忆来组织记忆材料;思维日益摆脱具体形象的支持,具有更高的抽象概括性,并开始形成辩证逻辑思维,思维的组织性、深刻性、批判性和独立性得到高度发展,并开始出现反思性思维。

(2)情绪、情感、意志的发展特点

与初中生相比,高中生情绪、情感的稳定性日益增加,能够恰当地表达自己内心的情绪、情感体验。高中生情感的个人体验日益深刻,开始向较深、较细的方向发展,产生了对幸福等的体验;情感的社会内容也日益增加,集体主义荣誉感、道德感、美感等都有发展,对民族国家的前途命运开始关注。高中生的意志与初中生相比,也有了明显的发展。对自己情绪的自控能力有明显的提升,对自我的行为、活动有了明确的认识,在群体活动中,能坚持自己的原则,不易受他人的影响与诱惑等,对事物也有自己的明辨能力,为了达成目标能够克制自己,付出努力,迎难而上。

(3)自我意识的发展特点

高中生的自我意识与初中生相比,有了进一步的发展,呈现出一些新的特点。高中生能了解自己的内心世界,能自觉地按照一定的目标和准则来评价自己的品质和能力。高中生的自我评价能力一般能提高到具有概括性的个性品质上及价值观立场上来分析自己。比如,有的学生会这样评价自己:热情大方、意志坚定、做事有原则性等,这就是从概括性的个性品质上来进行自我评价。当然,高中生的自我意识也有不成熟的地方。比如,高中生对自己的分析评价还没有达到全面而深刻的水平;他们在评价自己时,往往只说优点而不愿过多地提及自己的缺点;即使有些学生能客观地评价自己,但是他们对自己优、缺点的认识也只是表面的,没能找到最本质的东西。总之,高中生的自我意识尽管还存在一些不足,但总体发展已接近成熟水平。

二、青少年期家庭教育的实施

青少年期是人生发展的第二个重大转折期,表现为青少年的性器官与性机能日益成熟,性意识萌生;世界观、人生观初步形成;独立性不断增强,对周围的人和事物有了自己的评价。总之,青少年的身心在这一阶段都发生了急剧的变化,家长要对这一时期青少年的教育给予高度的重视。

(一)性卫生与性教育

青少年进入青春期以后,性开始成熟,第二性征出现,身体的急剧变化会使孩子无所适从。因此,家长要对孩子进行科学的性生理卫生教育及性教育。

1.进行科学的性知识教育

由于受传统思想的影响,长期以来人们对性都持回避态度,对青少年更是避而不谈或谈性色变。事实上,这种错误的观念和做法使处于青春期的孩子不敢正视自己正常的生理发育,不利于青少年的身心健康发展,甚至事与愿违,走向反面。

因此,为了更好地促进青少年身体发育的需要,家长应该打破对性的神秘性,给子女讲男女性器官的结构、功能及发育的知识,男女性别外在特征的区别等知识,引导孩子对自己的身体有正确的认识。讲解时应采取爸爸向男孩子介绍,妈妈向女孩子介绍的方法,并且讲解的方法要科学、正确、恰当。父亲要帮助男孩认识到自己已长成大人了,面对身体的变化,不要觉得害怕,而应该感到长成为一个男人应有的自豪、自信、责任感等;同理,母亲也应该帮助女孩乐于接纳自己身体的变化,让孩子认识到自己由女孩长成为女人应有的骄傲与自豪。

2.进行性生理卫生教育

进入青春期后，女孩子会出现月经，男孩子会出现遗精现象，这是正常的生理发育状况。但是由于孩子缺乏经验而不知所措，有的还因此出现害怕、忧虑、困惑，引起心理障碍，影响身体健康发育和心理健康。因此，家长应给予科学指导，避免因性知识缺乏导致性器官损伤。母亲要对女孩子进行经期卫生的教育。比如，经期不应该做剧烈的运动，不要做腹压过大的动作；避免过于劳累，保持愉快的心情；最好不要经期参加游泳活动以防止感染；经期不要洗凉水，应尽量避免冷刺激和潮湿等。父亲要引导男孩子正确对待遗精现象，让男孩子认识到这是成熟的正常表现，要顺其自然，不要过分关注；要教育男孩子不要染上手淫的坏习惯，因为频繁的手淫会影响青少年的身体健康。

3.进行科学的性心理教育

伴随着性生理的发育成熟，青少年开始对异性产生好感与倾慕之情。由于性生理成熟速度先于性心理的成熟，再加上接触一些有关爱情描写的电影、小说等，容易使青少年出现早期性行为甚至性犯罪，这对孩子今后的成长危害极大。

因此，家长要引导孩子科学地认识两性关系。一是要引导孩子正确认识和对待与异性的交往，防止将男女之间的相互吸引与好感误认为真正的爱情，明白青春期异性相吸的道理以及与爱情之间的区别。二是当孩子在与异性交往时，家长要注意他们的兴趣导向，引导其在学业上共同进步，同时提出有关性道德规范要求；对孩子进行道德与法律知识的教育，让孩子明白婚前性行为的危害性，让孩子运用理智来战胜情感；培养孩子多方面的兴趣，鼓励孩子多参加课外活动等以减少对性的过分关注。

（二）人生观教育

青少年时期是人生观开始形成的时期，由于刚刚涉世，对世界、人生的认识尚浅，因此需要家长给予积极的引导。通过家庭教育，让孩子确立科学的人生观，对人生态度、人生价值、人生理想、人生信念有科学的认识，以保证孩子一生的幸福，使孩子懂得过有意义的生活。

1.人生目的、人生态度的教育

关于人生的目的，也就是探讨人为什么而活着的问题。孩子进入青少年期后便开始寻找这个问题的答案。因此，家长要给予及时的指引，对孩子适时地进行人生目的与人生态度的教育。首先，家长可以通过一些先进人物、伟大人物的事迹来激励孩子，比如周恩来上中学时就立志“为中华崛起而读书”；其次，家长还可以通过自己的亲身经历来感化孩子，让他们认识到人活着的目的是为了对社会做贡献，为自身创造幸福美满的生活等；第三，家长还要细心观察孩子日常生活行为的表现，及时与孩子进行心灵的沟通，关注孩子内心世界的变化，及早捕捉和消除其内心的消极思想和念头；第四，家长要引导孩子树立积极的人生态度，以乐观豁达的心态勇敢面对生活中的困难与挫折。

2.人生理想、人生价值的教育

人与动物最大的区别就在于人活着有理想，人知道活着的价值与意义，并且会为实现人生的奋斗目标去不懈努力。理想是人们前行的精神动力和精神支柱。人生价值即人活着的意义是什么，对这个问题的思考是每个人自懂事之日起就开始追寻的重大人生课题。

处于青少年时期的孩子，刚刚开始思考有关人生理想、人生价值的问题，家长在要让孩子认识到远大的人生理想对人的重要意义，并帮助孩子树立科学的人生理想，以激励孩子奋发向上，积极进取；要帮助孩子认识到人应生活得有意义，引导孩子树立科学的人生价值观；鼓励孩子从小立大志，认识到人活着不仅为个人，更要为国家、民族、社会做贡献；引导孩子认识到只有现在努力学习，练就过硬本领，将来才有能力报效祖国，为国家发展做出贡献，才能在实现自己人生理想的同时体现自己最大的人生价值。

(三)人格教育

现代社会需要的是具有健全人格的人才。健全的人格包括高尚的道德情操、坚强的意志品质、独立的良好个性、积极的人际交往等。青少年时期是人格形成的关键时期，因此家长要给予积极引导，帮助青少年塑造完美的人格，为青少年的成才奠基。

1.培养高尚的道德情操

青少年时期，是孩子道德情操形成的关键时期。因此，家长要善于从日常生活的点滴小事培养孩子形成高尚的道德情操。

首先，要让孩子认识到道德法规对于个人与社会发展的重要性，从小就将孩子培养成为一个具有良好道德、遵纪守法的人。

其次，要培养孩子明辨是非、知错能改的好品质。在日常生活中，孩子做了错事，家长要用恰当的态度与方式对待，要让他认识到自己的错误并能及时改正。凡是孩子做对了的事家长要给予肯定、鼓励和表扬，并让孩子能够理性地对待荣誉与赞扬。

第三，要鼓励孩子养成知恩、感恩、助人为乐的高尚情操。家长要通过日常生活中的小事，让孩子懂得在得到别人帮助之后，要常怀感恩之心，学会感谢与感恩。同时，鼓励孩子去帮助他人，在帮助别人中获得满足与自豪。

2.锻炼坚强的意志品质

青少年时期的孩子，开始逐步进入社会，会遇到各种各样的困难，具备坚强的意志品质对他们迈入社会至关重要。因此，家长要通过以下途径来培养孩子坚强的意志品质：

首先，家长可以通过给孩子讲一些具有顽强意志的历史人物或身边人的故事，并以身作则，从严要求自己的日常行为，通过榜样的作用来培养青少年的意志品质。如，面对生活中的困难，家长要做到沉着冷静、机智应对、迎难而上，而不应该面对困境，消极退缩。

其次，家长要有意识地让孩子经受挫折和磨难，以锻炼其坚强的意志品质。如，让孩子利用假期去条件艰苦、道路崎岖的山区野营拉练；也可让孩子去卖报，为别人送货体验生活的艰苦。

第三，家长要敢于放手让孩子做事，有目的地为孩子布置有一定难度的任务，让孩子通过开动脑筋、独立思考，凭借意志力完成。如，利用假期，家长可以给孩子一定数额的钱，放手让孩子去设计一趟到某地的旅行，途中的吃穿住用行都要自己计划好，途中遇到任何困难与阻挠都要自己想办法解决，这样可以历练孩子的意志。

3.形成独立的良好个性

独立个性是指一个人成为某方面专门人才所具备的基本品质与个性特征。比如，政治家需要智勇双全、博学多才、严于律己、遵纪守法、机智善变、临危不惧等品质；科学家需要善于发现、探究真理、不怕吃苦、勇于攀登的个性特征；企业家需要善于开拓、勇于创新、善于社会交往、善于计划、有条不紊的个性品质。

青少年时期是这些品质形成的关键期，家长要做有心人，善于观察孩子，与孩子多沟通，在观察与交流中了解孩子的个性品质倾向；然后为孩子创造条件并提供相应的机会来培养孩子的优良品质，为日后的成才奠定基础。对于内敛谨慎、爱独处、爱读书、爱思考而不爱与人多结交的孩子，家长要为其提供广泛而丰富的阅读材料，鼓励孩子多读书、多思考、多钻研，培养孩子善于发现、思考，善于探究真理的品质；对于外向活泼、不拘小节、喜欢交朋友的孩子，家长要多为其提供交友的机会及参加一些公共场合的交往活动，如舞会、聚会等，让孩子在不断的交往活动中锻炼交往能力，形成开拓创新、善于交际的个性品质。

4.培养积极的交往能力

每个个体都是作为社会人而存在的，在社会上生存就需要具有一定的交往能力。进入青少年期的孩子，随着生理的日益成熟，心理也逐步成熟起来，对社会交往也有了初步的概念，他们内心里有交往、交友的需要，尤其是随着身体发育日益完善，他们渴望与异性交往，渴望有红颜或蓝颜知己。但是，由于青少年缺乏对两性关系的科学认识，缺乏丰富的社交经验，缺乏明确的是非观念，容易出现盲目交友、交友不慎等问题。因此，家长要引导孩子学会与人交往，能正确处理交往中遇到的问题。

(1)要让孩子懂得正确地处理同伴关系。家长要帮助孩子懂得与朋友交往，要诚实守信、谦虚、宽容和忍让；要让孩子懂得善于团结同学，与同伴合作做事，并在合作共事中能够坚持自己的正确立场与观点，有自己的独立主见，不要人云亦云。

(2)要让孩子懂得尊敬长辈。对父母、教师、长辈要有礼貌，教会孩子用恰当的方式表达自己的意愿与需要，不可采用顶撞与要挟的手段迫使长辈满足自己的不合理要求等。

(3)要让孩子学会正确地对待他人的荣誉，不能产生嫉妒心；也要让孩子学会正确地对待别人的客观批评，不能产生仇恨与报复心理等。

三、青少年存在的主要问题及家庭教育对策

青少年时期是人生发展的重大转折期，人们常常把这一时期称为“动荡期”或“危险期”。经历着从幼稚走向成熟转变的青少年，难免会遭遇困惑与烦恼；而早恋、网络成瘾、人际交往等则是青少年时期存在的主要问题。家长要善于观察发现，并给予孩子适时适当的指导，引领孩子顺利地度过这段人生发展的重要时期，为他们今后顺利走向社会奠定良好的基础。

(一)早恋问题

近年来，“早恋”在青少年中具有相当的普遍性，已经引起家长的广泛关注。“早恋”现象的出现，主要原因是青少年的性生理成熟，性心理发生了变化，但是心理发育水平却跟不上生理的发育速度；性意识增强，对异性开始关注，对性产生强烈的兴趣与好奇心。家长因忽视或羞于对子女的性教育，加之电影、小说，甚至黄色网站等的负面影响，而导致青少年中“早恋”现象频频发生。

“早恋”会影响青少年的学习，还会导致青少年发生过早的性行为，影响他们身心的健康发展，甚至会导致青少年走上犯罪的道路。家长要高度重视青少年的“早恋”问题，及时给予孩子积极的引导。

首先，要对孩子进行科学的性教育，包括性知识、性生理、性心理教育，让孩子对性有客观正确的认识，切不可故意回避或者采用责骂羞辱的方式来对待孩子。

其次，要给予孩子更多的关心、关爱。家长平时要多观察孩子，了解他们平时都读些什么书，看些什么电影等，还要多与孩子沟通、谈心，及时了解孩子的交友情况。

另外，要善于发现孩子的兴趣，引导孩子多参加课外活动，转移对性的过分关注；还有引导孩子正确处理与异性的关系，教会孩子与异性交往要把握尺度，不可过分亲密。

（二）网络成瘾问题

伴随着互联网的普及，青少年网络成瘾问题也日益凸显，成为阻碍青少年健康成长的一个重要因素。网络成瘾（Internet addiction disorder，简称 IAD），是指由于重复地使用网络所导致的一种慢性或周期性的着迷状态，并产生难以抗拒的再度使用的欲望。同时会产生想要增加使用时间的张力与耐受性、克制、退瘾等现象，对于上网所带来的快感会一直有心理和生理上的依赖。① 网络成瘾的症状表现为抑郁、失眠、精力难以集中等。

造成青少年网络成瘾的原因主要有：夫妻感情不和，忽略孩子的心理状况与情感需要，缺少与孩子的沟通，使孩子通过网络来发泄感情；家长不良的教育方式，对孩子要么过分溺爱，要么太过严厉，使孩子变得内向、逆反、不善交际，从而迷恋网络；家长过分关注孩子的学习，给孩子太大的心理压力，让孩子产生自卑感和失败感，迫使其通过网络来宣泄压力。网络成瘾严重影响着青少年正常的学习、生活与健康。

解决青少年网络成瘾的问题，首先，家长应与孩子多沟通，常常和孩子谈心，时刻关心孩子的内心世界，满足他们的情感需要。其次，家长要采用科学合理的教育方式，提高自身素养，切忌用简单粗暴的方式来对待孩子，尤其是对待已有网瘾的孩子，要采用亲切温和的谈话来教育、引导和感化孩子，使其认识到自己的错误并主动改正，但要注意把握尺度，不要因此而过分溺爱孩子。第三，家长还要丰富孩子的业余生活，培养孩子多方面的兴趣，引导孩子正确地利用网络，使网络成为有利于孩子学习、增长知识、开阔视野的得力助手。

（三）人际交往问题

人际交往是青少年社会化的重要步骤。随着社交意识的增强，青少年的活动范围扩大，他们渴望交更多志同道合的朋友。然而，由于青少年的世界观、人生观和价值观等都未完全形成，缺乏明辨是非的能力，可能会出现盲目交友、交友不慎，甚至被社会一些不法分子和犯罪团伙利用，从而走上犯罪的道路。另外，由于社交经验的缺乏，在交友中难免会碰到一些困难，尤其是面对异性朋友不知如何交往，会产生好奇、害羞但又想接近的矛盾心理，让孩子不知所措。此时，如果家长没有给予及时恰当的指引，孩子可能会由于对性的好奇而过早地发生性行为，导致意外怀孕，对孩子（尤其是女孩子）造成身体上和心理上的伤害，甚至会带来终生的伤痛。

对此，家长要给予孩子及时而正确的指引，帮助孩子学会择友，正确交友。首先，家长要鼓励与支持孩子健康的社会交往；鼓励孩子与优秀的孩子多交往，学习他们的优点，避免与不良青少年的交往。其次，家长要教给孩子一些基本的社交规则，比如要尊重他人，待人诚实热情等；教育孩子正确认识交往中的角色关系，比如与不同身份的人交往的

---

① 李冬霞.青少年的网络成瘾与家庭教育[J].山西财经大学学报（高等教育版），2008，11（1）：133

行为准则不同。第三，家长要引导孩子正确地与异性交往，引导孩子正确处理友谊，尤其是与异性之间的友情与学习的关系，为他们将来的成长创设一个良好的同伴环境。

第五节　老年期的家庭教育

老年期是人生旅途的最后一段路程，也是人生发展的一个关键期。在我国，老年期一般是指从退休（男性 60 岁，女性 55 岁）一直到生命终结的这一段时间。随着我国经济水平和医疗卫生状况的改善，老年群体不断扩大。据国家发展改革委员会社会发展司副巡视员郝福庆介绍，我国目前已经进入人口老龄化快速发展阶段，2012 年年底，60 周岁以上老年人口已达 1.94 亿，2020 年将达到 2.43 亿，2025 年将突破 3 亿。①同时，随着第一代独生子女家长进入老年，我国将进入少子老龄化的新阶段。2013 年 7 月 1 日开始实施的新《老年人权益保障法》将使老人老有所医，老有所养有了法律保障。可以得见，国家对老年人的养老问题十分重视。不言而喻，老年阶段的家庭教育也值得探索和讨论。

一、老年人的身心发展特点

老年期是个体由成熟走向衰退的时期，人迈入老年（一般指 60 岁以后）后，生理和心理都发生一系列的变化，同青年和中年相比，老年期的身心发展普遍呈现下降趋势。大部分老年朋友都表现出腿脚不便、体弱多病、耳聋眼花、思维缓慢、言语表达吃力、固执倔强、爱发牢骚等特征。但也有的老年朋友年过八旬，依然身体矫健，思维敏捷，自信乐观，积极向上。下面从生理与心理两个方面来具体阐述老年期的特点：

（一）生理特点

大部分老年人随着年龄的增加，身体每况愈下，人体器官和机能都在发生着退行性变化。各项生理器官与组织的生理机能逐渐衰退，这是人体自然发展的生理现象，主要表现在以下几个方面：

1.神经组织与心脑血管功能的衰退

老年人的神经细胞数量在不断减少，脑重量也在减轻。由脑细胞减少带来的脑萎缩，导致脑功能的衰退。具体表现为神经中枢的兴奋性降低而抑制性增强；神经细胞的恢复过程也有所延长，整个大脑的调节控制能力降低。老年人的脑血管不断硬化，脑血流量阻力加大，使脑功能逐渐衰退并出现某些神经系统症状，如健忘、失眠等症状时有发生。老年人的心脏功能也在不断退化，会出现心肌萎缩、硬化等，血管也随着年龄增长而变硬变脆，容易导致脑溢血、脑血栓等。

2.感觉器官感受能力的衰退

老年人的感觉器官，随着年龄的增加，其功能也逐步衰退，具体表现在：视力下降，特别是对高频率的光波感受能力下降快，比如老年人一般看书报文章都要戴老花眼镜；听力减弱，特别是抗干扰能力低下，比如我们对老年人说话时，需要大声他们才听得到，并且说话的语速与频率要慢，他们才听得清楚；嗅觉下降，味觉降低，味蕾萎缩，常常饮食无

① 甘贝贝.中国式养老探求脱困之路[N].健康报，2013－09－16(1)

味;触觉的灵敏度降低,对温、冷觉和压觉反应缓慢,动作迟缓;运动分析器老化,平衡能力降低,容易摔倒;操作能力降低,手脚协调性差,动作缓慢,不灵巧,有时还会出现手脚颤动。

3.消化功能、呼吸功能及代谢功能的退化

老年人由于牙齿、黏膜及消化腺体的萎缩,导致消化功能的急速下降;呼吸肌萎缩,肺泡、气管及支气管弹性下降;血液速度减慢,使细胞的呼吸作用下降,对氧的利用率下降;由于内分泌机能的下降,机体的代谢活动减弱,免疫能力随之下降,容易患病,尤其是感染性疾病。

4.皮肤、骨骼的老化

随着年龄的不断增加,人体细胞内的水分不断减少,所以老年人的皮肤变得松弛没有弹性,易出现皱纹。同时,骨骼中的无机盐含量增加,而钙的含量减少,使骨骼的弹性和韧性都降低而变得更加脆弱,所以老年人容易出现骨质疏松症,极易发生骨折。

(二)心理特点

随着生理机能的迅速衰退,老年人的心理也处于逐渐衰退的状态,具体表现在认知、情绪情感和个性特征三个方面:

1.认知能力不断下降

认知活动的退行性变化是老年期心理发展趋势的一个特征,但不同的心理机能老化的速度各有不同。感知觉是个体心理发展最早,也是衰退最早的心理机能。由于视觉器官功能下降,老年人的视力明显下降,视觉感受性低,看不清远处物体,容易出现所谓的"老花眼"。老年人听力下降者比较多。一般而言,人的年龄超过50岁,听力就有所下降,言语听觉理解力在20岁以后就随着年龄增加而逐渐下降,70岁以后下降尤为明显。一过50岁,人的味觉刺激阈限便增大,味觉多样性随着年龄增长而减退;60岁以后嗅觉辨别能力减退明显,70岁嗅觉急剧衰退。[①] 老年人的注意力持久,不易转移,但注意力的分配性会有所降低。老年人的记忆力也随着年龄增长而日趋减退,其机械记忆与意义记忆都趋于减退,但机械记忆减退更快;短时记忆保持较好,但长时记忆的减退比较明显;记忆广度下降,记忆的再认知能力也较差。思维能力不断衰退,如概念学习、解决问题等能力明显下降,但思维的广阔性与深刻性仍然比较强。尽管老年人的思维普遍表现出衰退的趋势,但有的老年人仍然保持着较高的思维水平。老年人的智力有明显减退,但并非全部减退。"流体智力"不断衰退而"晶体智力"却保持着相当高的水平。"流体智力"是指与基本心理过程有关的能力,如知觉、记忆、运算速度、推理能力等。"流体智力"随年龄的老化而逐渐减退。"晶体智力"主要是指学会的技能,如语言文字能力、判断力、联想力等。"晶体智力"则并不随年龄的老化而减退。

2.消极的情绪情感体验持久

老年期的情绪情感具有积极性与消极性两个方面,但以消极的情绪情感为主,如失落感、孤独感、疑虑感、忧郁感,并容易产生不满情绪,并且这种消极的情绪情感体验强度比较大,持续时间比较长。由于老年人生理功能的不断衰退,面对身体的退化,他们感到很多事情都无能为力,力不从心;另外,退休之后,他们基本上退出社会工作,莫名的无用

---

① 郭念锋.国家职业资格培训教程——心理咨询师[M].北京:民族出版社,2005.243

感会不断侵扰他们。因此，老年人消极负面的情绪情感体验深刻而持久。也有的老年朋友能够正确、客观地对待老年生活，他们觉得退休之后，自己是自由人，可以和朋友一起下棋、聊天等，他们拥有一个积极乐观且健康的心态，感受到的快乐程度反而会更高。

3.个性稳定但又有所变化

人到老年，个性的基本类型没有改变，个性的基本方面是持续稳定的，但是老年人的个性与年轻人相比，又呈现出一定的变化，如老年人普遍表现出小心谨慎、固执保守、刻板不灵活、爱发牢骚等个性特点。这些特征与老年人的生理功能不断退化有关，与老年人认知上的变化有关。

总之，老年期的生理和心理各项机能普遍呈下降趋势，这是人生发展的基本规律。但也有许多数据表明，老年人也有其优势，表现为：老年人智力的衰退远比生理机能衰退要晚。特别是那些勤用脑的人，他们的智力不仅不减退，而且与中青年时相比，还有所增强。一些大器晚成的科学家、艺术家、文学家和政治家等，60～70 岁还属于智力高峰期。据统计，在 1979 年以前诺贝尔文学奖获得者的 83 人中，60 岁以上者 53 人，占获奖者的 64％；70～80 岁者 25 人，占 31％；只有 5 人是 60 岁以下者，占 5％，这足以看出老年人智力的优势。[①] 因此，老年人不要因生理机能的衰退而忧虑或自卑；相反，随着知识和人生阅历的积累，老年人比青年人表现出更多的智慧，他们对世事和人生的许多问题有着不同寻常的洞察力。他们见识广，经验丰富，善于理论思维，深谋远虑，考虑问题全面、深刻、实际。所以，年轻人要多向长辈学习生活的经验、教训，老年人要多扶持、帮助年轻人。

二、老年期家庭教育的实施

人到老年，生理和心理都表现出明显的衰退，身体变得不灵活，行动不方便；记忆力和思维力日渐下降，情绪情感也显得脆弱。因此，子女要主动给予老人更多的关怀与照顾，重视老年人的家庭教育。

(一)正确认识老年人在家庭教育中的作用

人到老年尽管生理和心理都在不断衰退，但是经过生活的历练，老年人积累了丰富的人生经验，这些丰富而宝贵的人生经验对于晚辈的教育显得非常珍贵。因此，子女要重视老年人在家庭教育中所扮演的角色及所起的作用。在教育下一代时可以与年老的父母交流经验，也可以让祖辈直接对孙辈进行教育与抚养，使他们在家庭中发挥“余热”。老年人将一生的教育经验运用在教育后代上，会使老年人的心情舒畅，不至于产生失落感、被忽略感和孤独感，在很大程度上有利于老年的身心健康，也能减轻子女的负担，同时也有利于家庭的和睦、团结。但需要注意的是，在让老年人教育孙辈时，不仅要考虑到老年人的身体状况，让他们量力而行，还要提醒老年人不可过分溺爱晚辈，也不可用封建迷信思想来教育下一代，以免影响孩子的健康成长。

(二)引导老年人形成正确的生死观

人到老年，逐渐老去，有的会变得消极、恐惧、退缩。为了保证老年人有积极乐观的健康心理，安心、顺利地过晚年生活，子女要引导老年人正确地认识死亡，让老年人明白

---

① http://www.inmay.com/NewsContent/2005_12_2_12294557553.doc

宇宙万物都要遵循有始有终的自然法则，有生必然就有死；让老年人认识到死亡并不可怕，生与死都是自然规律；引导老年人回忆自己一生的成就与经历，认识到自己的人生是幸福而快乐的；让老年人获得心灵的满足感，从心理上克服对死的恐惧，能从容地面对生死，树立积极的生死观，从容地走完人生的最后一站。

（三）丰富老年人退休后的生活

老年人退休之后，闲暇时间增多，会出现空巢感、失落感、孤独感，这是很自然的。家庭成员要多关心老年人退休后的生活，特别是孤寡老人，子女要多陪伴、关心、体贴、尊重他们，给他们以温暖和关怀及情感支持，如多回家陪他们聊天，解答他们关心的问题，给予他们日常生活的帮助和支持等，并帮助和鼓励他们参加各种活动，摆脱孤独。另外，子女要想办法弥补老年人退休后在精神方面的空虚，使老年人有一个幸福而充实的晚年。子女可以鼓励老年人重新学习，培养多方面的兴趣爱好，让他们的生活趋于充实，比如学习书法、绘画、园艺、写作、养花、种菜、养鸟、下棋、跳舞等；鼓励他们多参加老年集体活动，增加老年人之间的交往、沟通和交流，如参加老年健身团、老年合唱团等，以获得精神的充实和情感的升华；鼓励老年人多接触大自然，如结伴旅游等活动，引导老年人养成良好的生活习惯，适度地进行体育锻炼，保持良好的心态，以开阔的胸襟、愉悦的心情来迎接退休后的老年生活。

三、老年期存在的主要问题及家庭教育对策

老年期的家庭教育主要存在于老年人的赡养、孤独、保健及“空巢老人”几个问题。

（一）老年赡养问题

赡养老人，指的是子女及其他依法负有赡养义务的人，给予老人经济上的供养、生活上的照顾以及精神上的慰藉。具体地讲，子女及赡养人不仅要妥善安排老人的吃、住、用、行等日常生活，还要经常与老人谈心、沟通，给予老人情感上、精神上的鼓励与支持，让老人能够度过一个幸福、舒适的晚年生活。赡养老人是子女应尽的义务，这是我国法律所规定的。然而，子女不孝敬老人、不赡养老人的问题却长期存在，尤其是子女多的家庭，赡养老人的问题表现更甚。子女之间相互推脱，相互推卸赡养责任，情况严重的还会让老人留宿街头、无家可归、挨冻受饿。这是一个不容忽视，也是令人痛心疾首的问题。

新修订的《老年人权益保障法》自2013年7月1日开始实施。其中明确规定，家庭成员应当关心老年人的精神需求，不得忽视、冷落老年人。与老年人分开居住的家庭成员，应当经常看望或者问候老年人。一时间，“常回家看看入法”，成为了社会各界热议的话题。此法颁布以后，如果子女拒绝赡养父母，父母可以拿起法律的武器捍卫自身的合法权益。

»重庆常回家看看第一案：“4子女轮流赡养母亲3个月”①

重庆长寿区80岁的张桂芬老人因大儿子丢下自己在老屋，不管不问，不尽赡养义务长达15年，一气之下，将4个子女告上法庭，成为新《老年人权益保障法》颁布后的重庆

① http://cq.sina.com.cn/news/b/2013－09－24/072681194.html

第一案。2013 年 9 月 23 日，长寿区法院葛兰巡回法庭，来到老人所在的堰耳村村委会会议室，开庭审理此案。支持起诉的长寿区检察院葛兰中心检察室主任余廷彦对庭审过程，进行全程监督。

张桂芬老人除要求 4 个子女轮流照顾自己外，还要求大儿子王勇经常回家探望。庭审当天，张桂芬老人和 4 个子女都参加了庭审，并同意法院调解。

经调解，老人与 4 个子女达成协议：子女 4 人，每人轮流将母亲接到自己家中，赡养 3 个月，并承担母亲的一切生活费用；母亲在任一子女赡养期间产生的医药费用，100 元以下，由母亲自己承担，100 元以上，由 4 个子女共同均摊，如因大病卧床不起，由 4 个子女轮流护理。

最后，张桂芬老人的代理人提议，将"要求大儿子常回家探望母亲"改为"每年传统节日和母亲生日，所有子女都要回家看望母亲"。提议得到法官支持，并加入协议。

张桂芬老人为了维护自己的权利不得已两次上法庭，最终等到"常回家看看"老年人保护法颁布才得以如愿。

以上案例表明，对行孝进行道德和法律约束，是维持社会秩序的基本制度，其内容是与时俱进的。在道德约束失效的情况下，法律作为第三方的执行机制，要强制子女来履行精神赡养的责任和义务，法律将起到底线保障作用。更重要的是，将对人们起到有效的警醒作用，唤起人们自觉行孝的意识。

自古以来，孝敬老人是中华文化的重要内容，也是中华民族几千年的传统美德。孔子说："今之孝者，是谓能养。至于犬马，皆能有养；不做，何以别乎？"[①]作为子女，赡养和孝敬老人是应尽的责任和义务。

因此，子女首先要从思想上认识到"孝"的道德内涵，认识到赡养和孝敬老人对个人、对国家、对民族的重大意义。其次，子女要将"孝"付诸实践，自觉把孝心转换为真心关爱老人的实际行动。从物质和精神方面给予老人关心、关怀、关爱和照顾，使赡养老人的问题得以解决。再次，子女应该懂得一些老人身心特点的知识，根据老人的身心状况更好地理解和照顾好老人。

（二）老年孤独问题

孤独感，是老年人普遍存在的一个问题。老年人离开工作岗位后，社交范围缩小，人际关系削弱，身体状况不断衰退，加之子女长大成人，不在身边，忽略了对老人精神上的关心，这使老人经常担心被人嫌弃，往往会因得不到关心而感到失落、孤独、寂寞、抱怨与不满，不愿与人交往，情绪低落，苦闷抑郁，尤其是独居空巢的老年人的孤独感就会更明显，严重者可患忧郁症。

我国上海一项调查发现，60～70 岁的人中有孤独感的占 30%左右，80 岁以上者占 60%左右。美国医学家詹姆斯等对老年人进行长达 14 年的调查研究，得出结论：独隐居者得病的机会为正常人的 1.6 倍，死亡的可能性是爱交往者的两倍。他对 7 000 名美国居民做了长达 9 年的调查研究发现，在排除其他原因的情况下，那些孤独老人的死亡率和癌症发病率比正常人高出两倍。因此，解除老年人孤独感是个不容忽视的社会问题。[②]

---

① 张忠君.论儒家"孝"的内涵及其现实意义[J].凯里学院学报，2008(4)：25

② http://www.med66.com/html/2008/8/re5411813211228880021494.html

2013年8月13日，全国妇联老龄工作协调办、全国老龄办、全国心系系列活动组委会共同发布新版“二十四孝”行动标准，从法律的层面使进一步关注老年人孤独问题落到实处，可以将缓解老年人孤独对身心带来的影响降到最低，也将起到有效的监督的作用。与传统的“二十四孝”相比，新“二十四孝”贴近现实，散发出鲜活的时代元素，又不乏人文关怀与公民情怀，确实值得推广。

新“二十四孝”行动标准：①

(1)经常带着爱人、子女回家；(2)节假日尽量与父母共度；(3)为父母举办生日宴会；(4)亲自给父母做饭；(5)每周给父母打个电话；(6)父母的零花钱不能少；(7)为父母建立“关爱卡”；(8)仔细聆听父母的往事；(9)教父母学会上网；(10)经常为父母拍照；(11)对父母的爱要说出口；(12)打开父母的心结；(13)支持父母的业余爱好；(14)支持单身父母再婚；(15)定期带父母做体检；(16)为父母购买合适的保险；(17)常跟父母做交心的沟通；(18)带父母一起出席重要活动；(19)带父母参观你工作的地方；(20)带父母去旅行或故地重游；(21)和父母一起锻炼身体；(22)适当参与父母的活动；(23)陪父母拜访他们的老朋友；(24)陪父母看一场老电影。

传统“二十四孝”内容：②

(1)孝感动天；(2)戏彩娱亲；(3)鹿乳奉亲；(4)百里负米；(5)啮指痛心；(6)芦衣顺母；(7)亲尝汤药；(8)拾葚异器；(9)埋儿奉母；(10)卖身葬父；(11)刻木事亲；(12)涌泉跃鲤；(13)怀橘遗亲；(14)扇枕温衾；(15)行佣供母；(16)闻雷泣墓；(17)哭竹生笋；(18)卧冰求鲤；(19)扼虎救父；(20)恣蚊饱血；(21)尝粪忧心；(22)乳姑不怠；(23)涤亲溺器；(24)弃官寻母。

新“二十四孝”相对传统“二十四孝”有传承，更有创新，与现代生活紧密结合，突出对老人的心理关怀，具有鲜明的时代特点和行为指向性。但新旧之间的变化只在形式，其内在的精神与道德统一以贯之，既是我们品德形成的基础，也是维系家国精神的心理情感。法治社会，外在行为的规则约束逐渐取代了内在的精神自律，法律与道德的分野让孝道很难再寻求法律保障。无论旧“二十四孝”故事，还是新“二十四孝”标准，都不是要用强制力去践行的法律条文，所能罗列的内容也并非要求每个人都要逐条做到；其深层价值在于背后的行为导向功能，旨在为年轻一代提供孝道行动指引。这种规劝意义上的孝道行为标准，更有助于唤醒民间风尚，找回“孝”的文化根源，找回用心孝敬老人的子女自己的方式。

子女们应赶快行动起来，自觉履行新“二十四孝”，帮助老人能够很好地克服这种年老孤独的心理。首先，子女们应该尽量抽时间回家看望老人，与老人谈心，陪她们聊聊天，如讨论国际国内的新闻事件，汇报自己的工作、学习情况，讲讲孩子的事情等，多与老人情感交流，让老人感觉到自己并没有被忽视，自己并不孤独、老朽，帮助老人克服消极的心理。其次，子女还应当鼓励老人多参加一些老年集体活动，鼓励老人多出去与朋友们一起聊天、散步、下棋等，帮助老人建立一个新的老年社会活动圈子；积极与人交往可以帮助老人树立自信心，以减少空虚与孤独的心理。第三，子女应注意培养老人多方面的兴趣，让老年人的生活丰富多彩，有声有色。

① http://wenku.baidu.com/view/c12bf3bcfd0a79563c1e72ea.html

② http://www.360doc.com/content/11/0824/12/5950107_142890513.shtml

(三)老年保健问题

老年人的生理和心理都处于衰退期,尤其是身体上的急速衰老,使得老年人的健康问题凸显。老年人的健康问题主要包括生理和心理两个方面。因此,重视老年人的生理和心理的保健是促进老年人健康的重要环节。

1.生理保健

随着年龄的增大,老年人的体质逐渐下降,身体各个器官都在不断老化,各种脏器功能都有不同程度的减退,免疫防御能力降低,容易感染各种疾病。因此,重视老年人的生理保健尤为重要。

首先,养成良好的生活作息习惯。要保证充足的睡眠,大部分老年人在清晨醒后不易再睡,但在正午之前开始,又会感到体力不支。因此,在午饭后充足地睡一个午觉是十分必要的。午睡时间最好在 1 小时以上,但不宜过长以免夜间入睡困难。还要注意起居,老年人对气候变化的适应能力降低,季节的更换,往往会诱发疾病,所以要注意增减衣服,避风寒,以防寒冷空气的侵袭。

其次,合理营养,平衡膳食。适合老年人的平衡膳食应着重考虑以下几点:蛋白质摄入量应比青壮年略高,并尽可能每日保证一定量的优质动物蛋白质;适当控制热量,避免肥胖,预防老年性疾病的发生;多食用含钙量高的食物;注意摄取新鲜蔬菜、水果等,以保证足够的维生素、无机盐及植物纤维;膳食宜清淡,定时定量,切忌暴饮暴食。还需注意:一是减少总饮食量,降低饮食量释放出来的热量,以 1 200～1 400 千卡为适宜;二是选择易于消化的食物,少食油腻,以清谈为主;三是少食多餐,进餐时,不宜吃得过饱,最好以半饱或八成饱为限;四是老年人的饮食应以温热熟软为宜,忌硬生冷,可经常食用蜂蜜,可以延年益寿。

第三,要坚持适宜的体育锻炼。人到了老年,身体各方面的机能都有所减弱,免疫力明显下降,容易患一些常见的慢性病。从事适当的体育锻炼对预防老年性疾病,改善身体状况是十分有利的。老年人可以做些力所能及的体育活动,如气功、徒手操、慢跑步、郊游、打太极拳等,都可以促进老人的身体健康。

2.心理保健

伴随着生理状况的日益下降,老年人的心理健康问题也日益凸显。老年人的性格会变得固执、孤僻、刻板、保守等,情绪会变得消极低沉,会反过来影响身体的健康。首先,要引导老年人正确认识这些身体与心理上的变化都属正常现象,让老年人坦然接受这些变化,学会自我克制,自我纠正,不要抱怨,也不要自暴自弃。其次,丰富老年人的生活内容,帮助老年人寻找精神上的寄托,克服不良情绪,有意识地充实生活内容,并结识一些老年和中青年朋友。留心别人衰老后的性格变异,保持心理、精神上的健康,才能延年益寿,健康幸福。

(四)“空巢老人”问题

一是生活和住房条件改善了,许多老年人喜欢独居;二是计划生育使家庭结构小型化,家庭成员少了;三是许多年轻人外出打工、经商、工作,有的家庭搬迁,留下“空巢老人”。

“空巢老人”主要存在生理健康、心理健康及生活照顾等方面的问题。具体表现为:

1.生理健康问题

多数“空巢老人”疾病缠身，患病率高达70%～80%，而且多数“空巢老人”患两种或两种以上的慢性病，高血压、心脏病、糖尿病、关节炎、慢性支气管炎、白内障等是常见的疾病。这些疾病严重威胁他们的身体健康乃至生命，严重影响他们的生活质量。

2.心理健康问题

由于身边缺乏子女照顾，“空巢老人”比普通老人更易遇到困难，产生孤独感。“空巢老人”有话没处说，有时间没事可打发，这样可能出现抑郁症状。缺少子女的亲情和精神慰藉，生活单调引起老人孤独、寂寞感，会导致老人性格抑郁、行为能力降低、记忆力和判断力衰退，甚至会诱发老年痴呆、老年性抑郁症等老年性精神疾病或心理疾病。①

3.生活照顾问题

由于子女不在身边，缺乏应有的照料和关怀，“空巢老人”的生活起居完全得依靠自己。随着老人年龄的增高，生活自理能力也逐渐下降，特别是一些老人丧偶以后，一个人的生活缺乏规律，不知道怎么打理自己；由于独居，精力衰退，遇到火灾、漏电、煤气泄漏、滑倒等意外事件时处理能力较低，往往伤害很大，有些老人甚至猝死家中都无人发现；更有一些不法分子，欺负老人独居而入室行窃。这些问题都严重威胁着“空巢老人”的健康生活与生命安全，需要引起家庭与社会的广泛关注与解决。

(1)鼓励“空巢老人”主动关心自己的身体健康，了解疾病防治知识，定期到医院进行检查，并养成良好的生活习惯：早睡早起、饮食定量、禁烟少酒、适当运动。

(2)鼓励“空巢老人”积极参加社会活动，增加与社会接触、与人交往的机会，及时地充实新的生活内容，如培养兴趣爱好，建立新的人际关系，调整生活方式，参与各种社会活动和公益性劳动等。尽其所能，发挥余热，让他们从社会生活中寻找生活动力，减少孤独，消除失落感，使老年人的精神、心理得到满足。

(3)培养“空巢老人”积极、乐观、平和的良好心态，让他们充分认识衰老是一个自然发展过程，从心理上正视，并积极面对这一生命现象，通过调整心态，提高自己的适应能力；让他们认识到，良好的心态能使人心平气和；尽量减少对“空巢老人”的各种不良刺激，避免他们过喜或过悲。

(4)“空巢老人”的子女平时除给予老人物质支持外，还要“常回家看看”，增加与父母联系和往来的次数，陪老人多聊聊天，多外出走走，从精神上给予空巢老人更多的关心，减少老人的孤独感。

除此之外，培养独居“空巢老人”的安全意识和应对办法，如不要轻信陌生人的话，以防受骗上当；更不能随便给陌生人开门，以防不测；不要随便带不熟悉的人到家里来等，有事多请小区物管或街道帮助解决。

【思考与运用】

1.妊娠期有哪些特点？孕妇应该如何进行合理营养与平衡膳食？

2.胎教的内容和方法有哪些？应该如何实施？

3.婴幼儿的身心发展特点有哪些？家长应怎样根据其年龄特征进行科学的家庭教育？

---

① 李爱芹.城市空巢老人的生活状况与社会支持实证研究——以徐州市为个案[J].社会工作，2007，20(3)：43

4.如何实施童年期和青少年时期的家庭教育？二者之间有哪些异同？

5.老年期的家庭教育主要存在哪些问题？应该如何解决？

【本章相关学习资源】

1.[美]怀特.从出生到3岁:婴幼儿能力发展与早期教育权威指南[M].北京:京华出版社,2007.

2.[苏联] B.H.阿瓦涅索娃.家庭教育三部曲:学龄前儿童家庭教育[M].杨扼敏等译.北京:教育科学出版社,2004.

3.[苏联]艾达罗娃.家庭教育三部曲:小学生家庭教育[M].北京:教育科学出版社,2004.

4.邓世英.请你注意我——青春期子女的家庭教育[M].北京:中国纺织出版社,2001.

5. 中国家庭教育网 http://www.jojob.cn/

6. 中国老年大学网 http://www.chinau3a.com/

第七章　特殊家庭的家庭教育

家庭教育这一学科范畴，除关注一般家庭中的一般儿童的教育问题，同时也关注一般范畴以外的"特殊家庭"以及"特殊儿童"家庭子女的教育问题。如，对家庭结构、功能不完整或错位家庭（离异家庭、丧偶家庭、收养家庭、再婚家庭等）子女教育的探讨，对特殊儿童家庭（超常儿童家庭、残疾儿童家庭、罪错儿童家庭等）子女教育的探讨，以及随社会发展而产生的具有典型研究价值的留守儿童家庭与流动儿童家庭子女的教育问题以及隔代教养家庭的家庭教育等。

第一节　单亲家庭的家庭教育

一直以来，我国的单亲家庭并未像西方国家那样成为一个突出的社会问题。然而，近年来随着我国社会的发展与演变，人们道德意识逐渐淡漠，加之受到不断增多的意外事故、疾病等因素的影响，单亲家庭呈逐年上升趋势。宋戈对上海3897名工读学校学生家庭分类统计表明，其中单亲家庭子女占总数36.60%[①]。同时，许多研究已经证明，不少来自单亲家庭的子女在学习、品行、心理发展等方面一定程度上有别于完整家庭，表现出问题行为的人数较多。例如，王玉风等对北京2432名儿童调查发现，在不同家庭类型中以单亲家庭儿童行为问题检出率最高（19.4%，差异显著）。[②] 因此，如何认识这种特殊性并采取有针对性的措施对单亲家庭子女进行教育，成为家庭教育研究中的重要课题。

一、单亲家庭概述

单亲家庭（single-parent family）是一种不完全核心家庭。

《中国大百科全书》中认为："核心家庭中配偶一方因离婚、死亡、出走、分居等原因使家庭成员不全的家庭，又称残破家庭、破裂家庭、单亲家庭。"

在《婚姻家庭大辞典》中，单亲家庭被界定为："父亲或母亲一方与未婚子女共同构成的家庭，核心家庭因夫妻一方去世或者离异而成。"

我国人口学者刘鸿雁认为，综合分析国内外关于单亲家庭的概念，同时便于国际比较，单亲家庭的概念应包括以下三个方面：(1)家庭成员关系只有一种，即只有单一父亲或母亲与子女关系；(2)子女应有年龄界定，以成年为标准，我国年满18周岁的人在法律上已被赋予成年人的权利与义务，因而单亲家庭的子女年龄可界定在18周岁以下；(3)子女的婚姻状态应是未婚且不具备独立生活能力。据此，本书认为：单亲家庭是指只有

① 宋戈.家庭离析对未成年人的伤害与防范[J].天津市教科院学报，2001(3)：54

② 王玉风等.北京市城区2432名学龄儿童行为问题调查报告：学校行为问题与家庭环境的关系[J].中国心理卫生杂志，1988(3)：8

父亲或母亲一方与其未婚的，年龄在18周岁以下的，不具备独立生活能力的子女共同生活的家庭。[①] 从社会福利及社会政策考虑，这一定义具有实际意义。

二、单亲家庭的类型

根据单亲家庭的形态和模式特征，我们可以将单亲家庭划分为四种类型：离异式单亲家庭、丧偶式单亲家庭、未婚式单亲家庭以及分居式单亲家庭。在古代，受传统道德方式的约束以及医疗卫生条件的限制，单亲家庭主要是丧偶式单亲家庭，未婚式单亲家庭与离异式单亲家庭都鲜见。而现在，随离婚率的节节攀升，离异式单亲家庭已成为占相当比重的家庭形式。如，近年对南京市单亲家庭情况的一项调查显示，离异式单亲家庭达到了71.7％ 。(见表7-1)[②]

表7-1　成为单亲家庭的原因　N＝940

		选中数	百分比	有效百分比	累计百分比
有效值	丧偶	231	24.6	24.7	24.7
	离异	670	71.3	71.7	96.4
	独身领养孩子	9	1.0	1.0	97.3
	另一方失踪	11	1.2	1.2	98.0
	其他	14	1.5	1.5	100.0
	小计	935	99.5	100.0	
缺省值	.00	5	.5		
合计		940	100.0		

(一)离异式单亲家庭

1.离异式单亲家庭的含义

离异式单亲家庭是指夫妻双方经法定程序解除婚约，父母一方与未成年子女共同生活的家庭。

2.离异式单亲家庭的特点

(1)离异式单亲家庭是我国单亲家庭的主流

在离婚受到限制的国家，其离婚式单亲家庭的比例很低，而在那些离婚较少受到限制的国家，离异式单亲家庭成为目前单亲家庭的主要形式。[③] 自60年代以后，在西方各国随着离婚率的急剧上升而早已成为一个带有普遍性的社会问题。我国一向被世界公认为婚姻关系最为稳定的国家，但随着改革开放和市场经济的不断发展，同样受到了这种离婚浪潮的冲击。[④] 在我国城市中，由离婚而产生的单亲家庭在单亲家庭中已占主导地位。1985年，我国的离婚率是0.9％，到2004年，我国的离婚率达到2.5％。[⑤]

---

① 刘鸿雁.单亲家庭研究综述[J].人口研究，1998(2).63

② 王世军.坚强与无奈——单亲家庭[M].石家庄：河北人民出版社，2002.23

③ 刘鸿雁.单亲家庭研究综述[J].人口研究，1998(2)：64

④ 彭德华.家庭教育新概念[M].兰州：甘肃教育出版社，2001.151

⑤ 国家统计局.中国统计年鉴[Z].北京：中国统计出版社，2005.804

(2)离异式单亲家庭的产生具有人为性

随着时代的进步,中国传统封建思想的根除,人们对于婚姻的追求不仅体现在结婚自由,在很大程度上还体现出离婚自由的特点。就目前总体情况而言,中国离异式单亲家庭的产生原因绝大多数都是人为的,这也是离异式单亲家庭不同于其他类型单亲家庭的重要特征。

李银河认为,传统社会家庭关系稳定和现代社会的家庭关系动荡不安是一个跨文化的普遍规律。它与居住环境、家庭亲戚关系、人们交往方式和观念变化(从以离婚为耻到不以为耻)等因素有关。这是两个社会大趋势,是传统社会走向现代化过程中不可避免的现象。尽管由于人口素质所限,中国大多数人婚姻质量不高,同时大多数人的离婚观念还有着较大的盲目性和非理性色彩,但从其主流而言,是健康、进步、合理的,是转型期人们日益追求高质量生活的现实反映。越来越多的人以离婚来解除过去难以解除的失败婚姻,越来越多的当事人或旁观者把离婚当作好事看待。虽然离婚过程中有许多痛苦和伤害,尤其是无辜的孩子,我们能够做的只是设法减轻这些伤害,却不能扭转这一总趋势。①

(3)家庭关系变更极大影响家庭成员的身心

夫妻离异,家庭解散对与生活在其中的所有家庭成员的身心都有着巨大而深远的影响,其中影响最大的当属孩子。对他们而言,父母离异对他们的影响仅次于父母死亡。父母的离异、家庭的解散,会对孩子身心发育尤其是心理产生重大的影响。

(二)丧偶式单亲家庭

丧偶式单亲家庭是指因配偶一方去世,另一方与未成年子女共同生活而形成的家庭。这类家庭主要有两个特点:

第一,离异式单亲家庭的产生带有较大的人为因素,而丧偶式单亲家庭具有不可抗拒性。

第二,在丧偶式单亲家庭中,没有经历离异式单亲家庭产生前的长期冲突过程,亲人的离去属于违背人的主观意愿突发产生。因此,子女更能体会父或母的痛苦,珍惜现在的亲情。

(三)未婚式单亲家庭

未婚式单亲家庭指未婚男女未办理法律手续同居后,未婚者的一方与未成年子女共同生活的家庭。这种家庭以未婚母亲与非婚生子女共同生活较为常见,其特点如下:

第一,未婚式单亲家庭主要分布在城镇,由城市向农村蔓延。婚前性行为首先发生于城市年轻人中间,而后蔓延到农村,扩散到不同年龄层的人群。这两种"非法"性关系,如果不能合法化而又生子,便产生了单亲家庭。所以婚前、婚外性关系是未婚式单亲家庭产生的根源,对婚前、婚外性关系的宽容,意味着未婚式单亲家庭生存的可能性越来越大。②

第二,就目前我国的现状而言,由于种种原因,单亲母亲家庭的数量远远大于单亲父亲家庭的数量。此外,"选择式"单亲母亲(elective single mother)已经在我国出现。这些

---

① 李银河.中国女人的情感与性[M].北京:北京今日中国出版社,1998

② 王世军.坚强与无奈——单亲家庭[M].石家庄:河北人民出版社,2002.37

单亲母亲多数比较成熟，受过高等教育，思想比较新潮，出于各种人生选择而故意未婚生子，形成未婚式单亲家庭。

第三，未婚式单亲家庭中生活的子女出现不同程度的心理、行为障碍的几率大大高于同龄孩子。由于生活在不完整的家庭环境中，这些孩子不能得到完整的父母的关爱，在很多发展的关键时期得不到父母陪伴，缺少与父母的沟通与互动，容易导致不同程度的心理及行为问题。

(四)分居式单亲家庭

分居式单亲家庭是指仍保留夫妻名分，在一定程度上夫妻的权利、义务得以保留，但夫妻不共同居住在一起的家庭。

中国的分居式单亲家庭与西方分居式单亲家庭有本质的差别。西方的分居式单亲家庭为禁止离婚时期采取夫妻别居制度而形成的离婚变通形态，延续至今，成为某些欧洲国家离婚的前提。目前西方的分居式单亲家庭多为夫妻采取离婚措施之前的分居。

中国当代分居式单亲家庭形式主要有两个特点：一是夫妻处于准离婚状态的分居，与西方别居制度下的分居相类似。二是夫妻长期两地分居（由于工作、出国、服刑等原因），子女与父母一方共同生活，这种分居式单亲家庭在中国较多，且已经对社会产生了一定的影响，因而我们将这种家庭形式也作为单亲家庭的一种形式。① 由夫妻分居两地而形成的单亲家庭在80年代以前较多，80年代后，国家重点解决了两地分居问题；90年代后，两地分居式单亲家庭比例已明显下降②。

三、单亲家庭子女教育存在的主要问题

单亲家庭子女教育与完整家庭相比存在更多的问题，尤其以离异家庭为甚。离异家庭的数量与比重在目前许多国家都呈上升的趋势。因此，我们对单亲家庭教育问题的探讨，将以离异式单亲家庭作为重点，同时兼顾其他单亲家庭类型的共性与典型特征进行。

(一)家庭教育投入减少

这里讲的家庭教育的投入包括经济上的投入和精力上的投入。

单亲家庭只有单份收入，并且经过家庭变故，经济上遭受损失也在所难免。在单亲家庭中，家庭经济收入由父母两份的收入减少到一份，由单亲家长一人承担家庭生活的重担，用在孩子学习和生活上的资金会相对减少，对孩子教育上所花费的精力也会相对较少。

这种情况尤其体现在单亲母亲家庭中，之前通常父亲的收入是家庭的主要经济来源，而现在由母亲一人挑起了家庭的重担。虽然离婚后夫妻双方都要履行抚养未成年子女的义务，但由于家庭成员阻挠或其他多种因素的影响，很多家庭子女抚养费不能得到有效落实。单亲母亲每天除了工作还要做家务、照顾孩子，同时承受一定的社会舆论压力，使得对孩子的教育资金、教育时间和精力投入量较之以前大大减少。

有学者对单亲家庭的研究指出，单亲家庭的子女照顾问题比起成为单亲之前感到困

---

① 刘鸿雁.单亲家庭研究综述[J].人口研究，1998(2)：64

② 曾毅，王德明.上海、陕西、河北三省市女性再婚研究[J].中国人口科学，1995(5)：1～6

扰的比例超过半数，其中家有未满12岁的儿童者最感到困扰的前五项是：教养子女的时间与精力不足；担心子女单独在家会不安全；子女生病时不能好好照顾；工作时间无法接送子女上幼儿园或学校；无力负担子女入托或课后照顾费用。家庭中有青少年的单亲家庭最感困扰的前五项是：教养子女的时间与精力不足；不清楚子女在家庭以外的活动情况；不知如何与子女沟通；子女假期活动的安排；子女不听管教。

（二）家庭亲子关系失调

儿童最早接触到的人际关系便是与家庭成员的关系，儿童从其中学会与他人相处并逐渐成为社会成员。在家庭中，父亲、母亲、子女是最基本的成员，夫妻关系与亲子关系是最基本的关系形式，它们组成了家庭结构的核心和稳定的三角。在稳定的家庭关系中，通过家庭三角互动，儿童逐步学会了如何处理与他人之间的关系，并理解了他人与他人之间的关系。

如果，三角形的任意一边或两边缺损，就会造成家庭结构的破裂和不稳定，导致原来家庭关系的失调，并进一步影响儿童的社会化进程。在多子女单亲家庭中同胞兄弟姐妹之间常展开激烈的竞争而导致不和，缺乏相互间的友爱互助精神，其原因就在于他（她）们与离去的父（母）之间的互动水平差异。而在只有一个成人和一个孩子的家庭中，由于缺乏一个感情的缓冲人物，常常显得剑拔弩张，容易产生对立和矛盾。① 父亲和母亲是两个截然不同的家庭角色，角色缺一，都将对儿童学会与他人相处以及其社会性发展产生重大的影响。

（三）家庭教育方式偏差

1.家庭教育角色缺位

“父母与子女的情感联系是最为密切和持久的，亲子情感造成的家庭温馨气氛，是家庭教育的最好条件。父母权威性的积极方面表现为由于父母阅历丰富并为子女提供物质生活条件，是子女效仿和依靠的对象。”②在单亲家庭中，由于家庭成员的缺席，孩子就缺少了模仿的“榜样”。既当爹又当妈，对性别角色而言，是不可替代和难以克服的障碍。儿童在没有观摩男女两性相处经验的情况下，难以获得处理两性问题的参考法则，容易产生自我性别角色认知偏差，或者难以习得并掌握相关社会交往的法则，造成交往能力弱化。

现实生活中，有不少单亲家长对孩子的性别角色教育问题是感觉非常困惑的。主要反映在异性单亲与孩子组成的家庭类型中，性别角色教育问题更容易出现，具体情况如下：③

（1）在母子单亲家庭中，其主要问题是缺乏可学习模仿的同性成人对象，在教养方面往往容易过分溺爱和保护，关注孩子的物质需求，对孩子的各种心理需求满足关注较少。同时，在一定程度上还存在有意无意淡化孩子性别意识培养的问题。

（2）父女单亲家庭在教养孩子方面往往容易走两个极端：要么过分保护，极端溺爱，造成孩子过于女性化、敏感脆弱、细腻多情、谨慎小心、依赖性过强、自主性过差；要么“粗

---

① ［美］托妮·法尔博.独生子女与独生子女家庭［M］.王亚南译.昆明：云南教育出版社，2001.187～188

② 关颖.社会学视野中的家庭教育［M］.天津：天津社会科学院出版社，2000.30

③ 王炳元.论单亲家庭儿童的性别角色教育［J］.中国性科学，2008(12)：9～20

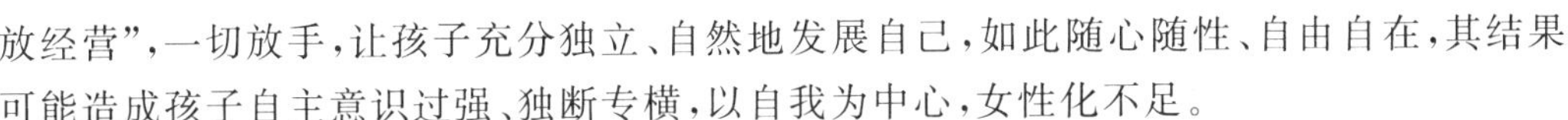

放经营”，一切放手，让孩子充分独立、自然地发展自己，如此随心随性、自由自在，其结果可能造成孩子自主意识过强、独断专横，以自我为中心，女性化不足。

2.家庭教育方式失当

不少单亲家庭的家长在对子女的教育方法和沟通方式上还存在着一些缺陷和不足，具体表现如下：

(1)教育方法简单化

表现之一：粗暴专制、缺少理性

有的单亲家长，尤其是离异单亲家庭家长，常常将苦恼发泄在孩子身上，对子女采取简单粗暴的家庭教育方式。当心情不好时，会肆意打骂子女，子女如“出气筒”般成为家长个人情绪宣泄的工具。面对子女的过错时，缺乏理性分析，简单粗暴地采取谩骂、挖苦、打骂的方式加以惩罚，使孩子的自尊心、自信心受到伤害，逆反心理增强；或者过于注重家长权威，要求子女绝对服从自己，若有不从就对孩子进行体罚或谩骂。在家中无爱的情况下，单亲子女往往向社会上寻求“温暖”，易在不良青少年的影响下走上犯罪道路。

表现之二：无暇顾及、放任自流

面对离异或丧偶的现实，一些家长一味陷于自己的痛苦之中而忽略了孩子的痛苦，忽视对孩子的关爱。在离异单亲家庭中，单身父(母)一人承担抚育子女的责任与任务，沉重的家务、繁忙的职业责任，使得各方面的压力都很大，难有足够的时间、精力和物质条件抚养孩子，对其放任自流，不闻不问，养而不教。这种单亲家长从表面上看很民主，实际上是不负责任的表现。子女也会因此常常缺乏目标和方向感，没有约束、自由散漫、行为习惯较差、自制力较弱，还可能产生较强的逆反心理，在外界的影响下走上歧途。

(2)教育方式极端化

典型方式一：迁就溺爱、爱教失衡

溺爱是很多单亲家长的通病。单亲家长，尤其是离异型的单亲家长，因其子女失去了母爱或父爱因而会产生一种愧疚心理，便对子女过分地宠爱、娇惯，希望通过这种方式来对孩子进行补偿，不能正常地给予管教，而是无原则地一味满足孩子、迁就孩子。有的父母为了博得孩子的欢心，“收买”孩子，会无原则地满足孩子的无理要求。这种只注重在物质上满足孩子的各种需求，处处迁就以弥补其感情上的缺损，而忽视在思想品德上对孩子进行教育的方式，往往导致子女抗挫折力锻炼缺乏，自我控制能力较差，容易冲动，形成自私、骄横、任性的不良品质。

典型方式二：期望过高、严教过度

许多单亲家长视孩子为自己的唯一希望，对孩子制订过高的奋斗目标，并全身心地投入培养和监督之中，使孩子生活在高压环境之中，这样容易产生逆反、厌学等心理。

对很多单亲家长来说，婚姻关系的破裂，是人生中一次沉重的打击。父(母)的心灵创伤也需要很长时间来弥合，父(母)因离异产生的不良情绪往往会反映到对孩子的态度上。离异单亲家庭的家长往往与孩子相依为命，把全部心思扑在孩子身上，对孩子的期望值过高，对孩子提出过高要求；他们要求孩子按照自己的期望发展，对孩子的教育过度关注，一旦孩子的行为表现与自己的期望不相符合，便会严加管教，给孩子带来极大的心理压力。

(3)不恰当情感暗示

一些单亲家庭的家长在亲子沟通的过程中,常常给子女一些负面的不恰当情感暗示。如,有的家长习惯性将家庭中出现的各种问题以及孩子遇到的各种挫折归咎于家庭结构的不完整,并把这种情感意识传输给孩子,导致孩子对自身以及家庭的错误认知。还有一些离异单亲家长,因为自己与原配偶的持续矛盾冲突关系,将自己对不在位家长的负面看法与情感强化给子女,并不惜加大人格上的贬低力度,以疏远孩子与不在位家长的亲子关系。久而久之,不在位家长与单亲子女之间的隔阂甚至是矛盾将会升级,单亲子女性格也容易朝极端化方向发展。

(四)消极的社会舆论影响

在中国人根深蒂固的家庭观念中,离婚在一定程度上可以被理解,但毕竟是不光彩的事情。人们总习惯于将城市单亲家庭特殊化,给它贴上一个不一样的标签。所谓舆论给城市单亲家庭的日常生活带来许多麻烦,也给城市单亲家庭亲子关系设置了一道舆论评价的障碍。

有研究发现,因离婚而成为单亲母亲的妇女,比丧偶的妇女承载着更多的偏见和压力,甚至来自各方面的歧视。另外,社会充斥的离婚妇女的负面形象,使得单亲母亲遭受压力的同时不断内化,导致她们面临工作、人际交往、子女教育等方面的困惑。[①] 有研究结果表明,离异者遭遇包括亲属、领导、同事、街坊、邻居、朋友、同学、子女学校以及大众传媒、社会舆论在内的歧视或偏见的明显较多。他们“总觉得别人在背后议论自己”“对自己人生有失败感”。[②]

同学、老师与单亲家庭子女日常生活与学习之间的密切接触对单亲家庭子女的社会性发展起着极为重要的作用。在现实生活中,同学的歧视性行为以及班主任对离婚存有偏见的现象屡有出现,对单亲子女身心健康造成了负面影响。许多教师以“有色眼镜”看待单亲孩子,对他们缺乏应有的关心与理解;在处理他们的行为过错时,信任不足,带有偏见,会把孩子的表现有意无意地与他们特殊的家庭扯上关系,对孩子幼小的心灵造成不可弥补的创伤。受种种因素的影响,一些同学也视单亲孩子为“异类”,认为他们和自己不一样;有的会故意疏远单亲孩子,不愿与单亲孩子交朋友;有的在同学间发生纠纷时,时常会以“我们都有爸爸、妈妈”的刺激语言奚落单亲孩子等。随着离婚率的上升和单亲家庭的日增,如何优化单亲家庭儿童的生存和发展的环境,亟待学校、家长和社会的关注。

四、单亲家庭子女常见的心理问题

对青少年儿童来说,由家庭结构残缺带来的家庭生活的变故,是他们人生路上的一个巨大的挫折。面对挫折情境,对于挫折承受力较强的单亲子女来说,一般尚能顺利度过;而对于那些挫折承受力较差的单亲子女,则易被挫折情境所困扰,如果缺乏合理的引导,很容易导致心态失衡以及心理、行为问题的产生。

---

① 唐文军.单亲母亲的处境与需要[J].中华女子学院学报,1999(2):23

② 徐安琪.单亲弱势群体的社会援助[J].江苏社会科学,2003(3):66

（一）情绪情感问题

据有关调查研究表明，四分之一的单亲家庭孩子在父母离婚的头半年时间里有强烈的恐惧、愤怒和羞愧感。近半数的孩子常出现哭闹等不良行为反应，有的甚至对他人怀有敌意或具有攻击性，近三分之一的孩子因为父母的离异而冷漠，凡事无动于衷。①

黄德祥研究了父母离婚过程给未成年子女带来的影响后指出，父母离婚对未成年子女影响的一个关键是年龄因素。处于不同年龄段的儿童有不同的发展任务，对父母离婚的反应也有所不同。（见表 7-2）②

表 7-2　父母离婚对不同年龄组儿童的影响

	学前期（2.5～6 岁）	潜伏期前期（7～8 岁）	潜伏期后期（9～12 岁）	青少年期（13～18 岁）
一、情感	易怒、敏锐、分离、焦虑、攻击	悲伤、忧愁、恐惧、丧失感、失落与愤怒	失落与拒绝、无助与孤独、羞耻、担忧、伤害	失望
二、表现	幼儿退化行为、攻击与破坏行为、幻想	哭泣、幻想、独霸、不与他人分享	对母亲、父亲或双亲两者的直接拒斥，易怒、需求多、教训的态度，偷窃、身体症状，与双亲关系紧张	对自己当前情况开放，参与社会活动
三、处理问题的机转	没有处理问题的机转，常使用攻击	没有避免痛苦的健康处理问题机转	把父母离婚当作严肃、明朗的，使情感自由，沉迷于游戏	更自信
四、学校成就	仍未就学	与其他儿童没有明显的差异	明显的低劣	与其他儿童没有显著的差异
五、父母离婚归因	自责	自己与父母离婚有主要关联	自己与父母离婚仅有少许关联	自己认为与父母离婚无关
六、认知	对将要发生的事感到迷惑	对将要发生的事感到迷惑	清楚地知道将要发生的事	清楚地知道将要发生的事
七、访问	次数多，每周一次	次数最多，每周三次	次数不多，且非定期访问	少接触，超过 9～12 天
八、追踪	一年	一年	一年	一年
九、父母离婚的影响	多数的情况恶劣	有 65%变好，或接受父母离婚的事实，23%转劣	25%担忧被父母遗忘、遗弃，75%回复以往教育与社会成就，孤独感恶化	多数的儿童面临以前某些认知的问题

① http://dtr.zgyey.com/

② 吴奇程，袁元.家庭教育学[M].广州：广东高等教育出版社，2002.235

(二)个性、心理发育不健全

社会学研究表明，在儿童时期(3～12岁)，母爱对孩子的发育有至关重大的作用，如果失去母亲，会造成孩子的情绪波动大和不安宁。在青少年时期(13～18岁)，由于孩子的社会性有所发展，与父亲的关系显得十分重要。在此期间，孩子若失去父母的一方，越轨行为的比例都较大。心理学上认为，人格异常的形成与恶劣环境有关，破裂家庭往往成为其子女性格畸形发展的温床。许多生活在单亲家庭的儿童青少年在个性发展中，常常感到空虚、寂寞、惶恐、焦虑、感情冲动，并产生系列问题行为，甚至造成对社会的危害。

单亲家庭子女往往表现出如下心理特征：

1.自卑

自卑是单亲家庭子女最容易产生的心理。单亲家庭经济状况的变化，离异父母间的长期矛盾及对子女的互相推诿，存在的或臆想的外界舆论的压力等都是子女自卑心理的重要原因。他们总感到自己某些方面不如人，或感到各个方面都不如人，猥琐胆怯，孤独寡言。

2.孤僻

家庭矛盾、父母间长期冷战，导致孩子孤僻性格的产生。有这种心理的单亲子女常常行为偏执，不愿意与人交往，几乎没有知心朋友和人际往来。

3.敏感

一些单亲儿童由于家庭结构解体而变得自卑，常常在无形中贬低自己，觉得自己“低人一等”，疑心重，为人对事都非常敏感；总怀疑别人在议论自己，猜疑别人是不是在说自己的坏话，猜疑老师、同学是不是不信任自己了，有时还会把别人的善意曲解为恶意。

4.暴躁

单亲家庭子女面对家庭缺损的现实，郁闷的心情无处宣泄，表现为性情暴躁，遇事易冲动，攻击性较强，出现打架、骂人等行为。如，对长春市南关区的一项调查中显示，反抗攻击特点比较突出和遇事冲动、不计后果的单亲家庭学生与正常家庭学生相比，分别高4％和16％。①

5.缺乏进取精神，易放弃退缩

许多单亲家庭的孩子由于家庭的变故，缺乏父母的关爱而产生消极、退缩心理。严重的自卑心理使他们对学习、生活不感兴趣，整日心事重重，郁郁寡欢。由于受到家庭变故后所面临的种种困境与压力的影响，他们对学习缺乏兴趣和动力，得过且过，生活也没有目标，无信心和斗志，甘愿沉沦，缺乏进取精神。

6.逆反心理和攻击性行为

单亲家庭的子女，在遭遇父母一系列争吵、打闹和分离后，逐渐对家庭和父母产生了反感和不满的情绪，而将自己对家庭突发的各种变故的无能为力转化为对家长的逆反心理和各种攻击性行为。他们对父母的各种管教视为对自己的侵犯，或是自暴自弃，选择逃避；或是进行直接攻击；或将愤怒发泄到父母和同伴、教师身上；或是进行转向攻击，即将攻击对象转向自己，用自我折磨、自我虐待甚至自杀来表明自己的不满。

---

① 杨利玲.单亲家庭子女教育的问题、成因及对策研究[D].吉林：东北师范大学，2004.15

单亲家庭子女通过对父母的逆反心理和各种攻击性行为宣泄自己心中的郁闷和不满。即使自己知道这样做是错误的，为了发泄自己的情绪，表达自己的不满仍然坚持错下去。

(三)人际适应不良

父母离异会影响儿童的人际信任，使儿童对离异父母的信任产生动摇与怀疑，这种不信任感甚至会延续到成年之后。研究发现，父母离异对儿童成年后建立亲密的恋爱关系也产生了深刻影响。Jacquet 和 Surra 以 404 对 19～35 岁青年情侣为对象，考察了他们之间关系的确定性和对他们之间存在问题的认知和理解。结果发现，来自于离异家庭的女性对对方缺乏信任和满意感，更多地报告矛盾情绪和冲突。虽然来自于离异家庭的男性和完整家庭的男性之间不存在差异，但是他们却因为对方父母的婚姻状况认为双方关系是暂时的。[①] 由此，我们可以看出，父母离异不仅会对亲子关系亲密性造成影响，而且会对儿童成年后建立自己的亲密关系产生不良影响，造成儿童人际适应不良。

离异家庭子女社会性发展不良突出地表现在同伴关系、亲子关系等人际关系上，行为表现的反应较为被动，包容需求比较倾向于期待他人接近自己，支配需求比较倾向于期待他人引导自己，感情需求比较倾向于期待他人对自己表示亲密。特别是当他们产生自卑、孤立、压抑等消极情绪时，这种倾向就会表现得更为强烈。当然，当这种被动需求得不到满足时，他们的人际关系需求也会向主动方向转化，但这种转化更多的只局限在意向上而不那么强烈地表现在行动上。[②]

五、单亲家庭子女教育的实施策略

家庭结构的解体，对孩子带来的冲击与影响是不可避免的。相对于完整家庭，单亲家庭所面临的家庭主要问题、孩子心理特征等方面都表现出一定的差异性。基于单亲家庭的特殊性，单亲家长在对孩子进行教育时以下几点需要引起重视：

(一)树立正确的教育观并有合理的教育期望

作为单亲家庭家长，容易将生活重心放在孩子身上，对孩子的期望往往较高。但事实上，过高的期望不仅会给孩子造成过重的压力，还使亲子关系紧张。正确的做法是家长尽量使自己的期望与孩子的自身特点相匹配。具体而言，家长应充分了解孩子的兴趣和自身特点。家长在孩子的生活和学习中要善于观察，主动和孩子交流，使自己的要求和孩子的特点相符，避免对孩子的过高期望。

家长是孩子最早也是最好的老师，作为单亲家庭的家长更是如此。家长的一言一行会对孩子产生可能是一生的影响。因此，单亲家庭的家长更应注意自己的一言一行，为孩子做好榜样。

(二)加强亲子沟通，建立和谐的家庭氛围

亲子关系是心理与行为问题的中介，尤其是父亲与子女的关系是否融洽对其子女的影响会更大。[③] 良好的亲子关系不会让离异家庭子女感到有被抛弃的恐惧，他们感觉到

---

① 王永丽，俞国良.离异家庭儿童的适应性问题[J].心理科学进展，2005(3)：277

② 吴奇程，袁元.家庭教育学[M].广州：广东高等教育出版社，2002.244

③ 俞国良，王永丽.离异家庭子女心理适应问题研究[J].教育研究，2007(5)：86

无论父母是否离异，他们的父母仍然会给予他们照顾，仍然会像以往一样爱他们。如果子女担心被父母抛弃，则他们的适应性问题就多，这种恐惧感越强烈，就越阻碍离异家庭子女的适应。[①] 因此，离异家庭的父母不可忽视对子女的照顾，在生活中注意与子女进行经常性地沟通与交流，让子女感觉到父母并没有因为离异而改变对自己的爱与关怀。尤其是父亲，更要注意与子女的沟通和交流。

首先，坦言离婚真相，引导孩子正确认识单亲家庭的存在。无论家长如何深思熟虑，离婚的决定对孩子来说都是被动地承受，孩子的接受需要一定的过程。针对此阶段孩子的心理反应特点，离婚母亲应极力做到[②]：帮助孩子克服被拒绝感、羞耻感、无能感，让孩子知道并相信母亲仍然爱他（她）们；帮助孩子处理愤怒情绪，设法使孩子远离父母冲突；帮助孩子接受父母离婚的事实，使其相信这不是孩子的原因，也不可能因他（她）们的努力使父母和好；保持孩子对爱和忠诚的理想；不要强迫孩子做出跟谁的选择，不要设法使孩子去憎恨某一方；不要向孩子撒谎说对方“死了”之类的话，因为谎言终有被揭穿的一天。

其二，让孩子与离异的另一方保持良好的联系与交流。定期安排孩子与父亲（母亲）见面交流，不要因为自己的感情问题影响到孩子的情感。

其三，在亲子沟通的方式上，单亲家长要注意，应善于从孩子的优点和长处入手，多给鼓励和关怀，帮助孩子克服自卑感，唤起孩子的自信心，增强孩子与单亲家长交流的愿望。在生活中关注孩子的感受，当孩子遇到挫折与困难时，及时予以引导与帮助；利用假期和孩了一起进行家庭活动，如远足、购物、外出旅游等，增进亲子感情。

（三）弥补父爱（母爱）缺席，重视对子女的性别角色教育

单亲家庭，尤其是与异性子女组成的单亲家庭中，家长对子女的性别角色教育显得非常重要。[③]

在第二性征形成的关键时期，理想的状况应该是男孩子跟父亲认同，女孩子跟母亲认同。如果颠倒，就容易导致孩子出现“性身份障碍”，有可能发展为排斥或仇视异性，严重的还可能形成同性恋的潜在内因。由于单亲家庭特殊的家庭构成，已然造成孩子父爱或母爱的缺失，这种缺失容易导致孩子性别角色形成的障碍。因此，在单亲家庭中家长应积极弥补父爱（母爱）的缺失，对孩子进行正确的性身份教育变得尤为重要。

首先，单亲家庭要注意对孩子的性别角色的培养，通过各种途径让男孩或女孩对自己的性别适应、认同，并根据自己的性别行事。其次，家长要积极为孩子创造一个适当的交往环境，让孩子在与不同性别、不同年龄人的交往中逐渐模仿和习得与之性别相对应的性身份特征。再次，让孩子接受健全的婚姻观和性态度。尽管生活在单亲家庭中，单亲父母仍要以积极的态度让孩子正视婚姻、家庭及两性问题，避免孩子对婚姻及家庭产生负面的态度。

（四）鼓励社会活动，增进社会交往

人的发展不能脱离社会而进行，单亲家长应当鼓励孩子积极参与社会活动，增强交

① Sharlene A Wolchik, Jenn－Yun Tein, Irwin N Sandler, Kathryn W Doyle. Fear of abandonment as a mediator of the relations between divorce stressors and mother－child relationship quality and children's adjustment problems [J]. Journal of Abnormal Child psychology, 2002(4)

② 奉春梅.单亲家庭子女人际交往——互动特征分析[D].成都：四川大学，2002.50

③ 王炳元.论单亲家庭儿童的性别角色教育[J].中国性科学，2008(12)：9～20

往意识。一方面，鼓励孩子积极参加集体活动，主动与人交往，养成开朗、乐观的性格；另一方面，单亲家长要认识到“以孩子教育孩子，以孩子影响孩子”是促进孩子社会性发展有效的措施。有意创设条件，鼓励孩子进行同伴交往活动，在同伴互动中学会如何处理与他人的关系，体味合作、共享带来的快乐，培养尊重自己、尊重他人、助人为乐的良好品质等。

单亲子女较在正常家庭中成长的孩子而言，因缺乏健全的爱而更容易产生一些心理或人格上的问题。家庭关系和谐与否，教导孩子的方式正确与否，都和孩子的成长息息相关。也就是说，一个家庭的好坏要看组成这个家庭的成员，尤其是家长用什么样的态度来维系这个家庭。成员之间用什么方式进行沟通，是否相互接纳，用什么方式来共同解决问题，遇到难题相互如何慰藉彼此，这些对生活在单亲家庭的孩子来说是最重要的。单亲家庭如果家庭关系和睦，亲子关系健全，孩子也可以得到良性的发展，并且可能因为家庭“结构”的不完整性而变得更具独立性与责任感。

第二节　再婚家庭的家庭教育

一、再婚家庭概述

（一）再婚家庭的含义

再婚家庭，亦称重组家庭，是指由离异者或者丧偶者再次寻找伴侣而重新组建的家庭。再婚者可能双方都是再婚，也可能是一方再婚而另一方初婚；再婚者可能是一方或双方有子女的单亲，也可能双方都没有子女。

在我国，单亲家庭通常是处于过渡状态的一种家庭形式，多数单亲家庭都会最终经历一个重构的过程。如曾毅等人研究发现，我国离婚妇女婚姻解体后五年内再婚比例为82.89%，丧偶妇女在丧偶后五年内再婚比例为50.77%。[①] 由此看出，单亲家庭再婚比例已达到一定程度。经历爱情挫折、单亲教养重负的再婚者，往往变得比较成熟，珍惜并谨慎处理再婚家庭生活，努力营造和谐的家庭氛围，为子女提供较好的生活与教育环境。一项对78个再婚家庭的再婚满意度调查结果表明，感到幸福和满足的有21对，占26.92%；虽少不了磕磕碰碰但感觉尚可的有25对，占32.05%；夫妻关系紧张却不想离婚，凑合着过的19对，占24.35%；再次离婚的13对，占16.67%。[②] 调查结果反映出，一些人对重组后的婚姻状况是相当满足的，对婚姻的满意度明显超过初婚。再婚是一次重新选择、重建生活的机会，只要用心经营是能够带来家庭幸福的。

（二）再婚家庭的特点

当然，再婚家庭作为一种特殊的家庭类型，在人际适应、家庭教养等方面都表现出有别于初婚家庭的一些特征，并对婚姻质量、子女成长产生着影响，这需要我们审慎对待。

1.人际关系紧张

相对完整家庭及其他类型的单亲家庭而言，再婚家庭中的人际关系更为复杂，且容

---

① 刘春怡.现代化进程中的城市单亲家庭调适研究[D].吉林：吉林农业大学，2006.44

② 金一虹.沉重的翅膀——再婚家庭[M].石家庄：河北人民出版社，2002.136

易由于家庭成员的变动而导致家长及孩子产生人际适应方面的障碍。由于种种原因重组的家庭，决定了在其中生活的每一个人都要主动适应各种新的人际关系，尤其对于孩子而言，要真正接受继父(母)，会有一个很长的过程，而在此过程中，难免会有诸多人际适应难题。

2.财产分配问题

再婚家庭中的财产分配相对其他家庭形式而言，更加复杂且容易产生矛盾。对再婚家庭而言，半路夫妻各自有自己的亲人及子女，难免会在财产的支配上偏向“自己人”，唯恐自己的孩子吃亏，由此导致的矛盾在很大程度上成为了危及再婚家庭稳固的最大隐患。

3.家庭教养矛盾

再婚家庭中夫妻双方在面对与自己没有血缘关系的子女教育问题时，难免会心存芥蒂，很难放下身段，放下过去，真诚地看待孩子的教育问题。如果遇到继子(女)的不理解和偏见，更容易造成教育的失败。

4.家庭成员心理影响巨大

家庭的变故，会深深影响再婚家庭中生活的每一个人。夫妻要学会承担更多的家庭义务，要适应再婚丈夫(妻子)及其子女的生活习惯和性格喜好，要在最短的时间内转变自己的角色。对于生活在再婚家庭中的孩子而言，他们由于种种原因经历了一次家庭破碎的过程，面对新的家庭，抱有一定的成见和不满可以理解，但是如果不能在再婚家庭中得到应有的温暖和关爱，则会对他们的身心发展造成不可估量的负面影响。

二、再婚家庭子女教育存在的主要问题

再婚家庭内部关系相比一般家庭而言更为复杂，矛盾和问题也会多一些。另外，传统文化积淀形成的社会对继父母的偏见，也会对继亲子关系产生负面的影响。

(一)家庭内部人际关系复杂化引发角色调整与适应

再婚后，家庭成员所面对的家庭关系可能要成倍地增加。再婚家庭中存在着再婚夫妻的关系、继父(母)与继子女的非生物性的亲子关系以及继子女之间的非血缘关系。这几种关系环环相连，继子女之间的不良关系将导致继父(母)与继子女关系的恶化，进而引发再婚夫妻的冲突。孩子是再婚家庭中一个非常敏感的雷区，有人曾将再婚比作一件易碎品，而最容易出现裂缝的地方就是继亲子关系。

再婚后家庭，由人际关系复杂而带来了系列角色调整与适应性问题：

1.角色定位与代际冲突

(1)孩子：新家庭的建设者，还是破坏者？孩子往往成为再婚家庭矛盾的核心。走进重组家庭的孩子，需要被继父(母)接纳。同时，他们也必须在适应过程中找到适合自己的位置。在这一过程中，他们并非都是被动的，即使对新的家庭关系保持沉默，依然存在“接受”或者“拒绝”继父(母)的选择，继子女间也可能存在潜在的竞争或者敌意。他们可能成为新家庭的建设者，也可能会成为新家庭的破坏者。在现实生活中，继子女对继父母排斥，乃至仇视，“拒绝”接受新家庭的案例并不鲜见。

(2)再婚父母：彼此信任，或偏袒猜忌？孩子，是再婚家庭的继父母面临的一道难题。他们一方面要让自己亲生的孩子适应新的家庭生活，另一方面也必须表现出对继子的关心与爱护。然而，继父母即使想要真诚地对待双方的孩子，也难免有失偏颇的时候，如果

夫妻间缺少体谅与气度，矛盾就会产生。相互猜忌就是一种常出现的问题，怀疑对方是不是只偏向了自己的子女，担心资源分配不公，对方给自己子女太多……继父母往往倾向于偏袒自己的孩子，生怕自己的孩子受委屈，夫妻双方相互防范，缺少信任与体谅。

而对于一方再婚，而另一方初婚的再婚家庭来说，初婚者的角色适应显得更为艰难。初为人妻(夫)，缺少抚养经验，一下进入继父(母)角色是比较困难的。

(3)代际冲突频发。在现实生活中，再婚家庭的纠纷不少是因孩子而起的。亲子之间的代际冲突是再婚家庭中比较频发的问题。在再婚家庭中，有血缘关系的成人、子女与无血缘关系的成人、子女之间组成了较为特别的亲子关系。由于缺乏血缘关系的纽带作用，往往造成继父母同继子女关系难以相容，进而影响再婚夫妻之间的关系，使家庭显示出极大的不稳定。

»案例①

女儿 11 岁，是一名小学生。

女儿："妈妈，我们班下星期组织去肯德基过圣诞节。"

继母："嗯！"

女儿："老师要我们每人带 30 元钱。"

继母："还要 30 元钱，就在家过吧，为什么非要参加？"

女儿："我跟爸爸说过，他会给我的。"

继母："你找你爸爸好了，以后什么事也别烦我！"

女儿："找爸爸就找爸爸！"

女儿说着关门出去了。晚上，生父下班回家。

继母："你也该管管你女儿了，太不像话了，简直是目中无人……"

生父："我的女儿？"生父这才发现原来女儿是他一个人的真正的现实。

继母："不，是你和你的女儿，真不知好歹，对她那么好，居然敢顶撞我，这日子没法过下去了！"

……

首先，在这段对话中，孩子处于两难的境地。告诉继母要带 30 元钱去过圣诞，她会发火；不告诉她吧，日后知道了又会引发新的冲突。其次，继母内心存有疑虑，"我同爸爸说过"此句更加激发了继母的恼怒，她会想：你们是不是常常交谈我不知道的事情？丈夫会不会暗中给孩子钱？再次，父亲的愤怒，"你和你的女儿"是最让他伤心的话了，说明这个家庭存在着事实上的两军对垒。

2.沟通难题

(1)言语表达方式不同带来的问题

来自不同家庭环境的成员，总是习惯于自己的话语表达方式，在新家庭的沟通中需要一定的熟悉与磨合过程。如同一位重组家庭中的母亲所说的那样："新家庭对我而言，是一个不断学习的过程。我和现在的丈夫从相识到现在结合在一起已经走过了 3 年的时光，彼此之间已经能较好地相互沟通、适应。但是，我和他 8 岁的女儿间，却总存在隔阂。我一直很努力地亲近她，但即使我们使用同样的语句，却总被理解为不同的意思，这

① 缪建东.家庭教育社会学[M].南京：南京师范大学出版社，1999.244～245

让我非常头疼。或许，我首先要做的就是创造一致的家庭语言吧！”

（2）家庭称谓的转变问题

在中国的传统观念里，称谓是亲人间衡量亲疏远近很重要的指标。因此，再婚父母与其亲戚朋友都非常关注进入再婚家庭后的孩子能否对继父、继母改变称呼。及早叫出“爸爸、妈妈”，这常被认为是继父（母）能否被继子女接纳的象征。然而，对一个孩子来说，“爸爸、妈妈”是他们心目中非常神圣的字眼，要对陌生的人重新喊出“爸爸、妈妈”，况且这个陌生的人还是取代自己亲生父母的人，或多或少会有一些尴尬甚至是心理抵触情绪，在短时期内很难改口。

3.教养偏差

再婚家庭中的教养偏差主要体现在两个方面：

一是教养不足。再婚的人在重组后的家庭中往往会变得瞻前顾后、小心翼翼。有的因为担心对孩子要求太严使另一方不高兴，产生误解和不必要的争吵，而对继子女采取放任不管的态度；有的担心被人扣上坏妈坏爸的帽子，而对继子女的教育畏手畏脚；也有的为讨对方欢心，而过于宠溺、娇惯继子女，这实质上也是一种教养不足的表现。

二是再婚父妻间对子女存在教养偏差。再婚家庭中，孩子的管教问题似乎异常艰难。单亲父母往往对孩子怀有一颗愧疚的心，在家庭重组之后更是唯恐照顾不周，担心孩子在新家庭中吃亏、受委屈，因此常常会过于宠爱、偏袒自己的孩子，不能对双方孩子一视同仁，也常常误解另一方的一些合理教养举动，变得敏感而多疑。

4.家庭习惯与生活方式重建

重组家庭是一个复杂的集合体，成员来自两个不同的家庭，每个人有各自的爱好、习惯、生活方式、人生经历，不同的人生观、价值取向以及待人处事方式等。因此，在共同生活中要经历一段相互适应与磨合的过程，在同化、顺应的过程中形成一套正常运作的家庭模式，达到家庭习惯与生活方式重建的目标。

（二）再婚后的继亲子关系

多数人认为再婚后的家庭关系很难处理，所以有“继母难当”“继父难做”和“双方子女难以相处”等说法，人为地给再婚者施加心理压力。在诸多影视、文学作品中有不少对继父继母，尤其是继母恶毒形象的刻画，如“小白菜”的悲惨经历、白雪公主和灰姑娘的故事、野天鹅的故事等。民间塑造的凶恶后母形象深刻地印在了孩子的心中，而对再婚的人来说，只要一朝当上继父母，也会不由自主地产生深深的心理障碍，面临继亲子关系处理难题。

三、再婚家庭子女常见的心理问题

统计表明，再婚家庭中21.6%的儿童有较严重的情绪烦恼，18.9%的儿童精神紧张，有56.8%的儿童有较强的压抑心理，这些数据均高于其他家庭类型同类指标人数的百分比。这是因为再婚家庭儿童在新组建家庭中的地位、与继父或继母的交往、在家庭生活中的自由度以及在经济上的支配权，均与自己亲生父母生活在一起时有一定的距离或差异，使其内心产生出忧虑、紧张、压抑、烦恼等不良情绪。同样，单亲家庭儿童中有严重情

绪忧虑的人数高达21.1%，这与他们经历父母离异或丧父、丧母时受到的一定心理刺激有关。①

再婚家庭是一种具有复杂人际关系的家庭形式，对再婚家庭的子女来说，适应新家庭需要一定的过程，其间容易出现一些心理适应障碍。如果继父母不能以正确的心态面对继子女，缺乏关爱、情感冷漠、歧视对待，则更容易导致继子女心理问题的出现。下面是一些再婚家庭子女较为常见的心理特点：

(一)过度怀旧

社会心理学家洛钦斯通过实验证实，人际关系中存在有"首因效应"与"近因效应"。在一些离异家庭、丧偶家庭中，子女受"首因效应"的定势作用的影响，难以忘怀旧家庭成员相处的时光、亲情。当家庭重组后，在与家庭新成员相处的过程中，虽然"近因效应"也发生作用，但其清晰程度、深刻程度受到冲击，那种试图改变原有图示的可能性大大降低。因此，在重组家庭中，许多继子女容易过度缅怀过去的"美好时光"，并可能进而增强对新家庭的抗拒感。

(二)憎恨、妒忌

普天下所有的孩子都是痛恨离婚的，他们心中只有一个爸爸(妈妈)，而且是不可取代的。再婚可能会浇灭孩子渴望父母复合的希望，他们视继父母为家庭的外来"入侵者"，总是倾向于将优点都集中于亲生父母身上，而将错误和缺点强加给继父母，对继父母充满仇视与憎恨。

再婚后，因为新成员的加入，孩子和亲生父母相处的时间以及所获得注意都会减少，这对孩子来说，是很难适应的。在许多单亲家庭中，单亲亲子关系较为依恋。单亲的妈妈容易过度依赖女儿，把女儿当成自己的知己。在重组家庭之后，新任丈夫取代了女儿的地位，女儿会因自己地位和作用的改变而对继父心生嫉恨。同样的，在母子单亲家庭中也可能存在这样的情况。在单亲家庭时，儿子是被认为家庭中唯一的男性或者说男主人。当母亲再婚后，继父似乎将作为这个家庭中新的男主人而接管一切。由此，儿子会对继父的闯入而心生愤恨。

(三)多疑、排斥

对孩子来说，父母离异或丧父(母)是一次巨大的人生磨难，而父母的再婚又将使他们走入更为复杂的生活环境。面对毫无血缘关系的继父(母)，他们会有一种本能的反感，产生一定的抵触情绪。他们常常会在亲生父母前表现得轻松、快乐，而面对继父(母)时却冷淡、拘谨。此外，外部世界又在不断强化孩子对继父母的错误认知。在童话作品中，继父母尤其是继母常常扮演阴险、恶毒、自私的角色。从周围邻居、亲友的口中也常常传来关切的询问："继父(母)对你好吗？吃得如何？心情怎样？"亲生父(母)时常会带来嘱咐："你以后要乖一点，新爸爸(妈妈)才会对你好。"这些担忧与关心尽管是好意，却无形中透露出成人对继父母的不信任和对孩子的怜悯，强化了继父母"就是不一样"的观点；孩子会担心继父母会不会真心对自己好，会对其产生一种警惕、排斥的心理。

① http://tieba.baidu.com/f?kz=220139433

（四）陌生、恐惧

再婚对孩子来说，是一次巨大的生活变动。他们在新家庭中的地位、生活上的自由度、物质上的支配权以及人际交往等均会有所不同。他们不得不去接受甚至爱另一个或者几个和自己没有血缘关系的陌生人，他们可能会搬入新的居住地，进入新的学校，认识新的邻居、同学、朋友以及一群新的亲戚。这一切对他们来说都是陌生的，他们可能会对新环境充满恐惧，产生忧虑、紧张、压抑、烦恼等不良情绪。

四、再婚家庭子女教育的实施策略

（一）继父母对待孩子应宽容大度，甘于付出

当孩子进入重组的新家庭后，面对复杂的人际关系与陌生的生活环境需要一定的时间去适应。继父母与他们建立良好关系也需要经历几个发展阶段：①

第一阶段：你是一个将与他们一起生活，并且有可能会“夺走”他们的爸爸或妈妈对他们的爱的陌生人，甚至“闯入者”。

第二阶段：像摆在室内的一件家具一样，你在这时成为一个可以被他们忍受的熟人，但仍对你存有戒心地观察着你（你仍可能会被证明是不可信赖的；你也许会离开他们现在承担监护责任的父亲或母亲，就像他们亲生的父亲或母亲那样）。

第三阶段：这时你变成了他们日益信赖的朋友。

第四阶段：这时，你会成为他们的一个好朋友——一个被喜爱的朋友，但你永远不能成为一个被喜爱的父亲或母亲。

如果继父母能了解并准确地把握孩子与你的关系处在哪个阶段，就会产生积极的效果。

继父母要充分理解孩子这种心情，必须付出艰辛努力，耐心等待整个过程的完成，如果短时间内要求“情同己出”则会过于理想化。不要强迫孩子叫继父（母）“爸爸”或“妈妈”，应该让孩子以喜欢的方式称呼继父（母）。当孩子内心真正接受并爱继父（母）时，他们会很乐意改变称谓。不要强迫孩子马上改变自己的习惯，应该将孩子作为一个独立的人来尊重，体谅他的个性与生活背景，循序渐进地帮助他改变不良的生活习惯。经常与孩子谈心、交流，关心、照顾孩子的学习、生活，甘于付出，不求回报，以实际行动证明自己对孩子的爱，逐步构建一个和谐的家庭氛围。

（二）在经济上相互坦诚，做好经济预算

再婚家庭的成员往往在孩子的经济费用上存在各种矛盾。很多人会为自己留一手，唯恐对方在对待彼此的孩子问题上顾此失彼。因此，再婚夫妻之间存私房钱的现象较为严重。事实上，夫妻在经济上对彼此的不信任会产生各种危及婚姻的状况。

解决再婚家庭的经济冲突，再婚双方一定要本着相互尊重的原则，无论收入多少，两人在地位上是平等的，在经济上不应有凌驾于对方之上的思想。既然成了一家人，各自的收入就应该共同支配使用，对待各种经济上的问题应该相互商量，充分信任，共同为孩子提供各种必需的经济上的援助。此外，再婚家庭还要做好经济预算，量力而行。特别是对于彼此的孩子要一视同仁，统一安排，避免因为经济问题而导致各种家庭矛盾的产生。

---

① 韩勇军.梅开二度：再婚情感透视[M].成都：四川人民出版社，2001.199～200

（三）再婚者之间相互理解、信任，教养态度一致

再婚夫妻之间应相互理解、信任，把管教孩子作为共同的职责，并努力做到公平地对待家中所有的孩子。当生父（母）不在，由继父（母）管教孩子时，生父（母）应在孩子面前支持对方的教养行为。如果夫妻双方意见不一致，则应私下再讨论。当然，公平并不意味着再婚父母要亏待自己亲生的孩子，因为这会让自己的孩子觉得缺少生父（母）关爱，使孩子之间觉得有差异，难以在心理上相融。

（四）寻找新的家庭沟通方式和渠道

1.培养共同的爱好，参与共同活动

再婚家庭父母和继子女彼此分享自己的兴趣，参与共同的活动，是一条极佳的亲子沟通与感情培养渠道。如果你的孩子喜欢唱歌、游泳、下棋、集邮，你不妨和他一起去体验；如果你喜欢旅行、听音乐会、打球，也不妨邀请你的孩子参与其中。这会让彼此走进对方的生活，产生共同交流的话题。

对不同年龄的继子女，你可以选择不同的方法共享兴趣：①

（1）学龄前孩子

带他们去图书馆；睡觉之前给他们念书；与他们一起玩球或画画；与他们一起看你孩提时代喜欢看的书或做游戏。

（2）正在上小学的孩子

将他们介绍到图书馆的一些活动中；共同欣赏一本书，轮流阅读；玩一种他们喜欢的游戏；一起制作手工艺品；一起准备做一顿晚餐；带他们骑车、散步或爬山等。

（3）青少年或青年时期的孩子

支持他们邀请朋友来家吃饭或过夜；如果他们想和人交谈，让他们时时可以找到你；把你的一些经历或兴趣讲给他们听；带他们出去进餐，或让他们陪你出去活动。

当然，每个孩子的个性、爱好都不相同，需要区别对待。有些孩子需要一步一步地与他们接触。还有些孩子，他们渴求引起他人的注意，注重自己的发展，他们热心地分享并参与你的活动。重要的一点是，你要对他们的反应比较敏感，有时可以冒险试试，看会发生什么结果；当出现最坏的情况时，你可以承认自己的错误并为之道歉。主动承认自己的错误，通常可以得到他人的原谅与喜欢。

2.沟通方式多样化

再婚家庭父母可以选择多样化方式与孩子进行交流，增强彼此了解。比如，家庭读书日活动、家庭讨论活动、家庭墙装饰活动、家庭成员“履历图”制作（成长图文）、家庭参与社会活动（社区比赛、捐款）、外出旅游活动等。

（五）共同创设新的家庭传统与惯例

再婚家庭中可以创设自己的传统与惯例，当然这种创设并不是要完全舍弃、否定前家庭的传统。我们可以在有利新家庭、有利孩子的基础上对原传统与惯例做适当的筛选、保留。这样会增加孩子生活的延续感，给予孩子一定的情感抚慰，增强家庭的融合度。

---

① 韩勇军.梅开二度：再婚情感透视[M].成都：四川人民出版社，2001.215

(六)鼓励并支持继子女与亲生父母维持联系

再婚家庭中的继子女常常会思念自己的亲生父(母),担心失去他(她)的爱。体贴的继父(母)应该体谅孩子的这种情绪,鼓励并支持孩子和他的亲生父(母)维持联系。为孩子与亲生父(母)见面做一些准备与安排,在父亲节、母亲节、父(母)生日到来之际提醒孩子给亲生父(母)送去祝福。

(七)坦然面对外界舆论,加强对外交流

事实上,不管是原配家庭还是再婚家庭,归根结底都只是一种家庭模式而已,如何去经营它才是决定婚姻质量的关键。只要家庭成员付出真心,协力建设新家庭,同样能形成良好的亲子和夫妻关系,得到幸福美满的生活。卸下心里包袱之后,许多问题都并不是想象的那么难。我们不妨大方地带孩子去看看就近的亲戚、朋友,即使是前妻(夫)的亲戚,如果能维持良好的关系对孩子也将有益无害;鼓励孩子和新邻居的孩子、班上的新同学一起玩耍,建立新的友谊。

第三节　收养家庭的家庭教育

一、收养家庭概述

(一)收养家庭的含义

收养是"根据法律规定领养他人子女为自己子女,从而建立拟制亲子关系的行为。收养人称养父、养母,被收养人称养子、养女。双方之间的父母子女关系由收养的法律效力而确定。"①收养行为会对三方当事人产生重要影响,即收养家庭、送养家庭以及被收养人。合法收养关系一经成立,即产生特定的法律效力,正式成为收养家庭,养子女随即成为养父母家庭成员,其法律地位、权利义务关系均适用父母与子女的规定。

(二)收养家庭的特点

1.家庭成员(父母与子女)之间没有血缘关系

收养家庭与其他类型家庭之间最大的不同在于,收养家庭中父母与子女之间的关系的建立是由于收养关系而非血缘关系。由于种种原因,夫妻双方通过建立合法的收养关系而与自己并无血缘关系的孩子组成一个家庭。在这种拟血亲关系下,父母与子女之间情感的纽带需要在生活中的点点滴滴中进行不断累积。

2.收养家庭的组成需要满足一定的条件

《中华人民共和国收养法》对收养人的条件进行了明确的规定,收养人应当同时具备下列条件:无子女;有抚养教育被收养人的能力;未患有医学上认为不应当收养子女的疾病且年满三十周岁。

同时,收养法对收养对象也做出了明确的规定:即不满14周岁的丧失父母的孤儿,

---

① 蒋新苗.收养概念的内涵与外延透析[J].中央政法管理干部学院学报,1999(4):16

查找不到生父母的弃婴和儿童及生父母有特殊困难无力抚养的子女。与之相对的孤儿的监护人、社会福利机构及有特殊困难无力抚养子女的生父母可以作为送养人。

可见，为了保证收养家庭日后生活的有序和幸福，国家从法律高度对收养家庭进行了规定，从根本上保障了收养家庭组成后的正常运转。

3.收养家庭一经建立，父母子女拥有法律规定的所有权利和义务

尽管收养家庭中的父母和子女没有直接的血缘关系，但是收养关系一旦得到法律的认可，生活在收养家庭中的所有成员都享有法律规定的正常家庭一样的权利和义务。养父母对养子女有养育和教育的权利和义务，而养子女也对养父母有赡养和扶持的义务。

二、收养家庭子女教育存在的主要问题

收养家庭是一种重新组合的家庭，如果分别从养父母、被收养子女和被收养子女生父母三方考虑，这类家庭在教养方面主要存在以下几方面难题：

（一）养父母是否能以平常心态对待养子女

养父母与养子女间是一种拟血亲关系，这是收养家庭无法回避的事实。由于没有血缘联系，养父母可能常常会担心孩子知道自己的身世后会离开自己，因而急于建立和养子女间的亲密感情，而对养子女过于“讨好”、溺爱；或者觉得“反正不是自己亲生的，疼了也白疼”，而对养子女漠不关心；再或者考虑到外界会对养子女家庭及教育问题普遍存有一定消极的看法，使得养父母常常担心别人说闲话而不敢对养子女严加管教；还有一种可能是，养父母自身因为各种原因无法生育，在好不容易有了养子女之后，把自己的希望都寄托在养子女身上，对养子女的期望值过高。

（二）生父母和原亲生子女的关系定位

亲生父母在对待自己已被收养的子女的关系上常常表现出不同的态度。有的会完全放弃抚养，不再过问子女；有的会在子女重病、升学、恋爱等重大人生时刻表现出突然的关心，但一般时间较为短暂；有的在放弃抚养后，又不想与孩子完全分手，即不养育，不关怀又不完全放弃；还有一些父母出于功利的想法，在子女成人并取得一定的成就时，会突然表现出极大的“热情”与“关怀”。如果“关心”失当，关系定位失范，无疑会给养子女和养父母间的关系建立造成阻碍。

（三）养父母要审慎处理养子女与生父母的关系

对养子女而言，随着年龄的增长，往往会渴望了解自己的身世，并希望了解生父母现在的情况，有时会向养父母提出这方面的问题。对收养者来说，该不该告诉养子女的身世经历，如果告诉的话，应该选择什么样的时机和方式，往往成为一道难题。养子女的身世秘密是收养家庭成员一个共同的心结。

三、收养家庭子女常见的心理问题

一般来说，在婴儿时期就被收养的孩子，能够较快地适应新的家庭生活，养父母较容易从情感上接受孩子。稍大些的孩子则不一样，他们在原家庭生活过一段时间后再被收养到另一个新的家庭，往往需要一段时间去调整自己适应新的环境；被收养的年龄越大，

可能调整的时间也越长。在适应的过程中，他们通常表现出以下这些心理特点：

第一，对陌生环境的恐惧感。养子女进入新的家庭，新的生活环境势必给他们带来陌生和不安的感觉。在新家庭中，他们一开始总是小心翼翼的，他们害怕失去家庭，害怕养父母不喜欢自己，担心养父母会对自己不好，担心自己会犯错误。

第二，对收养者的敏感、怀疑。对知道自己是被收养的养子女来说，他们常会以怀疑的态度审视养父母，担心养父母是否能像亲生父母一样对自己体贴照顾、无私付出，对养父母的一举一动也开始变得敏感、多疑。

第三，知道身世秘密，导致心态失衡。不知道自己是被收养的子女在长大一些之后，他们可能会从邻居、亲戚等周围人的言语玩笑中，或通过其他途径，了解到自己是被收养的事实。一旦知道自己是被收养的，在存在的或臆想的世俗对收养家庭偏见的影响下，他们可能会改变自己对收养家庭及养父母的认知态度，平衡的心态被打破，变得沉默少语、敏感自卑。

四、收养家庭子女的抚养、教育策略

收养子女能否融入新的家庭环境，能否在新的家庭环境中健康、快乐地成长，与新家庭的教育环境，养父母的抚养教育观念、方式有着直接的联系。

（一）以正确的心态接纳收养子女

世俗往往对收养家庭中的亲子关系与教养问题抱有消极的看法。认为在拟血亲关系下，亲子之间难以建立亲密的感情，容易产生矛盾。因此，养父母首先要调控好自己的心理状态，以免形成心理压力。

在生活中，养父母要以一颗宽容、关爱的心对待养子女。养子女来到新环境后，需要一段时间适应新的生活，因此养父母不能急于使收养子女成为“自己”的子女，对养子女一时难以改变的生活习惯，一时难以改口的称谓，应报以宽容的态度。养父母要理解儿童发展的不成熟性，懂得收养子女的心理渴求，不对他们做过多超过负荷的要求，耐心、细致地担当好教育、抚养的职责。

（二）了解养子女原来的生活环境

为促进养子女尽快适应新的家庭生活，养父母有必要对养子女原先的生活环境，收养子女的性格特征、特长爱好，以及影响收养子女成长的各类人员进行了解，多与养子女进行沟通交流，倾听他们的想法与看法。

（三）审慎处理身世秘密

对养子女身世秘密的处理一般有三种选择，要么对养子女如实告知，不做任何隐瞒；要么完全永久保密；或者选择适当的时间、合适的方式向养子女说明情况。惯常认为，如果是婴儿期被收养的，而送养者非孩子亲生父母情况下，永久保持孩子身世的秘密可能将有利于孩子身心健康发展和家庭和谐。如果收养的孩子年龄稍大，且对自己亲生父母存有记忆，最好告诉孩子收养的真实情况，让孩子明白、理解家人的选择，正确看待收养事实，帮助孩子适应新的家庭环境。还有一种情况，孩子并不知道自己的身世经历，如果孩子一旦从别处知道收养事实，其内心很可能难以接受这样的现实，也往往不能原谅养父母对自己隐瞒实情，容易产生自卑、敏感、多疑心理。因此，养父母最好选择在恰当的

时机向养子女说明身世情况。养子女在震惊之余，也会对养父母的信任心存感激，在养父母的关心下平复自己的心情，逐步从情感上接纳养父母。

(四)注意情感关爱，增进亲子感情

家庭成员的相互依恋与关爱是建立正常亲子关系的必备条件。在日常生活中，养父母要多关心养子女，多与他们进行沟通与交流，使他们感受到家长接纳他们的诚意和殷切希望。切忌对收养子女冷淡与拘谨，这样不利于消除养子女对家庭的陌生感，同时会增强养子女对养父母的不信任感。所谓"投之以李，报之以桃"，父母爱护养子女越深，感情投入越多，越能激发养子女对新家庭的认同感，加深养子女对养父母的依恋之情。

第四节 特殊儿童的家庭教育

心理学界一般把人的智力分为正常、超常、低常三类。特殊儿童是指超出正常儿童的正常范围之外，在身心发展上与普通儿童有较大差异的儿童，如智力残疾、听力残疾、视力残疾、肢体残疾、言语障碍、情绪和行为障碍、多重残疾等残疾儿童和超常儿童等。特殊儿童虽然有异于正常儿童，但他们的心理发展仍然有着一定的规律，这是特殊儿童教育的依据和出发点。

一、超常儿童的家庭教育

(一)超常儿童概述

本世纪初，美国心理学家推孟(L · Terman)用心理测量鉴定天才，把智力测验所得的智商(140 以上)作为鉴别超常儿童的决定性指标。①

1978 年的美国《天才儿童教育法》中对天才的定义是："天才儿童或超常儿童是指其在学前、小学或中学阶段，经过鉴定而确认其在智能、创造力，某些学科或领导才能，或表演与视觉艺术方面有具体成就或潜在能力者而言。"②

纽约大学教育系的雷全斯(A · Lamkins)教授认为，只有同时具备以下三个特征才能称为天才儿童，即：③较高能力倾向(潜能)；较高创造力；健全的人格与强烈的学习动机。

综合以上观点，我们认为，超常儿童是指那些具有某一方面或几个方面超出正常儿童的能力，或显示出有巨大潜能的儿童；另一方面，也指那些不仅在智力上显著超出正常儿童，而且在非智力因素上也显著超出正常儿童的个体。

(二)超常儿童的鉴别

超常儿童是客观存在的，但如果超常儿童没被大人所发现，孩子的天赋得不到早期教育的开发，就会失去发展的机会。同时在现实情况中，往往存在另一种情况，很多家长

---

① 刘玉华，朱源.超常儿童心理发展与教育[M].合肥：安徽教育出版社，1994.1

② 何华国.特殊儿童心理与教育[M].台北：五南图书出版公司，1987.38～39

③ 林崇德.天才儿童的教育[M].哈尔滨：黑龙江教育出版社，1991.82

认为自己的孩子是“神童”,赋予了孩子不切实际的期望与沉重的压力,这样做对孩子未来的成长相当不利。所以,发现超常儿童,对他们进行科学的鉴别,给予超常儿童适当的教育,就显得极为重要。

1.超常儿童的发现

超常儿童发现的主要途径,一是注意发现外在行为表现上不同于常态儿童特点的儿童,可以通过家长、教师或其他人的推荐。其次,可以利用各学科竞赛来发现人群中的杰出者,选拔具有某方面特殊才能的儿童。另外,还可以通过各种活动,在小发明、小创造的优胜者中去发现具有某些特长或具有高创造力的超常儿童。

2.超常儿童的鉴别

(1)国外对超常儿童的鉴别

其鉴别方法包括:标准化智力测验;各种创造力、学习能力或成就测验;教师和家长按超常儿童行为核对表提供的材料;对儿童的作品由专家评定;临床法,如与被鉴别的儿童谈话等。

(2)我国对超常儿童的鉴别

其步骤为:由家长或教师推荐,填写一份被推荐儿童的自然情况、家庭和教育等情况的调查表;初试,包括主科学业考试和一般能力测验;复试,用专门的测量表进行测试评定,对有特殊才能的儿童,由相关专家审查作品或表演能力;对通过复试的儿童进行追溯了解,即向儿童就读过的幼儿园或学校教师了解情况;体检,对儿童身心发育情况进行全面检查;综合分析初步确定超常儿童,对初步确定的超常儿童进行追踪研究或让其进入超常实验班试读。

(三)超常儿童的心理特征

杰出的创造力及良好的非智力个性特征也是超常儿童需具备的特征。超常的智力、良好的非智力因素、较好的学业成就,这三个方面作为超常儿童必须具备的特征是相互联系,相互制约,不可分割的统一体。

1.超常儿童的智力发展特点

对超常儿童的研究早在上世纪就已经开始。近年来,西方有关超常儿童的研究从“谁是天才”逐渐转移到“天才是怎样思维”上,更加注重研究天才早期发展阶段。[①] 超常儿童在学龄初期的一般特点是:求知欲旺盛、刻苦学习,不仅记忆力强,而且思维敏捷,有的形象思维能力发展突出,有的逻辑思维推理能力有着相当高度的发展。[②] 具体表现如下:

(1)感知观察力

几乎所有的超常儿童都具有感知敏锐、时空知觉发展快、辨别力与观察力强的特点。超常儿童善于观察事物,能迅速把握事物的特点及事物间的关系和联系,他们在观察中反映出强烈的求知欲望和探究心理。

---

① Hillary Hettinger Steiner, Martha Carr. Cognitive development in gifted children: Toward a more precise understanding of emerging differences in intelligence[J]. Educational Psychology Review, 2003, 15(3): 215～246

② 叶奕乾,祝蓓里.心理学[M].上海:华东师范大学出版社,1996.286

(2)记忆力

超常儿童具有良好的记忆力，有意记忆、理解记忆和抽象的逻辑记忆的发展相当迅速。超常儿童记忆的速度、广度及牢固程度明显优于常态儿童。

(3)想象力

超常儿童在日常生活中，表现出丰富的想象力，再造性想象及创造性想象发展迅速。

(4)思维能力

思维能力是认知能力结构中的核心成分。超常儿童认知能力的发展，突出地表现在思维能力方面，特别是创造性思维能力的发展水平，是鉴别儿童智力超常的重要指标。超常儿童对概念和概念系统的掌握，要早于常态儿童两个年龄标准差，他们能运用概念进行分析、比较和判断、推理，他们的类比推理能力和创造性思维能力的快速发展，成为他们抽象逻辑思维能力发展的主要标志。超常儿童良好的思维品质，表现在思维的自觉性、敏捷性、灵活性、批判性、逻辑性、深刻性和独创性方面，上述素质都超过常态儿童。其中，思维的独创性是超常儿童的突出品质。

此外，超常儿童对创造性思维、类比推理的成绩和认知模式上与常态儿童差异明显，[①]学习更具独创性也更能独立完成学习任务。

2.超常儿童的个性发展特点

中国超常儿童研究协作组的研究人员对超常儿童和常态儿童的个性心理特征做了比较研究，结果发现超常儿童的抱负水平比较高，具有好胜心强、意志坚强、求知欲旺盛、独立性强和自我意识强等特点。[②] 儿童的个性发展，主要表现在个性结构中非智力因素的发展方面。超常儿童的某些非智力因素的发展优于常态儿童。

(1)兴趣和求知欲浓厚，通常具有良好的学习动机，对事物充满好奇并努力探究，视学习为乐趣，能在较短时间内，获得大量的知识和技能，由此引发更强的兴趣和求知欲。

(2)注意力的品质较好，集中注意力的持续时间长，对感兴趣的事物做到专心致志，很少分心，这是使他们智能潜力超于常态儿童的重要心理因素。

(3)情绪良好，通常能经常保持愉快、开朗、自信、满足的心情，善于从生活中寻求乐趣；对生活充满希望，并具有调节、控制自己情绪以保持与周围环境动态平衡的能力。

(4)坚持性和自制力强，他们勤奋的学习活动能自觉地排除外界的诱惑和干扰；主动进行自我调节，坚持认真地学习，表现出坚毅的意志行为。

(5)独立性和自信心方面表现出超前的自学能力，对学习有明确的正误评价能力，善于在自我调节中认真独立思考；想方设法解决问题，并能举一反三，灵活地处理难题；对自身的判断、推理以及解决问题的能力充满自信。

(6)富有进取精神，积极对待困难、挫折和失败；努力争取成功，乐于竞争，并取得胜利；有抱负，并为实现个人的理想而不懈努力。

(四)超常儿童的家庭教育策略

国内外大量实验研究指出：但凡才智出众的人，追溯其成长过程，通常都受过良好的家庭教育。如艾伯特的研究发现，超常儿童发展的途径和方向取决于继承家族优良传统

---

① 梅仲荪.我国超常儿童心理教育研究的主要成就[J].学前教育研究，1999(1)：58

② 施建农，徐凡.超常儿童发展心理学[M].合肥：安徽教育出版社，2004.91～94

的心志和获得家庭特殊重视和培养。[①] 超常儿童的出现是天赋与早期教育相结合的成果。儿童自身的天赋是成为超常儿童的必要条件,优良的天赋需要得到早期教育的开发。因此,家庭教育是非常重要的环节。

1.正确评估子女素质

超常儿童是少数的,家长如果过高估计孩子智力水平和潜能,盲目实施强制性或掠夺性的智力开发,弄不好反而会伤害孩子的智力和身心健康。是否是超常儿童,家长应从如下三个方面来判断:[②]

(1)外在表现和内在智力水平的关系。有些孩子的聪明智慧比较外露,容易表现出来,而有的孩子比较内秀,平时不易表露。因此,应该透过表面现象看其智力水平,而不能被现象所迷惑。

(2)分数和智力品质的关系。分数并不等同于智力,虽然分数以一定的智力为前提,智力制约着获得分数的高低,二者相互联系和制约,但其发展并非完全一致,人的智力品质不能完全根据分数的高低决定。因此,不要以为分数高就是超常儿童,有许多超常儿童小时候的学习并不突出。比如,达尔文、爱迪生的学校经历都是失败的。达尔文中小学的成绩很糟糕,爱迪生仅读了一年级便退学回家,但他们的智力品质不差。

(3)智力因素与非智力因素的关系。超常儿童都智力超常,但一些智力因素一般,而非智力因素优越的儿童也能达到专项技能的超常。比如,兴趣、爱好、意志等非智力因素可以在儿童专项技能的训练中发挥出重大作用。

2.注意早期家庭教育

发现、鉴别出超常儿童后,早期家庭教育对孩子智力潜能的开发,起着举足轻重的作用。

对超常儿童进行家庭教育,可遵循的方法:[③]爱他们,使孩子获得自信;建立起他们的自尊心;向他们提出更高要求;倾听他们的话,理解孩子但不予评论;期望尊重,自己也做表率;为他们立定界限和目标;培养他们的求知欲;帮助其培养社会意识,使他们关心社会;放手培养独立自主精神。

3.有针对性地进行教育

家长要仔细观察超常儿童的特点,并根据孩子的特点因材施教,如让有音乐天赋的孩子得以专门培养;对逻辑思维能力超常的孩子多进行具有针对性的训练;为动手能力突出的孩子提供条件等。家长的因材施教,往往会起到事半功倍的效果,而且还让孩子保持和发展了自己的兴趣爱好,让孩子在愉悦的环境中得到成长。

4.全面培养

在注重对超常儿童特点有针对性培养的同时,家长更应该全面培养孩子。这其中最重要的是在孩子情商和心理素质方面的培养,情商往往比智商更重要。在现代社会中,越来越多的人患有心理疾病,超常儿童从小表现出超群出众的才华,往往较多受到表扬夸奖,可能会带来心理脆弱、承受不了压力等心理问题。从目前公布的医学统计来看,往

---

① 曾有娣.家庭教育对超常儿童成才的影响[J].现代特殊教育,2001(2):17~18

② 季诚钧.家庭教育学[M].广州:南方出版社,1998.306

③ 季诚钧.家庭教育学[M].广州:南方出版社,1998.306

往越优秀的人患上忧郁、焦虑、狂躁等心理疾患的比例越高。所以，家长应从小对孩子加强心理素质训练，并有意识地磨炼孩子的心理承受能力。同时，家长应注重在道德品质、个性、身体素质方面对孩子的培养，努力使孩子成为一个全面发展的人。

5.避免过高期望对孩子产生负面影响

超常儿童因为其较高的天赋显得与众不同，超常儿童的家长容易对孩子抱有较高的期望，处处要求孩子超越其他的常态儿童，不能容忍孩子的任何失败，给孩子带来巨大的心理压力。这种过重的心理压力易使孩子本来有兴趣的学习变成沉重的负担，甚至会使孩子产生逆反心理。

作为家长，面对智能超常的孩子，一定要有一颗平常心，正确地对待孩子超常的智能。

二、残疾儿童的家庭教育

(一)残疾儿童概述

残疾儿童是指生理或心理发展上有缺陷的儿童，包括智力、视觉、听觉、肢体、言语、情绪等方面的发展障碍。日本特殊教育专家河添邦俊认为："对于残疾弱智儿的保育、教育和医疗，如果不以生活场所为中心，那么要真正征服残疾弱智是不可能的。"[①]一般而言，就残疾儿童来讲，家庭是其特殊的学习和生活场所。因此，在儿童阶段，对残疾儿童积极开展家庭教育，是残疾人教育最为关键的阶段。良好的家庭生活环境、家长的品行和教育方式有利于孩子的个性、兴趣、心理的健康成长，而对一个残疾儿童而言，良好的心理品质、健全的人格，比获取知识更重要。事实证明，很多残疾人经过教育，顺利地融入了社会，有的残疾人还取得了常人难以取得的成就。

(二)残疾儿童的心理特征

除弱智儿童在智能等方面发展落后外，视力残疾儿童、聋哑儿童和肢残儿童的智力活动基本上都处于正常水平，在记忆知觉运动等方面与健康儿童并无大的区别。并且，作为补偿，残疾儿童由于某方面的生理缺陷，而在另一方面的能力往往超过正常人。比如，聋哑儿童虽然语言掌握比较困难，思维发展由于听力丧失受到了一定限制，语言逻辑、思维发展比较缓慢，但视觉发展较好，敏度较高，观察事物比正常儿童更敏锐，细致而周密；视觉表象丰富，形象记忆好；视知觉准确、迅速，甚至超过正常人。而视力残疾儿童虽然因其视力的部分或全部丧失，他们对事物的感知具有片面性，感知速度慢且准确性差，但他们的听觉、触觉发展比较好，比一般人敏感，大多数人都有很强的障碍感觉；在记忆与思维方面，视力残疾儿童由于学习记忆活动只能凭借听觉、触觉、运动觉来进行，所以他们注意力集中，听觉记忆特别强，记忆的广度大于正常人。

但是，残疾儿童由于其生理缺陷，往往比较自卑、过分敏感、多疑，害怕人们瞧不起他们；他们最大的心理问题是社会适应能力差，情绪障碍多，常常会感到生命对他们不公平，感到孤僻、恐惧、情绪低落且不稳定等，这些势必会对残疾儿童的生活和学习产生巨大的负面影响。

---

① 河添邦俊.残疾弱智儿的培育道路[M].北京：华夏出版社，1987.122

(三)残疾儿童的家庭教育策略

第一,通过各种社会活动的参与,帮助残疾儿童尽快融入社会。家长要帮助孩子建立自信心,教育他们自立自强、乐观向上、豁达开朗,尝试通过各种渠道加强残疾儿童与社会的联系,让他们积极地融入社会。

第二,加强对残疾儿童的心理健康教育,培养孩子良好的个性品质。作为家长,对残疾儿童的不健康心理要进行科学、耐心的教育和疏导,必要时还应对孩子进行挫折教育,锻炼其坚强、自主的良好品质。同时,培养有益于他们的兴趣、爱好和特长,为他们今后能尽快面对现实,健康、快乐地生活做好准备。

第三,家长要抱有平常心对待和教育孩子。面对残疾儿童,家长在养护和教育上要抱有平常心。对儿童既不要持有内疚心情,百依百顺,迁就溺爱,更不能当做累赘和负担,冷淡、歧视。相对正常儿童,残疾儿童更渴望得到家庭的温暖、父母的关爱,否则,很容易产生自卑感,甚至走上歧途。

第四,针对不同残疾的儿童进行相应的早期教育训练,尽可能提供康复、矫正帮助。如,为聋哑儿童及早戴助听器,共同学习和助造一些生活上常用的手势语,有助于与孩子进行交流和沟通;对视力残疾儿童及早进行定向行走的训练、学习盲文和生活自理等方面的教育;对于肢残儿童,尽可能为其安装假肢或购买手摇车,为其入常规学校学习创造条件。

三、罪错儿童的家庭教育

(一)罪错儿童概述

罪错儿童是指犯有某种罪行或过错的儿童,其主要特点是:这类儿童由于年龄尚小,缺乏起码的是非观念,很容易受到各种不良的影响,从而犯下罪错;罪出有因,导致罪错儿童犯下某种罪错的原因复杂,通常而言,主要是来自家庭和社会的各种诱因导致,如家庭结构缺损、监护人言行不良、不负监护责任,使孩子身心受到伤害,形成不良道德品质,甚至发生罪错行为;罪错相对成年人较轻,经过正面教育,能重新建立正确的世界观、价值观和是非观,能改正所犯下的罪错,回归正途。

(二)罪错儿童家庭原因分析

1.家庭结构缺损

一般情况下,家庭结构完整,儿童能得到良好的家庭教育,儿童发生罪错行为的几率很小。相对来说,在结构缺损的家庭中,儿童发生罪错行为的几率就要高很多。随着近年来离婚率的上升,导致家庭结构缺损,产生了越来越多的离异家庭、单亲家庭。与完整家庭子女相比,表现出问题行为的人数随之增多,具体表现为:情绪低落,易烦躁发怒,孤僻冷漠,自卑感强,学习困难,偷窃、打骂、撒谎等不良行为。由于家庭结构缺损,孩子得不到父母的爱护与照顾,使孩子的心理缺乏安全感;父母很少对孩子给予正确指导,从而增加了孩子行为的盲目性。由于家庭结构缺损,导致父母时常情绪失控,容易将不良情绪发泄到孩子身上,甚至对孩子身心施暴,使孩子性格变得暴躁、冷酷,心理遭到扭曲,消极、压抑的情绪积习日深。这样的儿童,一旦在社会生活中遇到一定的背景和机会,他们被压抑已久的消极情绪就容易变成非社会或反社会的行为,甚至出现罪错行为。

2.家庭气氛不良

家庭感情气氛是家庭气氛中最主要的方面，是家庭中占优势的一般态度和感受的综合表现。不良的家庭心理与生活气氛是造成儿童攻击性行为、多动不安、违纪行为及心理问题的重要因素。许多研究表明，家庭成员之间长期的分歧、敌对、争吵不休、紧张冲突、不愿意相互交谈，会使儿童的内心产生严重的焦虑与矛盾，变得悲观多疑、抑郁退缩、孤僻暴躁、心神不定或神经质，增加了儿童的好斗、攻击性行为和敌意性归因倾向，导致儿童自我概念发展障碍、心理变态或反社会行为。特别是父母在家庭中经常发生公开的冲突易促使儿童的上述不良行为更甚。生活在这种不良家庭氛围中的儿童，当其心灵遭受严重创伤时，上述不良行为便会不期而至，在一定条件下就会发展为罪错行为。

3.教养方式偏差

冰冻三尺，非一日之寒。孩子犯下某种罪错并非一朝一夕而致，这和家庭教养方式息息相关。极端的家庭教育方式，如对孩子过分的严格、过分溺爱、过度教育和过分保护都非常不利于孩子身心的健康发育，会让孩子形成各种不良行为，更容易导致孩子误入歧途。如果家长不能及时意识到这些不良行为与教养方式之间的关系并尽快调整自己的教养方式，防微杜渐，这些不良行为日积月累不断恶化，加之各种不良影响的侵袭，就会使孩子犯下某种罪错，甚至走向犯罪的深渊。

（三）罪错儿童的家庭教育策略

基于系统论的观念，儿童问题行为的预防也必须从系统观念出发，把家庭看作一个系统，并且以系统的观念来理解家庭内所发生的各种现象，并借此找到教育罪错儿童的切入点。

1.营造良好的家庭氛围，用爱抚慰罪错孩子的心灵

强调以“家庭系统”的观点与取向来了解家庭与个人的心理与行为，并进一步认为，要改变变态的现象或行为，不能单从治疗个人成员入手，而应以家庭系统（家庭成员之间的关系、家庭气氛、家庭结构特点、父母教养方式、亲子关系等）为对象，其目的在于建立健康的家庭，使家庭关系、亲子关系、养育态度以及家庭主要矛盾等得以改善，从而使个别成员的行为或心理倾向健康发展。

当子女发生罪错行为后，家长更应该承担起教育的责任，找出问题的症结，为孩子改邪归正付出努力。首先，家长要主动创设良好的家庭氛围，在情感上给罪错儿童更多的关心和爱护，让他们感受到家庭的温暖，抚慰因家庭缺损带给孩子的伤痛，提高家庭生活质量；其次，坚持对孩子正面教育和严格要求，在教育过程中注意不能操之过急；第三，家长要淡化子女的过失，消除子女的消极情绪，增加他们积极的心理体验，帮助孩子发展特长及培养志趣。

2.端正教养态度，积极为罪错儿童树立良好的榜样

面对罪错孩子，家长在深感惋惜自责之余，更应该积极寻找纠正罪错儿童各种罪错的途径。其中，最重要的是要端正教养态度，采取正确的教养方式，不能因为孩子曾经犯了某种罪错而放弃对孩子的教育或是对孩子的行为心存芥蒂，而应主动寻找导致孩子犯下罪错的原因，杜绝类似的罪错再次发生。

同时，家长应该为孩子树立正确的榜样，以身作则，用自己在生活中的一言一行逐渐感染和教育孩子，逐渐摆脱罪错给孩子生活蒙上的阴影。

第五节　留守儿童的家庭教育

留守儿童是我国农村社会进入转型过程中的产物，农村留守儿童家庭，是我国经济现代化而派生出的一种家庭结构形式。由于父母长期不在身边，留守儿童的家庭教育存在诸多弊端，日益成为一个显著的社会问题，社会各界应该高度关注并采取有效措施发展农村留守儿童的家庭教育，以促进农村留守儿童的成长成才，造福社会。

一、留守儿童概述

（一）留守儿童的含义

留守儿童一词，最早是由一张在1994年提出来的。当时是指父母在国外工作、学习而被留在国内的孩子。[①] 在此后的近10年间，学术界对留守儿童这一社会现象的研究几乎为零。进入21世纪，特别是改革开放以来，随着我国经济社会的发展，工业化、城市化进程的加快，以及我国工业和服务性行业的迅猛发展，农村劳动力大量流向城市，形成庞大的农村留守儿童群体。根据全国妇联2008年2月发布的《全国农村留守儿童状况研究报告》，全国农村留守儿童约有5 800万人。在一些农村劳动力输出大省，留守儿童占当地儿童总数的18%～22%。[②] 到2004年，留守儿童作为一个日益庞大的社会群体，引起了社会和国家的广泛关注与重视。

到目前为止，国内关于留守儿童的概念界定，主要是指针对农村留守儿童的概念界定，还没有一个比较明确、科学和统一的定义。《我国农村留守儿童状况研究》一文认为，所谓留守儿童，是指父母双方或一方流动到其他地区，孩子留在户籍所在地并因此不能和父母双方共同生活在一起的儿童。[③] 段成荣、周福林认为，所谓留守儿童是指父母双方或一方流动到其他地区，孩子留在户籍所在地并不能够和父母双方共同生活在一起的十四周岁以下的儿童。[④] 中央教育科学研究所的吴霓认为，农村留守儿童是指由于父母双方或一方外出打工而被留在农村的家乡，并且需要其他亲人或委托人照顾的属于义务教育阶段的儿童（吴霓，2004）。本书对农村留守儿童的概念理解为：留守儿童是指父母双方或一方外出打工或者工作半年以上，孩子留在户籍所在地由父或母一方、祖辈、亲戚朋友等监护的未成年人。

（二）留守儿童的特点

据全国妇联等部门在2007年5月15日召开的国务院新闻办发布会上所提供的数据显示，我国有1.2亿农民常年在城市务工经商，由此产生了逾2 000万留守儿童，其中14岁及以下约占85.6%。随着外出务工人数的增长，留守儿童的数量也呈急剧增长的趋

① 一张.留守儿童[J].瞭望，1994(45)

② 赵富才.农村留守儿童问题产生原因探析[J].郑州大学学报（哲学社会科学版），2009(5)：36

③ 段成荣，杨舸.我国农村留守儿童状况研究[J].人口研究，2008(3)：15

④ http://www.doule.cn/user1/7659/archives/2009/39349.html

势。同时，相关研究表明，农村留守儿童具有六大人口学特征：第一，规模巨大，已形成了一个需要予以高度重视的群体；第二，性别比偏高，年龄分布比较均匀；第三，主要分布在农村地区；第四，在各省区之间的分布很不均衡，主要分布在四川、江西、安徽、湖南等经济比较落后的农业地区；第五，半数以上不能和父母生活在一起；第六，小学教育状况良好，但初中教育问题明显。①

随着农村留守儿童问题的日益凸显，对这一问题的调查也逐渐增多，笔者综合相关调查结果显示，农村留守儿童主要呈现出如下特点：

其一，生活学习环境较差。留守儿童大多家庭贫困，靠父母外出打工维持生活，加之自然条件恶劣，教育资源贫乏，导致留守儿童的生活学习环境更差。许多孩子上学要走山路，回家要做家务，生活无人照顾，平时无人关心帮助。

其二，学习成绩较差。大多数留守儿童在学习上缺乏积极性和主动性，他们没有良好的学习习惯，注意力不集中，心不在焉，这与其监护人文化水平偏低，年龄大，家庭负担重，没时间、没能力辅导孩子的学习，以及他们的"读书无用，读书不如打工"等思想有关。

其三，心理素质较差。由于父母长期不在身边，缺乏父母的关爱，临时监护人一般只注意孩子的安全，很少关心、关爱孩子的心理健康，导致他们在性格方面存在性格内向、害羞，胆小怕事、抑郁、孤僻、冷淡，心理负担过重，少年老成、敏感多疑、冲动易怒、顽皮任性，逆反心理较强，自控力较差等问题。

（三）留守儿童的类型

我国农村留守儿童的监护类型根据看护方式的不同，主要有三种：一是单亲监护型，即父母一方外出并由其中另一方照顾的儿童；二是祖辈监护型，即父母双方都外出，与爷爷奶奶或外公外婆生活在一起的儿童；三是亲戚监护型，即父母双方均外出，由父母的同辈亲戚照顾的儿童。从各地的调查结果来看，农村留守儿童的监护主要以隔代监护和单亲监护为主，其中单亲监护又以母亲监护为主。这些监护人承担起教育孩子的任务，我们把这种教育现象称为留守儿童的家庭教育。由于父母的外出务工，使得留守儿童长期缺乏来自父母和完整家庭的亲情呵护，在学习、安全、心理、行为和交往等方面出现了相应的偏差，其教育问题日益凸显。引发留守儿童教育问题的最直接最根本的原因，就是其家庭教育的缺损。② 因此，关于留守儿童的家庭教育问题，越来越受到社会各界的关注。

二、留守儿童家庭子女教育存在的主要问题

农村留守家庭，是典型的家庭结构不完整家庭。近年来，随着城镇化建设步伐的加快和劳务经济的快速发展，大批农村富余劳动力外出务工就业，在促进农民增收和农村留守儿童这一特殊群体不断增加的同时，却引发家庭教育的严重缺失，父母对儿童言传身教的影响作用基本丧失或被不同程度减弱，使留守儿童的教育面临着严峻的困境与巨大的挑战。

---

① 段成荣，周福林．我国留守儿童状况研究[J]．人口研究，2005(1)：35～36

② 陆丹．贵阳市农村留守儿童家庭教育研究[D]．贵阳：贵州师范大学，2008.9

(一)父母教育观念落后

部分外出打工的父母由于自己的生活、生存经历,使得他们很重视孩子的学习,他们把这种“渴求”寄希望于孩子身上,对孩子的学习有较高的期望,但时空上的距离无法通过亲子关系、家庭互动以及所营造的家庭文化氛围影响孩子的行为与价值观;无法通过教养方式、教育期望影响孩子的学习,更不能及时有效地督促子女学习,给予孩子正确的家庭教育辅导。而只是简单地把孩子的成绩与自己的付出和辛苦直接地联系起来,只是一味要求孩子学习,无形中加大了孩子在学习和心理上的负担,其结果是孩子因为感受到父母的辛苦而更加努力学习,但是一旦学习不理想时就会产生压力和焦虑感。还有部分家长,出于“亏欠”心理而实施“物质补偿”。他们为了弥补对孩子的关爱,片面地认为只要满足孩子对金钱和物质的需要,孩子便会好好学习,成才成人。殊不知,这样非但不能弥补家庭教育的缺陷,反而会助长孩子“重利主义”等错误观念,注重物质需求,放松对自己的学习要求,对学习产生淡漠、无所谓的态度。这些落后的教育观念势必严重影响留守儿童家庭教育的质量。

(二)父母的角色效应缺失或弱化

儒家传统讲:“父母在,不远游。”然而我们现实的状况却是孩子在,父母游。留守儿童的父母长期缺位,使留守儿童缺少家庭的亲情温暖,与父母情感淡漠,缺乏情感互动,经常觉得孤独无助,没有归属感。父母的远离,父母的角色缺失和弱化,这是留守儿童在家庭教育上面临的困境。有学者把父母的教育做了形象的对比:“母亲教育子女如何‘适者生存’,父亲教会子女如何‘感受生活’;母亲教子女如何‘拿起’,父亲则教子女如何‘放下’;父母的教育是一对车轮,缺一不可。”然而在留守儿童家庭中,由于父母双方或一方的外出,导致父母的教育角色缺失或残缺,儿童与父母之间的关系相对疏远,父母对子女缺少关爱或几无关爱,这对留守儿童心理的健康成长产生了诸多不良影响,势必导致其严重的情感饥渴和发展障碍,出现了所谓的“缺乏父爱综合征”或“缺乏母爱综合征”。有学者指出:“农村‘留守儿童’家庭内部亲子之间的交往具有时间上的长期间断性、空间上的远距离性、交往的非面对性以及互动频率极低的特点,致使亲子之间的交往几乎成了一种正式的次级群体交往模式,‘留守儿童’父母成为孩子学习、身心发展事实上的旁观者。”①

(三)监护人安全责任意识薄弱

据2013年9月13号在北京举行的《女童保护研究报告》暨女童保护论坛披露,由于基本监护缺失,女童受害严重。② 调查显示,2012年,全国县级以上妇联受理女童受到性侵害的投诉达500多件,留守和流动女童是主要受害人群,农村留守女童受害者最多。究其原因,一是监护人基本监护缺失,二是监护人和受害人防范意识和防范知识不足,三是大多祖辈监护人年事已高,生活压力较大,农活繁重,一般只能顾及到孩子的日常生活,没有时间和精力顾及其他,安全责任意识薄弱,为侵害人提供了大量可乘之机。

---

① 于慎鸿.农村“留守儿童”教育问题探析[J].中州学刊,2006(3):128

② 甘贝贝.基本监护缺失,女童受害严重[N].健康报,2013－09－16

(四)家庭教育"量"减少

父母外出打工之后，对于留守儿童来说，首先是家庭教育"量"的减少且教育力量过于分散。父母长年在外忙碌，有的甚至一年都不能回一次家，不能与孩子见一次面。长年缺少亲情的交流沟通，使得亲子关系断裂，亲子教育缺失或不足是这些留守家庭的明显特征。而且留在家里的人员，不得不承担更加繁重的农业劳动，没有更多的时间和精力照顾留守孩子的生活，特别是学习。少了约束和教育，孩子的许多不良行为得不到矫正。过去由父亲和母亲、长辈共同承担的教育义务，现在由留在家中的其他家庭成员独立承担，而他们本身文化水平不高、教育能力欠缺，难以形成教育合力，严重削弱了教育力量。家庭教育的不完整，家庭教育"量"的减少，必将影响孩子的健康成长。

(五)监护人教育能力欠缺

虽然留守儿童的监护人有父母任意一方、亲戚等，但更多的留守家庭一般只有祖孙两代人在家，祖辈被动承担教育任务。但由于祖辈思想观念落后、教育方式方法简单、教育能力欠缺且知识贫乏，大多是文盲、半文盲，在学习上无法有效地帮助和辅导孩子；加之祖辈家长年迈体衰，家里家外一个人忙活，在对孙辈的教育上往往是心有余而力不足而疏于管教，即使管教孩子也只会用金钱和物质的奖励或采取打骂等粗暴的方式。对孩子的关怀大多局限于吃饱穿暖，满足孩子物质生活方面的要求，对孩子的精神关爱和情感世界的培育以及道德层面的管束很少，难以承担起对孙辈的教育责任，故留守儿童学习习惯和学习成绩一般都较差。

(六)祖辈教育的溺爱现象

在由祖辈监护的留守儿童家庭中，由于受祖辈自身的精力、教育观念、思想等因素的制约，在家庭教育中往往表现为对孙辈过于溺爱放纵。一是因为孩子是家庭中的独生子女，是父母的掌中宝，更是祖辈的掌上明珠，所以对孙辈更是疼爱有加，溺爱有余。二则因为祖辈家长害怕孙辈出现差错，难以向孩子的父母交代，因此在教育过程中也会出现过于迁就和溺爱孩子，无原则地满足孩子的要求，以及一味地赞赏孩子的行为，对孩子的不良行为习惯也管教不力，使得留守儿童难以养成良好的行为习惯。

(七)忽视家庭教育的作用

很多外出打工的父母们很少意识到自己在家庭教育中的重要作用，认为孩子只要能吃饱、穿暖就算尽到了父母最大的责任，教育孩子是学校和老师的事情，将孩子的教育问题片面理解为学校教育，把教育的任务全部寄望于学校，忽视了儿童个体在其成长过程中所面临的情绪、性格、学习动力等不可量化因素方面的差异，也忽视了家庭在孩子成长过程中所起的重要作用；从而在外出务工与照顾孩子的利益权衡中选择了外出务工，使家庭教育处于真空状态。然而，学校、家庭不仅仅是一个空间的差异，代表的还是两种不同的教育思路。家庭教育是生活常识的教育，是教孩子在做人中学做事；学校教育是知识的教育，是教孩子在做事中学做人。家庭教育是每个人在一生中真真正正的基础教育，家庭教育的缺失势必严重影响留守儿童的健康成长和发展。

三、留守儿童家庭常见的心理问题

未成年人处于性格形成的关键时期。在这一关键时期，他们特别需要长辈尤其是父母的关爱和引导。留守儿童长期与父母分离，对心灵关怀的渴求和对感情交流的欲望不能得到满足，一些不良情绪如失落、担忧等长期得不到排解，于是便会导致不同程度的心理问题。由于留守儿童监护人对留守子女的心理健康问题关注和介入较少，加之远离父母，缺少了起码的与父母交流的机会，而监护人又无暇顾及他们的情感变化。因此，留守儿童因为缺失完整有效的家庭教育，长期情感缺失和心理失衡会导致他们心理不能健康发展，尤其是在留守儿童聚集的农村地区，这种现象更加明显。

一些研究者对留守儿童的心理特征进行了调查、研究。如，一项历时5年的跟踪调查表明，农村孩子的心理障碍和行为异常比例高达19.8%，远高于城市孩子的8%，这其中55.5%的“留守孩子”表现为任性、自私、冷漠、内向和孤僻，缺乏爱心和同情心，逆反心理重。他们对待批评教育，极易采取逃学甚至出走等过激行为。[①] 综合已有研究结果，留守儿童主要表现出了以下一些心理问题：

(一)父母关爱的缺失，导致孩子“情感饥渴”

父母自身及其对孩子的关爱是儿童成长的最佳环境。但是，留守儿童却由于长期与父母分离，长期在缺少父母关爱的环境中成长，孩子缺少必要的家庭氛围，情感世界出现空白，感受不到父母的关爱，使得他们的成长过程中出现了诸多“情感饥渴”的问题。看着别的孩子与父母亲密接触，自己更显孤独和失落，有一种被遗弃的感觉。无论爷爷奶奶、外公外婆如何待他，都代替不了父母。长期的分离使得留守儿童的亲情观逐渐淡薄，在他们的内心深处强烈地渴望得不到的亲情。长此以往，他们把这种需求转化为“漠视”或“拒绝”，易导致其人格发展的不完善。由于“情感饥渴”而产生的不良心理将会在留守儿童的心灵上留下一道无法抹去的伤痕。部分孩子因为缺乏管教而放任自流，走进了游戏室而无法自拔；部分孩子由于受物质追求的影响而过早放弃学业，荒废了学习；甚至某些孩子由于自我控制能力较差，在受到不良影响时，会出现不良行为甚至出现违法犯罪行为。

(二)强烈的焦虑和自卑心理

父母是孩子生活依靠的港湾，父母的关爱和保护是无人可以代替的。当孩子在生活、学习中遇到困难时，他们更多地希望从父母那里寻求解决的方法、安慰和帮助，但是留守儿童却得不到这本应该有的关爱。留守儿童的单亲教育、隔代教育方法简单，所给予他们的只是身体、物质上的照顾，交流沟通与心理关爱的缺失，致使学习成绩差，极易产生心理焦虑、心理自卑，经常忧心忡忡，缺乏安全感和自我认同感。许多留守孩子都不愿意让人知道自己的父母在外打工，也回避因为打工而引起的有关学习的话题，这种自卑心理影响着儿童个性发展的社会化，使得他们不能与人和谐相处，在人际关系上易产生多种不良心理。

(三)性格缺陷

外出打工的父母与留守儿童缺少联系，对于孩子的成长缺乏足够的关注和指导，易导致性格缺陷。处于成长阶段的儿童青少年正是情感、性格变化的转折时期，长期与父母分离，极易使其性格变得内向、自卑、悲观、孤僻。同时，在留守儿童家庭中，由于溺爱

---

① 徐金波.农村“留守孩子现象”应引起关注[N].家庭教育导报，2002－12－27

型家长比例较高，在几乎没有任何限制的状态下，助长了留守儿童的自私性和以自我为中心的极端性格。

（四）盲目反抗或逆反心理

有相当数量的留守儿童较为敏感，总感到别人看不起自己，与人交流时充满警惕和怀疑。对教师、监护人、亲友的管教和批评极易产生较强的逆反心理。

此外，留守儿童因为家庭教育的缺失还会出现固执、孤僻、多疑、敏感等各种情绪问题；在人际交往方面也通常表现出一定的封闭性，易出现各种交往障碍、行为偏差，易出现盲目反抗等心理问题。

四、留守儿童家庭子女教育的实施策略

面对留守儿童家庭这一特殊的家庭形式存在的诸多问题与困惑，以下几方面工作的开展将有利于留守儿童家庭教育的有效实施。

（一）树立正确的教育观念，增强教育能力

对孩子的教育期望一定要适当。父母过高的期望，自然给孩子过重的负担。如果期望中带有极大的盲目性，高到孩子根本不可能达到的地步，那么，这种不实际的期望，非但对孩子起不到积极的激励作用，反而使孩子"望而生畏"。有的孩子因为要求太高无法达到，以至成功的机会少，失败的机会多。长久如此，就会失掉自信心而不愿努力，或是因为自卑而对某种要求特别害怕，从而丧失上进的勇气。父母期望过高，也容易产生急躁情绪，采取简单粗暴的教育方式方法去管教孩子，这样不仅会使父母失去应有的理智和耐心，而且也易与孩子发生情感上的对立，导致亲子关系的紧张，家庭教育失败。再者，父母切勿以消极心态对待孩子的学习问题，其实留守在家的孩子在心理上甚至比大人还要累。父母应以平常心来看待孩子的学业问题，经常安慰、鼓励孩子，父母的爱就是给予留守孩子们最好的教育。

同时，由于代养人大多为祖辈，他们的传统育儿观念已经不能适应现代儿童成长和发展的需要。因此，作为留守儿童的监护人应该转变传统的育儿观念，掌握一些科学的育儿知识，促进留守儿童的正常发育发展。代养人除了关心留守儿童的身体健康外，还应更多地关注孩子的心理健康，满足孩子的心理需求，加强与孩子的交流、沟通，试着用儿童的眼光去看他们的世界，体察他们的感情。其次，要通过说服的方式来管教留守儿童，帮助他们正确地看待父母外出打工是迫于生活，而不是置他们于不顾，打消孩子对父母的怨气，让孩子学会尊重和体谅父母。

（二）强化责任意识，尽可能多地关注孩子身心健康成长

父母作为孩子最亲近和最信任的人，对儿童身心的健康成长有着非常重要的作用，教育好孩子是父母义不容辞的责任，必须强化自身的责任意识。

1.外出打工前安排好孩子的生活和学习

当父母都要外出务工时，必须先做好孩子的生活和学习安排。慎重选择孩子的监护人，要保证监护人能照顾好孩子的日常生活，能引导、监督、管理孩子养成良好的学习和生活习惯，并能经常与孩子交流沟通，了解孩子的思想心理状况，能及时与家长联系沟通，满足孩子的身心健康成长的需求。

2.父母应坚持定期、不间断地保持与孩子各方面的联系

尽管不能苛求常年在外为生活奔波的打工者们时刻照顾到子女。然而，如果父母能在繁忙之际，坚持定期给孩子写信或打电话，询问孩子的学习、生活等情况，这种间接的教育方式方法对于孩子的教育也是非常有效的。对于常年外出打工的家长们来说，孩子才是他们心中的希望，正如一位外出打工的家长谈到："我们一家人的希望都倾注在孩子未来的发展上，不管我自己有多辛苦，即使苦死、累死，也要供他们上学。"但在许多家长的观念中，只是认为给孩子交纳了学费，供孩子吃穿，就已经尽到了父母的教育责任。其实不然，作为成长中的一代，留守子女要比其他同龄人承担得更多，更期望父母的教育和关爱。外出打工的家长要尽量发挥家庭教育的作用和影响力，保持亲子之间的沟通与交流，让子女切实感受到父母对自己的关爱。

(三)加强基本监护和安全责任意识，教给孩子自我保护方法

在留守儿童聚集地区，建立留守儿童监护制度，设立"爱心妈妈"志愿服务团队等；加强儿童及监护人防范意识和相关知识的培训，在学校、家庭、社区开展并形成共同防范的体系。具体来讲，父母及监护人除了照顾好孩子的学习和日常生活，还要加强对儿童的监护意识，多一份安全责任意识，留心看管好孩子，教给他们保护自己的方法，如没有征得父母及监护人的同意，不能随意跟别人外出，不能随意吃别人的东西，不能随意下河游泳等。如果被监护人是女孩，监护人更要处处留意孩子的行踪及日常情绪，如孩子是否按时到校与放学回家、情绪是否反常等；教育孩子保护好自己的身体，不能让除父母及监护人以外的人搂抱或亲近自己，如遇此类情形一定要及时告诉父母和监护人。

(四)积极配合学校教育，及时了解孩子的成长动向

孩子的健康成长离不开家庭与学校、社会的共同努力和配合。外出务工的父母在外出前应协调好学校、监护人和孩子之间的关系，让监护人与学校积极配合，协助学校教育，督促孩子的学习；同时要经常与学校保持联系，及时了解孩子的成长动向，配合学校教育的完成。父母或监护人要坚持每学期开学或学期末放假时到学校就子女学习、生活等问题及时询问老师，并相互告知其情况，让老师对孩子的情况有更多的了解，以便在平时的教育教学中有针对性地实施教育，双方共同承担起教育孩子的责任。

(五)实施"代理家长制"，设立亲情室，弥补留守儿童亲情缺失

1.代理家长制

"代理家长制" 也就是我国古代说的"易子而教"，发源于留守孩子人数众多的重庆市南川区鸣玉镇。2005 年 4 月，当地政府启动"代理家长"关爱机制，动员当地社会上有爱心的人组成关爱队伍"一对一"帮扶孩子，其最大特点是因地制宜，而且投入比较少，属于政府倡导的义务监护人制度。具体做法是，成立留守儿童工作领导小组办公室，建立留守儿童信息库，每学期对其基本情况进行一次普查。然后，在自愿原则下，倡议和发动机关事业单位干部职工、村社干部、有帮扶能力的共产党员和社会各界爱心人士做留守儿童的代理家长。代理家长必须按照"三知、三多、三沟通"的家长职责和"五个一"的具体要求，主动履行家长义务，正确引导孩子成长。"三知"即知道留守儿童的个人情况、家庭情况和学习情况；"三多"即多与留守儿童谈心沟通，多参加学校的学生集体活动，多到其家中走访；"三沟通"即定期与留守儿童父母、托管人、老师联系沟通；"五个一"即每周与

留守儿童联系交流、辅导作业一次；每月与留守儿童父母、任课教师、托管人联系一次；每两月到留守儿童家中走访一次；每学期初制订一份帮扶计划书；每学期末撰写一份帮扶工作总结或教育经验文章。①

很多家长担心，代理家长如果自身有很多毛病，会影响到他们的孩子。另外，代理家长顾虑管重了不是，管轻了没用。当然，存在这些问题是很正常的，不过这种方式具有很强的操作性，在当地得到认可并逐渐在全市推广且成效显著。

2.学校、社区、乡镇设立亲情室

一是安排亲情电话、亲情视频聊天，通过其与在外打工的父母定期电话交流和“见面”，有利于留守儿童与外出打工的父母沟通交流，拉近彼此之间的距离，以弥补相互的思念之情以及发挥父母的教育作用，增强教育效果；二是给留守儿童集体过生日，让孩子们互赠礼物、表演节目，一起吃蛋糕，让孩子们在学校也能感受到家庭的温暖；三是安排内容丰富的课外文体活动，加强同学间的交往，有利于减轻孤独感。

第六节 流动儿童的家庭教育

随着数以千万计的流动打工者到祖国各地支援经济建设，跟随这些打工者来到城市的还有数量惊人的流动儿童，他们的受教育问题已经成为亟待引起社会各界关注的问题。据国家统计局统计，2003 年农村外出务工的劳动力达到 1.129 亿人。随着进城务工就业农民全家流动的状况日益普遍，随同这些父母进入城市的儿童也日益增多。根据“五普”资料，全国流动儿童共有 1 982 万人。② 在实践中，由于种种原因，流动儿童家庭的教育存在着相当多的问题，应该引起社会各界人士的广泛关注。

科尔曼和布彻·卡森 1984 年报告过有五种家庭的父母不能给孩子以适当的榜样，即不充裕的家庭、动荡不安的家庭、反社会的家庭、虐待性家庭和解体家庭。而流动人口家庭属于典型的不充裕家庭和动荡不安的家庭。③

一、流动儿童概述

(一)流动儿童的含义

流动儿童指 6～14 周岁(或 7～15 周岁)，随父母或其他监护人在流入地暂时居住半年以上有学习能力的儿童少年。④ 由于义务教育主要是由地方政府负担，流动人口的子女因为没有流入地的户口，无法享受由流入地政府负担的教育经费，其结果是：在现行的城乡政策框架下，流动人口子女无法享受与城市同龄儿童同等的教育机会，也被排斥于乡村正式的教育体系之外，成了被“边缘化”的一个庞大群体，我们将这一群体称为“流动儿童”。⑤

---

① 邱春.重庆市关注农村留守儿童推行“代理家长制”[N]重庆日报，2006－09－15

② http://news.xinhuanet.com/newscenter/2005－01/05/content_2419978.htm

③ 杨卉.流动儿童家庭教育研究——以北京市海淀区为例[D].北京：中央民族大学，2007(4)

④ 教育部.流动儿童少年就学暂行办法[J].人民教育，1998(5)：8

⑤ http://baike.baidu.com/view/2383307.htm

流动儿童与留守儿童一样，都是我国城市化进程中随着农村剩余劳动力向城市的大规模转移而出现的。本书中所谓的“流动儿童”，是与前文中的“留守儿童”相对应的一个概念，区别在于，留守儿童的父母进城打工，孩子留在了户籍所在地；而流动儿童则是随父母进城务工一起进城的农民工子女，他们的户籍虽不在“本地”，但在“本地”已居住相当长时间的儿童。20 世纪 90 年代中期以来，随着进城务工、就业农民全家流动的情况日益普遍，越来越多的儿童随他们的父母从农村进入城市，成为流动儿童。

（二）流动儿童的特点

近年来，随着工业化、城镇化和城乡一体化建设的迅速推进，农村劳动力向城市（镇）转移的规模正不断扩大，流动人口的结构也发生着巨大变化。流动人口由最初的单身外出变为举家迁徙的现象也越来越多，流动儿童的规模也急剧增大。流动儿童的特点主要可以归纳为：

1.流动性强，深受双重文化的影响

由于父母入城打工，流动儿童跟随父母由农村来到城市生活和学习。随着父母工作地的变动，流动儿童跟随父母从一个城市流动到另一个城市，他们生活和学习的流动性比起在正常、稳定家庭中成长的孩子大得多。

流动儿童作为“边缘人”，流动在农村和城市之间，这种双重的文化背景下的生活方式对他们的身心健康成长影响很大，他们比完全生活在农村的孩子更加熟悉城市生活，但是由于特殊的身份使得他们又很难被城市人所认同，也很难融入到城市人群中。双重文化的影响，使得他们很难形成良好的自我认同感，对其身心发展有不良影响。

2.教育面临重重困境

就流动儿童的家庭教育而言，流动儿童的父母通常都从事着较为繁重的体力劳动，很少有闲暇时间对孩子进行各种形式的家庭教育，这种家庭教育的缺失不仅不利于建立和谐的亲子关系，也会对孩子身心的健康成长带来种种隐患。

此外，受到户籍制度、教育制度以及本身家庭经济条件的制约，流动儿童接受学校教育也是困难重重，很难享受到与同龄城市儿童相同的教育待遇。尽管当前不少外来打工人员密集的地方政府已经着手解决流动儿童的就学问题，但要真正给予流动儿童平等的受教育权利，还有很长的一段路要走。

3.生活环境恶劣

就居住环境看，大多数流动少年儿童生活的社区环境较差，有调查显示：39.8％在目前生活的地方缺乏安全感，59.8％反映生活的社区卫生环境差，50.5％反映社区没有工作人员管理，39％反映社区治安混乱，38.9％反映社区经常有社会青年游荡，38.9％反映社区公共设施破损。① 这种恶劣的居住环境容易对流动儿童的身心发展造成诸多不良影响。

二、流动儿童家庭子女教育存在的主要问题

进城务工人员工作、生活在城市，他们的思想观念受到现代文明的洗礼，认识到教育的重要性。当他们能立足于城市，经济情况得到改善时，往往出于让孩子能接受更好教

① http://edu.dzwww.com/news/ptnews/200903/t20090325_4370351.htm，2010/1/4

育的目的，把孩子带在身边。相比留守儿童而言，流动儿童有个“完整”的家。但是，流动儿童跟随父母来到城市这个陌生的环境，客观条件的改变给他们的交往、学习、心理等方面造成了很多的困难，使流动儿童的教育面临很多挑战。家庭教育对流动儿童的健康成长起着学校教育无法替代的重要作用。

然而，当前流动儿童家庭中的家庭教育几乎处于空白，众多流动家庭家长家庭教育意识淡漠，对“家庭教育”知之甚少，认为子女的教育是学校的事情，跟自己没有多大的关系。此外，流动家庭父母忙于工作，缺乏对子女进行家庭教育的时间。许多流动儿童的父母整天起早贪黑，少有时间与子女进行沟通和交流，更不要说对子女进行科学系统的家庭教育。最后，流动儿童家庭条件简陋，缺乏良好的家庭教育环境和心理氛围。因此，为了流动儿童的健康成长，其家庭教育亟待改善和提高。

具体而言，流动儿童家庭的家庭教育中存在的问题主要包括以下几个方面：

（一）缺乏必要的学习环境

大多数农民工家庭经济困难，他们的物质生活水平一般较低，属于城市贫困人口，这样的物质条件很难为孩子提供一个良好的学习环境，难以保障流动儿童最基本的生活和学习之需，更谈不上精神层面的休闲、娱乐。流动儿童的家庭中也很少有健康的娱乐生活，孩子们的娱乐活动也主要是在家里，比如与小区内的同伴们玩下棋、跳绳等。父母由于忙于工作，有许多父母从没有带孩子去逛过书店、公园等。流动儿童的精神生活相当贫乏。同时，出于房租低廉或就业方便的考虑，大部分农民工居住在城市贫民区内，家庭的居住地一般位于城乡结合部。大多数农民工家庭租用民房，家庭人均住房面积少，光线差。窄小的空间成了集吃饭、睡觉、生活、学习等“多功能于一体的地方”。居住条件的简陋，使孩子缺乏必要的学习场所，父母往往也忽视为孩子营造一个良好的学习氛围。较差的住房条件决定了其所处社区环境的复杂性，复杂的社区环境对孩子的成长相当不利，这样就使得流动儿童家庭教育的难度增大。

（二）亲子互动效果不佳

与留守儿童相比，流动儿童由于在父母身边，亲子交流的机会增加了很多，有利于满足双方的情感交流。但由于农民工大多处于社会的底层，在城市中承受着巨大精神压力和经济压力，整天忙于生计而较少有时间和精力关注孩子的成长，甚至会忽略对孩子生活的基本照顾，更谈不上与孩子一起参加娱乐活动。有调查显示，在孩子过生日或儿童节时，家长带孩子出去玩的比例仅为15.4％，85.7％的流动儿童没有或者相隔很长时间才能去收费的公园或游乐场一次，有一半以上的学生放学后父母都不在家，他们或是与兄弟姐妹在家（35％）或一个人在家（17.3％）。[①] 流动儿童来到城市，在语言、生活习惯、文化风俗、心理承受力等方面都有一个较长的适应过程。在这一过程中，父母如果忽视孩子的感受，与孩子缺乏沟通，忽视孩子的心理成长，很有可能导致孩子情绪不安、创造力差、个性不健全，甚至产生问题行为。再加上父母与孩子文化的冲突，导致孩子对父母的教育方式不满，极易造成孩子与父母之间的隔阂，良性的沟通渠道很难建立。

---

① 韩嘉玲.北京市流动儿童义务教育状况调查报告（续）[J].青年研究，2001(9)：16

(三)父母教养能力不足

流动人口参与社会经济建设,体验到社会的开放,感受到时代的发展,其家庭教育或多或少地浸润了城市文化的影响。但由于父母文化水平比较低,教育理念落后,教育行为往往还保留传统模式。根据国家统计局农调总队的抽样调查显示,2003 年外出务工劳动力中,文盲占 1.9%,小学文化程度占 16.7%,初中文化程度占 66.3%,高中文化程度占 10.8%,中专及以上文化程度占 4.3%。在所有外出务工的劳动力中,接受专业技能培训的不足 15%。① 流动家庭的父母受限于自身文化水平,对孩子的教育方法和监督都缺乏科学的手段。实施家庭教育时,家长多以简单的说教为主,当孩子犯错时,他们常用体罚、责骂等教育方法;关注子女的学习,主要表现在对学习成绩的关心上,忽略对孩子全面素质的培养;缺乏与孩子心灵的沟通、交流。家庭教育方式的欠妥对流动儿童的成长极为不利,简单的教育方法很难取得好的效果,容易造成流动儿童不良心理和行为问题的出现。

流动家庭的父母为生活奔波操劳,没有更多的时间与精力辅导孩子的学业。调查发现,只有 26%的家长“经常检查学生的作业”,57.2%的家长“有时检查学生的作业”,16.8%的家长“从不检查学生的作业”,29.4%的学生“在作业不会的时候才会去问父母”②;有 59.5%的流动儿童的父母会因故不在孩子身边,有 53.5%的流动儿童不能够很顺利地完成家庭作业。③ 流动儿童从父母那里获得的学业指导很少,学习主要靠自觉,大多在学业上落后于城市儿童。

(四)忽视家庭教育的作用

父母教育观念的淡漠使很多流动儿童的家庭教育处于严重缺失的状态。很多从事简单劳动的农民工对孩子的教育期望值往往较低,并可能会向孩子灌输“读书无用论”,认为孩子能读的话就继续读下去,如果不愿意读的话,到时候跟自己一样也可以通过打工谋生,这样还可以减轻家庭负担。父母在对待子女的教育问题上,往往只依赖于学校教育,忽视了家庭教育的重要性。

(五)家庭人际关系紧张

由于流动家庭的经济状况一般较差,一般租住在面积狭小、拥挤的地方,居住设施普遍缺乏,在一定程度上会造成家庭成员心理失衡,容易引起夫妻的矛盾和冲突,导致夫妻关系紧张。在诸多关于流动家庭的调查中都显示,流动家庭父母当着孩子的面吵架或打架的比例高于本地家庭,这种现象在很大程度上会影响孩子人格的健全发展。此外,流动家庭的父母迫于生计,整天操劳于工作,在时间和精力上对子女的家庭教育力不从心;父母相互推诿,相互指责,不愿承担教育子女的重任,且教育方法简单粗暴。因此,在流动家庭中父母及子女间难以形成融洽的家庭氛围,家庭人际关系常处于紧张的状态。

三、流动儿童家庭子女常见的心理问题

流动儿童缺乏城市儿童由于出生地和家庭的稳定带来的安全感,这使他们显得敏

---

① http://www.cnier.ac.cn/kyc/juece/kyc_20040905153019.html

② 韩嘉玲.北京市流动儿童义务教育状况调查报告(续)[J].青年研究,2001(9):16

③ 邵国栋.城市农民工子女受教育状况调查——以南京市某民工子弟小学为例[J].江西农业学报,2006(5):186～188

感、心事重，不愿意向别人吐露心事。由于对于户籍制度和人为因素造成的对自己不利社会地位的处境非常敏感，多数流动儿童不愿意让别人知道自己是流动儿童。流动儿童常见的心理问题主要表现在：

(一)自卑，感情脆弱而敏感

流动儿童介于城市和农村这两个群体之间，他们无法在短期内适应城市生活，现实条件却又不允许他们再回到农村，这使他们在夹缝中成长。受家庭条件的限制，他们无论是在衣着打扮上，还是在学习用具、玩具上，或者在语言的表达能力、普通话标准程度等方面，都无法与城市的孩子相比。由于长期在失落与憧憬中挣扎、徘徊，流动儿童自我评价较消极，自卑感较强，孤独、多愁善感、苦闷彷徨。因为自卑，他们多数不愿意与城市的孩子交往，即便愿意交往也尽力回避自己的家庭情况，也不愿意在课堂上主动发言和回答问题。

在城市生活中，流动儿童也明显地感受到来自城市主流社会的歧视：城市同学的排斥、疏远、冷淡以及某些教师不公正的态度，一些学校和教师不愿意或是迫于压力接收流动儿童，常流露出不情愿和不耐烦的情绪；城市学生家长的偏见，有的学生家长对自己孩子和流动儿童一起共同学习表现出不悦。这些歧视加重了流动儿童的自卑感，同时也使他们变得更加敏感而脆弱。在现实生活中不得不处处都显得谨慎保守、胆怯和害羞。

流动儿童由于自卑，不能主动地融入同学群体。持续的挫折感和不公正对待，很容易导致流动儿童产生厌学心理。流动儿童的学习动机主要表现在外部动机上，学习的目的就是多挣钱，过上好日子；内部动机不足，内部动机是指人们对学习本身的兴趣所引起的动机，内部动机更能为学生的学习带来持久的动力。伴随着流动儿童在城市求学过程中遇到的困境和学业上的障碍，流动儿童更容易丧失学习动机。

(二)不平等感与对立感

流动人口在城市中不但干着最苦、最脏、最累、最危险的活，同时还受到各种不公正待遇。流动儿童的父母在城市中用辛勤的劳作换来的只是微薄的收入和低下的社会地位，城市中的市民因为身份优势占据着天然的社会资源和竞争优势。流动儿童在城市中的生活经历，使得他们更加能够体会到父母在城市中生活的艰辛，也更能够体会到他们与城市人之间的差别，现实生活的不公平使得他们产生不平等感，容易形成对城市市民的不满情绪。

流动儿童会更多地将自己现在的生活状况和遭遇与城市里的同龄儿童相比。流动人口子女要进入公立学校就读还存在一些障碍，这容易给这些孩子幼小的心灵埋下“社会不公”“农村的孩子比城里的孩子低人一等”的阴影。部分民工子弟学校办学条件差、师资水平参差不齐、管理不善以及安全卫生隐患严重等问题，使流动儿童难以享受与城市儿童同等的优质教育资源，也易使流动儿童产生强烈的不平等感、对立感。

美国耶鲁大学著名的社会心理学家多拉德提出了“挫折—侵犯”理论，他认为人的侵犯行为是因为个体遭受挫折而引起的。当人们遭受到歧视或者产生强烈的被剥夺感的时候，最直接的心理反应就是逆反与不满。① 流动儿童的数量庞大，对这一问题如果不加

---

① 蒋玲.流动儿童心理适应问题研究[D].武汉：华中师范大学，2007.12

以重视，将来等流动儿童长大成人势必会引发严重的社会问题，不利于社会的稳定发展与和谐进步。

(三)人际交往障碍与孤独感产生

“被歧视、受压抑”是许多刚来城市生活的流动儿童共同的感受，他们虽然身处城市，却很难融入其中，人际关系紧张。他们大多性格内向，行为拘谨，自卑心理较重，自我保护、封闭意识过强，存在相对孤僻性，以至于不敢、不愿与人交往。

人际交往障碍与孤独感的产生，与流动儿童的成长环境密不可分。很多流动儿童初到城市，只会讲方言，听不懂本地语言，造成交流和学习都比较吃力。就读于公立学校的流动儿童，往往因家庭经济条件、生活经历、个性特点等原因被城市儿童排斥。流动儿童往往只愿意在自己的居住区内与那些和自己有相同背景的孩子结成孤立于城市主流文化之外的小团体。这种小团体是一种边缘化的小团体，从某种程度上说阻碍了流动儿童与城市儿童的交往，加剧了流动儿童的人际交往障碍。流动儿童组成的这种小团体，由于缺少必要的监督与引导，团体成员中不良的心态也会发生相互影响，流动儿童借此逃避城市主流社会，不利于社会稳定。人际交往障碍使流动儿童不能自行形成较为积极和谐的人际关系，容易产生孤独感。

(四)缺乏归属感，社会适应不良

儿童的健康成长离不开良好的社会生活环境，孩子只有在与他人的良性交往互动中才能不断积累知识经验，使自己的人格逐渐完善，形成积极向上的价值观、人生观。流动儿童随父母外出生活，远离了熟悉的家乡，疏远了与童年伙伴和其他亲人的联系，但在城市中，流动人口处于城市的边缘地带，他们的工作环境、居住环境相对封闭、独立。这种相对封闭的生活环境，容易使流动儿童处于一种游离于流入地社会主流之外的状态，其结果就是流动儿童的学习、娱乐空间仅限于学校或家周围，且经常和流动儿童同伴一起玩耍，缺乏与外界，特别是与流入地本地儿童之间的相互交流。在这种环境中生活，不仅会造成流动儿童视野狭窄、友情观念淡漠，也会对流动儿童的成长产生负面影响。

流动儿童不同程度地认同城市生活，认为城市具有更多的学习和发展机会，也愿意继续留在城市学习、生活，但他们没有城市户籍，被城市居民视作“外来人口”“乡下人”，使他们找不到身份的归属感。流动儿童的社会适应不良突出表现在学校适应上。因经济原因，多数流动儿童就读于办学条件简陋的打工子弟学校，因父母流动而不得不时常辍学或在各打工子弟学校间转学，教育环境的转变对流动儿童适应学校生活造成很大的负面影响，不利于他们身心的健康发展。

四、流动儿童家庭子女教育的实施策略

针对流动儿童家庭教育存在的问题，为了保障家庭教育的有效实施，有必要从以下几个方面着手，提升其家庭教育水平。

(一)父母应尽可能保障孩子生活和学习的需要

为了孩子的健康成长，父母应尽可创造良好的生活环境和学习环境。首先，在选择居住地的时候一定要注意社区环境的选择，千万不要仅仅考虑房租的低廉或就业的方便，而应该结合自己的经济实力尽可能选择对孩子成长有利的社区环境；其次，在选择居

住空间的时候，要保障孩子的学习空间；第三，家庭成员也应该努力，共同营造一个和谐、温馨的家庭氛围。

总之，父母要尽力为孩子创造一个舒适怡人的生活和学习环境，尽可能保证孩子充足的学习时间和休息时间，尽可能为孩子提供宽敞的学习环境，力所能及地为孩子提供必需的学习工具和材料，尽力为孩子解决学习上的困难。

（二）加强亲子沟通与交流

虽然流动儿童可以与父母在一起，但是父母务工的工作繁重，与孩子的沟通、交流十分有限。流动儿童随父母远离家乡，距离又阻碍了他们与祖辈们以及其他家乡亲人的交往，由于缺乏亲情的抚慰与关爱，导致他们敏感、脆弱，对城市陌生的环境感到新奇与不安，再加上他们所受到的不公正对待，极易给他们带来心灵上的伤害。所以，父母有必要在繁重的工作之余，多关心孩子，加强与孩子的沟通与交流，让孩子体会到父母的热情和关爱，这样孩子才能够获得良好的自我感受，产生安全感和自尊心。此外，父母也要注重亲子沟通的方法，在家庭教育过程中，多用赞赏和鼓励的教育方式，对孩子平时的表现给予更多的肯定，帮助孩子树立自信心，加强肯定评价，引导孩子学会赏识自己；尽量避免简单、粗暴的教育方式，父母要相信自己的孩子，多肯定，多表扬，而少责骂。

（三）父母应提高自身素质

流动儿童父母的文化水平相对较低，教育观念与教育方法落后，因此他们给孩子所提供的教育环境相对较差。在城市工作的经历，会开拓父母的视野，会使父母受到先进思想的影响。只要父母对孩子有高度的责任心，就会产生提高自身素质的内在动力，会主动去寻找适合自己孩子的教育方式。现代社会倡导建立学习型社会，家庭也要建设学习型家庭，家长继续受教育已成为趋势。有资料表明，“全国遍及各地的各类家长学校已有 30 万所，尤其是城市中已形成颇具规模的家长教育、培训网络，家长的受教育率达到 90%以上，但青年流动人口却有许多人被排除在这个范围之外”。[①] 流动儿童的父母也要认识到自己继续接受教育的重要性和必要性，不断加强继续学习，主动参加培训，不断追求新知识、新技术，提高教育孩子的水平和能力，增强对孩子进行教育的科学性。

（四）强化孩子的安全教育

流动家庭中父母工作忙，上班时间长，所以孩子单独在家的时间相对较多。为了防患于未然，父母必须尽力消除家中的安全隐患。特别是针对学龄前儿童，更要注意安全教育的重要性。同时，还应该教给孩子一些必要的“自我保护”意识和安全知识，使孩子在遇到意外情况时能从容应对，并能及时用适当的方式寻求保护。特别是教给女孩子一些自身防卫的技术，遇到坏人骚扰或意外时要学会自我保护，及时自救。

（五）加强与学校、社区的沟通

农民工家庭往往生活在城市边缘或城中村，这样会导致其信息闭塞，较少与外界沟通交流。流动儿童的父母要能够走出狭小的居留地，主动与老师、社区等联系沟通，交流

---

① 关颖.青年流动人口如何对下一代负责——天津市青年流动人口子女家庭教育状况调查[J].青年研究，2002(5)：8～14

孩子的学习、生活状况，找出行之有效的教育措施。学校要加强和流动儿童家长的联系，帮助他们学会与孩子之间进行有效沟通。学校可以通过“家访”使教师了解流动儿童家庭的情况，了解孩子在家里的状况，针对孩子的实际情况因材施教，同时也能增进教师与家长的交流。学校还可以通过建立学校与家庭联系卡，让家长了解孩子每天在学校的情况，包括思想、学习、生活表现等，并且提醒家长鼓励、表扬孩子的点点滴滴的进步。良好的社区环境有利于流动儿童家庭教育的实施，政府应该加强社区环境的建设，营造干净、舒适、温馨的空间，在流动儿童居住的社区大力开展社区服务，建立社区的阅览室和活动室，积极组织流动儿童进行有意义的活动。总之，家庭、学校、社区要共同协作，为流动儿童的家庭教育服务，要充分发挥各自的教育优势，充分利用社会资源，形成教育合力，促进学校教育、家庭教育、社会教育一体化。

第七节　隔代教养家庭的家庭教育

在城市化进程加剧、妇女劳动率提升和夫妻忙碌（就业、进修、求学、经商等）原因影响下，父母无暇照顾子女，不得不将其交由祖辈抚养。这是近年来常见的社会趋势，也逐渐演变为社会问题。《新闻周刊》2004年报道，一项关于“隔代教育”的全国范围调查结果显示[①]：中国近一半的孩子是跟着爷爷奶奶、外公外婆长大的。上海市对0～6岁儿童抚养方式的调查显示，与祖辈家长生活在一起的儿童家庭共占73%，有祖辈家长参与儿童抚养的共占84.6%。广州接受隔代教育的孩子占到总数的一半，而在北京，接受隔代教育的孩子多达70%。[②]

如何清楚地认识隔代教养，如何在发挥其教育优势的同时，克服种种负面影响，使隔代教养孩子的家庭教育状况得以改进，这是亟待研究和解决的问题。

一、隔代教养概述

（一）隔代教养的含义

当前，国内外的研究者对隔代教养（教育）的概念并没有明确的界定。其中，有人认为，隔代教养是相对于父母对子女的亲子教育而言，即祖辈对孙辈的教育和养育，亲子教养和隔代教养共同构成家庭教育的主体。[③] 也有人认为，隔代教养是家庭教育的一种特殊形式，是指祖辈与孙辈一起生活，并承担抚养教育孙辈的全部责任。[④] 我们认为，隔代教养是当前普遍存在的一种社会现象，又称隔代教育，是指年轻父母因为各种原因（就业、进修、求学、经商等）无暇照顾子女，不得不把孩子的教育和生活的主要或全部责任交由祖辈的教育现象。

---

① 李径宇.养不教谁之过[J].新闻周刊，2004(21)：56

② 黄祥祥.论隔代教育与儿童心理的发展[J].经济与社会发展，2006(4)：203～205

③ 李洪曾.隔代教育的利弊分析[J].山东教育，2002(33)：42～43

④ 段飞燕，李静.近十年国内外隔代教养研究综述[J].上海教育科研，2012(4)：13～16

(二)隔代教养的特点

1.隔代教养总数居高不下

据中国老龄科研中心对全国城乡 20 083 位老人的调查,照看孙辈的老人占了 66.47%,隔代抚养孙辈的女性老人在城乡更是分别高达 71.95%和 73.45%。[①] 目前,隔代教养已成为一种社会现象,并且受"含饴弄孙"传统观念、社会竞争就业压力和城市化进程的影响,农村和城市隔代教养儿童均有逐年增多的趋势,而且,孩子的年龄越小,与祖父母在一起生活的比例越高。[②]

2.隔代教养存在城乡差异

以上数据显示,城乡隔代教养数量都比较多,但隔代教养仍然存在城乡差异。农村的隔代教养主要集中在留守儿童家庭中,祖辈大多是农民,长期生活在农村,知识文化水平较低,有些甚至目不识丁,视野较狭小;对孙辈多进行生活上的照料和身体上的养护,较少有意识或有能力给予学习上的帮助和情感上的关怀。城市的隔代教养主要是父母双职工、求学、经商和出国等原因将孩子交由祖辈抚养;祖辈多为退休老人,长期生活在城市,熟悉城市里的生活,有一定的知识文化水平或兴趣爱好,在教育观念和教育能力方面强于农村祖辈家长。

(三)隔代教养家庭的类型

1.依家庭结构的不同划分

以隔代教养所占比例较大的核心家庭为例,依据家庭结构划分,如祖辈(祖父母和外祖父母)均在或只有其中一人在的情况;父辈均在、单亲或无父母的情况。

表 7-3　从家庭结构区分隔代教养家庭类型图示

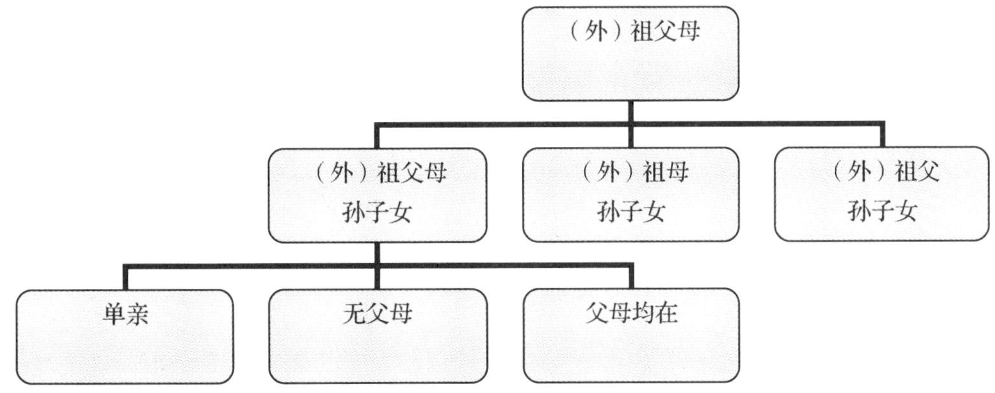

2.依教养责任的轻重划分

依祖辈在教养孩子过程中承担的任务多少、责任轻重,大致可分为"半隔代教养"和"完全隔代教养"有两种情况。针对第一种"半隔代教养"而言,指父母均在家或一人在家,孩子由祖辈教养,祖辈承担部分教养责任;后一种"完全隔代教养",则指父母均不在家或没有父辈,孩子由祖辈教养,即祖辈承担全部教养责任。

---

① 沈锄云.认知隔代教育[J].老年人,2000(9):4～5

② 李赐平.当前隔代教育问题探析[J].淮北煤炭师范学院学报(哲学社会科学版),2004(4):137～139

3.依教养时间的长短划分

从教养时间来看，若父辈（或无父辈）长期（1年以上）无暇照顾子女，孩子交由祖辈教养，称为“长期隔代教养”；若父辈季节性或日间性繁忙，忙时将孩子交由祖辈教养，闲时由自己教养，称为“短期隔代教养”。

（四）隔代教养家庭存在的原因

在美国，祖父母成为孙辈日常照顾者或法定的监护人，与联邦政府和各州出台的鼓励亲属照看儿童的法律和政策有关，但主要原因还是社会问题及家庭问题。Pinson-Millburn（1996）研究表明，祖父母成为代理父母的原因有“儿童的父母去世、吸毒、入狱、酗酒、离婚、家庭暴力、家庭性侵犯、艾滋病、儿童虐待、少女妈妈，以及父母的精神疾病和贫穷等因素”。①

国内隔代教养的形成因素也日趋复杂，主要有以下几种原因：

1.受传统观念的影响，隔代教养缘于责任与义务

中国人自古就有老少同堂的习惯和习俗，人们普遍觉得儿孙满堂才是人丁兴旺，才是福气。“含饴弄孙”是大多数老人的心愿，他们都较愿意帮助子女照顾孩子，为隔代育儿提供了良好的心理基础，有的甚至把这作为自己的义务，并在照顾孙辈的过程中获得快乐，由此形成了一种不断为儿女奉献的思维定势和心理特征。一方面，祖辈家长丰富的生活知识和深厚的人生阅历为教育孩子提供了资本和权威性；另一方面，由于祖辈家长受历史条件和自身年龄特点的局限，不可避免地存在一些不利因素，对此我们应该有清醒的认识。

2.受社会竞争的影响，隔代教养缘于对子女的无私付出与支持

在社会竞争日益激烈的今天，年轻一代父母为满足生计和获得更多的社会政治经济地位，不得不把大部分精力都投入到工作学习中去。年轻人结婚生育后，面对的生活压力更大，对带养孩子更是觉得困难重重。其中，有的因为工作繁忙，有的是收入低，有的是下岗失业，有的是夫妻两地分居，有的是要出国深造，也有的是因为闹离婚或离婚后怕带着孩子影响再婚，还有的是图享受、怕麻烦等。② 老人在这样的情况下愿意或不得不带养小孩，以为年轻一辈更好地打拼提供支持。

3.受独生子女政策的影响，隔代教养成为一种自然趋势

长期的计划生育政策，已经造成了大量的独生子女父母。独生子女政策的普及化加快了隔代教育的兴盛。被视为“抱大的一代”的他们，虽然与非独生子女在许多方面并无太大差异，但在养儿育女上更加不知所措，则是严峻的现实。③ 这时，祖辈基于对自己血脉延续的注重，对传宗接代者的期盼，对“独”气未尽的子女的担忧，因而强烈而主动地负起隔代教育之责。

---

① Pinson-millburn, Nancy M, Fabian Ellen S, Schlossberg Nancy K, et al. Grandparents Raising Grandchildren[J]. Journal of Counseling and evelopment, 1996, 74(6). 548～555

② 黄祥祥.论隔代教育与儿童心理的发展[J].经济与社会发展，2006(4)：203～205

③ 桑标.当独生子女开始养育独生子女……[J].家庭教育(婴幼儿家长)，2003(1)：10～11

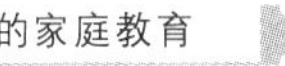

4.受城市化进程的影响,农村隔代教养成为一种普遍现象

随着城市化进程的加剧,日益壮大的农村留守部落,对隔代教育的蔓延起到了推波助澜的作用。与城市中日渐普遍的因子女长大离家而形成的“空巢”家庭不同,农村家庭的“空心化”主要表现为年轻父母外出打工,留下老人、孩子成为留守部落。正缘于此,在广大农村,隔代教育已经成为一种相当普遍的现象。这些留守儿童的抚养、监护状况令人担忧:有的是留守的父或母一方养育,有的是由爷爷奶奶或外公外婆这些隔代监护人来抚养,也有的是由亲戚来监护。但留守儿童中绝大部分是由隔代监护人来抚养,以巴东县官渡口镇红花岭村为例:全村有六个组,居民户 301 户,村民 1 112 人,有留守儿童 113 人,其中 87 人由隔代监护人照管,占总体的 76.9%。①

二、隔代教养家庭子女教育存在的主要问题

隔代教养家庭中,子女的教育有一定的优势。一方面,祖辈耐心宽容,像个“老小孩儿”,容易和孩子亲近,一定程度上可以缓解孩子对亲情的需求;另一方面,他们往往生活经验、社会阅历和人生感悟丰富,可以有意无意地引导孙辈观察、求知和探索,在耳濡目染中参与劳动、学习,发展智慧。但是,隔代教养家庭子女教育仍存在许多问题。

(一)祖辈、父辈观念与认识存在分歧,子女教育冲突不断

由于社会阅历、教育程度、时代背景以及生活方式、工作内容等多方面的差异,祖辈和父辈在家庭教育理论和内容、标准、重心以及具体方式方法等方面多有分歧和差异,在缺乏有效沟通的情况下,容易导致家庭失和,孩子也无所适从。

一项调查发现,在“您是否鼓励孩子在户外奔跑、跳跃、尽情玩耍”的问题上,祖辈与父辈差异极大。经常鼓励的祖辈只有 12%,而父辈却有 55%。由于祖辈大多对孩子采取“看管式”的教育方式,所以孩子的主动交往意识弱。隔代抚养家庭中孩子主动找小朋友玩耍的只有 9%,非隔代抚养家庭的孩子则达 24%。②

»案例一

小宝,男孩,今年读幼儿园中班,平时跟着爷爷奶奶一起住。在奶奶的眼里,家以外的大部分东西都很“脏”“有虫子”“会咬人”而不让碰,尤其不让小宝玩沙子。可妈妈觉得孩子在玩沙的过程中,可以把沙子搭建成各种形状,能提高神经的敏感性,是一种动手协调性的锻炼,而且通过触摸刺激可以促进孩子的发育成长。孩子都有好奇心,这也不让他玩,那也不让他玩,会抹杀孩子的好奇心和求知欲。为此,妈妈总与奶奶争论不休。

»案例二

刚上幼儿园的涛涛妈妈无奈地说:“说句实话,如果有办法我真不想让老人带孩子。孩子特挑食,就爱吃肉,蔬菜水果一样都不想吃,都是他奶奶惯的。周末我休息,特意给他包了顿野菜馅儿饺子。我跟他讲好,只要吃五个饺子就算完成任务。可他却跟我耍滑头,端着碗,趴在奶奶耳边说了几句话,奶奶居然帮他吃了两个饺子。婆婆明知道我和儿子的约定,还这样迁就,这叫我以后怎么教育孩子啊?每次批评孩子,奶奶立马出来‘保

---

① http://www.cceschool.com/1j3syd/index.asp? clbs=wznkck&id=23260.

② 孙宏艳.隔代教育的五大误区[J].少年儿童研究,2002(4):30~33

驾护航'。为了孩子我和婆婆经常发生争执。"

(二)"重养轻教"导致问题层出不穷

由于祖辈家长体力与能力有限,加之"隔代亲"产生的溺爱,他们会更多地关注孩子的身体健康、营养状况、冷暖衣食、吃喝拉撒等日常生活起居方面,往往是一味满足、迁就,而忽视对孙辈在道德层面进行适当和正确的监管,容易使孩子形成自私、胆小、任性、倔强、娇气的不良个性,再加上社会诱惑较大和不良风气影响,孩子容易出现道德方面的问题。

据一项对小学生隔代教养问题的调查显示,在生活方面,有68%的儿童生活自理能力较差,依赖性较强;在道德方面,孩子待人处事往往带有盲目性、随意性和冲动性,容易染上社会不良习俗,甚至走上违法犯罪的道路;在行为方面,有35%的儿童与监护人发生过矛盾,其中经常发生矛盾的有18%,有些在受到同学欺负后,表示"无所谓"或会用自己的方式进行"报复";在学习方面,发现有43%的学生学习成绩较差,30%的学生学习成绩中等偏下,尤其是各班成绩倒数后几名的几乎都是接受"隔代教育"的学生;在心理方面,有12%的儿童不愿与别人交流,产生了严重的自卑、自闭心理。①

(三)教育观念落后、知识老化,妨碍孩子创造性个性的发展

许多祖辈教育理念比较落后,他们的价值观念、生活方式、知识结构、教育方式等往往跟不上信息社会的进步。他们与社会的联系开始减少,知识面相对比较狭窄,知识陈旧、老化,不善于接受高新科技知识,看待事物比较死板,对科学的育儿观念也不够了解,容易固守尘封,沿用老观念要求和教育孩子,无形中增加了孩子接受新思想、新知识的难度。加上不少老人对儿童年龄和心理发展的特点缺乏正确的认识,对于孩子的一些"破坏"行为、尝试行为等一切具有冒险和创新性的探究行为,总是急着加以阻止并提出一些与其年龄不相适应的要求,无形中给孩子一些捆绑,导致其缺乏开创精神、创造性思维和发散性思维,在某种程度上遏制了孩子的独立能力和自信心的发展,影响孩子创新个性的形成。

(四)体力与能力有限,无法满足孩子需求

随着孙辈年龄的增长,知识面的扩展,探索能力的提高和自主性的增强,需求越来越多,心理变化也越来越复杂。对于身体机能逐渐下降的祖辈来说,要解决这些问题,是强人所难或难以为继的。同时,这也给祖辈造成很大的心理压力。大多数祖辈认为,如果能将孙辈照顾得很好,使其健健康康地成长,一切都不是问题。但如果在其监管的过程中,孙辈出现了什么问题,就难以向子女交代。②

三、隔代教养家庭子女常见的心理问题

北京师范大学儿童心理研究所教授辛涛认为:"大比例的隔代教养是中国特有的国情。事实证明,隔代教养虽然对于孩子存在着一定的优势,但是从整体上看,其负面影响

---

① http://www.chinadmd.com/file/e6w3wsapcc33csuvscs6pvvs_6.html

② http://www.yaolan.com/zhishi/gedaijiaoyu/

是大于正面影响的。"[①]一般来说，隔代教养家庭子女常见的心理问题主要有：

（一）溺爱迁就，产生自我中心意识

祖辈在年轻的时候，因为生活和工作条件的限制，对子女可能没有能够很好地照顾，他们很容易产生一种补偿心理，再加上孙辈大多是独生子女，于是把对子女的爱以及对孙辈的爱全部集中到孙辈的身上。祖辈对孙辈疼爱有加，过分关注，以致事事代劳，处处迁就，把孩子放在核心位置，当成家里的"小皇帝""小公主"；孩子犯错不及时纠正，常常满足孩子不合理的欲望和要求。如此，孩子容易出现事事以自我为中心、自私、胆小、娇气等问题，自我认识、自我控制和自我评价等得不到好的发展。

东东，6岁，父母工作繁忙，平常由姥姥、姥爷帮忙带。东东是其爸妈36岁时生的，属于"老来得子"，更是姥姥和姥爷千盼万盼的孙子。姥姥、姥爷对他特别宠爱，他想要啥就买啥，刚买的机器人一会儿就给拆坏了。"没关系，反正姥姥和姥爷会给我买，下次我要变形金刚。"于是，东东缠着姥爷买变形金刚。妈妈下班回来，了解原委后竭力阻止，东东坚持未果，倒在地上，大声哭闹起来。

（二）亲子隔阂，引发情感危机

父母是孩子最重要的亲人，如果父母长期不能陪伴在身边，孩子从小就被父母甩给爷爷奶奶、外公外婆，在孩子幼小的心灵中或多或少会投下一片"被抛弃"的阴影。尤其是看到同龄人一家团聚、其乐融融的场景，"情感饥渴"导致对父母的怨恨，孩子会感到无奈、失望、自卑、厌世，进而影响孩子的学习和生活。平时和老人家生活在一起，孩子已经习惯了祖父母（外祖父母）的袒护和迁就，可能养成一些父母看不惯的行为习惯。

当父母看到孩子的缺点和不足而对其提出严格的要求时，孩子更难以接受，容易形成亲子之间的感情隔阂和对立情绪，这种对立情绪会让孩子更加疏远父母，退缩到祖辈的身边，使正常和必要的教育难以进行。再加上父母严格要求或惩罚孩子时，祖父母（外祖父母）往往会出面干预，这更使得年轻父母无法及时矫正子女的缺点，既影响孩子的身心健康发展，也容易导致家庭关系失和。[②]

一位父亲述说苦衷："我和妻子在外地工作，平时没有时间照顾孩子，孩子从小被送到老家由外婆带大，外婆对他疼爱得不得了，处处惯着他。我们基本小长假回家一次，平时差不多一两天和孩子电话交流一次，但说不了几句他就不说话了。回家时孩子有错误我管教，外婆会护着他，甚至与我争吵，继而又引发我与妻子的争吵，一家经常闹得很不愉快。孩子也越来越怕我，很少和我亲近，一管教他的时候就往外婆身后躲。"

（三）忽视思想情感交流，活动范围狭窄，影响孩子良好性格的形成

祖辈们受传统观念的影响，重"身"不重"心"，对孩子"心"健康的重要性缺乏足够的认识，以为孩子吃饱喝足了，不生病不出事，就算是健康的孩子。在孩子玩耍的过程中，他们很少与之进行思想情感的交流，让孩子自己看电视、看图书或玩积木，让孩子的玩耍"自生自灭"，这样极易造成孩子内心世界的孤独、无助，易形成孤僻、冷漠的性格特点，影响孩子良好性格的形成。

---

① 李赐平.当前隔代教育问题探析[J].淮北煤炭师范学院学报(哲学社会科学版)，2004(4)：137～139

② 李赐平.当前隔代教育问题探析[J].淮北煤炭师范学院学报(哲学社会科学版)，2004(4)：137～139

由于自身年龄因素，老人多喜静不喜动，活动范围狭窄，不仅身体上如此，性格、行为、观念上也不喜变化，不愿变通，不善更新；不喜欢孩子吵、闹、跳，而希望他安静、听话、服从、少惹事；也很少鼓励孙辈出去找同伴玩，总觉得带在自己身边更放心。由此，导致孩子的视野狭小，知识面较窄，不善与人交际、与人合作，缺乏应有的活力，不利于养成孩子开阔的胸怀以及活泼、宽容的性格，易使孩子产生孤独、敏感、自卑等心理障碍。同时，由于孩子长期处于老年人的生活空间和氛围中，耳濡目染老年人的语言和行为，这对于模仿力极强的孩子来说，极有可能加速孩子的成人化，变得"老气横秋"，缺少孩童时期应有的灵活、敏捷、活泼等特点。

（四）交往范围与能力受限，产生社交恐惧

孩子长期与祖辈生活在一起，沉浸在老人的生活空间和范围内，容易耳濡目染到老年人的言行，造成心理老年化，失去天真与童趣。另外，有些老人体力精力不济，又怕孩子独自出去，要求孩子较多时间待在家里。长此以往，容易导致孩子不敢面对生人。再加上溺爱与包办产生的自我中心，很少从别人的角度考虑，不主动谦让与尊重，缺乏与人交往的方法与技巧，容易产生人际交往恐惧的心理障碍，给孩子的身心健康和社会性发展带来很大的影响。

四、隔代教养家庭子女教育的实施策略

随着隔代教养诸多问题的暴露，提高儿童隔代教养质量的理论与实践探索工作逐步进行。建立新型的教养模式，扬长避短，能使隔代教养更加有利于孩子的健康成长。

（一）祖辈、父辈各尽其职，协调配合，形成教育合力

抚育孩子是为人父母的义务和责任。忙碌，不能作为把孩子丢给老人的借口。所以，一方面，父母不管有多忙，都要抽点时间与孩子沟通交流，担负起主要的教子任务，做好"主教练"，及时了解孩子在幼儿园、学校的情况，和孩子交流想法，不能完全把对孩子的教育和抚养交给老人。这样才能增强与孩子的互动，感受孩子的喜怒哀乐，让孩子感受到父母的爱。另一方面，老人该给自己定好位，尽力辅助，当好"助理教练"，既不越位，也不做摆设，做好亲子之爱的润滑剂；既不包办代替，也不甩手不管，注意适度的分寸感，把知识和经验交给孩子时，避免一些旧习惯、坏德性影响孩子。这样，在以父辈家长为主、祖辈家长为辅，双方紧密配合，形成强大合力的情况下，可以给子女一个相对全面、有力和完整的家庭教育。

»管教孩子是父母的事①

苏珊的父母住在加利福尼亚州，听说我来了，两人开车来探望我们。家里来了客人，托比很兴奋，跑上跑下地乱窜。他把玩沙子用的小桶装满了水，提着小桶在屋里四处转悠。苏珊警告了他好几次，不要把水洒到地板上，托比置若罔闻。最后，托比还是把水桶弄倒了，水洒了一地。兴奋的小托比不觉得自己做错了事，还得意地光着脚丫踩水玩，把裤子全弄湿了。我连忙找出拖把准备拖地。苏珊从我手中抢过拖把交给托比，对他说：

① http://www.360doc.com/content/11/1210/10/7635019_171194347.shtml

“把地拖干，把湿衣服脱下来，自己洗干净。”托比不愿意，又哭又闹。苏珊二话不说，直接把他拉到贮藏室，关了禁闭。听到托比在里面发出惊天动地的哭喊，我心疼坏了，想进去把他抱出来。托比的外婆却拦住我，说：“这是苏珊的事。”过了一会儿，托比不哭了，他在贮藏室里大声喊：“妈妈，我错了。”苏珊站在门外，问：“那你知道该怎么做了吗？”“我知道。”苏珊打开门，托比从贮藏室走出来，脸上还挂着两行泪珠。他拿起有他两个高的拖把吃力地把地上的水拖干净。然后，他脱下裤子，拎在手上，光着屁股走进洗手间，稀里哗啦地洗起衣服来。托比的外公外婆看着表情惊异的我，意味深长地笑了。这件事让我感触颇深。在很多中国家庭，父母管教孩子时，常常会引起“世界大战”，往往是外婆外公护，爷爷奶奶拦，夫妻吵架，鸡飞狗跳。后来，我和托比的外公外婆聊天时，提到这件事，托比的外公说了一段话，让我印象深刻。他说，孩子是父母的孩子，首先要尊重父母对孩子的教育方式。孩子虽然小，却是天生的外交家，当他看到家庭成员之间出现分歧时，他会很聪明地钻空子。这不仅对改善他的行为毫无益处，反而会导致问题越来越严重，甚至带来更多别的问题。而且，家庭成员之间发生冲突，不和谐的家庭氛围会带给孩子更多的不安全感，对孩子的心理发展产生不利影响。所以，无论是父辈与祖辈在教育孩子的问题上发生分歧，还是夫妻两人的教育观念有差异，都不能在孩子面前发生冲突。

(二)发挥祖辈家长优势，促进孩子认知和社会性发展

正所谓“四十而不惑，五十而知天命，六十而耳顺，七十从心所欲而不逾矩”，祖辈往往有着数十年的生活经验、长期的工作历程和丰富的人生体验，其社会阅历、人生感悟是一笔重要的精神财富，可以有意无意地引导孙辈观察、求知和探索，在耳濡目染中参与劳动、学习，发展智慧。比如，祖辈有的熟悉农谚、气象；有的善于饲养和种植；有的擅长琴棋书画；有的爱好运动；有的痴迷戏剧歌舞；有的心灵手巧，会剪纸、刺绣、自制玩具等。注重祖孙共读、祖孙游戏，与孩子一起摆积木、拼图、涂鸦，做各种比赛游戏，活动中多与孩子谈天说地、交流思想、沟通感情，不仅能提高孩子的玩耍质量，丰富孩子的精神世界，还有助于激发和凸显孩子玩耍中的智力因素，促进其认知和社会性发展。另外，祖辈对孩子成长各阶段可能出现的问题能及时地发现和解决，如孙辈头疼脑热、发生意外等。除此之外，孩子可以从祖辈身上学习丰富的知识和优秀的品质，有利于孩子基本的社会常识、道德规范和社会角色等的社会化。①

刘女士(28岁)：“我和丈夫工作都很忙，孩子出生后请过几个保姆，不是文化程度特别低就是为人不可靠，很多事情我们只能亲力亲为，但经济状况又不允许我做全职妈妈，真有点焦头烂额的感觉。刚好我母亲从小学教师的岗位上退休，我就请她来带孩子。有了她的帮助我安心很多。她抚养和教育孩子的经验都很丰富，孩子爱卫生、讲礼貌之类的好习惯都是她教的。她不仅照顾着孩子的起居饮食，还经常给孩子讲故事，辅导功课，诵读经典。《弟子规》《百家姓》孩子早就会背了，还能把其中的道理讲得头头是道，按照书上的内容规范自己的一言一行。女儿真是越来越乖。我深刻体会到‘家中有老，如有一宝’这句话的意思了。”

(三)祖辈、父辈适当适时沟通，保持教养观念和要求一致

年轻父母除了要在百忙中抽出时间与孩子交流，增进亲子感情外，还应与老人多沟

---

① 谢一帆.从教育社会学视角看隔代教育[J].教书育人，2008(30)：20～22

通，尊重和感谢老人对孩子的照料和抚养；经常和老人聊聊天，讲讲科学养育的新经验，虚心接受老人的指点；买一些科学读物与老人交流体会，帮助老人接受新事物；沟通时尽可能用简化语言，适时以老人能理解的方式表达，尽可能减少沟通障碍，保持教养观念和要求一致。

(四)创办"隔代家长学校"，提高祖辈家长教育能力

提高祖辈家长教育能力的方法是创办祖辈家长学校，可由幼儿园、中小学承办，或由社区相关部门与妇联、共青团、教育局以及关心下一代工作委员会等部门联办。通过家长学校的学习，转变祖辈的教育思想观念，了解更多科学育儿的新知识、新事物和新经验。如，辽宁省辽阳市文圣区1998年创立了"隔代家长学校"，在国内产生了一定影响。另外，学校应深入社区，送教上门，建立以"社区亲子指导角"为载体的祖辈家长指导模式，为家长提供保健护理、营养、教育等方面知识。①

一般来讲，负责隔代教养的祖辈应具有以下五点素质：(1)身体健康、心态年轻，乐于养育孙辈；(2)不固执己见，没有心理障碍，对孩子有耐心；(3)有一定文化，善于吸收新知识，接受新观念，科学养育；(4)懂得方法，不溺爱，不纵容，善于引导；(5)喜欢户外活动，经常引导孩子认识外面的世界。②

(五)构建隔代教养儿童的关怀网络

首先，构建以隔代教养儿童亲朋为主体的监护网络。除父母为法定监护人外，要落实好由亲朋承担的临时关怀，防止祖辈家长因紧急状况(生病、繁忙等)而疏于对孩子的照顾与养护。

其次，构建以教师、同伴为主体的帮护网络。让教师与隔代儿童一对一结对子，有针对性地进行帮护，学习上优先辅导，生活上优先照顾，活动上优先安排，让他们在校胜似在家，时刻感受关爱。另外，成立各种兴趣小组，开展丰富多彩的校园文化活动，促进隔代教养儿童与伙伴的沟通与交流。

最后，构建以社区为主体的关爱网络。社区、村委会及乡镇有关部门牵手隔代教养儿童，建立档案信息，提高社会的关注度，与邻里帮扶结对，组织有益的社区活动，在生活、学习和情感上提供支持。

【思考与运用】

1.单亲家庭的类型及家庭教育的实施策略。

2.再婚家庭家庭教育的实施策略。

3.留守儿童家庭教育中存在的主要问题。

4.流动儿童家庭教育中存在的主要问题。

5.隔代家庭家庭教育中存在的主要问题及家庭教育的实施策略。

6.罪错儿童的家庭原因分析。

7.请根据以下案例，谈谈造成孩子不愿随父亲生活的原因，并提出你对该家庭中父母实施子女教育工作的建议。

---

① 刘海华.0～3岁儿童隔代教养的研究综述[J].中国家庭教育，2006(3)：67～71

② http://www.yaolan.com/edu/201010181535706.shtml

儿子不愿随父亲过[①]

健生，17 岁，男，高三学生，13 岁时父母离异，判给父亲，住校，节假日到母亲家住。健生本是个品学兼优的好学生，父亲在外地学习时有了外遇，遂与母亲离婚。健生虽判给父亲，但他不愿同父亲、后妈生活在一起，仍和母亲过。母亲看到儿子学习成绩明显下降，劝儿子好好读书，可儿子却说："读书有什么用，像爸爸一样，不就是因为读书，结果连家都不要了吗？"儿子的反问，令人一时无法回答。但可以看出，他的心理负担是非常重的。

【本章相关学习资源】

1.吴伯义，杨清等.独生子女家庭教育[M].北京：中国人口出版社，2003.

2.范方.留守儿童家庭教育策略[M].长沙：中南大学出版社，2008.

3.孟育群，高平.让折翅的小鸟重回蓝天：离异家庭子女教育[M].北京：中国轻工业出版社，2008.

4.刘全礼.特殊儿童的家庭教育[M].天津：天津教育出版社，2007.

5.中国儿童网 http://www.chinakids.com.cn/

---

① 姚瑞逸.单亲家庭子女该如何教育——李平教授一席谈[N].特区工报，1997－9－30

第八章　家庭心理健康教育

儿童青少年的心理问题明显增加并日益受到人们的重视。据世界卫生组织估计，2020年以前，全球儿童精神障碍会增长50%，成为最主要的5个致病、致死和致残原因。我国儿童青少年的精神卫生状况也不容乐观，据估计在17岁以下的儿童青少年中，至少有3 000万人受到各种心理问题的困扰。[①] 家庭作为社会的细胞，不单是家庭成员身体的住所，更是心灵的寄托处，对社会成员心理的影响与维护发挥着不可估量的作用。为此，学习家庭心理健康的基本知识，了解家庭成员的主要心理障碍，创设良好的家庭心理环境，掌握家庭成员心理障碍疏导的基本方法是每一个家长的重要职责。

第一节　家庭心理健康教育的价值

心理健康指的是一种持续的积极心理状态，是个体的一种主观和谐感，能使自我得到安定感和满足感，同时还能自我实现，具有为他人贡献、服务的能力，维持自我与他人之间一种良好的人际关系。

家庭心理健康如同家庭生理健康一样，具有同等重要的意义。它对家庭成员尤其是对子女的心理健康会产生长远且极其重要的影响作用，也关系到整个国民素质的提高与社会的发展。

一、心理健康的标准

对于一个人心理是否健康的判断，迄今尚无一致的公认的理想标准。比较常见的标准如下：

(一)世界卫生组织规定健康的标志[②]

(1)有足够充沛的精力，能从容不迫地应付日常生活和工作的压力，而不感到过分紧张；

(2)态度积极，乐于承担责任，不论事情大小都不挑剔；

(3)善于休息，睡眠良好；

(4)能适应外界环境的各种变化，应变能力强；

(5)能够抵抗一般性的感冒和传染病；

(6)体重得当，身材均匀，站立时，头、肩、臂的位置协调；

(7)反应敏锐，眼睛明亮，眼睑不发炎；

---

① 徐勇.儿童青少年常见的心理卫生问题[J].中国学校卫生，2006(5)：458

② 孙昌龄.青年心理健康顾问[M].北京：中国青年出版社，1987.20

(8)牙齿清洁,无空洞,无痛感,无出血现象,齿龈颜色正常;

(9)头发有光泽,无头屑;

(10)肌肉和皮肤富有弹性,走路轻松匀称。

这十条健康标准中包含有心理健康的标准。

(二)美国人本主义心理学家马斯罗(Maslow)和迈特尔曼(Mittelman)关于心理健康的十项标准[①]

(1)有充分的安全感;

(2)充分了解自己,并能恰当估计自己的能力;

(3)生活目标、理想切合实际;

(4)与现实环境保持接触;

(5)能保持个性的完整与和谐;

(6)具有从经验中学习的能力;

(7)能保持良好的人际关系;

(8)适度的情绪发泄与控制;

(9)在不违背集体意志的前提下有限度地发挥个性;

(10)在不违背社会道德规范的情况下能适当地满足个人的基本需要。

(三)我国《黄帝内经》提出的心理健康标准[②]

(1)经常保持乐观的心境;

(2)热爱生活,热爱劳动;

(3)不为物欲所累;

(4)不妄想妄为;

(5)保持心神宁静;

(6)善于处理人际关系等。

(四)我国中小学生的心理健康标准

北京医科大学儿童青少年卫生研究所所长叶广俊从我国的实际情况出发,总结了前人的一些观点和看法,认为我国中小学生的心理健康标准应该包括以下五个方面:[③]

第一,智力发育正常。智力发育正常是孩子心理健康的重要标志。智力水平主要用智商来表示,智商指智力年龄与实际年龄的比值。一般认为,智力在70以上为正常范围。如果一个孩子的智商明显低于同龄人,属于智力发育不正常,心理健康也会受其影响。

第二,人际关系的心理适应。心理适应主要表现在人际关系的问题上。不少心理不健康的孩子常常通过人际关系的失调表现出来,如心胸狭隘、妒忌、猜疑、冷漠、性情孤僻、敌视、不善合作等。而心理健康的孩子一般都能正确处理同家庭成员、同学、老师之间的关系,如乐于交往、善解人意、宽容大度、乐观豁达等。

---

① 杨仲年.家庭心理卫生——漫谈家庭成员的融洽关系[M].北京:地质出版社,2001.4～5

② 杨仲年.家庭心理卫生——漫谈家庭成员的融洽关系[M].北京:地质出版社,2001.5～6

③ 王希永,瑞博.家庭心理教育艺术[M].北京:开明出版社,2000.7

第三，心理特点与年龄相符。孩子的心理发展有其特定的规律，一般来说，不同年龄段的孩子表现出不一样的心理特点。如果孩子心理发展异常，成人往往可以从他的行为表现是否符合年龄特点来发现。例如，如果一个中学孩子整天老气横秋、暮气沉沉，就是心理不健康的表现。父母的高期望值，学习、升学压力等均可能给儿童带来不同程度的紧张刺激和心理压力，这些都是导致儿童心理异常的诱因。

第四，行为协调，反应适度。心理健康的孩子，其心理活动和行为方式是和谐、统一的。例如，上课时应该集中注意力听讲，如果孩子经常注意力不集中，老是不能自控，就应该考虑这个孩子心理是否健康。不过对这种情况不能乱下结论，注意力不集中和好动在正常儿童身上也常见。

第五，良好的情绪。有的专家认为，身心健康的核心是情绪的愉快。如果能保持稳定的情绪、愉快的心情，生活有规律，学习效率高，说明心理比较健康。相反，如果情绪忽高忽低，经常苦闷、焦虑或者抑郁，就可能是出现了心理障碍。孩子情绪愉快有助于提高他们的学习能力；相反，在恐惧、焦虑的心理压力下，不但影响心理健康，还会影响其身体健康。

当然，心理健康的标准不是绝对的，在健康与不健康之间，有时很难划出一个明显的度，也没有哪一个人在所有的时候都具备完全健康的心理特征。因此，心理健康是相对的，不能要求过高。一般来讲，判断一个人心理是否健康不应根据偶然发生的一时现象妄下结论，而应根据一段时间内持续存在的心理状态判断。同时，如果说一个人的心理不健康，也并不一定在每一个方面都有表现，而往往在一个、两个或某几个方面表现出失调。

二、家庭心理健康教育的价值

关于心理卫生运动的开展，已经有 100 多年的历史。1908 年 5 月，由贝尔斯发起成立了世界上第一个心理卫生协会，心理卫生运动很快波及整个美国；随后，国际心理卫生委员会也宣告成立，这个委员会的宗旨是，保持和增进各国人民的心理健康，研究、治疗和防止心理疾患和心理缺陷，增进人类的幸福。今天，心理卫生得到了世界各国的普遍重视，心理健康教育的价值越来越得到广泛、一致的认可。

（一）现代健康概念的内涵包括生理和心理两个方面

1948 年，联合国世界卫生组织制订了关于健康的定义："健康不仅是没有疾病和虚弱，而且是有健全的身体素质和精神面貌，有良好的社会活动能力。"[①]

（二）身心健康是相互影响、相互作用的，是健康的心理与健康的生理的必备条件

长期心理不调、心绪不佳往往会导致生理上的异常，甚至病变。心理健康对防治、缓解身体疾病也有一定的作用，除了某些特殊的情况之外，心理健康的人在生了某些疾病之后，往往比较容易治疗。我国古代就有"养生五难"的说法：名利不去为一难；喜怒不除为二难；声色不去为三难；滋味不绝为四难；精神虚散为五难。说明声色利欲、喜怒无常、

① 杨文群.学校心理卫生[M].福州：福建教育出版社，1988.2

斤斤计较、患得患失、精神空虚等心理状态，对人身体健康都有很大的损害。[①]

（三）心理健康对孩子一生的发展有重要影响

心理学家研究认为，儿童青少年时期的心理健康对人一生的发展至关重要，如果儿童青少年时期心理发展出现了偏差，在长大成人后，性格上也会留下深深的烙印。青少年时期，是品德形成的关键时期，健康的心理是良好品德形成的基础条件。有人研究了在情绪方面适应与不适应的两组学生，发现他们在道德判断上有明显差异，说明青少年的情绪适应与道德观念起交互作用，也说明他们在良好的情绪适应状态下，更利于做出理性的思维与判断。[②] 健康的心理也是影响孩子智力发展的重要因素。处于愉快、轻松情绪下的儿童，将提高智力活动的效率，有益于记忆、想象、创造等能力的发挥。相反，儿童若处于焦虑、烦躁、恐惧的环境之中，将降低智力活动的效率，阻碍智力的发展。

（四）心理健康教育是社会现实提出的要求

现代社会竞争激烈，人际关系纵横交错，对人的心理耐受力提出了更高的要求。家庭作为孩子生存、发展的重要场所，应加强对孩子的心理健康教育；然而，这却往往被我国许多家庭所忽视。由于父母缺乏心理健康教育意识和起码的心理知识，使得许多孩子心理发展与其他方面的发展严重失衡。据调查发现，有心理和行为问题的小学生约为13%，初中生约占15%，高中生约为19%，大学生有25%，随年级升高呈递增趋势。在被调查的3 000名大中学生中，有42.73%的学生“做事情容易紧张”，55.92%的学生“对一些小事情过分担忧”，47.41%的学生“感觉人与人之间关系太冷漠”，67.26%的学生“在心情不畅时找不到朋友倾诉”，48.63%的学生“对考试过分紧张，感到有些吃不消”。[③] 儿童青少年心理素质发展的现状不容乐观，心理教育工作亟须加强。

第二节　家庭成员心理健康存在的主要问题

在家庭生活中，由于内部和外部的种种原因，常常使家长与子女出现一些程度不同的心理障碍表现，影响家庭成员的健康生活和儿童的健康成长，必须及时加以矫正。

一、家长的心理障碍及其在家庭生活中的表现

心理障碍是指由于精神功能紊乱，并达到影响个体的正常社会功能或使自我感到痛苦的心理异常状态。心理障碍不等同于精神疾病，心理障碍概念的外延较大。在家庭生活中，一些家长教育观念存在偏差，忽视儿童的权利与地位。在教育方式上，一些家长或抱着“树大自然直”的想法，或认为“棍棒之下出孝子”，抑或视孩子为自己的希望，“恨铁不成钢”，采取放任、严教、溺爱、自相矛盾等不恰当的教养方式。在情感的处理上，对孩子情感或热或冷，缺乏理智。这些都不利于家庭的和谐发展及其成员的健康成长。

---

① 孙俊三等.家庭教育学基础[M].北京：教育科学出版社，1991.244

② 彭德华.家庭教育新概念[M].兰州：甘肃教育出版社，2001.179

③ 郑日昌.中学生心理卫生[M].济南：山东教育出版社，1994.1

(一)教育观念障碍

1.错位的儿童观

家长的儿童观是对儿童的权利、地位、发展规律等的基本观点。儿童作为一个独立的个体,理应像成人一样受到尊重并具有独立的人格和自主权,但许多父母对养育子女的动机是盲目、自私的,将子女视为自己的私有财产,子女的一切都由父母来决定,子女应该无条件接受家长的安排,不论是学习、生活还是人生规划。通常,抱有此种儿童观的父母将教育的过程视为控制的过程,要求子女的想法、看法和做法必须与自己一致;缺乏"角色换位",较少站在孩子的立场上,考虑孩子需要什么不需要什么;对孩子的态度及其教育注重成人的"形塑",视子女为实现自己未完成心愿的"替代品",自己留下的遗憾要由子女来完成。

2.偏误的教育观

教育观是家长对自身、子女发展的影响力和本身能力的认识,它直接支配着家长对儿童进行教育的目标、方向、手段、行为及方式方法。受中国传统教育观念的影响,家长在教育行为上表现出强加自己意志于子女身上,忽视子女的感受,一味地追求所谓的早期教育、智力开发,把孩子当成了超容量的容器,忽视"教孩子做人",影响孩子身心和谐及全面的发展。

3.对人才观的认识偏差

人才观是家长对人才价值的理解,直接影响到孩子对自我的评价和观察社会的视野。目前,许多家长对"人才观"的认识存在偏差,认为只有专家、学者等高学历者才是人才,片面地看待孩子的成长;也有家长把"成才"直接与智力开发挂钩,用各种学习任务剥夺了孩子童年的快乐。家长的人才观,集中体现于对孩子的期望上,不同的期望会产生不同的教育行为。期望过高(如望子成龙、望女成凤,恨铁不成钢等)和期望过低(如溺爱、过度保护、盲目称赞等)是目前我国家长对孩子期望的两种典型错误倾向。

(二)教养方式障碍

1.盲目攀比

每个孩子都是独特的个体,很多家长尽管深谙此道,却控制不住拿自己的孩子去和别的孩子做比较。特别是独生子女家庭,不少要强的家长抱着"只许成功,不许失败"的心态。别人家的娃娃学了什么,得到了怎样的教育条件,我家孩子也应该有——谁比谁差呀!这种心理是造成家长相互攀比的根源所在,以为是在给孩子争取条件、创造条件,实则陷入了教育的误区。

盲目攀比不仅会给孩子造成极大的心理压力,还会使家长长期被挫败感包围,给家庭教育蒙上一层厚厚的阴影,家长和孩子之间的距离也会慢慢拉大,注定家庭教育以失败告终。

2.借孩子之手,圆自己未圆之梦

俗话说,孩子是父母生命的延续。所有父母都会对孩子的成长寄予厚望,希望孩子能健康快乐地成长,有朝一日能出人头地。但是,对于孩子朝着哪个方向发展,很多父母都会不自觉地将自己的人生经历和孩子的成长联系起来,希望孩子能圆自己心中未能实现的梦想,却往往忽略了孩子的意愿。家长仅为能圆自己儿时之梦给孩子施加学习压

力，使其被动学习而难以承受，产生心理抵触和强烈的焦虑感，孩子如长期处于这种焦虑状态则会诱发种种不良反应。美国幼儿心理学博士梅尔梅德曾说过："从心理学的研究成果来看，如此很可能会造成儿童的内向型性格，身体方面也会产生萎缩。"

»"天才"的失败①

徐露露的父亲是一位小学校长，年轻时曾有过"痛失去北京深造"的遗憾，为了把这种遗憾从独生女儿身上弥补回来，他决心"要在我们家制造一个神童"。徐露露在父亲的苦心训练下，7 岁时学完了小学六年所有的课程；8 岁入初中；10 岁入高中；13 岁以优异成绩考入南京某综合大学生物系，成为该校历史上最年轻的大学生；17 岁直升为该校生物工程专业硕士研究生。

在徐父为自己成功的教育案例欣喜不已时，却没有注意到，徐露露智力不凡，生活能力却非常低下。最突出的表现是，徐露露根本不懂如何同身边的人交往。有一次，老师指出她实验操作的错误，她当场不服，还狡辩，半夜十二点多，又愤然敲开老师的家门，要求老师在全班面前向她赔礼道歉。她读研究生时成绩落居榜尾，不是设法迎头赶上，而是经常将成绩比她好的同学的课本、笔记本偷偷扔进垃圾箱里……

在畸形教育中成长起来的徐露露没有一个知心朋友，两次恋爱失败后，她的精神彻底崩溃，于是在宿舍点火自焚，结束了自己 18 岁的生命。

3.要求时高时低，宽严不一致

在家庭教育的过程中，父母的教育观念和教育方法以及父母和祖辈的教育观念、教育方式的不一致，对孩子的要求时高时低、前后矛盾、宽严不一致，很容易置孩子于"两难境地"，无所适从；使孩子感到迷惑和茫然，不知道到底什么是对的，该何去何从。这非常不利于孩子建立正确的世界观和价值观，还会对孩子的身心发育造成严重的伤害。

4.关注物质，忽视心理需求

"我给他吃好的，买好看的衣服和有趣的玩具，我经常和他交流，不让他受一点委屈，这些难道不够吗？"当前不少家长认为自己能够提供优质的物质生活，关心孩子的物质需求就足够了；但事实上，孩子成长过程中不仅仅是物质的需求，更多时候心理上的一些需求对他们的成长和发展有更加重要的作用。心理学家的长期研究结果表明，儿童时期是培养一个人健康心理的黄金时期，各种良好的习惯和行为模式，都是在这一阶段奠定的。如果家长能关注孩子的心理状态，积极地满足孩子各种心理成长过程中的需求，对孩子形成良好的心理状态大有裨益。反之，如果家长仅仅关注孩子的物质需求，忽略孩子心理健康，孩子成人后要形成健全的人格和健康的心理将相当困难。

5.高期待与现实矛盾交集的教育方式

孩子是家庭的希望，家长无不期望孩子能有一个美好的未来，他们为给孩子最好的教育倾其所有，无私奉献。但是，在教育孩子的过程中，有的家长一边给孩子讲"好好学习，天天向上"的大道理，用孩子难以达到的高标准要求孩子，一边自己却一年也不摸书本，甚至整日沉溺于麻将桌上。诸如此类的充满矛盾的家庭教育，让不明世事的小孩感到很为难，正面教育的效果也将大打折扣。正确的做法应是家长身教在先，言教在后；对孩子合理期望，合理要求。

---

① 冷颖.影响家长的101个经典家教案例[M].北京：北方妇女儿童出版社，2007.73

(三)对待子女情感的偏离,缺乏理智

1.对子女情感过热

父母对子女的关爱,是一种自然而然的爱,但真正能做到理智、无私的爱却并不容易。面对孩子,父母会不自觉地将自己的全部心思、时间、精力都用在孩子身上,希望能尽自己的能力为孩子铺平人生道路。所以不少父母会为孩子打点学习、生活中的一切,尽量减轻孩子的负担。殊不知,过分的包办非但不能真正帮助孩子成长,反而会使孩子出现心理脆弱、缺乏自信、独立意识和自理能力差、怕困难等心理疾病。

2.对孩子情感淡漠

与前一种截然不同的是,不少家长对孩子缺乏关心,没有尽到做父母的责任。父母有养育、关心孩子的责任和义务,但却有少数父母认为孩子是一种累赘、麻烦、负担,孩子的出现妨碍了自己以前轻松自由的生活,增加了生活和经济上的负担。出于好逸恶劳,在对待孩子的问题上出现漠不关心、疏远、冷漠无情、缺乏耐心,甚至虐待孩子的情况。对于生活在这种家庭环境中的孩子而言,由于缺乏父母的关爱,他们会逐渐出现自闭、厌世、冷漠、孤僻等消极情绪,极大地影响了他们身心的健康成长。

二、孩子的心理障碍及其在家庭生活中的表现

心理健康问题在国内外都是一个发病率较高,严重影响儿童、青少年健康的问题。近年来,儿童、青少年的心理健康问题日益受到人们的重视。一般来说,有心理健康问题的男孩子多于女孩子,青春期多于童年、婴儿期,城市多于城镇、农村。[①]

儿童、青少年心理障碍是指其心理发育偏离了正常的范围,这类儿童、青少年表面看起来是正常的,而在性格、脾气、情绪行为等方面与正常儿童、青少年相比却存在不同。心理障碍是儿童、青少年较为常见的问题。流行病学研究表明,近10%的儿童患有较严重的心理障碍,大约20%的儿童患有情绪、心理或行为异常。[②] 下面几种心理障碍是儿童、青少年期较为常见的:

(一)学习障碍

学习障碍多见于学龄期的儿童。一般是指智力正常的学龄期儿童,由于环境、心理和自身素质等方面原因,在阅读、书写、拼字、表达、计算等方面的基本心理过程存在一种或一种以上的特殊障碍。

近年来,国内学习障碍儿童的检出率在7.4%～15.71%,男女比例约为2.1～2.79∶1。[③]通常,学习障碍儿童存在额叶执行功能障碍,有认识功能缺陷[④],其认知障碍在语言能力上表现突出,表象能力及注意能力存在缺陷。[⑤] 这类儿童个性多趋于内向,情绪稳定性差,部分儿童还存在精神质倾向和心理发育不成熟等。学习障碍的儿童语言智商、操作

---

① 吴奇程,袁元.家庭教育学[M].广州:广东高等教育出版社,2002.133

② 张宁.儿童时期常见心理障碍表现[J].内蒙古中医药,2008(18).70

③ 王忠,静进.国内儿童学习障碍的研究进展[J].中国健康教育,2008(8):638～640

④ 张纪水,苏林雁,李雪荣等.学习障碍儿童认知功能的某些特点[J].中国心理卫生杂志,2004(4):239～241

⑤ 静进,黄旭,陈学彬等.学习障碍儿童认知特征分析[J].中国学校卫生,2000(5):385～386

智商和全量表智商均低于正常儿童，并且语言智商和操作智商分离现象普遍。[①]

（二）情绪障碍

情绪障碍发生在少年时期，主要表现为焦虑、恐惧、抑郁。患情绪障碍的儿童在智力和成就、人际关系、言语表达、日常生活、生理机能、社会适应及兴趣和注意力等方面都和正常儿童存在显著差异。[②] 国内报道儿童情绪障碍的发病率在10.5%～21%之间，女性高于男性，城市高于农村。在儿科门诊中，心理障碍的三分之二属于情绪障碍，其次为情绪、行为混合障碍。[③] 情绪障碍常常未能引起父母、老师们的重视，而未能进行早期干预。当情绪障碍严重时，就需要进行系统专业的心理和药物治疗。

1.焦虑症

焦虑症是儿童较为常见的一种情绪障碍，主要表现为过分敏感、多虑，常因小事烦躁不安。焦虑症可以分为两种类型：一种与本身的气质有关，儿童从早年就出现焦虑、敏感等反应特征，这被称为素质性焦虑；一种是因为生活中出现重大刺激而导致焦虑过度，形成情绪障碍，这被称为境遇性焦虑。

患焦虑症的儿童会表现出过分的或不切实际的担心，并且在很长时间总是如此。表现为：[④](1)总担心会发生什么事情，整日为此忧心忡忡；(2)对自己做过的事情是否适当，总感觉不放心；(3)对自己在学习、体育或社交等某方面的能力表现出过分担心，生怕不如别人；(4)经常感到头痛或胃病，但并没有实际的身体疾病；(5)有明显的紧张感，不能放松自己；(6)自我意识强烈，不断考虑自己的问题，而难以投入到学习、生活中去。

2.恐惧症

儿童恐惧症指儿童不同生长阶段对一些特定的情景或事物恐惧的特定恐惧情绪。在不同的年龄阶段，儿童可以有不同的恐惧对象，但都是暂时性的，如恐惧某种动物、坐船、上桥、吃药、打针、鲜血、黑暗、上幼儿园等。面对恐惧对象时，儿童会出现焦虑不安、过分恐惧、哭闹、发脾气、黏人、回避等行为。但如果和恐惧对象少接触，就不会对日常生活产生很大的影响，只有恐惧程度达到一定的强度时，才会使儿童形成恐惧症。

3.抑郁症

抑郁症是一种常见的负性情感，表现为较长久的、忧伤的情绪体验，并伴有躯体不适和睡眠障碍等问题。对大多数人而言，抑郁只是偶尔的、暂时的，有少数人会长期处于抑郁状态。儿童期真正患抑郁症的并不多，只是在有其他躯体或精神问题时，儿童才会伴有抑郁情绪。抑郁在8岁以下儿童中很少见，多发生在青少年期，一般女孩多于男孩。国外的调查资料表明，青春期前的儿童中，抑郁症的患病率为1.8%，学前儿童只有0.3%，而14～16岁少年则升为4.7%。[⑤]

---

① 季卫东，李宁，杨闯等.学习困难儿童认知功能和自我意识关系的研究[J].中国临床心理学杂志，2004(4)：375～376

② 王辉.情绪与行为障碍儿童的心理行为特征及诊断与评估[J].现代特殊教育，2008(2)：35～37

③ 张宁.儿童时期常见心理障碍表现[J].内蒙古中医药，2008(18)：70

④ 袁良玉.现代家庭教育[M].济南：山东大学出版社，1998.214

⑤ 徐勇.儿童青少年常见的心理卫生问题[J].中国学校卫生，2006(5)：458

(三)品行障碍

品行障碍是指在儿童青少年期反复、持续出现的攻击性和反社会性行为，这些行为违反了与年龄相应的社会行为规范和准则，影响儿童青少年本身的学习和社会化功能，损害他人或公共利益。[①] 品行障碍发展至青少年期，可转化为青少年违法。

品行方面的心理问题，主要表现为偷盗、打架斗殴、骂人、说谎、逃学、离家出走、恶作剧、攻击性行为、破坏性行为等。男孩在这方面的问题要多于女孩。

1.攻击

由于某种需要得不到满足，或受到他人的压制产生不满、愤怒等情绪时出现的打骂等行为，通常表现为躯体攻击或语言攻击。2～3岁幼儿的攻击性行为主要表现为暴怒发作、屏气发作、吵闹，以后逐渐变为执拗和拒绝服从，在幼儿园推拉或动手打其他小朋友。小学儿童的攻击通常表现为两种情况：[②]一种是因为不能控制自己的怒气和沮丧而产生的攻击行为；另一种是恶意的，带有挑衅性的攻击行为，故意地侵犯和伤害别人，其行为具有恶作剧或专横特点。虽然这两类行为的个性基础不一样，应该区别对待，但由于他们都造成了事实上对他人的侵犯，所以都被看作是品行障碍。到了青春期，青少年的攻击性行为在更大程度上向各种形式的犯罪行为靠拢。

2.撒谎

撒谎表现为经常有意无意地说假话。究其原因，是儿童由于希望得到家长和老师的表扬，为避免做错事受到惩罚，或为寻求他人关注而虚构或捏造事实的行为。由于这种行为具有欺骗的性质，因此，常常为老师、同学、家长看作一种不能容忍的品行问题。不过，对一些儿童来说，尤其是学龄前儿童，由于认知发展水平的限制，常常会混淆想象与现实，对这种情况成人不要盲目指责儿童撒谎。

3.离家出走

这类儿童可能是因为对外界生活的好奇与社会团伙的诱惑而选择离家；也可能是因为家庭中父母的“放任自流”或争吵打骂，使自己缺少关爱，内心受到伤害不愿回家；或者是由于受到父母、老师的严厉惩罚，因内心恐惧、压力过大而拒绝家庭和学校生活。这种行为带来的社会影响较为严重，常常让老师和父母感到“头疼”。

4.偷盗

由于社会环境的不良影响和家庭教育方式的不当等原因，儿童出现“偷盗”行为的情况时有发生。父母未能为孩子树立正确的是非观念，或没承担起教养的责任，容易导致孩子在接触社会的过程中受到不良事物和人的影响，沾染上偷盗的毛病。

(四)注意缺陷与多动障碍

注意缺陷与多动障碍又称儿童多动症，指儿童活动过度、注意力不集中、注意持续时间短暂、易分心等异常行为现象。多动综合征在小学生中最为常见，尤其以男孩居多。它影响到儿童的正常学习和交往活动，因而受到老师和家长的普通关注。具有多动症的

---

① 静进.儿童心理行为及其发育障碍 第10讲儿童品行障碍[J].中国实用儿科杂志，2002(10)：635～638

② 袁良玉.现代家庭教育[M].济南：山东大学出版社，1998.217

儿童，往往在很小的时候就会表现出一些症状，到6～7岁逐渐明显，高峰就诊年龄为8～10岁。[①]

注意缺陷与多动障碍有以下四个主要特点：[②]

1.过度活动

活动过度大都开始于幼儿早期，进入小学后因受到各种限制，表现得更为显著。与年龄不相称的活动水平过高是其特征表现之一。

2.注意集中困难

这种儿童的注意力很易受环境的影响而分散，因而注意力集中的时间短暂。

3.情绪不稳，冲动任性

多动症儿童由于缺乏克制能力，常对一些不愉快的刺激做出过分反应，以至在冲动之下伤人或破坏东西。

4.学习困难

多动症儿童的智力水平大都正常或接近正常，智力偏低与测查时注意力不集中有关，部分多动症儿童存在知觉活动障碍。另外，多动症儿童会伴有品行障碍、焦虑障碍和学习技能障碍。

（五）性心理障碍

儿童进入青春发育期后，由于性生理、性心理、性道德等方面发展的不平衡，容易出现心理矛盾，产生心理问题，常见的问题有：

1.性困惑

指对性生理变化缺乏必要的心理准备而产生的不适现象。青少年对生殖器官的发育、阴毛的生长、乳房增大、月经、遗精现象的出现，感到紧张、焦虑、困惑不安，甚至产生恐惧和自卑。这些问题多数是认知偏差造成的，通过性知识的学习、掌握，完全可以克服。

2.性敏感

有些青少年对报刊书籍和影视作品中有关性的描述，表现出一种极强的好奇心与追求，甚至达到迷恋的程度，此类现象的产生与性意识压抑有关。

3.性压抑

是指人们在社会规范的约束之下，运用理智和意志的力量对原始性本能的一种控制和约束。适当压抑是个体适应社会道德规范的基本要求，也是一种基本能力。但是错误观念的误导可使青少年把正常的性心理和性自慰当成罪恶，导致过度性压抑。

4.性幻想

性幻想也称性想象。从青春期开始到结婚后的任何年龄的个体都可能有性幻想，只是青少年期出现性幻想的几率可能会大一些。性幻想实质上是清醒状态下的性梦，是一个人私下自编、自导、自演的，带有性色彩的故事式的连续梦幻活动。性幻想并不是精神上的病态反映，是正常的生理现象。想象力特别丰富的青春期男女容易出现性幻想，偶尔为之，不会影响健康。但如果整天沉湎于性幻想，做白日梦，就有可能发展成病态。

---

① 袁良玉.现代家庭教育[M].济南：山东大学出版社，1998.220

② 徐勇.儿童青少年常见的心理卫生问题[J].中国学校卫生，2006(5)：458

5.性梦

指男女在梦中出现的各种带有性色彩的情景，各种年龄都可出现，青春期的男女更常见。性梦最大的特点就是梦中总有异性做伴，内容均与性有关。性梦中的异性可以是知心人、朋友、陌生人，甚至是自己一向尊崇的异性长辈或老师。性梦是正常的生理现象，可顺其自然，不必大惊小怪，也不要为此背上思想包袱，影响正常的工作和学习。

（六）未成年人犯罪

在我国，未成年人犯罪通常是指已满14周岁不满18周岁的未成年人实施的危害社会、违反刑法，依照刑法应当受到处罚的行为。家庭的负面影响是造成未成年人犯罪最主要的原因。

1.残缺家庭对未成年人犯罪的影响

残缺家庭由于各种原因失去夫妻的一方或双方时，家庭的完整性和稳定性结构遭到破坏，使家庭在培养孩子方面面临巨大挑战，孩子的心理品质和性情得到和谐发展的难度很大。大量的事实表明，残缺家庭的孩子比生活在"完整型"家庭中的孩子更容易出现性格扭曲或个性畸形。

2.家庭教育不当对未成年人犯罪的影响

家庭教育不当是未成年人走上犯罪道路的重要的原因。有关研究表明，在道德判断和价值取向方面，父母与子女的相关系数为60%，而学校和社会影响的相关系数仅为35%。[①] 父母的道德素质对子女有着深刻的影响，如果父母道德素质低下，品行不端，子女很容易走上犯罪道路。

父母不履行教育子女的义务，对子女放任自流。这种教育方式容易使家庭成员之间亲情疏远，关系淡漠，容易使孩子形成扭曲的心态，性格内向、怪癖、冷酷、自私，一旦受到外界刺激，易产生偏激行为而导致违法犯罪。

父母对子女"关注过度"，让子女在家庭中处于优越地位，一味满足子女在物质、精神、生活上的任何需求。过分的溺爱使子女养成骄横、任性、贪图享乐、唯我至上等不良习性。娇纵溺爱所形成的不良习性，一旦恶性膨胀，遇到外界不良的诱因，便会导致违法犯罪。

有的父母对子女的期望值过高，但又缺乏科学的教育方法。当子女达不到自己的期望时，往往采用简单粗暴的方法对待子女，很容易使他们形成残忍、粗暴、好斗的性格，从而激发子女的逆反心理，造成子女与父母感情对立，互不信任的局面。这样容易导致孩子接触到社会后，很容易在外界的引诱、教唆下堕落。

3.家庭关系和家庭气氛对未成年人犯罪的影响

在家庭中，如果父母婚姻不和谐，经常发生冲突，容易导致子女有越轨行为。不好的家庭气氛对未成年人个体人格的发展产生着严重影响，容易造成其人格缺陷，对未成年人犯罪有着严重影响。

---

① 徐秉政.浅探未成年人犯罪的家庭原因及预防对策[J].成都大学学报(教育科学版)，2007(2)：77～79

第三节　家庭成员常见心理障碍的疏导

在家庭心理健康教育中，家长起着主导性的作用，承担着首要的责任与义务。要搞好家庭心理卫生，家长的自我心理疏导及其对子女的心理疏导必不可少。

一、家长心理障碍的自我疏导

心理疏导属心理治疗的范畴，指运用心理治疗的各种方式对心理问题和心理疾患进行干预和疏导，使其恢复正常。[①] 家长要做好自我心理障碍疏导工作，首先需提高自身素养，树立正确的育儿观与教养方式；其二，学会处理好家庭错综复杂的人际关系；其三，努力保持平稳、乐观的情绪。

（一）提高自身素养，树立正确的教养观念

家庭教育在孩子成长中起决定性作用，而家长自身的素质则对整个家庭教育起决定作用。要保证家庭教育的成功，家长需要具备高度的责任感、崇高的品德素质、良好的知识文化素质、健康的心理素质以及较强的应变能力等。

作为家长，面对家庭教育中的成败得失，必须有一个正确的教养观念，保持一颗平常心，方能正确面对家庭教育中的种种困境。

（二）恰当处理家庭人际关系

家庭是社会的缩影，它是由复杂的“关系链”组成的小环境。处理好家庭成员间的关系，是每一个家庭成员必须面临的问题，这尤其体现在夫妻关系、亲子关系的处理上。把握以下原则将有利于我们处理好家庭成员之间的关系：

1.平等尊重

平等是家庭成员心理相容的基础。在家庭中，每一个家庭成员具有同等的地位，切忌独断专行，不尊重他人。家庭成员间应欣赏彼此的劳动成果，尊重对方的人格、兴趣、爱好、人际交往，承认彼此为家庭所做出的贡献，互相信任，共同商量，解决家庭面临的问题。

2.同中存异

没有一个人和他人是完全相同的，每一个人都有自己的性格、兴趣、习惯。在共同的家庭生活中，家庭成员之间只有秉承“同中存异”，尊重个体的原则才能使家庭和睦，感情融洽。夫妻双方要承认各自的性格、价值，彼此宽容，努力寻找既能达到共同要求又能保持个性要求的距离。

3.关心信任

在一个家庭中，家庭成员之间相互关心、信任将会不断增强彼此间的感情，提高心理融洽度。夫妻之间相互关心、信任，会增强感情，提高婚姻稳定度；亲子之间互信互爱，有利于消除代际沟痕，促进感情融洽。

（三）保持平稳、乐观的情绪

情绪和健康有着密切的关系。一个人在适度稳定的环境中通常能正常地生活、工作

---

① 谭百庆.部队心理疏导浅谈[J].政工学刊，2001(8)：22

和学习，并能保持良好的精神状态。豁达开朗能延年益寿，沉重的心理负担和苦闷的情绪，则会损害健康，催人衰老和早亡。传说中伍子胥过昭关一夜愁白头，就是典型的例子。我们要努力保持家庭良好的气氛，时常保持心情豁达、开朗、乐观；遇到不开心的事情，选择有理智地控制，防止自己的感情激化矛盾；在烦恼的情绪不可抑制时，有意识地转移一下，使烦躁的情绪得以稳定；遇到难办的事情，不要急躁，要保持头脑清醒，相信“车到山前必有路”。

二、家长对孩子心理障碍的疏导

(一)创设良好的家庭心理环境

家庭心理环境是指在一定的家庭物质环境和文化环境下，家庭成员在家庭生活中逐渐形成的感受、情绪和态度等心理状态的总和。良好的家庭心理环境有利于亲子之间沟通，有利于儿童获得安全感、发展独立性，有利于儿童的社会交往。良好家庭心理环境的创建和以下要素密不可分：

1.家庭心理环境很大程度上取决于家庭人际关系

在平等尊重、关心信任基础上创设民主、平等、和睦的家庭关系，有利于孩子情绪稳定，形成热情、活泼、乐于交往的性格特点。而专断、冲突型的家庭关系将会使孩子心灵受到创伤，感受不到家庭的温暖与快乐，变得冷酷、暴躁、缺乏同情心。

2.家长给孩子的期望目标要合适

“期望过高”是现代家长常犯的错误。过高的期望会使孩子难堪重负，造成心理上的沉重负担。因此，家长对孩子应该持有一颗“平常心”，可以对孩子提出一定的要求和希望，但不要过高，也不宜过低。目标过高，会让人觉得遥不可及，失去动力；目标过低，孩子轻易达到了又觉得不过如此，容易丧失上进心；帮助孩子树立一个“跳一跳就能够得到”的目标是最合适的。

3.家长要站在孩子的立场了解孩子对父母、家庭的需求

孩子对父母具体有哪些要求呢？对这个问题的回答，将使我们的父母创设更有利于孩子成长的生活环境，采取更有效的教养方式。为了探知儿童的内心世界，了解他们对自己的父母和家庭究竟有哪些最迫切的要求，一位美国学者对10 000多名肤色不同、经济条件各异的学龄儿童进行了一次大规模调查。结果显示：孩子们对父母和家庭的要求放在首位的并非是经济、物质条件。他们对吃的、穿的、用的和玩的东西似乎都不大在意，相反，却很关注自己的家庭精神生活。儿童对父母的最重要的10条要求是：①

(1)孩子在场时，父母不要吵架；

(2)如有两个以上的孩子，父母对每个孩子应一视同仁；

(3)不能对孩子失信或撒谎，说话要算数；

(4)父母要相互谦让，不可互相责备；

(5)父母与孩子之间要亲密无间；

(6)孩子的朋友来做客时，要表示欢迎；

(7)对孩子不能忽冷忽热，更不能动不动就发脾气；

(8)家里应尊老爱幼，决定全家的事应该征求全家人的意见；

---

① 郑莉君.中国家庭教育的关键是什么——关注孩子的身心健康[M].杭州：浙江大学出版社，2007.71

(9)家庭要重视文体活动，节假日或星期天要到户外游玩；

(10)父母有缺点时孩子也可以提出批评，应该欢迎孩子提不同意见。

从这10条要求不难看出，孩子最关心的是家庭气氛和对他们采取的态度。他们心目中的好父母、好家庭，应该有友爱、轻松、宽容、民主和活泼的气氛。相反，他们最头痛的是气氛冷淡、紧张、沉闷、专横、毫无生气的家庭。

(二)以情激情，以理引导，化解心灵坚冰

融洽的家庭情感氛围是家庭成员各种心理障碍得以化解的最有效手段。对于孩子可能患有的各种心理障碍，作为家长，不仅仅需要从物质上关心孩子，更应该从心灵和情感上给予孩子更多的呵护。

真情是通向人心灵的桥梁，有各种心理障碍的孩子通常更需要得到父母的真切关爱，父母亲切的眼神、温馨的口吻、轻轻的抚摸、耐心的启发，都能给孩子传达一个讯息，那就是父母对子女的在乎，这种亲情的力量能融化心理障碍儿童心灵的冰雪。

对于心理障碍儿童的疏导，用情方能用理，用理方能入心。有心理障碍的孩子本身就会因为各种障碍对自身的身心发展带来诸多不便，人生路是曲折而漫长的，可能会遇到各种坎坷和挫折，而家庭就像是一个避风港，能为心理障碍儿童提供心灵的依托。

(三)掌握儿童心理发展特点进行针对性教育

孩子在成长的不同阶段会出现不同的问题，家长必须端正心态，关注孩子在成长的不同时期心理发育的特殊需求，针对孩子可能出现的各种问题合理疏导，防微杜渐，避免孩子出现任何严重的行为问题。

1.对儿童学习障碍的疏导

伴随着年龄的增长、环境的变化、学习任务的不断加重、心理情感的成熟、人际交往的扩展，不少孩子的学习会在一定的时期出现偏差和滑坡现象，并表现出学习方面的各种障碍。面对孩子的学习障碍，家长在平时的生活和学习中要随时关注孩子的学习状态，对于他们在学习当中的各种困境给予及时的帮助，如培养孩子的良好学习习惯，寻找和改进适合自己的学习方法，克服贪玩、生活懒散、学习马虎、粗心大意等缺点。同时，家长要注重与孩子的情感交流，注意从正面疏导孩子的不良情绪，学会采用多种途径对孩子的学习进行不断激励，达到有效疏导孩子的学习心理障碍。

2.对儿童情绪障碍的疏导

当今社会，面对激烈的竞争、繁重的学业负担、复杂的人际关系，孩子可能会出现各种情绪问题。当他们的情绪超出了正常的心理承受点，就容易变得悲观、失望，或者急躁，常为一点小事发脾气，甚至会有攻击性行为且难以自制。作为家长，首先必须善于观察，悉心洞察孩子心灵，要善于从孩子的日常生活和学习的点滴体察孩子情绪的波动以及造成波动的原因；其次，加强与孩子的沟通，提升亲和力，让孩子愿意倾吐心声；最后，家长要经常规范和约束孩子的不合理行为，通过文娱、体育等引导孩子善于排遣消极情绪，培养积极情绪。

3.对儿童品行障碍及犯罪的疏导

古人云："蒙以养正。"意思是说，一个人良好的品德习惯大多是在幼年时期培养起来的。家长作为"人之初"的启蒙教育者，不仅担负着开启智力蒙昧的任务，同时也担负着培养孩子品德启蒙的重任。作为孩子，强烈好奇心的驱使可能使他们遭受到不良因素的

影响。如果孩子出现了品德问题，家长必须及时进行教育疏导，以免最终酿成孩子犯罪的恶果。具体而言，面对孩子微小的品德问题，家长要动之以情，晓之以理，采用温和的说服教育方法，杜绝这些品德问题的进一步发展。面对严重的品德问题，家长应该充分重视，取得教师和社区力量的支持，采用各种途径给予教育和疏导。

如果孩子的品德和行为已经涉嫌犯罪，家长所要做的就是绝不姑息、包庇孩子，一定要端正思想，配合公安机关或是相关部门，彻底根除孩子的犯罪隐患。

4.对儿童注意缺陷的疏导

注意缺陷是儿童多动症的三大症状之一，多动症的孩子表现出的主要症状就是注意力的缺陷，这种注意缺陷不仅会对孩子本身的学业造成极大的影响，而且还会从各个方面影响孩子的身心健康成长。不少家长认为，注意缺陷的主要原因是孩子还小，随着年龄的增长通常会自动消失。但心理学家和医学家的多年研究成果表明，三分之二的患儿其症状可延续至成年。

作为家长，发现孩子如果存在注意缺陷的症状，应该进行早期干预，及早治疗，采取药物治疗为主，心理治疗、教育引导和饮食治疗相结合的综合疗法。假以时日，方可根治孩子注意缺陷的症状。对注意缺陷和多动障碍儿童的教育方法要切合实际，不应苛求其过分安静，家长不要制订繁琐的条律，对他们的各种问题行为尽量好言相告，在日常生活中给予尽可能多的户外活动时间，释放过剩的精力，做到动静结合。

5.对孩子进行及时的性教育

性教育是心理健康教育的重要内容。儿童时期不恰当的性教育将影响成年期的心理健康。良好的性教育应该从小开始，在不同的阶段具有不同的内容与方法：①

对婴幼儿，主要是结合日常家庭生活和儿童活动，让他们形成正确而恰当的“性别自认”和“性别角色”，懂得一些初步的生理知识，防止形成“性神秘”和“性抑制”；还要正确地解答他们提出的涉及“性”的各种问题，以保护他们的求知欲，消除他们的性神秘感。

对少年期的性教育，主要是让他们知道青春发育期出现的各种变化及出现的大体时间，对性器官和性机能的发育有心理准备；知道月经初潮、遗精都是正常生理现象，并懂得有关的卫生知识；教育男女少年相互尊重、平等相待、友好相处，既有正常交往，又能防止“早恋”；按社会规范、家庭期望和本人的倾向，使他们的性角色更鲜明地发展、成长得富有个性和魅力；加强他们在性问题上的社会道德观念，要求他们做一个性道德高尚的人。对少年的性教育，家长要主动进行，但应采取慎重和严肃的态度，平心静气，和风细雨，切忌简单粗暴，以消除少年对“性”的不洁感、神秘感、压抑感，预防性功能障碍。

（四）合理利用社会资源疏导孩子的各种心理问题

1.发挥玩具、游戏的心理调适功能

玩具是儿童的重要生活伙伴，游戏是儿童的主要活动方式之一，同时还能促进孩子心理的健康成长。根据孩子性格特点，有目的地选择玩具与游戏方式将能对孩子的心理起到积极的调适作用。例如，对过于好动的孩子，要注意选择积木、拼图之类的玩具，以培养其耐心、安静做事的习惯；对粗心大意、性情急躁的孩子，选择制作性的玩具来进行转化；对于胆小的孩子，则要选择能与人合作的玩具与引发社会性的游戏，通过角色扮演游戏来提高儿童的移情能力等。

---

① 吴奇程，袁元.家庭教育学[M].广州：广东高等教育出版社，2002.148～149

2.鼓励参与团体活动

同伴,是影响儿童社会性发展的重要他人。与人交往,被一个或几个人接纳是儿童青少年发展的普遍需要。因此,家长要有意识地鼓励孩子参与团体活动,与人交往,让孩子在交往的过程中,学会如何处理好各种人际关系,如何化解矛盾、冲突,如何待人接物,如何用社会赞同的方式表达自己的情绪、情感;体验合作、共享的快乐,不断提高社会适应能力。

此外,家长还可以教给孩子自我心理障碍疏导的有效方法。在家庭心理辅导中,家长可以根据孩子的实际能力,教给孩子一些排除心理障碍的有效方法。自我疏导主要有以下方法:①

(1)隐抑法:把一些不愉快的念头,暂时放在潜意识中,力求使自己的心境保持平衡;

(2)解脱法:当理想不能实现时,可用象征性的事情和行为来抵消不愉快的事,使情绪平稳;

(3)宣泄法:心中有郁闷情绪,不妨找几个知心朋友倾吐;

(4)合理法:把一些不尽如人意的事,在想象中使它合理化;

(5)转移法:将消极的情绪转移到积极的工作、学习中去;

(6)冷却法:在情感冲动时,不急于解决矛盾,可拖段时间解决;

(7)移情法:用转移外部情境的方法来解除烦闷和苦恼;

(8)克制法:用理智来克制;

(9)榜样法:有针对性地以别人为榜样,矫正自己的问题;

(10)相容法:把自己置于集体之中,与集体协调融合。

【思考与运用】

1.家庭心理健康教育的意义是什么?

2.家长和孩子各有哪些一般的心理障碍?

3.家长应如何判断孩子的心理是否健康?

4.家长如何做好自我心理障碍的疏导工作?

5.家长如何做好子女心理障碍的疏导工作?

6.请你举一个生活中家庭成员心理障碍的实例,并运用本章相关知识进行分析,进而提出家庭疏导策略。

【本章相关学习资源】

1.云晓.爸爸妈妈不可不知的家庭教育心理学[M].北京:朝华出版社,2009.

2.申宜真.申宜真幼儿心理百科:0～6岁幼儿父母育儿必备[M].上海:世界图书出版社,2009.

3.朱海英.走进孩子的心灵:小学生家庭心理教育方略[M].广州:暨南大学出版社,2005.

4.傅安球,史莉芳.儿童离异家庭子女心理学[M].杭州:浙江教育出版社,1993.

---

① 罗恒星等.家庭教育心理学[M].成都:成都科技大学出版社,1991.250～251

第九章　全球化背景下中国家庭教育展望

在知识化、信息化的推动下，世界正走向全球化。知识化、信息化、全球化给家庭教育带来了变革的机遇，家庭教育的内容和形式都已经发生了深刻变化；也给以“齐家”为核心目标的中国家庭教育传统观念带来了空前的挑战。我国的家庭教育将在全球化的背景下，不断地国际化，世界化。家庭教育要着眼于培养有知识、有能力、会做人、会做事、懂传播、善沟通的，有国际视野和战略眼光的高素质人才。

第一节　全球化对我国家庭教育的影响

家庭教育历来具有鲜明的时代特征。全球化对我国家庭教育的影响主要表现在以下两个方面。

一、家庭教育信息化程度提高的影响

全球化是信息技术、信息化推动的。随着信息技术革命的加快，手机、电视、网络等现代传媒日益普及，家庭的信息传入渠道大大增多，信息量迅猛增加；家庭生活日益信息化，家庭教育的信息化程度越来越高。“秀才不出门，可知天下事”已是越来越带有普遍性的事实。人们足不出户就可以了解到世界各地的变化，世界变成了“地球村”。儿童、青少年们较之他们的先辈而言，知识已是非常丰富，眼界已是非常开阔。

信息化对儿童、青少年的影响既有积极的一面，也有消极的一面。比如，网络进入家庭后，既有可能给孩子的生活和学习带来便捷，也有可能因为家长教育或引导不善，给孩子带来消极影响。比如，迷人的网络信息有可能减少孩子与家人交流、沟通的机会，影响孩子的社会化与社交能力的发展；也有可能减少孩子正常的休息、娱乐生活，影响孩子的学习；不健康的网络信息甚至有可能诱导孩子犯罪。

二、家庭生活条件、教育条件及教育手段不断改善的影响

我国自改革开放之后，特别是加入世界贸易组织之后，已迅速融入全球化。我国经济的飞速发展、物质生活条件的改善，为家庭教育提供了优越的物质条件。比如电脑、电视进入家庭，各种学习软件、玩具、报刊书籍不断增多，可供孩子学习的条件日益丰富，为家庭教育促进孩子全面发展提供了有利条件。

信息技术革命使家庭教育手段呈现出多元化、多样化的趋势，家庭教育的现代化程度不断提高。以前的家庭教育主要靠父母口耳相传，身体力行。随着电视、网络等现代传播媒体不断进入家庭，孩子获取信息的渠道越来越多，不仅可以通过书本获取知识，还可以通过电脑、电子学习软件进行学习。

但是，我们也应该看到，家庭生活水平的提高会给家庭教育带来一些负面影响，给家

庭教育提出了新的挑战。优越的物质条件容易使孩子有贪图享乐、不思进取、不懂勤俭、不愿吃苦等现象。

第二节　全球化背景下我国家庭教育存在的主要问题

尽管21世纪知识经济时代已到来，全球化对我国家庭教育的影响日益增大。但是，由于传统观念的惯性，我国的家庭教育在今后一个相当长的时间内，仍将面临很多问题：

一、家长教育观念落后

家长的教育观念即指家长对人才、儿童、教育的一系列认识与观点。作为孩子启蒙老师的家长，其教育观念对子女的成才起着决定作用。家长的教育观念决定着家庭教育的培养目标，也决定着家庭教育内容的选择及家庭教育的实施，影响着孩子今后的发展。

(一)重智轻德的片面人才培养观

一直以来，受应试教育价值观的影响，我国大部分家长的人才观是重智轻德。他们特别注重子女的智力发展，特别看重子女的学习成绩，一味追求高分数，认为只有取得好成绩，考上好学校才是人才。同时，家长们却忽视对孩子品德、兴趣、能力、性格等个性的培养，不大关心他们的心理发展需要与内心情感世界，其结果往往是高分低能，缺乏创造力。因此，对人才的片面认识导致这些家长很难对知识经济时代的新人才观构建起客观正确的认识，很难认识到未来社会到底需要什么样的人才。

(二)忽视儿童，侵犯儿童权利的落后儿童观

受传统观念的影响，我国一些家长认为孩子是自己的私有财产，不大关注孩子的社会化，忽视儿童是有能力的独立个体，忽视儿童的社会权利和地位。有的家长认为孩子是“小大人”，以己之心度孩子之思，凭主观意愿对待孩子，不能把他们看作是有自己身心发展特点与规律，有自己兴趣爱好和性格特征的个体。

(三)不能科学地实施家庭教育的陈腐教育观

受传统教育观念的影响，一些家长片面地认为孩子的教育是学校、教师的事情，对孩子采取放任自流的教养态度与方式，轻视家庭教育对孩子成长的作用；而另一些家长则恰恰相反，过分重视家庭的作用，把家庭当作第二课堂，家长对孩子的要求过于苛刻、严厉，甚至对孩子采取拔苗助长的教育方式。这两种教育观都是不科学的，都有可能因此抹杀孩子的独立性、自主性与创造性，对孩子的健康成长有百弊而无一利。

二、家长的教育素养不高

家长的教育素养对孩子成才有着深刻而持久的影响，家长素养的高低是家庭教育成败的关键因素。家长的教育素养主要包括道德素养、知识素养、能力素养等方面。由于我国自近代以来，经济、文化比较落后，人的相关素养不高，因而我国家长的教育素养普遍不高，直接影响我国家庭教育的质量。

(一)品德行为素养不高

家长的品德是个人思想、政治、道德规范的综合反映,是决定子女品德面貌的基础。[①]家长的思想品德素养直接影响子女的道德水平及性格形成。儿童在幼年时期,思想单纯,个性尚未形成,性格不稳定,具有很大的可塑性,家长的行为习惯与道德品行对子女有着潜移默化的影响。由于种种原因,一些家长可能还存在思想不正、行为不端、生活习惯不好,如抽烟、酗酒等情况,这些行为有可能成为一些孩子模仿的对象,不利于其健全人格的形成。

(二)知识文化素养不足

教育子女是一项脑力劳动,需要父母具备一定的知识文化素养。我国家长的现有文化素质与未来社会的需要相比,知识普遍缺乏,文化素养普遍不高,具体表现为:不少家长不了解孩子的身心发展特点与规律,往往只能以传统的经验、习惯及成人化的方式来教育子女;普遍缺乏儿童健康教育方面的知识,不懂得诸如优生优育、合理营养与平衡膳食、卫生保健与疾病防御等基本知识,缺乏对子女的科学养育;缺乏家庭教育的基本常识,如家庭教育的特点、原则、内容及方法等。对家庭教育缺乏科学全面的认识,导致家庭教育问题重重,效率低下。另外,家长的知识面狭窄,文化修养不高,也会影响孩子的全面发展。

(三)教育能力不够

家长的教育能力是指家长能够清楚地了解孩子,能够观察他们的言行,洞察他们的心思,能与其进行有效沟通的能力。由于缺少专门训练,许多家长的教育能力较为低下。一些家长不具备观察孩子言行的能力及洞察能力,不能全面、客观地了解孩子的身心发展状况,自然也就不能选择有效的方式对孩子进行教育;一些家长不具备跟孩子进行积极有效谈话的能力,对待孩子要么是粗暴的训斥指责,要么是漠视不理,放任自流;一些家长不具备培养孩子良好心理素质的能力,对待孩子往往带有很大的主观情绪色彩,在这些家长眼里,孩子的缺点总是多于优点,因而总是指责多于赞扬,缺乏客观冷静的分析。

(四)心理素质有待提高

美国研究人员发现,同心理有问题的父母生活在一起的儿童与同心理健康的父母生活在一起的儿童相比,会产生更多的行为或情绪方面的问题。[②]在心理健康成为社会关注热点的今天,家长的心理健康也成为了更多人议论的话题。在竞争日益激烈的今天,家长承担了诸多在教养子女过程中的压力,如学习压力、升学压力、就业压力等。而这些压力也给家长造成了各种心理负担甚至是心理问题。如果不能及时有效地排除,不仅会对家长本身的心理健康造成影响,还会通过各种渠道转移给孩子,给孩子的身心健康发展埋下隐患。

除此之外,家庭教育中还存在对孩子或溺爱或冷漠、或严厉或放任等教育方式问题,这些都严重影响孩子的健康发展。因此,为了适应全球化的趋势,让家庭教育跟上时代发展的步伐,对家长的教育应该引起全社会的高度重视。

---

① 邓佐君.家庭教育学[M].福州:福建教育出版社,1994.89

② http://www.cqhuashan.com/maladys/39446.html

第三节　我国家庭教育发展的基本方向

我国已深度融入全球化，经济社会发展正全面提速，人民的生活水平和受教育水平迅速提高，家庭教育的内外环境将继续改变。研究家庭教育新观念，探讨家庭教育新方法，帮助家长提高教育素养，指导家长优化配置与合理利用家庭教育资源并科学有效地对孩子实施家庭教育，是我国家庭教育研究与实践的基本方向。

一、更新家长教育观念，提高家长教育素质

观念决定行为。家长必须具备科学的教育观念，才能从根本上改变或调整其教育行为，解决现在或未来家庭教育中出现的问题。由于家庭教育通常是非正规、非模式化的教育，父母对子女的教育一般是通过日常生活言传身教或潜移默化实现的。因此，观念的潜在作用尤其突出。为了孩子在未来社会健康成长和全面发展，为了提高家庭教育的质量，为了培养未来社会的合格人才，家长必须更新教育观念，提高自身素质。

（一）更新家长的教育观念

家长教育观念，直接影响着家长对孩子进行教育的目标、方向、手段和教育方式及行为，并对孩子的发展产生重大影响，家长应该树立正确的教育观念。

1.家长要具备打造和谐亲子关系的新观念

在未来社会，一方面，由于生产方式的变革，由于信息化所导致的社会结构形式的转型，社会对人的个性的独立性和人际间的合群性都有了更高的要求；另一方面，全球化需要大量创造性人才，创造性人才的培养，需要民主平等的家庭教育，这就需要树立家长正确的亲子观。

因此，家长应意识到全球化对社会人才结构需要的变化。一方面家长要努力培养孩子的独立人格，不要把孩子当成自己的私有财产，应运用民主的方式，平等地对待他们，与他们谈心，营造民主和谐的家庭氛围，关心孩子的心理状况与内心情感需要，要在尊重孩子的人格、兴趣、爱好及身心发展水平的前提下，引导孩子循序渐进，健康成长。另一方面，要让孩子尽可能广泛地参与社区活动和其他社会活动，培养孩子的合群性与乐群性，不要与其他孩子盲目攀比，不要对孩子提出过高和不切实际的要求。过高的要求只会给孩子带来持久的失败感和挫折感，挫伤孩子进取的积极性。与此同时，要肯定和鼓励孩子的好奇心，尤其要鼓励孩子对事物或问题的兴趣与探究热情。

2.家长要树立培养德才兼备高素质人才的新理念

未来社会的分工会越来越细，自动化、信息化程度会越来越高，人才的评价标准会发生变化。那些素质好、有能力、情商高、受人欢迎的人更容易被社会看作人才，更容易获得机会，更容易受到尊重。因此，家长在教育孩子的问题上，一定要有国际视野和战略眼光。家长不仅仅要重视孩子知识的摄取、高分数的取得，也应当重视培养孩子各方面的兴趣爱好，重视其综合素质的提高，注重培养他们的创造力。家长应更加注重对孩子理想、性格、情感等非智力因素的培养，鼓励孩子参加兴趣班，鼓励与支持他们参加集体活动，在集体活动中培养他们的社会交往能力，在活动中让其学会交往、合作、共事和生存。

总之,全球化背景下的家庭教育应培养有责任感、事业心、有志有为、德才兼备的高素质人才。家长要以一颗平常心看待孩子,在鼓励孩子胸怀大志、奋发向上的同时,更应鼓励孩子认识到,人的能力是不同的,未来社会对人才的需求是广泛而多层次的,成才的途径也是多样的,只要充分发挥自己的聪明才智,顺应社会全面发展的需要,为社会做出贡献即为人才。

3.家长要具备视家庭教育为基本道德责任的新理念

现代社会的一个重要理念是,任何一个儿童都有权利得到适合自己的教育。对于家庭而言,一方面,家长不应当强制要求儿童被动地接受教育,而要遵循未成年人成长发展的规律,充分考虑儿童的个性特点,使家庭教育适应儿童的发展需要。另一方面,要认识到教育是影响儿童发展的重要因素,是儿童应当享受的一种基本权利,也是家长应当承担的一种基本道德义务和社会责任。每一个家长都有义务为孩子提供受教育的条件,不可以对孩子放任自流,不能有"树大自然直"的错误观点,要努力根据孩子自身的身心特点和未来社会的需要,创造良好的教育环境,让他们健康快乐地成长。

4.构建终身教育理念,打造学习型家庭

全球化背景下的未来社会不仅是知识型社会,更是终身学习的学习型社会,一蹴而就的学习模式已经被淘汰,无论是学校教育、社会教育还是家庭教育都将成为伴随人一生成长的教育。创建终身学习型家庭将成为众多家庭的必然选择,是新世纪家庭教育一道亮丽的风景线。

终身教育即整个人生都处于教育的过程之中。家庭理所当然地应当在这一过程中肩负起开展终身教育的责任,保证家庭成员的潜力得以更好发展,以符合社会发展对人的要求,使之能轻松应对未来社会的挑战,跟上时代前进的步伐。为此,家长要挖掘家庭终身教育的潜能,以家庭成员的生活和工作作为切入点,营造家庭的学习氛围,从自身做起,给孩子树立终身学习的典范,培养和提高孩子终身学习的习惯和能力,坚持不懈地学习,激发和保持孩子学习的欲望和兴趣,为终身学习奠定良好基础。

建立"学习型家庭"是推行和开展终身教育的重要路径。学习型家庭是以终身学习为理念的,是一种家庭文化,塑造着家人彼此期待的行为模式、共同愿望,并提供新生代社会化的基础。学习型家庭也是家庭成员之间互动的过程,尤其是家人进行共同的学习分享与活动。[①]学习型家庭提倡家庭成员全体学习,营造浓郁的学习氛围,对孩子是一种熏陶;提倡的家庭成员之间相互学习,对于密切亲子关系,提高家庭教育效果,促进相互发展具有重要作用。家长必须转变家庭教育观念,探索新世纪家庭教育的规律,完善家庭教育的目标,顺应时代需求,构建终身学习教育理念,打造学习型家庭。

(二)提高家长的教育素质

为了应对未来社会的挑战,家长应当具有高尚的情操、美好的品德、良好的文化修养和心理素质,要坚持不懈地学习,要不断更新知识结构,学习现代教育知识,不仅能更好地教育孩子,也能更好地充实自己,提高自身素质。

具体而言,家长应该具备以下基本素质:

---

① 李洪曾.学前儿童家庭教育[M].大连:辽宁师范大学出版社,2004.74

1.家长应具备法律常识与现代科学文化素养

当今社会是法治社会，家长应该懂得一些基本的法律常识，如《未成年人保护法》、国家的教育法规等。

知识是人在未来社会安身立命的基石。现代社会知识的更新换代速度很快。“活到老学到老”应当成为为人师、为人长的基本追求。让孩子全面发展，家长应努力使自己成为通才；在知识类型上尽量不要有盲区，尽量拥有学高为师的条件。这不仅可以满足孩子的求知欲望，树立家长在孩子心目中的威信，掌握教育的主动权，也可能成为孩子热爱知识、热爱学习的榜样。同时，家长的文化水平又影响着家长自身对教育知识的理解、掌握和运用，影响着家庭教育的效果。为此，家长要努力丰富现代科学文化知识，不断提升自己的科学文化素质以应对未来社会对家庭教育新的要求。

2.家长应具备良好的礼仪素养

家长应当将礼仪修养作为教育子女的基本修养，将对孩子的礼仪教育贯穿于日常生活细节当中，让其潜移默化。具体地讲，家长应注意自己日常生活的言行举止、礼节礼貌。例如，不讲粗话、脏话，在公众场合不高声喊叫、大声喧哗等；要注意自己的妆容，保持衣着整洁、大方、得体等；接待客人时要讲究言辞得体等。总之，为了孩子的健康成长，家长在生活中要谨言慎行，为孩子树立良好的榜样，培养孩子具备良好的礼仪素养。

3.家长应有高尚的品德素养和良好的心理素质

家长是孩子的首任教师，是孩子直接的模仿对象。因此，以身作则是家庭教育的根本原则。家长的高尚品德和良好心理素质不仅为孩子良好品德、性格的形成提供榜样，而且，家长的品德、心理素质也是影响家庭教育效果的重要因素。家庭教育是一项长期、琐碎、艰巨的工作，教育对象又是情绪不稳定、过错行为有较多反复、可塑性强的儿童青少年。因此，家长特别需要善于控制自己的情绪、言行，具有教育理智。

4.家长应具备教育孩子的知识和能力素养

家庭教育是一种复杂的、充满挑战、需要创造、讲究方法艺术的脑力劳动。从事这项劳动，就得要学习。要掌握心理学、教育学、伦理学、未来学、系统科学等知识，如掌握孩子生长和发展的规律知识；掌握教育的内容、方法与态度对孩子的影响的知识；要具有传播能力、沟通能力、辅导能力、咨询能力、协调能力，了解孩子解决问题的能力，使用一些沟通原则和技巧的能力等。这些知识和能力将极大地丰富和提高家长的教育素养和教育能力，在家庭教育的真实情境中促进父母与孩子之间的和谐，有助于父母表达其对孩子的爱与接纳；当孩子发生问题时，父母能够给予适当合理的协助。

总之，知识化、信息化和全球化的浪潮会对家庭教育的执行者——家长，提出越来越高的要求，为了家庭的未来发展与幸福，为了孩子的健康成长，为了培养未来社会的高素质人才，家长必须承担责任，必须与时俱进地通过各种途径，不断完善自我，努力提升自己的素质。

二、优化社会环境，加强家庭教育指导

《国家教育事业发展“十一五”规划纲要》明确指出：“加强学校教育、家庭教育和社会教育的结合，大力普及科学的家庭教育知识，提高家庭教育水平，社会各方面要共同加强

对青少年的教育工作。”[①]家庭、学校和社会是教育的三大支柱，其中，以家庭教育为基础、学校管理为主导、社会教育为依托，只有三者有机配合协调，才能促进家庭教育和谐发展。

(一)加强社会对家庭教育的引导、支持和帮助

家庭是社会的细胞，家庭教育的实施是在社会的大环境中进行的，家庭教育直接关系社会的和谐稳定与健康发展。因此，社会有责任加强对家庭教育的支持和帮助。

社会对家庭教育的指导可以从以下几个方面着手：

1.充分发挥相关教育部门、群团组织的作用

要强化教育机构，包括教育管理机构、学校的指导、督察和监管力度；要充分发挥社区、工会、共青团、妇联和其他非政府组织的作用，尤其妇联、教育部门等要担负起对妇女教育的重任，以充分发挥母亲教育子女的才能。

2.加强社区对家庭教育的指导

社区是社会教育化、教育社会化的实现模式，即以一个街道、一个乡或一个区为范围，将这个社区里的机关、企业、学校等组织起来，共同关心这个社区内的年轻一代的教育，支持社区内的各类学校并为他们提供帮助，而这个社区内的学校等教育机构则一起参与社区的各种精神文明建设，实行双向服务，起到既教育青少年儿童又改造社会的作用。[②]

《全国家庭教育工作“十一五”规划》指出，新时期家庭教育工作的具体目标是“广泛宣传普及家庭教育及科学育儿知识”“积极推进社区家庭教育指导”等。社区家庭教育指导的重点在于根据社区自身的优势和特点，探索如何有效地挖掘社区资源，开展针对性的教育指导活动，形成与学校教育指导的互动与互补。社区如果能充分有效地发挥对家庭教育的指导，无疑会为家庭教育注入新鲜活力。

随着社区建设的发展，社区的社会功能会不断健全和完善，家庭教育将在更大程度上依赖社区所提供的各种物质设施和精神氛围，并逐渐与社区教育融为一体。

3.发挥大众传媒对家庭教育的促进作用

家庭教育应当尽可能地利用报刊、电影、电视、网络、手机等大众传媒，为家庭教育提供工具、素材和方法，以开阔眼界，改善家庭教育指导的环境和条件，提高家庭教育指导的作用、能力和水平。

(二)拓展学校(幼儿园)教育职能，发挥其对家庭教育的指导作用

学校(幼儿园)在家庭教育发展中具有独特的优势和作用。学校(幼儿园)可以通过家长学校、家长委员会、家教咨询热线、学校教育教学开放日等活动加强对家庭教育的指导。

1.通过家长学校加强对家庭教育的指导

家长学校是学校(幼儿园)指导家庭教育的最直接、有效的指导方式。学校(幼儿园)对家长学校的管理、运行是家长学校存在和发展的基础。学校(幼儿园)应有专司家庭教

---

① http://www.moe.gov.cn/edoas/website 18/info34030.htm

② 李洪曾.学前儿童家庭教育[M].大连：辽宁师范大学出版社，2004.67

育研究的教师，应当从理论和实践两个方面研究家庭教育的现象和本质规律，研究本地区、本社区家庭教育的实际情况，针对不同年级和不同特征的学生情况给家长以切合实际的，有针对性的指导，帮助家庭教育有困难的家长解决实际困难。

2.通过建立家长委员会，定期召开家长会加强学校（幼儿园）的指导

家长委员会是家长与学校（幼儿园）联系的纽带，学校（幼儿园）要提供条件鼓励家长委员会定期召开家长会，利用家长会与家长交流孩子的成长状况，并根据这些情况指导家长进行有针对性的家庭教育。

3.通过家教咨询热线、家访及开展学校（幼儿园）开放日（周）等形式进行指导

实践证明，学校（幼儿园）开通家长咨询热线、安排和督促教师家访、实施开放日（周）活动等能有效增进家长开展家庭教育的责任感，能为家长提供相互学习、切磋经验提供机会，从而提高家长的家庭教育的能力和水平。此外，学校（幼儿园）还可以利用一些节假日，如儿童节、元旦等，组织开展一些活动以加强家庭与学校（幼儿园）的沟通与合作。

（三）推进家庭、学校（幼儿园）、社会一体化的教育形式

教育是一项庞杂的系统工程，绝非家庭本身可以独立完成。家庭、学校（幼儿园）与其他社会组织对学生发展与教育常常是交互影响的。这种交互作用不断累积，将持续地影响不同年龄、不同年级孩子的成长。家庭、学校（幼儿园）和其他社会机构不仅应注意对孩子的教育责任或影响力，更应加强彼此之间的联系与合作，以发挥合成或系统的影响力，并力求使这种影响系统化、一体化。一方面，家庭教育应配合学校教育和社会教育，顺应社会进步、变革和发展的需要，做到优生、优育、优教；另一方面，家庭教育应与学校教育、社会教育紧密结合起来，采取得力措施，共同创建有利于未成年人健康成长的家庭环境、学校环境、社会环境。

三、顺应全球化，开展家庭教育科学研究

全球化对人类社会的影响是全方位的，是复杂的。家庭的含义、类型、存在的形式也将受到影响，家庭教育的目的、内容、形式等也将发生变化。研究知识化、信息化、全球化对家庭教育的影响，研究家庭教育已经发生和正在发生的变化，提供科学有效的指导是家庭教育工作者应尽的责任。

（一）加强家庭教育的理论研究

要致力于探究家庭教育与社会文明进步的关系，探究全球化对家庭教育的影响，探究家庭教育的学科属性，与相邻学科的关系，不同文化背景下的家庭教育，家庭教育的内容结构、发展规律，家庭教育的方法、技术、艺术等。这既是家庭教育学科建设的需要，也是家庭教育社会实践的需要。

鉴于当前我国家庭教育学科发展薄弱的现状，应加强家庭教育理论研究人才的培养和队伍的建设。相关政府部门、社会团体和非政府组织应加大家庭教育理论研究的经费投入，切实推进家庭教育的学科建设与发展；要注重研究力量的整合，避免重复研究。高等院校的理论工作者不仅要注重各高校间的相互协作，同时还应注重与社会上相关研究组织和研究人员的协作，注重从社会学、教育学、心理学等学科研究的最新成果中吸取营养。

(二)深化家庭教育的实践研究

家庭教育是一项实践性很强的社会活动,是一项需要具体情况具体分析的社会活动。家庭教育水平的提高,关键是父母教育实践能力的提高。因此,家庭教育的理论工作者必须深入实际,深入家庭,开展实地调查,掌握丰富的第一手资料;还应鼓励一些有基础、有条件、有能力的家长参与相关的研究。只有这样,家庭教育的成果才能做到切实为提高家长的教育能力和水平服务,为提高家庭教育的实效服务。

【思考与运用】

1.全球化思潮对我国当前家庭教育有哪些影响?

2.新形势下,我国的家庭教育面临哪些问题,该如何解决?

3.家长应具备怎样的素质,才能应对未来社会的挑战?

4.全球化背景下,我国家庭教育的研究应如何开展?

【本章相关学习资源】

1.冯林.中国家长批判:家庭教育焦点问题访谈录[M].北京:中国商业出版社,2001.

2.中华家庭教育网 http://www.zhjtjyw.com/

附录一:案例及案例解读

1.台阶与总统——林肯的成长故事[①]

亚伯拉罕·林肯(1809—1865),是美国伟大的民主主义政治家。林肯出生于社会底层,具有勤劳、俭朴、谦虚和诚恳的品格。在任职期间,他能够顺应历史潮流,签署了著名的《解放宣言》,解决了当时美国社会政治经济生活中存在的主要矛盾。在四年国内战争中,他领导联邦政府同南部农场奴隶主进行了坚决斗争,维护了国家的统一,有力地推动了美国社会的发展。

林肯于1865年4月15日遇刺身亡。由于林肯在美国历史上所起的进步作用,人们称赞他为“新时代国家统治者的楷模”。

一个一周岁左右的小男孩,被年轻的妈妈牵着小手来到公园的广场前,要上有十几个阶梯的台阶了。小男孩却挣脱妈妈的手,要自己爬上去。他用胖胖的小手向上爬,妈妈也没有抱他上去的意思。当爬上两个台阶时,他就感到台阶很高,回头瞅一眼妈妈,妈妈没有伸手去扶他的意思,只是眼睛里充满了慈爱和鼓励。小男孩又抬头向上瞅了瞅,他放弃了让妈妈抱的想法,还是手脚并用,小心地向上爬。他爬得很吃力,小屁股抬得老高,小脸蛋也累得通红,那身娃娃服也被弄得都是土,小手也脏乎乎的,但他最终爬上去了。年轻的妈妈这才上前拍拍儿子身上的土,在那通红的小脸蛋上亲了一口。

这个小男孩,就是后来成为美国第16届总统的林肯。

林肯是美国历史上一位伟大的总统,深受人们的爱戴。从平民到总统,林肯经历了常人不及的坎坷和曲折。

林肯出生于一个贫穷的家庭,他断断续续地接受正规教育的时间加起来还不足一年。但是,林肯从小就养成了热爱知识、追求学问、善良正直和不畏艰难的好品质。他买不起纸和笔,就用木炭在木板上写字,用小木棍在地上练字。他抓紧一切时间看书学习,练习讲演。林肯失过业,做过工人,当过律师。他从29岁开始竞选议员和总统,前后尝试过11次,失败过9次。在他51岁那年,他终于问鼎白宫,并取得了辉煌的业绩,被马克思称为“全世界的一位英雄”。

林肯的成功离不开良好家庭教育的影响。林肯有两位母亲,一位是他的生母,一位是他的继母。林肯不幸青少年失母,但又有幸得到一个深爱他并支持他的继母。林肯的成功离不开他的两位伟大的母亲。

第一位母亲:品质的培养

林肯的母亲南希是位个性善良,甚至有些羞涩的妇女,在决定事情时由于胆子小,通常是不主动。但是,在林肯5岁时,她突然变得胆大起来。

---

① 案例源自:http://www.wngjzx.com/Blog/Item.aspx? Id=125&LogId=643

"孩子必须上学。"她说。林肯的父亲托马斯开始反对:"读书对于像我们这样的人家是不要紧的。另外,你需要他们在家帮忙,他们很快就是个好帮手了。"但在母亲的坚持下,林肯和姐姐都进入了两英里外的一所学校。

"你们今天学了什么?"尽管很累,但南希还是常常问林肯。一次,林肯天真地问着他不知从哪儿听来的名词:"妈妈,什么是解放?"南希屏住了气,用目光注视着他:"解放,就是自由,就是属于自己而不像奴隶一样属于别人。这是每个人应当有的权利,不管是什么肤色,这一点一定不要忘了。"

小林肯严肃地点了点头。南希心里轻松了,虽然她无法确定这番话对这个幼稚的孩子所产生的影响,但后来的历史证明,她的这番话,影响了一个国家的进程。这番话对孩子心灵的震动是无法形容的。就是这位令人尊敬的母亲给予了自己的孩子以崇高的品质。

第二位母亲:伟大的爱与帮助

孩子的心灵向往爱,无私的爱。爱对于他的成长有莫大的作用,爱将促使他成为一个充满爱心的人。但仅有爱还是不够的,孩子的心灵渴望知识,渴望理解,渴望尊重。林肯的继母萨利确实体会到了这一点,也切实做到了这一点。

自从萨利来后,家务事就不用林肯操心了。他又可以抽出更多的时间来读书了。看到他如此爱读书,萨利就给他找来更多的书,生日时送给林肯一本他盼望很久的《英语缀字课本》。这些书可乐坏了林肯,他又可以重新徜徉在书的海洋中了。从这些书中,他获得了大量的知识。能在以后取得伟大的成就,他不能不感谢他的第二位母亲——萨利。

母子俩有了共同语言,孩子爱着继母,而继母也继续用无私的爱来关心他,帮助他。1823年秋末的一天,他装着一肚子新闻去见萨利:"妈,您猜怎么啦?人家说,阿泽尔·多西要办一所学校。我真希望也能去。"萨利很高兴,她决定支持儿子。在她的坚持下,林肯的父亲终于同意了。这对于林肯的影响是具有决定性的。

不管是在以后的生活中,还是在他走进社会,步入政坛后,萨利始终是林肯身后最强有力的支持者。

从一位平民到总统,可以说,林肯经历了许多令他难以忘怀的痛苦过程。然而,就是这样一个备受艰辛的人,改变了美国历史的进程。不可否认,这与他勤奋刻苦的精神、不屈的斗志及良好而珍贵的家教是密不可分的。

林肯生活在一个拓荒者的家庭,可以说是不幸的。但是,他又同时拥有两个伟大的母亲,他的母亲对他的教育与影响促成了他的成功。

林肯说过一句话:"我的一切,都源于我天使般的母亲。"有人问:"你指的是哪一个母亲?""两个。"他肯定地回答。

案例解读:

不言而喻,人的一生有无数级台阶——生活、学习和工作。如何面对和攀登这些人生之阶?对于孩子,是牵着手、搀扶,还是抱着上?不同的父母会有不同的答案。显而易见,如果家长牵着、搀扶着孩子,就会使孩子产生依赖性,常常把父母当成拐棍而难以自立。如果家长抱着孩子上台阶,把孩子揽在襁褓里,那么孩子就会成为被"抱大的一代",不经风雨,不见世面,更难立足于社会。平时,孩子饭来张口,衣来伸手,上学接送,晚上陪读,甚至考上大学父母还要跟着做"保姆"。孩子大学毕业后找工作,又得父母跑单位,当"职介"……这样,孩子是很难自立成人,大有作为的。

再富也不能富孩子，不妨让孩子吃点苦，有“台阶”让他自己爬。这样，孩子也许能“一鼓作气”，攀上光辉的顶点。

2.爱心的重要支点就是理解孩子——达尔文所受的家庭教育[①]

查尔斯·达尔文(Darwin，1809—1882)，是英国著名的博物学家，16岁时在苏格兰爱丁堡大学学医，19岁时到剑桥大学学习神学，22岁毕业。1831～1836年，他随贝格尔号舰做历时5年的环球考察，通过观察研究最终创立了生物进化论。达尔文著有《随贝格尔号考察各国地质和自然史的日记》(1839)及《物种起源》(1859)。他的进化论对生物学具有划时代的意义，在科学上完成了一个伟大的革命，结束了生物学领域中的唯心主义、形而上学的统治时期，对近代生物科学产生了巨大而深远的影响。恩格斯称达尔文的进化论为19世纪自然科学的三大发现之一。

达尔文出生在英国什鲁斯伯里一个高级知识分子家庭。他的祖父是英国著名的博物学家和医学家，父亲是知名学府爱丁堡大学医学院的毕业生，是当地著名的医学博士，很有名望。

父亲渴望达尔文好好学习，当一名优秀的医生。可是，达尔文从小就不是一个人见人爱的乖孩子，而是一个调皮捣蛋的小家伙。他整天在外面撒野，要么跑到森林深处的池塘里抓蝌蚪，要么坐在小河边望着钓鱼的人们痴痴地发呆。

达尔文喜欢喂鸽子。鸽子的屎拉满了院子，有一次竟然拉到了老父亲的头顶上。诸如此类的事情令达尔文的父亲非常恼火，他多次训斥达尔文说：“瞧瞧你整天干了些什么？你除了打鸟、玩狗、挖地洞、抓老鼠之外，什么也不会干，简直是一无所为！”“你成天游手好闲，东游西逛，以后怎么办？你为什么不好好学习，把我这个事业继承下来呢？”

父子俩的矛盾越闹越大，简直势同水火，往往一见面就大吵一场。这样下去对谁都没有好处。爱子如命又恨铁不成钢的老达尔文向多年的好友、纺织商人赫德先生求教。

赫德先生知道老达尔文脾气过于倔强，也懒得同他长谈，从书架上抽出一本法国幻想小说《巨人传》给他看。老达尔文翻开书一瞧，气得胡子都翘了起来。原来，题首的词语竟然是“随心所欲，各行其是”。赫德开导他说：“你不光要用你的手和嘴去教育孩子，最重要的是用你的心去接近孩子，聆听孩子灵魂深处的声音。我的老朋友，请忘掉你的年龄，同孩子交朋友吧。”

已经被孩子弄得焦头烂额的老达尔文恍然大悟，接受了老朋友的建议，决定彻底改变思路，同孩子好好交一次朋友。可是，当老达尔文希望辅导孩子做功课或朗诵《格林童话》的时候，孩子却一溜烟儿跑得无影无踪，竟然逃到屋檐底下掏麻雀蛋去了。这种无法无天的情景气得老达尔文一甩手，把《格林童话》扔出了窗外。

老达尔文又一次硬着头皮去找赫德先生。

望着老达尔文满脸恼怒的模样，赫德又开导说：“我们是做生意的，依照我们的规矩，只有倒霉的人，没有倒霉的货。教孩子也一样呀！没有糟糕的父母。朋友，喂一只小狗小猫都得有长期的耐心呢，何况是培养一个活蹦乱跳的孩子。所以，为人父母之道，一是

---

① 案例源自：http://www.wngjzx.com/Blog/Item.aspx? Id=125&LogId=643

有耐心，二是有灵感，你好好想一想吧。凭你的爱心找到孩子的兴趣，然后你才可能激发灵感。”

老达尔文茅塞顿开，他辞去了学校董事、医学公会秘书等待遇优厚的兼职工作，腾出大量时间，同孩子待在一起。孩子喜欢动物，老达尔文就带孩子上爱丁堡动物园游览；孩子喜欢野外生活，老达尔文就带着孩子到森林里野营，到河里捕鱼，甚至还同孩子一起兴致勃勃地养起了小动物。这种努力显然没有白费，孩子对父亲的抗拒心理和逆反心理逐渐淡化、消融了，他开始把父亲当成最可信赖的朋友。孩子的心情一天一天开朗，成绩也一天一天好了起来。

1825 年，达尔文顺利完成了中学学业，并且听从父亲的忠告，子承父业，来到爱丁堡大学医学院学习。这是老达尔文一生最值得炫耀的胜利之一。

达尔文的天赋极不适合学医，他一看到病人流血就恶心呕吐，也特别畏惧解剖尸体，而解剖学是医学最基本的专业知识。他把自己的苦恼坦诚地告诉父亲以后，痛心疾首的父亲彻夜不眠，最后眼睛红红地告诉儿子说：“孩子，走你自己的路吧，我尊重你的选择。”老父亲以牺牲祖业为代价的开明感动了达尔文，他又一次听从了父亲的忠告，报考了剑桥大学神学院。老父亲的理由极其简单：孩子读书是为了谋职，而神学院的学生特别容易找到工作，尤其是剑桥一类的名牌大学学生。

达尔文在神学院的学业同样也不优秀，他的兴趣特别广泛，先是迷上了打猎，后来又迷上了地质学和植物学，并且经常逃学去听植物学教授亨斯洛的课程和地质学教授塞奇威克的课程。他本人也承认说：“在剑桥的三年是完全浪费了。”老父亲尽管对此特别恼火，但也对孩子的兴趣表示理解。

1831 年 8 月，英国海军“贝格号”授命前往南美进行科学考察，主要任务是测量和绘制美洲海洋的水文地质海图。当时船上招聘一名博物学家，地质学教授亨斯洛得知这个消息以后，认为是一桩广开眼界的美差，立刻向海军部推荐了自己的得意门生达尔文，并且获得了海军部的批准。可是，老父亲根本就不同意孩子放弃牧师职业而去干不务正业的事情。然而，达尔文却像朋友一样推心置腹地对父亲说：“我的志向是探求大自然的秘密，我愿意过搏击风雨漂泊的人生，在同大自然的亲近中，我将找到终身的幸福。”父亲再一次违背自己的意愿投了儿子的赞成票，并且说：“我不同意你的职业，但是我愿意尊重你的选择。”同时父亲还拿出自己的行囊，亲自替孩子收拾行李。

在后来长达 5 年的探险生涯中，达尔文考察了美洲数以万计的动物和植物，并且收集了 17 000 多种标本。他发现所有的物种都随着地域的变化而变化，并且表现出明显的规律性，有亲缘关系的物种总是分布在邻近的领域；而地域距离越远，物种的差异也就越大，这也许就是人们常说的“一方水土养一方生灵”。1859 年，他终于写出划时代的科学巨著《物种起源》，提出物种的发展过程就是自然选择的过程，也是物种为了生存而适应自然的过程，只有在生存竞争中拥有适应能力的物种才得以保存下来。这个规律就是我们常说的“物竞天择，优胜劣汰”。

不幸的是，当达尔文完成了自己一生的伟业《物种起源》的时候，呵护他、亲近他并给了他一生最大激励和鼓舞的父亲却早已作古。然而老父亲对儿子人生选择的尊重和理解成就了儿子一生的伟业。1865 年，达尔文获得皇家科普利奖的时候，他所做的第一件事就是伏在父亲坟头上号啕大哭，因为他所感谢和永远怀念的第一位导师和朋友，正是他可敬可爱的慈祥父亲！

案例解读：

达尔文在自传中曾说:“就我记得的我在学校时期的性格来说,其中对我后来产生影响的就是,我有强烈而多样的趣味,沉溺于我感兴趣的事物,喜欢了解任何复杂的问题和事物。”

是的,达尔文青年时代的兴趣对他创立生物进化论起了重要的作用。达尔文的“不务正业”受到他就读的施鲁斯伯里学校校长巴特勒博士的训斥。他警告说:“如果还玩这些与学习不相干的玩意儿,就要把你从学校里赶走!”

可是,达尔文的父亲却支持孩子有自己的兴趣和爱好。他甚至把花园里的一间小棚子交给孩子,让他用来做化学实验。母亲去世后,父亲和舅舅韦奇伍德继续支持和培养他对生物的兴趣。达尔文的舅舅韦奇伍德鼓励达尔文把观察到的一切详细记录下来。达尔文对每一个标本都做了一些简单的记录,有时还画上一些插图,但舅舅的要求却更高。他对达尔文说:“把你自己当做一个画家,但是要使用文字而不是用画笔与颜色。当你描述一种花、一种蝴蝶甚至一种苔藓的时候,你必须使别人能够根据你的描述立刻辨认出这种东西来。”在父亲和舅舅的帮助下,达尔文从小养成了搜集动植物标本的爱好,并富有幻想,学会了做严格科学的记录,也学会了用优美准确的语言来表达自己的观察所得。而这一切,正是他在日后做出成就所必需的东西。

从这个案例,我们可以看出父亲在家庭教育中的重要性。在当今社会,由于激烈的生存竞争,大多数家庭中的父亲都忙于工作,在职场上全力打拼,照顾家庭和教育孩子的重任落在了母亲一个人的肩上,致使父亲在孩子成长过程中的作用逐渐被弱化,甚至渐渐淡出,出现了“亲情关系向母性群体倾斜”的现象。这不仅有碍于良好家庭关系的建立,更不利于孩子身心的健康发展。因而,近几年来在家庭教育研究领域,“父性教育”越来越受重视。父性教育即对孩子提供充满父亲角色特性的教育,由父亲来实施体现父亲人格特征的家庭教育。可以说,父性教育和母性教育结合起来的教育才是完整的家庭教育。爸爸要意识到自己在孩子成长中的特别意义。不少调查材料都证明了同一个事实:缺失父爱的孩子身体和智力发育比其他孩子要差。

爸爸对孩子成长起着至关重要的作用,其中所包含的不仅仅是对孩子的抚养,更重要的是父亲对孩子性格和心理品质的培养。爸爸身上所具备的勇敢、坚强、博大等优秀品质都是孩子所要学习的。缺少爸爸的教育,对孩子的心理健康会产生不利的影响。孩子在成长过程中如果缺少爸爸的参与,男孩容易变得女性化,女孩容易依恋年长男性,或者惧怕、不信任男性。爸爸是孩子成长过程中不可缺少的角色。爸爸要意识到自己在孩子成长过程中的意义。爸爸的责任不仅仅是要为孩子提供物质条件,还要加强和孩子的交流,重视辅导孩子的功课,参加孩子的家长会以及对孩子进行品德教育。

3.坏学生的天赋①

毕加索从小就很有艺术天赋,会做惟妙惟肖的剪纸,还创作了许多惊人的绘画作品。左邻右舍都称赞不已,称他为天才。然而,这个“天才”却不是一个优秀的学生。上课对

① 案例源自:秦学科,柴林喜.成就英才——家庭教育100例[M].吉林:吉林大学出版社,2007.6

于他来讲简直就是折磨。听课时，他不是漫无边际地幻想，就是看着窗外的大树和鸟儿。而且，他似乎永远都学不会枯燥无味的算术。他无奈地对父亲说："一加一等于二，二加一等于几，我脑子里根本就没去想。不是我不努力，我拼命想集中自己的注意力，可就是办不到。"为此，他成了同学们捉弄的对象。同学们喜欢跑到毕加索的课桌前，逗他玩："毕加索，二加一等于几?"然后看着毕加索呆呆的样子哈哈大笑。就连老师也认为这孩子智力低下，根本没法教，他经常在毕加索父母面前，绘声绘色地描绘毕加索的"痴呆"症状。毕加索的母亲听了又羞又恼，觉得无脸见人。左邻右舍也不再为他的绘画天赋叫绝，而私下议论说："瞧那呆头呆脑的样儿，只会画几幅画有什么用。"当时，几乎所有的人都认为毕加索是一个傻瓜。

面对风言风语，毕加索的父亲仍然坚定不移地相信：儿子虽然读书不行，但是绘画是极有天赋的。他对孩子有真正的理解和赏识，常对儿子说："不会算术并不代表你一无是处，你依然是个绘画天才。"小毕加索看着父亲坚毅的面孔，找回了一些自信。果然，毕加索总是似乎毫不费力就能绘出才华横溢的图画，也渐渐忘记了自己功课方面的"无能"。但是，嘲讽却并没有就此停息，反而愈加猛烈。小毕加索脆弱的心灵蒙上了阴影，他变得不爱说话了，更不爱和小伙伴们一起玩耍。这个时候，父亲每天坚持送儿子去上学。一到教室，父亲便把画笔和用作描摹的物件放在课桌上。父亲成了儿子强有力的心理依靠，似乎离开了父亲，毕加索根本没有勇气去面对生活。每天上学，必须得到父亲会来接他回家的承诺后，毕加索才会松开父亲那温暖的手。

作为"坏学生"，在学校关禁闭已成了毕加索的家常便饭。禁闭室里只有板凳和空空的墙壁，可是毕加索却很高兴，因为他可以带上一叠纸，在那里自由地绘画。有了父亲的支持，毕加索每天都沉浸在想象的天地里，虽然功课不好，但却在绘画的天地里找到了快乐。

案例解读：

"天生我才必有用。"是的，世界上的每一个人都有其存在的价值，不能因为某个方面不足就否定一切。毕加索的父亲是个很有教育智慧的人，面对周围人对毕加索的讽刺和嘲笑，并没有放弃他，而是很好地运用了"赏识教育法"，发现孩子身上的闪光点，坚定不移地相信自己的孩子是个很有才华的人，极力称赞毕加索在绘画方面表现出来的惊人才能，让他找到自信心和继续绘画的勇气，并为他指明发展方向。但是，父亲成了毕加索的精神依靠，甚至不能离开他。这使毕加索失去了一定的独立能力和社会交往的能力。

因此，在家庭教育的过程中，父母要给予孩子在人生路上行走得强有力的支持和心理依靠(不是依赖)，让其获得坚持自己美好追求的力量，让孩子更加健康快乐地成长。而且，促进孩子社会化素能的发展也显得尤为重要。最后，要塑造其健康的心理和人格，增强孩子的自我效能感，使孩子更客观地形成自我认识，构建起积极的自我态度。对于自身的优点和缺点，都应勇敢去面对，正视自己的缺点，弥补不足，悦纳自己，成为全面发展的人。

4.到海的彼岸去[1]

阿基米德，古希腊著名的数学家和物理学家，静力学和流体静力学的奠基人。

阿基米德的父亲费狄亚是天文学家兼数学家。为使儿子早日成材，费狄亚悉心教孩子学习语言与常识，并经常带他到植物园、动物园游玩，不断开拓孩子的视野，提高他学习科学文化的兴趣。随着儿子一天天长大，父亲不仅教他数学、几何、天文、哲学，还教他学习证题、推理和文学。父亲丰富的知识，使小阿基米德的聪颖才智得到了充分的开发。

阿基米德的父亲为人谦虚谨慎，对当时的天文和数学都有较深的造诣。阿基米德从小深受父亲的熏陶和影响。8岁那年，阿基米德开始投师学习。他每天天不亮就起床，在奴隶、仆人的陪伴下走很长的一段路到老师家中上课。尽管家中比较富有，但是阿基米德从未骑马或坐车，就像一般的孩子一样。

阿基米德不仅学习数学、几何、天文、哲学，还要学习证题、推理和文学。他天资聪慧，勤奋好学，对什么都怀有浓厚的兴趣。他还常常到当地知名人士家中借阅图书，也常常浏览书摊，有时到书摊看书，直到天黑才恋恋不舍地回家。随着年龄的增长，阿基米德许多与众不同的地方开始显露出来。他把越来越多的时间用在思考、探讨、学习和写作上，极少想自己的事。为了研究一个问题，常常忘记吃饭、洗澡，连穿衣服、脱衣服这类的事情，都不得不由别人帮助。

公元前276年的一天，费狄亚带着阿基米德来到海边，指着远方问道："孩子，你知道地中海的对岸是什么地方吗？"

阿基米德极目望去，除了湛蓝湛蓝的海水和翱翔着的点点海鸥，什么也望不见。但他不假思索地回答："那里有一个名叫埃及的国家，爸爸。"

"对的。"费狄亚高兴地点点头，"在埃及，有一个港口叫做亚历山大里亚。在那里，聚集了很多著名的学者，还有藏书丰富的亚历山大里亚图书馆和博物馆。亲爱的孩子，你愿意到那里去学习吗？"

阿基米德向往极了，他睁大了明亮的眼睛，肯定地点点头说："要是能够到那里去学习，我真太高兴了，爸爸。"

海浪卷着白色的浪花，一浪推着一浪，拍打着岸边的礁石，发出轻微的响声。费狄亚说："孩子，大海现在很安静，可是有时候它会发怒的。你不怕航行中怒涛把你吞没吗？"

"怕。"

"你将离开家很远很远，不想念爸爸和你亲爱的妈妈吗？"费狄亚望着孩子稚气的眼睛，又试探地问。

"我当然会想念您和妈妈。等我学习完了，就回家来看望你们。"

"你不会感到孤单吗？亲爱的孩子，在亚历山大里亚，可只有你一个人啊！"费狄亚将手伸向年幼的阿基米德，轻轻地抚摸着他被海风吹乱了的蓬松卷发。

"怎么会呢，爸爸。您不是说过，在那儿有许多的学者和去求学的年轻人，还有藏着许多许多图书的图书馆吗？我可以在那儿认识新的老师和新的同学，我会有新的朋友，

---

① 案例源自：http://bbs2.iyaya.com/talk/t－1－909166－0.html

还可以看很多的书，我不会感到孤单的，您放心吧！”

费狄亚看到阿基米德有这样的决心和勇气，就决定想办法送他到亚历山大里亚去求学。可是，费狄亚并没有那么多钱送阿基米德到埃及去。幸好，叙拉古的国王希艾罗是费狄亚的亲戚。在希艾罗王的资助下，年仅 11 岁的阿基米德终于乘上了一艘三桅商船，勇敢地横渡波涛汹涌的地中海，向世界文明古国埃及，向闻名世界的学术中心亚历山大里亚进发了。

许多年后，阿基米德没有辜负父亲的期望，终于成了名扬千秋的“想撬动地球的人”。

案例解读：

在这一案例中，我们可以看出环境、教养方式、意志和习惯等对于培养人的重要性。首先，父亲悉心的教导、渊博的知识、谦虚谨慎的做人做事态度以及家庭宽松平等的氛围都在潜移默化中影响着阿基米德，让他学习知识，开拓视野，提高学习科学文化知识的兴趣，坚持对真理的无限追求，甚至废寝忘食。其次，父亲要送他去远处读书时，并没有武断地自己做决定，而是通过与他的沟通交流，让阿基米德详细了解送他去远方读书的原因，并清楚地知晓可能面临的困境，把主动权和决定权交给孩子，这体现了父亲民主的教养方式。最后，父亲不因家庭富裕而让阿基米德养尊处优，而是每天天未亮就起床，走路上课，锻炼了他强健的身体和坚强的意志，这也是阿基米德成功的重要因素之一。

5.与众不同的惩罚[①]

马克·吐温有 3 个女儿，他是一个非常慈祥的父亲，把女儿们当作掌上明珠。马克·吐温的家庭中常常充满了笑声，洋溢着温馨。从女儿开始懂事时，每当他写作累了，就叫来女儿，给她们讲故事。故事的题目由女儿选择，她们常不假思索地拿起画册，让父亲根据上面画的人或动物即兴编故事。马克·吐温虽然可以毫不费力地编出一段生动的故事来，但是每次都非常认真，从不敷衍。

在这个家庭里，父母和女儿之间始终保持着一种平等、民主和相互尊重的关系，洋溢着和睦融洽的气氛。父亲从来不摆出一副做长辈的架子，从不训斥女儿。孩子有了过失，马克·吐温也决不姑息，而是让她们记住教训，不再重犯。只是，马克·吐温惩罚女儿的方式与众不同。有一次，马克·吐温夫妇想带着孩子到农庄度假。一家人坐在堆满干草的大车上，颤悠悠地向郊外驶去，一路上饱览着美丽的田园风光，这是女儿们向往已久的事了。可是就在大车出发前，不知出了什么差错，大女儿苏西动手把妹妹克拉拉打得哇哇大哭。事后，苏西主动向母亲承认错误。但是，按照马克·吐温制订的家规，苏西必须受到惩罚。惩罚的方式还要女儿自己提出来，母亲同意后，就可以施行。苏西提出几种受惩的办法，包括她最不情愿受到的惩罚——不坐干草车旅行。犹豫了老半天，苏西终于下了决心对母亲说：“今天我不坐干草车了，它会让我永远记住，不再重犯今天的错误。”马克·吐温非常理解女儿为自己决定的受罚方式对她究竟有多大的分量，他后来在回忆这件事时说：“并不是我让苏西做这件事的，可想起可怜的苏西失去了坐干草车的机会，至今仍让我感到痛苦，在 26 年后的今天。”

---

① 案例源自：http://bbs2.iyaya.com/talk/t－1－909166－0.html

有这样一个特别的父亲，有这样一个温馨、民主的家庭生活环境，马克·吐温的女儿们幸福地长大了。

案例解读：

马克·吐温是一位开明、民主的父亲，具有良好的价值观念。他给自己的女儿编故事时非常认真，从不敷衍，注重她们智力、兴趣和求知欲的培养。马克·吐温的教养方式是民主型的，对待孩子从来都不摆出一副长辈的架子。而且他对待孩子是"爱在细微处，严在当严时"。他从不训斥女儿，而是尊重、平等地对待她们。但是，一旦孩子有了过错，又绝不姑息，让她们记住教训，绝不重犯。他的惩罚方式很独特，惩罚方式是孩子自己提出来的，注重孩子的自我教育。像苏西打了自己的妹妹，主动提出接受惩罚，即不做最喜欢的事——坐干草车。这个惩罚对苏西有着巨大的分量，说明苏西能准确深刻地认识到自己的错误，及时地自我反省。对于批评惩罚，马克·吐温是以爱为基础，尊重为前提的，并且严格遵照之前的规定执行。马克·吐温为孩子们营造了一个温馨民主的环境氛围、良好的心理环境、民主教养的教育氛围和积极向上的文化氛围，使孩子们在良好的家庭氛围中拥有安全感和幸福感，有利于孩子们全面和谐发展，塑造完善的人格和社会化素能。

6.书籍伴随着她长大①

徐功巧是我国首批自己培养的18位博士中唯一的一位女博士。徐功巧的父亲是个很有影响力的知识分子。

"书籍是青年人的导师。"父亲一直把这句话视为人生格言。为了把孩子早日培养成才，父亲还在功巧牙牙学语的时候，就买了看图说话小卡片给她看。随后，又买了连环画、童话集、科普画册…… 应有尽有。单是《小学生百科全书》就有一百多本。琳琅满目的书，为孩子展示了一个新奇的世界。功巧和哥哥们在书的海洋里尽情遨游，从而丰富了想象力，培养了热爱科学的感情，萌发了探索科学奥秘的决心。功巧在小学读书时，家的小院里养了十多只小鸡，她天天对它们进行观察。后来，小鸡突然染上了疾病，一下子都死了。功巧缠着父亲问："小鸡好好的，怎么一下子都死了？"父亲没有直接回答这个问题，而是特地又为她买了有关家禽饲养和疾病防治方面的书，让她自己从中寻找答案。

功巧在中学学的是俄语。进大学后，为了更广泛地掌握外国科技动态，开始下苦功自学英语。功巧的父亲精通英语，但他为了培养女儿的自学能力，并不特别加以辅导。他仍买来不少参考书，让功巧自己钻研，只是在关键之处稍加点拨。

十年动乱中，家里收藏的书籍都被抄走了。功巧要报考研究生，手头资料十分缺乏。当时，她父亲还未被落实政策，每月领取的生活费仅占原工资的三分之一。在这种情况下，要给功巧添置书籍是相当困难的。但父亲是个很坚强的人，他把家里每月订阅的报纸、杂志收集起来卖掉，用这些钱坚持给功巧买书。当徐功巧获得博士学位后，她自己感慨地说："我是受父亲的培养，在书堆里成长起来的。"

---

① 案例源自：http://gushi.yxi.cc/mingren/21119.html

案例解读：

书籍是知识的海洋，力量的源泉，也是孩子的老师和朋友。通过读书可以学到很多知识，开阔眼界，拓展思维，明白很多做人做事的道理。父亲为功巧创设了一个良好的读书环境。“在书堆里成长”最终成就了她。我们可以从以下几个方面看出徐功巧父亲的教育理念与方法：

首先是父亲崇尚知识的价值观。功巧的父亲认为“书籍是青年人的导师”，读书是很有价值的，所以他竭尽所能为孩子创造读书的条件。

第二是注重孩子的年龄特征和学习特点，为其提供适合其年龄的书籍和教育方法。比如，牙牙学语的孩子主要以形象记忆为主，看图说话小卡片能开发孩子的智能和培养读书的兴趣；小学阶段，注重培养问题解决能力，为她提供家禽饲养和疾病防治方面的书可以满足其求知欲望；中学阶段培养她的自学能力，找寻学习的恰当方法，获得成就感。

第三是鼓励从书中寻找解决问题的答案。当功巧遇到不懂的问题时，不管是在日常生活中还是学习中，父亲都不会直接告诉她答案，而是为其提供解决问题的途径和办法，即让功巧自己从书中寻找答案，这样可以有效地激发孩子读书的兴趣，培养其解决问题的能力，提高孩子的自信心。更为重要的是，在自信心得以增强的同时，更加引发孩子对知识的热爱和追求。

最后是父亲的一贯支持。即使是在十年动乱的年代，父亲依然想方设法坚持让功巧读书，从不停息，使其继续保持良好的读书习惯，持续徜徉在书堆里，更加明白读书的重要性，最终成为我国首批自己培养的18位博士中唯一的一位女博士。

7.再富也不能富孩子[①]

比尔·盖茨确实是一个与众不同的人，单从他对待金钱的态度上就可以看得出来。对他而言，创业是他人生的旅途，财富是他价值量化的标尺。“我只是这笔财富的看管人，我需要找到最合适的方式来使用它。”这就是比尔·盖茨对金钱最真实的看法。

比尔·盖茨很少关心钱的问题，也不在意自己股票的涨跌。钱既不会改变他的生活，也不会使他从工作上分心。他经常会告诉那些向他求经的朋友：“当你有了一亿美元的时候，你就会明白钱只不过是一种符号而已，简直毫无意义。”比尔·盖茨非常讨厌那些用钱摆阔气的人。

在生活中，比尔·盖茨也从不用钱来摆阔。一次，他与一位朋友前往希尔顿饭店开会。那次他们迟到了几分钟，所以没有停车位可容纳他们的汽车。他的朋友建议将车停在饭店的贵宾车位。比尔·盖茨不同意。他的朋友说：“钱可以由我来付。”比尔·盖茨还是不同意。原因非常简单，贵宾车位需要多付12美元。比尔·盖茨认为那是超值收费。

比尔·盖茨在生活中遵循他的那句话：“花钱如炒菜一样要恰到好处。盐放少了，菜

① 案例源自：冷颖.影响家长的101个经典家教案例[M].北京：北方妇女儿童出版社，2007.20

就会淡而无味；盐多了，苦涩难咽。”所以即使是花儿美元，比尔 · 盖茨也要让他们发挥出最大的效益。

对于自己的衣着，比尔 · 盖茨从不看中他们的牌子或者是价钱，只要穿起来感觉舒适，就会很喜欢。一次，比尔 · 盖茨应邀参加由世界 32 位顶级企业家举办的“夏日派对”，那次他穿了一身套装，这还是美琳达先前在泰国给他买的用来拍照时穿的衣服，样子还不错，只是价格还不到歌星、影星一次洗衣服的钱。他生活的教条就是：“个人只要用好了他的每一分钱，他才能做到事业有成，生活幸福。”

平日里，如果没有什么特别重要的会议，比尔 · 盖茨会选择休闲裤、开领衫以及他喜欢的运动鞋，但是这其中没有哪一件是名牌。

众所周知，比尔 · 盖茨与妻子都十分疼爱自己的孩子。但是，在满足孩子的一些要求上，他们绝对是一对吝啬鬼。比尔 · 盖茨从不会给孩子一笔很可观的钱。当罗瑞还不会数钱，但珍妮弗已经可以拿着一些零用钱买自己喜欢的东西时，罗瑞总是抱怨父母不给自己买他最想要的玩具车。比尔 · 盖茨有自己的说法，他认为，再富也不能富孩子。

8.再富也要穷孩子[①]

澳大利亚属于西方发达国家，人均收入 2 万澳元（约合人民币 12 万元），人民生活较为富裕。然而，富裕的澳洲人却信奉：“再富也要穷孩子！”他们的理由是，娇惯了的孩子缺乏自制力和独立生活的能力，长大成人后难免要吃大亏。

美国西雅图的一些大富豪，他们完全可以随心所欲地让自己以及心爱的孩子过上奢侈的生活。但是，他们却以一种平民的生活方式，言传身教，让他们的孩子从小就领会到节俭的重要性。富豪们会安排自己的孩子去参加“饥饿体验”，让孩子了解这个世界的生存现状，还会带着孩子一起去非洲等贫穷地区或国家参观。至于日常生活中，美国家长领着孩子一起到社区或孤儿院去做义工的事情也十分普遍。5 岁的艾琳与罗里是兄妹，体验饥饿以后告诉家中的保姆：“我现在才知道，原来在我们美国，有 100 多万人无家可归。在全世界，至少还有 2 亿人靠要饭才能活下去。他们平时吃的饭菜比我们饥饿时吃的还要差！原来爸爸说非洲贫困地区的孩子一年的生活费只有 100 美元的事是真的……”

一位中国人曾在悉尼一家妇产科医院看见这样一幕：一对外国夫妻来做第二胎产前检查，妻子进诊室面见医生去了，丈夫便带着两岁大的女儿在外面大厅等候。一会儿，女儿闹着要喝水，但是父亲没有在旁边的自动售货机给女儿买仅一元一杯的饮料，而是顺手取了一个免费纸杯，冲进厕所接了一杯自来水（经过净化可直接饮用）递给女儿。这位父亲不是买不起饮料，他是年薪 15 万澳元的一家体育用品的主管。

其实，这种“穷”待孩子的做法并非个别现象。我们在机场候机厅等地方经常见到这样的场景：家长将正在蹒跚学步的孩子放在地上，让其自己待着，即便是孩子哭闹、打滚

---

① 案例源自：冷颖.影响家长的 101 个经典家教案例[M].北京：北方妇女儿童出版社，2007.20

也只是安慰一下，仅此而已。

7—8 案例解读：

与此形成强烈反差的是，由于我国绝大多数家庭是独生子女，生活条件相对较好，父母凡事将孩子放在首位。我们一些家长生怕孩子受苦受穷，看到孩子吃了一点苦，受了一点累就心疼不已，甚至有的家长亲自给老师写请假条让孩子逃避学校的周末大扫除。长此以往，让孩子养成了诸如任性、撒谎、自私狭隘、意志薄弱、嫌贫爱富等不良品质。

因此，上面两个案例所揭示的深刻内涵值得广大家长深思和借鉴。爱孩子是父母的天性，但是爱的出发点及其实施却可以令孩子有完全不同的成长轨迹和发展。我们的家长应视苦难为磨炼孩子最好的学校，也不妨在孩子成长的过程中，多让孩子体验苦难、饥饿、贫穷，经受磨难，在唤起孩子善良及同情之心的同时，锻炼孩子吃苦耐劳和坚强的意志品质，使其茁壮成长。

9.我想要红苹果[①]

美国一位著名心理学家为了研究母亲对人一生的影响，在全美选出了50位成功人士，他们都在各自的行业中获得了卓越的成就，同时又选出50位有犯罪记录的人，分别写信给他们，请他们谈谈母亲对他们的影响。有两封回信给他的印象最深。一封来自白宫一位著名人士，一封来自监狱一位服刑的犯人。他们谈的都是同一件事：小时候母亲给他们分苹果。

那位来自监狱的犯人在信中这样写道：

小时候，有一天妈妈拿来几个苹果，红红绿绿，大小各不同。我一眼就看见中间的一个又红又大的，十分喜欢，非常想要。这时，妈妈把苹果放在桌上，问我和弟弟："你们想要哪个？"我刚想说想要最大最红的一个，这时弟弟抢先说出了我想说的话。妈妈听了，瞪了他一眼，责备他说："好孩子要学会把好东西让给别人，不能总想着自己。"于是，我灵机一动，改口说："妈妈，我想要那个最小的，把大的留给弟弟吧。"

妈妈听了，非常高兴，在我的脸上亲了一下，并把那个又红又大的苹果奖励给我。我得到了我想要的东西。从此，我学会了说谎。以后，我又学会了打架、偷、抢。为了得到想要得到的东西，我不择手段，直到我被送进监狱。

那位来自白宫的著名人士是这样写的：

小时候，有一天妈妈拿来几个苹果，红红绿绿，大小各不同。我和弟弟们都争着要大的，妈妈把那个最大最红的苹果举在手中，对我们说："这个苹果最大最红最好吃，谁都想要得到它。很好，现在让我们来做个比赛。我把门前的草坪分成三块，你们三人一人一块，负责修剪好，谁干得最快最好，谁就有权得到它！"

我们三人比赛除草，结果我赢了那个最大的苹果。

我非常感谢母亲，她让我明白一个最简单也最重要的道理：要想得到最好的，就必须

① 案例源自：http://www.jxteacher.com/360731100219230003/column29145/b7f8f6fa—e314—431b—bd89—45293e3a12c2.html.2013—10—17

努力争第一。她一直都是这样教育我们的。在我们家里，你想要什么好东西要通过比赛来赢得，这很公平。你想要什么，想要多少，必须为此付出努力和代价！

推动世界的手就是推动摇篮的手。母亲是孩子的第一任教师，你可以教他说第一句谎言，也可以教他做一个诚实的永远努力争第一的人。

案例解读：

在一些细小的生活事件中，父母所持的态度可能会给孩子带来很深刻的印象。如果孩子从这些印象中提升出了一种规则或者价值取向，那么那些本来很小的事情就会长期地影响孩子的生活。这个关于苹果的故事很典型地说明了父母作为孩子行为的应答者所起的重要作用。但是，父母作为应答者所起的作用还远远不止于此。

孩子降生后，他的生理需求是否能够及时得到满足，是否能够得到充分的照料，他发出的蕴含有各种含义的信号是否能够得到父母尤其是妈妈的理解和回应，所有的一切都将影响到孩子对世界、对他人、对自己的信任感的建立。信任感是人格的基石。假如信任感能够较好地建立，孩子成年后就常常能够形成乐观、积极、好交往、心胸宽广的健康品质。假如不能够成功建立，这些孩子以后往往会终生处于多疑、缺乏安全感、忧郁、冷漠的阴影之中。

进入幼年期的孩子，自我意识还不够健全，他们没有自己的是非标准和价值观。这个时候，他们对是非的判断绝大部分是以父母的态度为标尺的。父母的笑脸和赞扬就是孩子的动力；父母的训斥、惩戒就是孩子的禁令；父母看待问题的态度、角度就是孩子的"标准答案"。这个时期，父母基本上完全掌控着孩子的成长方向。那些以孩子说脏话或者抓妈妈头发为乐的父母，将很快处于家庭教育的窘境之中。那些用拍打地面来安慰跌倒的孩子的祖母，直接破坏了孩子对自己行为的责任心，在幼小的心灵中埋下了怨天尤人的种子。

然后，孩子的自我意识开始逐渐发展，大人们开始觉得他们不像以前那么听话了。这是一件很自然的事情，布娃娃当然比真的娃娃好带；相反，父母这种期望孩子好管的心态，会成为家庭教育中明显的负担。

在很长时间里，孩子通过父母的要求来要求自己，通过父母的评价来自我认识，通过父母的允许来规划自己的生活，通过和父母互动，构建和发展与父母的关系。孩子在与父母的各种"互动"中，建立了最初的信任感、安全感、价值观，以及爱和归属感。同时，他们从父母的态度中，形成了对待自己的立场和方式，包括自我评价、自我安慰与调节、看待自己的方式，以及对待欲望、物质、压力等各种事物的态度等。对于孩子的成长和发展而言，这些都是十分关键的。

10.比惩罚深刻的奖励[①]

这件事发生在一个法国家庭。一天，孩子放学后，在客厅里玩篮球。忽然，篮球打落了书架上一个花瓶。"咚"的一声，花瓶重重地摔到地板上，瓶口摔掉了一大块。这不是摆饰品，而是祖上传下的波旁王朝时期的古董。孩子慌忙地把碎片用胶水粘起来，胆战

① 案例源自：http://blog.sina.com.cn/s/blog_4d62db8c0100krxc.html.2013-10-20

心惊地放回原位。

当天晚上，母亲发现花瓶有些“变化”。吃晚餐时，她问孩子：“是不是你打碎了花瓶？”

孩子灵机一动，说：“一只野猫从窗外跳进来，怎么也赶不走，它在客厅里上蹿下跳，最后碰倒了架子上的花瓶。”母亲很清楚，孩子在撒谎。因为，每天上班前她把窗户一扇扇关好，下班回来再打开。母亲不动声色地说：“是我疏忽了，没有关好窗户。”

就寝前，孩子在床上发现了一张便条，母亲让他马上到书房去。

看到孩子忐忑不安地推门进来，母亲从抽屉里拿出一个盒子，把其中一块巧克力递给孩子：“这块巧克力奖给你，因为你运用神奇的想象力，杜撰出一只会开窗户的猫，以后你一定可以写出好看的侦探小说。”

接着，她又在孩子手里放了一块巧克力：“这块巧克力奖给你。因为你有杰出的修复能力，虽然用的是胶水，但是裂缝黏合得几乎完美无缺。不过，这是修复纸质物品的，修复花瓶不仅需要黏结力更强的胶水，而且需要更高的专业技术。明天，我们把花瓶拿到艺术家那里，看看他们是怎样使一件艺术品完好如初的。”

母亲又拿起第三块巧克力，说：“最后一块巧克力，代表我对你深深的歉意。作为母亲，我不应该把花瓶放在容易摔落的地方，尤其是家里有一个热衷体育的男孩子。希望你没有被砸到或者吓到。”

“妈妈，我……”

以后，孩子再也没有撒过一次谎。每当他想撒谎时，三块巧克力就会浮现在眼前。

案例解读：

汤姆不小心打碎了花瓶，为了逃避妈妈的责罚，用胶水把碎片粘在了一起。妈妈回来后看出了花瓶的异样，问汤姆是怎么回事。汤姆回答是一只从窗口偷溜进来的猫干的。妈妈很容易就看出汤姆撒了谎，可是她并没有直接批评汤姆，而是拿出了三块巧克力奖给了汤姆。理由一：汤姆展开了丰富的联想，想象出了一只猫打碎花瓶的场景，将来他一定能写出很棒的文章。理由二：汤姆自己动手把花瓶碎片粘了起来，说明他的动手能力很强。理由三：作为对妈妈的惩罚，妈妈应该把花瓶放在更安全的地方。故事的结尾是，汤姆再也没有说过谎话。

作为家长，我们应该从中得到哪些启示呢？

家长教育孩子，有很多种方法。每个家长在对待孩子犯错时的反应是不同的，处理的方式也不同。处理得好，孩子可以健康地成长；处理得不好，孩子就会引起反叛心理，很容易在心里留下阴影。所以孩子的教育是很重要的，就像《三块巧克力》故事一样。这三块巧克力看似是母亲对孩子的奖励，其实这三块巧克力是母亲告诫孩子做人要诚实，它们时时刻刻都是孩子心灵上的警钟。母亲这样做，既让孩子认识到了错误，也维护了孩子的自尊心。为人父母者，只有给孩子坦诚、尊重、宽容，才能使孩子健康地成长，才是最正确的教育。

“心急吃不了热豆腐。”这句并不高深的俗语告诉我们该怎么做。我们可以效仿那位聪明的汤姆妈妈，试着用“和风细雨”的讲解去代替“劈头盖脸”的训斥。“巧克力”必定会比“惩罚”更容易让孩子接受。

11.珍妮的圣诞节[①]

珍妮和琳达是表姐妹，珍妮的妈妈像爱自己女儿一样爱着琳达，姐妹两个人经常在一起玩。快到圣诞节了，学校刚一放假，琳达就到姨妈家找珍妮玩。

这天，姨妈和琳达在厨房里聊起考试成绩。琳达很骄傲地告诉姨妈，她除了科学是B之外，其余的科目都是A。"你真是个好孩子，总是学得那么好。咦，我还没看见珍妮的成绩单。珍妮，你来一下。"其实珍妮已在楼梯上听到了琳达和妈妈的对话，踌躇着不愿意出来。听到妈妈喊她，她干脆躲了起来。

吃过晚饭，妈妈又问起了这件事："珍妮，这次考试考得怎么样？成绩单在哪里呢？""我也不知道放在哪里了。"珍妮慢吞吞地回答。看着她无精打采的样子，妈妈开始有些生气了："是不是又得了坏成绩？这次考得不好，下次考好一些不就行了，这有什么难为情的。珍妮，去把成绩单拿来，我要看一看。"

成绩单拿来了，没有一个A，大部分是C。"你真让我感到羞愧，珍妮。"妈妈忍不住大声训斥起来，"你的成绩为什么总这么糟？琳达总是得到好成绩，你为什么不能像她一样，你的学习环境哪一点比她差？你就是太懒，总是注意力不集中，不专心听讲，你是我们家的耻辱。回房间去好好想一想再来跟我谈谈。我不想看见你这个样子。"

虽然已经不是第一次在琳达面前受训了，可珍妮还是下不了台。她发起了脾气："看吧，我是处处不如琳达。我给你们带来了耻辱是不是？要是这样，我也不想上学了。我就是这么笨，你干脆拿琳达当自己的女儿好了。"说完珍妮转身回到自己房间。妈妈叹了口气："怎么会这样，我又不是想指责她什么，我仍然像以前一样爱着她呀。"这一年的圣诞节，因为珍妮的不高兴，大家都过得很乏味。

案例解读：

在时代大踏步向前发展的今天，孩子每天都在成长。相对来说，父母却落后了。父母们对新知识的理解力和接受力大大减弱，对焦点话题显得茫然，但却仍然在反复说教，絮絮叨叨，让孩子们觉得父母干预了自己的自由。父母的说教索然无味，两代人之间无话可说，这是所谓的"代沟"问题。

唠叨，会让孩子很受伤。孩子在不断的"唠叨式"的教育下，很容易养成"心理惰性"，不仅失去对父母的依赖感，而且还降低了父母在孩子心中的"威信"，最终导致逆反心理的产生。这种逆反心理又使他们将主动学习变成了被动接受，这又加大了两代之间的距离，使得"代沟"越变越深。正如案例中的珍妮，由于妈妈经常在琳达面前唠叨她的成绩总是那么差劲儿，使珍妮产生了逆反心理，最终向妈妈发起脾气来。这样既伤了母女感情，也使母女之间的沟通更加困难。

其实，每位家长都希望自己的孩子好好学习，少犯错误。可是家长们没有意识到，当他们把这种迫切的心情转化为唠叨后，往往会适得其反。这是为什么呢？原因很简单。

① 案例源自：冷颖.影响家长的101个经典家教案例[M].北京：北方妇女儿童出版社，2007.46

家长终日不停地唠叨，会使孩子认为自己没有得到应有的尊重，进而出现叛逆心理或者养成懒惰的习惯。此后，当他们再次面对家长的唠叨时，他们要么不理不睬，要么开口顶撞。案例中珍妮的表现就是一个很好的证明。

12.看不见的爱①

夏季的一个傍晚，天色很好。我出去散步，在一片空地上，看见一个10岁左右的小男孩和一位妇女。那孩子正用一只做得很粗糙的弹弓打一只立在地上，离他有七八米远的玻璃瓶。

那孩子有时能把弹丸打偏一米，而且忽高忽低。我便站在他身后不远，看他打那瓶子，因为我还没有见过打弹弓这么差的孩子。那位妇女坐在草地上，从一堆石子中捡起一颗，轻轻递到孩子手中，安详地微笑着。那孩子便把石子放在皮套里，打出去，然后再接过一颗。从那妇女的眼神中可以看出，她是那孩子的母亲。

那孩子很认真，屏住气，瞄很久才打出一弹。但我站在旁边都可以看出他这一弹一定打不中，可是他还在不停地打。

我走上前去，对那母亲说："让我教他怎样打好吗？"

孩子停住了，但还是看着瓶子的方向。

他母亲对我笑了笑："谢谢，不用！"她顿了一下，望着那孩子，轻轻地说："他看不见。"

我怔住了。

半晌，我喃喃地说："噢……对不起！但为什么？"

"别的孩子都这么玩儿。"

"呃……"我说，"可是他……怎么能打中呢？"

"我告诉他，总会打中的。"母亲平静地说，"关键是他做了没有。"

我沉默了。

过了很久，那男孩的频率逐渐慢下来，他已经累了。

他母亲并没有说什么，还是很安详地捡着石子儿，微笑着，只是递的节奏也慢了下来。

我慢慢发现，这孩子打得很有规律，他打一弹，向一边移一点；打一弹，再转点，然后再慢慢移回来。他只知道大致方向啊！

夜风轻轻袭来，蛐蛐在草丛中轻唱起来，天幕上已有了疏朗的星星。那由皮带发出的"噼噼"声和石子崩在地上的"砰砰"声仍在单调地重复着。对于那孩子来说，黑夜和白天并没有什么区别。

又过了很久，夜色笼罩下来，我已看不清那瓶子的轮廓了。

"看来今天他打不中了。"我犹豫了一下，对他们说声"再见"，便转身向回走去。

走出不远，身后传来一声清脆的瓶子的碎裂声。

---

① 案例源自：冷颖.影响家长的101个经典家教案例[M].北京：北方妇女儿童出版社，2007.63

案例解读：

要让一个生理不健全的孩子健康成长，父母需要付出极大的心血。而作为残疾儿童的父母，最重要的是要拥有一颗平常心，要对孩子有耐心和信心。“别的孩子都这么玩儿。”故事中的母亲让自己双目失明的孩子玩正常孩子所玩的游戏，不厌其烦地为孩子递石子儿。面对孩子一次次的失败，母亲毫不气馁，坚信他一定能成功。孩子最后能够成功地击中玻璃瓶，离不开母亲的一颗平常心、耐心和信心，更离不开伟大的母爱。

作为家长，首先应该给孩子幼小的心灵种植希望，只有种植才能有收获。做父母的要充分相信自己的孩子，要给予孩子足够的爱与耐心。上述案例中的母亲，不厌其烦，一次又一次地为失明的孩子捡石子儿，这需要极大的爱心与耐心。父母要学会等待，不能对孩子要求过急，尤其是对于残缺的孩子，父母要给予他们更多的爱与信任。

如果生活给了你一种坎坷特殊的命运（比如故事中所描述的生理不健全的孩子），请不要放弃，你并不知道这其中蕴藏着什么样的能量，也不知道命运之轮将如何运转。因此，像故事中那位母亲一样正常待他吧，教给他应该懂得的道理，并相信他“只要做了，就有可能击中”。

你听到那一声清脆的碎裂声了吗？谁说奇迹不会发生？请相信爱的力量是伟大的。教育中需要有爱，需要有耐心与信心。

13.谁之过？①

王真（化名）是家里的独生子。王真的家庭不算富裕，但也过得去。因为只有王真这么一个儿子，父母对王真是宠爱有加，王真要什么父母都能尽量满足他。王真的父母从早到晚地忙碌，无暇管教。所以，王真特别贪玩，读完初中后，就离开了学校。脱离了学校的管理，加之没有来自家庭的管束，初涉社会的王真更是犹如脱缰的野马一般，想干什么就干什么，泡酒吧、网吧成了其生活的全部。在酒吧里，王真认识了一个名叫何英（化名）的女孩。两个稚气未脱的孩子一见如故，很快就成了无话不说的“朋友”。由于两个人都没有工作，整天泡吧、逛街，开销很大，王真没钱了就向父母要一些。

一个夏天的傍晚，两人在一个网吧里玩时，一个男青年不知有意还是无意，在经过何英面前时用手抓了她一下。这情况正好被王真看到。年轻气盛的王真认为那个男青年是故意欺负何英，不问青红皂白，冲上前去朝那人脸上就是一拳。哪知那人另外还有三四个同伴。男青年的同伙一拥而上，王真被他们打得鼻青脸肿。王真逃出网吧，打电话喊来了十多个平日里经常一起玩的“哥们儿”，并从路边西瓜摊上拿了两把西瓜刀藏在网吧边上的花坛里。等他的这些“哥们儿”到了后，王真便走到网吧里，报复刚才打他的那几个人。对方一出网吧，见王真他们人多，撒腿就跑。王真拿起准备好的西瓜刀便狂追上去。那人边跑边大喝王真住手。但此时的王真早已昏了头脑，哪里还管什么后果。追

---

① 案例源自：路书红，乔资萍.中外家庭教育经典案例评析100篇[M].山东：山东人民出版社，2010.8

到离那人只有一步时，用西瓜刀猛地一捅！那人一声惨叫，跑了几步后便摔倒在地。王真见那人倒地后，心里发慌，也不知那人有没有事，偷偷地将西瓜刀扔在了路边的花坛里逃走了。那人被他的几个同伴扶起来后就送到了医院。几天后，派出所民警在网吧里将王真带到了派出所。由于那人的脾脏被刺破，住在医院里，王真要承担医疗费用，同时王真也被刑事拘留。因为伤者的脾脏破裂已构成重伤，依照我国刑法，故意致人重伤是要负刑事责任的。

王真的父母找到律师为王真辩护。当律师与王真的父母来到看守所见王真时，他的情绪很低落。他悔恨地说："我对不起我的父母，他们养我这么大，我却这样不争气。可我又有些怨他们，如果小时候他们多管我一些，我现在也许会在大学里读书。如果他们能'逼'我去做事，而不是不管我，让我放任自流，也许我也不会这样……"

在法院审判时，鉴于受害方也有重大过错，而且王真系初犯且认罪态度好，王真被判处有期徒刑三年。

案例解读：

从主观上来讲，未成年人犯罪主要是由于他们身心发展不成熟，辨别能力较弱，缺乏正确的是非观念，盲从色彩浓厚，抗诱惑能力差，对犯罪后果考虑少，具有模仿、逞强、半成人化等个性特点，容易受外界影响。从客观因素来看，家庭、学校和社会对未成年人的监管不力也是促使他们走上犯罪道路的重要原因。其中，家庭因素的影响更为明显。

一方面，由于家庭环境，父母从早到晚忙碌，无暇管教，使孩子缺乏必要的爱，影响孩子心理的正常发展。另一方面，则是因为家庭教养方式不当。"养不教，父之过。"王真的父母虽然从心理上对其宠爱有加，但更多的是一种爱的放纵，只是物质上的满足，没有行为上的引导和教育，更缺乏束缚和管教。再加之后来脱离学校管理，初涉社会的王真更是像脱缰的野马，想干什么就干什么。对于王真结交的朋友以及泡吧、过度消费等行为，父母听之任之，不管不问，这也是王真走上犯罪道路的重要原因。

14.诱惑儿子学电脑①

儿子今年10岁，我和丈夫开了个家庭会议，决定让儿子学习电脑。可怎样才能让他保持兴趣是最头疼的问题。

后来我想到一个办法——"诱惑"儿子。第一天给儿子上课，我取出儿子在北京旅游时的一张照片，扫入电脑，利用Photoshop软件将儿子照片上周围的景色擦得一干二净，选择了一幅法国图片，将儿子的照片贴进去，修改模糊像素，选择合适比例，再写上几个大字"帅帅到此一游"，保存后将计算机墙纸设为该图，电脑屏幕就改成了儿子站在埃菲尔铁塔前，笑容可掬地看着我们。

儿子果然上当，大声要求要把我和他爸也加进去。我教他边学边做，两个小时下来，儿子果然兴致盎然。虽然图片做得相当业余，但小家伙兴奋得两眼放光。这是一个良好

① 案例源自：秦学科，柴林喜.成就英才——家庭教育100例[M].吉林：吉林大学出版社，2007.6

的开端，还得再教孩子学习输入汉字。

退出 Photoshop 程序，开始教儿子学五笔输入。对于五笔，我极有心得，而且自成一套，极为迅速。先跟孩子讲汉字如同堆积木，把一张字根表放在他面前说："现在开始每天打'床前明月光，疑是地上霜，举头望明月，低头思故乡'这首唐诗。每个字的积木是怎么个堆法，我来教你，这个积木表不需要刻意背。"第一个晚上的教学效果斐然，儿子兴致勃勃地和我一起堆文字积木，还有点舍不得关机呢。

第二天晚上，又做另外一张照片，五笔学习依旧打那首唐诗。儿子的兴趣一天比一天高涨，把家中影集全部搬到了电脑旁。10 天过后，儿子对图像处理技术已较为熟悉了，虽然他还搞不懂"滤境、通道、路径"等词语的概念，但已经知道怎么去用，那首唐诗他已经能闭着眼睛打下来了。

接下来的 10 天开始，我又深入一层地教儿子各种特技、多层图像叠合等。五笔练习换成另外一首唐诗，同样 25 个字，要他重复打 10 天。50 天下来，儿子总共打了 125 个字，这基本上等于能熟练地打任何字了。因为精通这 125 个字，就等于全面掌握了字的构成原理，而且我不曾要求他去背什么字根表，但这个字根表已经通过这 125 个字牢牢地记在他的脑海里了。

怎么样，我这位妈妈是不是有点教子智慧呢？

案例解读：

从案例中孩子的整体表现来看，这位妈妈确实具有教子智慧。她采用"兴趣诱导法"，即家长通过各种机会了解孩子的特点，发现孩子的需要，捕捉孩子的兴趣，因势利导，使孩子的个性得到生动活泼的发展的一种方法。她依据儿子求知欲强、好奇心重的心理特点，一步一步激发和诱导孩子对电脑产生兴趣。同时，她对任务难度进行了循序渐进的安排，符合孩子"最近发展区"的学习特点。孩子在具体的操作体验中获得点滴成功的喜悦，有助于其保持学习电脑的一贯热情，增强了孩子的自信心。

家长在使用"兴趣诱导法"的时候，需要注意了解孩子的兴趣点，积极支持引导孩子的探究活动，激发孩子的欲望，饶有兴趣地去施教，注重引入充满娱乐的愉悦式教学，做个智慧妈妈。

15."花衣服"会惹出烦恼来[①]

前一段日子，孩子老缠着我要一块手表。她才 7 岁呀！认表都困难，买表干什么呢？

当然，我是不会武断地数落她的。因为我懂得教育的真谛是一个好家长必须具备优良的素质。

一天放学后，孩子又提起此事。我说："孩子，妈妈给你讲个故事吧，听完了这个故事，你再决定要不要手表好不好？"孩子爽快地答应了。我便娓娓道来：

"在动物王国的幼儿园里，有很多的小动物。它们高高兴兴地在一起学习、玩耍，可

① 案例源自：秦学科，柴林喜.成就英才——家庭教育 100 例[M].吉林：吉林大学出版社，2007.6

痛快了。只有穿着花衣服的小狗菲菲独自一个人蜷缩在角落里，偷偷地抹着眼泪，为什么呢？因为小朋友都不愿意和它玩，都说它变了，变得光剩下漂亮的外表了。大家为什么这么说呢？原来，菲菲曾经是一个学习成绩很好也乐于助人的好学生，当它看到姐姐每天打扮得漂漂亮亮非常讨人喜欢，就每天缠着爸爸妈妈给它买漂亮的衣服和首饰，把自己打扮得花枝招展。上课时，老师在讲课，它却在聚精会神地欣赏自己漂亮的首饰。下课了，小伙伴们拉着它去玩耍，它却怕弄脏了自己的花衣服。慢慢地，菲菲的学习成绩不好了，小伙伴们也不喜欢它了。”讲完故事，我问到：“你能告诉我菲菲该怎么办吗？”

孩子听得很投入，她说：“菲菲不要只顾着打扮，只有好好学习了，大家就和它玩了，它就是个好孩子了。”看到孩子明白了其中的道理，我接着说：“你还不认识手表，买个表戴在手上，上课是不是会分散你的注意力？和小朋友玩耍时是不是会怕弄坏了？这样是不是就像菲菲一样会变成一个大家不喜欢的孩子了？将来你长大了，认识表了，妈妈一定给你买，好不好？”孩子高兴地说：“好！谢谢妈妈！”

案例解读：

值得称赞的是，母亲在面对孩子纠缠着买表的时候，并没有直接气愤地对孩子说不，一味地数落和责骂孩子，而是通过给孩子讲“小狗菲菲”的故事，帮助孩子明白在还不识表的时候买表是根本没有必要的，不能因为一时兴起或是满足自己的虚荣心而买一些对自己没用的东西。家长循循善诱，运用讲故事的方法，更能让孩子进行类比，从中得到启发。而且，在以后的生活中，孩子也会慢慢地学着权衡自己想要的事物到底对自己是否有用，而做出正确的选择。在一次次的取舍中，孩子会变得越来越有主见，从而做出未来人生中每一次的正确选择。

16.不妨做个笨妈妈①

故事一：

“妈妈，你好笨哦！我来教你。”9岁的女儿一本正经地拿着书本教我读英语。

女儿上三年级时，学习科目中加入了英语课程。刚开学没多久，女儿生病，住院治疗前后耽误了一个多月，课程落下了很多，尤其是英语。从此，只要一上英语课女儿就发愁。四年级时，我鼓励她报剑桥英语班，她皱着眉头：“妈妈，我不行，我的英语肯定完了。”“那就试一试吧，没准就行。”女儿拗不过我，无可奈何地答应了。

第一天学习回来，我问孩子学得怎么样。她说有一些已经忘了。我和女儿共同看书，同时告诉女儿：“妈妈觉得你读得特别好。妈妈初中时英语常不及格呢！”“真的吗？”女儿的眼睛一下亮了。“妈妈，我来教你学英语吧！”“好啊，小老师。”女儿用手指着英语单词教我读“red”，我跟着读。晚上，女儿拿着书本，问我“red”怎么读，我假装不会，皱着眉头做思索状，然后长叹一声：“唉，我忘了。”女儿满脸得意地笑：“好笨啊，妈妈，我教你读。”

① 案例源自：http://www.jhedu.gov.cn/Item/6410.aspx

从那以后，女儿每天都会教我这个“笨妈妈”读英语。渐渐地，孩子对英语感兴趣了，为了“鼓励”我，她努力地读，认真地听。如今，女儿不仅能说一口流利的英语，而且担任了班里的英语科代表，对我这个“笨妈妈”，她一如既往认真地教。看着自信的女儿，我好开心，愿意永远做女儿的“笨妈妈”。

故事二：

我的孩子不安分，粗心大意，作业错上天。我每天帮着检查，结果是当晚作业订正对了，但一到考试又错了。后来，我意识到问题的严重性，于是想了一个办法。

在这以后，我虽然天天检查孩子的作业，但发现错了之后，不再说错，也不再指导他订正，而是假装进行一番验算之后，抓耳挠腮说自己也不会做了，让儿子教教我。听说我向他求教，这可是大姑娘上轿——头一回。孩子两眼放光，怎么也没想到，天天能检查出他作业一大堆错误的妈妈也有不会的时候。他给我讲解时，特别认真，还时不时地学老师的口吻，问我懂了没有。结果，次次都发现自己做错了，悄悄地自己拿回去重新订正去了。还有几次自己卡壳了，我就知道他自己上课也没听好，讲不明白了，就故意打岔，要赶紧做家务，明天再讲。第二天晚上回来，儿子就吵着要给我上课，他一定白天问老师或是同学了。

这样坚持了两个月，“笨妈妈”出成果了。我天天装笨，什么都不会，孩子则是越战越勇。一个学期过去后，我就再也找不出他作业中的错误了。教师反映他上课也认真听讲了，他的成绩也提高了许多。

案例解读：

“笨妈妈”其实是非常聪明的，面对孩子的问题，并没有采取强硬措施。相反地，适时在孩子面前示弱，激发孩子当“小老师”的欲望，在一次次的讲解过程中，让孩子发现自己的不足，矫枉过正，找到自信。因此，在家庭教育中，家长不能常因经验、年龄和经济上的优势，高高在上，应适时把主动权和主体地位交给孩子，自己还原到“配角”和“学生”位置，充分发挥孩子的积极性，可能会收获出乎意料的教育效果。

17. 时间奖励表[①]

世上没有时间的收藏家，但每个人都可以做时间的主人。

记得女儿上幼儿园时，她做事的时间都由我来安排。日子久了，我发现女儿做什么事都不主动，并且拖拖拉拉。后来，我就让女儿自己来支配时间，让她自己制订一个时间表，将每天起床、洗漱、吃饭、写作业、看电视、看书、洗脚、睡觉的时间都安排好，并按时去做。而且我还告诉她，计划一旦定下来就要严格执行，没有特殊情况，决不可以改动。我认为这也是培养女儿意志力的保证。在一定的时间起床，是对意志的最根本的训练，可以改掉在被窝里赖床的习惯；吃饭的时候准时入座，是对爸爸妈妈以及其他人的一种尊敬。养成严守时间的习惯，不仅是一种道德行为，也是一种自尊的态度。

---

① 案例源自：秦学科，柴林喜.成就英才——家庭教育100例[M].吉林：吉林大学出版社，2007.6

刚开始时，孩子做得总是时好时坏，我就试着出台了“时间奖励表”。此表主要是以奖励为主，每天一小结，每月一总结，每晚对照时间表逐项加以评价，表现好就奖一颗红星，每月根据红星颗数给予孩子适当的奖励，原则是先松后紧，有进步就加大奖励力度。实施后效果很不错。有时为了督促女儿，我还和她一起比赛，比如洗漱，看谁洗得又快又好。我还根据她作业量多少，与她口头约定，她写作业我做饭，看谁先完成任务。适当的时候我故意拖延时间，故意示弱。这样一来，她做事的积极性高了，效率也随之提高，不仅改掉了做事磨蹭拖拉的坏习惯，而且慢慢养成了分秒必争的好习惯。

案例解读：

这位家长针对孩子做事拖拉、不主动的情况，教孩子自己支配时间，制订生活时间表，将每天学习、生活的时间合理安排好，这有利于孩子形成良好的时间观念和独立性。在孩子缺乏执行力的时候，家长及时采用“代币制”，对孩子好的行为进行及时的强化和鼓励。代币其实是一种中介物，在行为改变的过程中，用一种本来不具有增强作用的物体为表征（如筹码、铜币、纸币等），让它与具有增强作用的其他刺激物（如食品、玩具等）相联结，让这一种表征物变成具有增强力量的东西。孩子慢慢养成独立勤劳的良好习惯，同时形成珍惜和利用时间的良好观念。

18.爷爷奶奶用心血哺育出的19岁博士①

他没上小学，6岁就直接上初中；12岁考入全国重点大学——中南大学；16岁以专业总分第一的成绩考上了中南大学研究生；2003年夏天，19岁的他又顺利考取中国科学院物理研究所博士生。这个出色学子的成长经历，可谓隔代教育的典范。

听说我要采写肖从文的成长案例，中南大学材料学院的肖来荣书记建议说：“从文的成长最早得益于他爷爷奶奶的教育，是这两位老人适时启蒙和良好的家教使从文的智力得到了较早、较好的开发，为从文后来的成长奠定了基础。你应该采访肖家，了解一下他们的隔代教育的成功秘诀。”于是，我几经周折找到了肖家。可惜，肖老先生前年已经过世。因此，只能请肖从文的叔叔肖日新讲述他所目睹的一切。

1983年红梅傲雪的时节，肖从文出生在湖南郴州市永兴县的一个普通家庭。父亲肖日明是郴州化工厂永兴分厂职工，母亲许小燕是湖南白沙煤电集团马田煤业公司职工。因父母分居两地，而且一直很忙，无法带孩子，所以肖从文只好跟爷爷奶奶一起生活。

爷爷肖延年在永兴县太和中学工作，奶奶马良英是一位小学教师。作为教育工作者，两位老人深知家教的重要。同时，他们也清楚时下有些家庭隔代教育的失当之处：有不少爷爷奶奶总是疼多教少，甚至疼而不教。为了避免自己步入这种家教误区，他们从答应带孙子之后，就翻阅了不少家教和早教资料，然后定下了与众不同的12字家教原则：有疼有教、疼得适度、教得有方。

小时候，从文特爱听故事，他几乎每天晚上都是躺在爷爷或奶奶的怀抱里，听着故事

① 案例源自：http://blog.ci123.com/cgl2007/entry/271289

进入梦乡的。有一天，小从文问爷爷："为啥您和奶奶肚里有那么多好听的故事？"爷爷指着家里那成堆的书籍告诉他："是从书上看来的！如果你和书交上了朋友，它不但能让你知道很多故事，还能教会你好多知识和本领。"

天真的小从文一听，来了兴致："爷爷，就让我和书交朋友吧！""好啊，不过现在你还小，不识字，先让爷爷奶奶教你识字，你字识多了就能和书交朋友了。"小从文记住了爷爷的话，也渴望着能尽早和书交上朋友。

没过几天，爷爷就买来一些图画版的儿童读物让他看，同时也教他少量的汉字。当从文一岁多的时候，奶奶就开始教他拼音，老人家自己动手制作拼音字母卡片，然后钉到墙上，天天教从文。等从文再大一点，奶奶又把他带到校园里。课间，他能同那些活泼可爱的小学生们一起玩耍。上课了，他常常从教室的后门将小脑袋探进教室，看老师讲课，听学生们读书。回到家里，小家伙就学着学生的样子，拿过爷爷奶奶的书咿咿呀呀地念个不停。不过，除了他自己之外，谁也听不懂他在念什么！那时，从文才刚刚两岁多。

"既然孩子的学习兴趣如此之浓，我们就因势利导，在他基本掌握拼音之后，开始教他认字识数吧！"爷爷奶奶这样商定。于是，爷爷专门买了一块小黑板，开始每天在黑板上写三五个汉字，出几道数学题，然后教读并讲解。从文边玩边学，不到一天，就滚瓜烂熟了。第二天爷爷测试一下，再教新的，而且增加数量。这样一环扣一环，小从文就是在爷爷奶奶这样的启蒙下，懂得了象形文字山、石、水、火……的具体含义，也学会了加减乘除运算。爷爷奶奶的简单而富有规律的教学，对幼小的肖从文颇有吸引力。从一开始，从文就对那些生字新词和数学题目极感兴趣。因此，爷爷奶奶教的东西他接受得很快，而且记得很牢。到 4 岁时，他不仅过了识字关，还学会了查字典和汉语词典，而且在爷爷奶奶的指导下，阅读了半文言文的古典名著《西游记》《粉庄楼》《红楼梦》和许多童话故事。

有一次，爷爷奶奶都得上课，小从文没有人看，就被奶奶带进了课堂里。小家伙像模像样地坐了一节课，也老老实实地听了一节课。奶奶发现他比较安静，而且挺守课堂纪律，就经常把他带到教室里。爷爷专门给他准备了一条小板凳，让他同那些比他大五六岁的孩子一起听课。于是，小从文便有了到小学"蹭课"的机会。这既帮助他复习了爷爷奶奶在家里教他的知识，又培养了他的兴趣。用他自己的话说："那时在教室里听课，虽然并没有完全听懂，但是觉得有意思，所以愿意待在那里。也许，当年的听课在无意中使我自觉不自觉地适应了这样一种求学的环境。"

与其他孩子相比，肖从文从小就喜欢安静。三四岁的时候，别的孩子都喜欢捏泥巴、玩沙子、"过家家"，而他却迷着看书。

为了让小从文能找到更适合读的书，进一步激发读书兴趣，爷爷便将他送到一个在永兴新华书店做会计的朋友那里。对从文来说，那里不仅是他的乐园，也是知识的殿堂。于是，他天天想到那里看书。为了不影响人家的生意，他常常捧着书，蹲在柜台底下，专心致志地阅读。这样，成天"泡"在书店里，他不仅阅读了书店里的所有儿童读物，还"啃"完许多"大部头"。"那时候还真的看了很多书，包括一些古典名著。我当时最感兴趣的是科幻小说，有些书的内容到现在还记得很清楚。"回忆起这段往事，肖从文显出一副悠然神往的样子，同时还有点得意。

到 1987 年，从文 4 岁的时候，爷爷奶奶先后退休，这使他们有更多的时间来指导小从文的学习。此后的两年里，小从文不仅听遍了爷爷奶奶肚里的所有故事，而且在以前所学的基础上，比较系统地学完了小学六年的全部课程。

1989年夏，6岁多的肖从文到了该正式入学的年龄。爷爷奶奶原打算让他从四年级插班。不料，爷爷带着他转遍了县城的几所小学后，得到的答复都是："年纪太小，没有先例。"

虽然插班入学行不通，但是爷爷坚信，他和老伴多年的启蒙教育，肖从文已经完全具备了普通小学生的素质。他决定让从文直接去上初中！于是，老人家顶着骄阳，带领小从文来到永兴二中。祖孙俩被领到校长邓奕瑜的办公室，这位德高望重的校长对肖从文进行了一些简单测试，当即表态，让肖从文破格参加当年的小学升初中考试。

回来的路上，爷爷告诉从文："邓校长很给面子，你要珍惜这个机会，认真考试。"小从文拉着爷爷的手，撒娇似地说："您就放心吧，我一定能考好。"他果然一考就中。

入学前的那天晚上，爷爷把从文拉到跟前，鼓励他说："能考上中学，说明你过去学得不错。从明天开始，你就走进课堂，接受正规的学校教育。在学校里，要遵守纪律，好好学习。中学的课程较多、内容复杂、难度较大，决不能掉以轻心。只要你努力，我相信你将来一定会学得很出色。"此时此刻，小从文不知该对爷爷说什么好，只是一个劲儿地点头。

从文入学了，爷爷奶奶并没有就此轻松下来，两位老人经常到学校找老师了解情况，然后根据从文的实际，再给予指导。可是，刚进中学时，肖从文的学习并不理想：因为年纪太小，又没有真正接受过学校的正规教育，不能很快地适应严肃的教学和沉重的课业负担，显得有些闷闷不乐。爷爷见从文没有了往日的天真活泼，整天总是愁眉不展，深知他所面临的压力，便想方设法给从文一些鼓励，帮助他树立信心。"在我成长的过程中，爷爷总是给我鼓励，即使情况看起来显得十分糟糕的时候。他在教育我时也从不急躁，不给我施加任何压力。他总是对我说'不要着急，慢慢来。'正是爷爷奶奶的循循善诱和宽松教育，以及学校老师的不断鼓励，使我在校学习逐渐走上正轨，成绩不断跃升，到初二时，就在同年级名列前茅了。"

中考之前，肖从文参加了省重点中学永兴一中组织的选拔考试，他再次如愿以偿。高中三年，肖从文学得很轻松。1996年要参加高考时，当时中央电视台正播放《三国演义》。"80多集，我每天都追着看，一集不落，爷爷奶奶也从不干涉我。"肖从文回忆说。

就是那一年，12岁的肖从文作为湖南省年纪最小的考生，以562分的优异成绩跨进全国重点大学中南工业大学，也就是后来的中南大学。从此，肖从文迈入了一个更加宽广的天地。

1996年9月，一个菊花飘香的日子，肖家的一些亲朋纷纷赶来送从文去长沙上大学。面对大家真诚的祝贺，肖延年老人语意深长地对从文说："亲友们都对你寄托厚望，你要勤奋努力，一定要学有所成，不辜负大家的希望。"接着，老人家又指了指站在旁边的小孙子（肖从文叔叔的儿子），激将从文："你弟弟才几岁，今天也来送你，你要为他做个榜样，弟弟将来还等你接他上大学呢！"从文明白爷爷的话意，更理解爷爷的良苦用心，总是不住地点头。

肖从文随着爷爷奶奶从永兴来到长沙，走进了中南大学幽雅美丽的校园。考虑到从文年龄太小，生活上还需要照料，学院腾出房子供肖从文的爷爷奶奶居住。就这样，肖从文开始了在爷爷奶奶"陪读"下的大学生活。他白天跟同学们一起上课，晚上跟同学们一

起住在寝室,吃饭跟爷爷奶奶在一起。两位老人常常利用吃饭的时间询问从文的学习情况,观察他的心理动向,及时地进行点拨。为了警戒孙子骄傲,爷爷奶奶总喜欢以古代优秀少年、革命先辈中的少年英雄及古今中外的少年才子为楷模来教育从文,让他们的优秀品质如春风化雨,滋润着从文的心田,进而化作催人奋进的动力。此外,两位老人还告诉从文:“平时也要学周围的同学,因为每个同学都有自己的优点和特长。从他们每个人身上学一点,那你就会有更多的优点。”尤其令人感动的是,两位年过七旬的老人,每天还坚持看报读书,为的是以身作则,给孙子树立榜样。

那时,中南大学正在进行教改,每年从新生中挑选 70 人组成一个物理实验班和一个化学实验班。肖从文有幸走进了物理实验班。12 岁就迈入大学,又进入了教改班,肖从文很有些得意和自豪,加上大学的管理方式跟高中比起来相对宽松,同学、老师又比较宠他,肖从文爱玩的天性在多彩的大学生活中被彻底诱发出来了。有一度因为玩,他的成绩竟排在班级最后,尤其是英语和数学。爷爷奶奶知道后,马上找到从文的老师、同学,了解原因,又协助老师,为从文指点迷津。在爷爷奶奶和老师们的督导之下,肖从文抓紧学习,渐渐赶了上来。到大二的时候,他不仅真正融入了大学生活中,还跃居班上第七名。

又有一段时间,肖从文迷上了电游,爷爷奶奶又是一番耐心教育。2000 年春节,从文陪着爷爷奶奶回永兴过年。节后开学,爷爷奶奶由于年事已高,没有再陪从文返回中南大学。临走时,爷爷对他说:“你虽然只有 15 岁,但你已经是即将毕业的大学生了,以后在学校里,要自己管理自己,照顾自己。时时处处高标准、严要求,完成学业,力争最优。”

从文将爷爷的话牢牢地记在心里。2000 年,本科毕业时,他果然一鸣惊人——以专业年级第一的成绩成为本院研究生。读研阶段,肖从文在学习上已经显得游刃有余,他的优势也真正地凸显出来:阅读的广泛和过人的领悟力使他对于问题具备独特而深刻的见解。2003 年,研究生毕业,通过 GRE、托福考试的肖从文轻松赢得了国外某大学的奖学金。然而,他义无反顾地填报了中国科学院物理研究所博士招生考试报名表。对于他而言,考“G”考“托”只是检验和证明自己的实力,通过它们来给自己加压。“也许将来我也会去国外学习或深造,但是我的目标是世界一流的研究机构和实验室。”肖从文如是说。

案例解读:

肖从文的成长,无疑为隔代教育树立了榜样。

现代家庭中,独生子女都是宝贝,除了父母的疼爱之外,还有爷爷、奶奶、外公、外婆的娇宠。有关调查资料显示,目前我国的独生子女家庭中,有近四成的孩子或跟祖辈们生活在一起,或时不时地要接受祖辈们的教育。然而,这些多辈分家庭的隔代教育总是因为这样那样的原因,出现不尽如人意的结果。这些隔代家教的失败原因归纳起来大致有三个方面:

其一,无原则地满足。有些老人只是被动地承担起家庭保姆的义务,因而重“养”轻“教”,过分迁就孩子,保护孩子,而忽视了孩子良好行为习惯的培养。对孩子的各种要求,不论正确与否,一概无条件地满足。要吃的买吃的,要穿的买穿的,要玩的买玩的,甚至连一些无理的要求也全部满足。结果使孩子自以为“小子天下第一”,不爱惜东西,不珍惜幸福生活。

其二,过分地代替、包办。另一种老人对孙辈养之过娇,爱之过度,缺乏教育和引导,他们对孩子生活上本来能自理的事和力所能及的劳动都包办，久而久之，养成了孩子的依赖性。结果使孩子们吃不得苦，受不得累，生活自理能力差，意志薄弱，害怕困难。

其三，盲目地干涉、袒护。有些老人对孩子的活动干涉、限制过多，不是嫌脏，就是怕“危险”，只让孩子斯斯文文地“玩”，影响了孩子的主动精神和探索精神。受此种思想左右的老人还容易阻挠、干涉和指责父辈对孙辈的教育。实践证明，如果爷爷奶奶充当了孙辈的“后台老板”，无疑阻碍了正常的家庭教育，对孩子健康成长极为不利。对孩子的缺点错误，父母如果批评指出，老人便出来干涉、包庇、袒护，做孩子的“保护伞”和“辩护律师”。其结果，一方面使父母的教育失去尊严，另一方面也使孩子养成只能听表扬而听不得批评的习惯。

鉴于此，隔代教育的问题应引起我们足够的重视。但愿这些家庭能从肖家的家教中得到启发。其实，老人们只要树立正确的教育观点，运用科学的教育方法，就能支持和帮助年轻的父母教育好第三代。

附录二：

1. 全国家庭教育指导大纲①

为了深入贯彻落实《中共中央国务院关于进一步加强和改进未成年人思想道德建设的若干意见》，提高全国家庭教育总体水平，促进儿童全面健康发展，依据《中华人民共和国未成年人保护法》《中华人民共和国义务教育法》《中华人民共和国母婴保健法》《中华人民共和国预防未成年人犯罪法》等法律法规，特制订《全国家庭教育指导大纲》(以下简称《大纲》)。

一、适用范围

《大纲》适用于各级各类家庭教育指导机构和相关职能部门、社会团体、宣传媒体等组织对新婚夫妇、孕妇、18 岁以下儿童的家长或监护人开展的家庭教育指导行为。

二、指导原则

家庭教育指导应注重科学性、针对性和适用性。一是坚持“儿童为本”原则。家庭教育指导应尊重儿童身心发展规律，尊重儿童合理需要与个性，创设适合儿童成长的必要条件和生活情景，保护儿童的合法权益，特别关注女孩的合法权益，促进儿童自然发展、全面发展、充分发展。二是坚持“家长主体”原则。指导者应确立为家长服务的观念，了解不同类型家庭之家长需求，尊重家长愿望，调动家长参与的积极性，重视发挥父母双方在指导过程中的主体作用和影响，指导家长确立责任意识，不断学习、掌握有关家庭教育的知识，提高自身修养，为子女树立榜样，为其健康成长提供必要条件。三是坚持“多向互动”原则。家庭教育指导应建立指导者与家长、儿童，家长与家长，家庭之间，家校之间的互动，努力形成相互学习、相互尊重、相互促进的环境与条件。

三、家庭教育指导内容及要求

(一)新婚期及孕期的家庭教育指导

1.家庭教育指导重点

新婚期及孕期的家庭教育指导主要是引导夫妇共同做好优生优育优教的知识准备，并为新生命的诞生做好心理准备和物质准备。

2.家庭教育指导内容要点

(1)重视婚检、孕前检查和优生指导，提高出生人口素质。鼓励新婚夫妇主动参与婚

① http://baike.baidu.com/link? url＝XVxgBSUZGi6zxbMXfNhnwbyOq2RKFN20mCKbHq7HP8ZlNLUEd0P2Pl－T1aoaiiAWjke1nONXcsctoZXKG2Ef5K2013－11－15

前医学健康检查，选择适宜的受孕年龄和季节，并注意形成良好的生活习惯，鼓励计划怀孕夫妇在怀孕前参加健康教育、健康检查、风险评估、咨询指导等专项服务。对于大龄孕妇、有致畸因素接触史的孕妇、怀孕后有疾病的孕妇以及具有其他不利优生因素的孕妇，督促其做好产前医学健康咨询及诊断。对于不孕不育者，引导其科学诊断、对症治疗，并给予心理辅导。

(2)关注孕期保健，孕育健康胎儿。指导孕妇掌握优生优育知识，配合医院进行孕期筛查和产前诊断，做到早发现、早干预；避免烟酒、农药、化肥、辐射等化学物理致畸因素，预防病毒、寄生虫等致畸因素的影响；科学地增加营养、合理作息、适度运动，进行心理调适，促进胎儿健康发育。

(3)做好相应准备，迎接新生命降临。指导准家长做好新生儿出生的相应准备，学习育儿的方法和技巧，购置儿童生活必备用品和保障母婴健康的基本卫生用品，营造安全温馨的家庭环境。

(4)提倡自然分娩，保障母婴健康。加大宣传力度，指导孕妇认识自然分娩的益处，认真做好孕妇产前医学检查，并协助舒缓临盆孕妇的焦虑心理。

(二)0～3岁年龄段的家庭教育指导

1.0～3岁儿童的身心发展特点

婴幼儿期即从出生到大约3岁，是个体神经系统结构发展的重要时期，儿童身高和体重均有显著增长；遵循由头至脚、由中心至外围、由大动作至小动作的发展原则，逐渐掌握人类行为的基本动作；语言迅速发展；表现出一定的交往倾向，乐于探索周围世界；逐步建立亲子依恋关系。

2.家庭教育指导内容要点

(1)提倡母乳喂养，增强婴儿免疫力。指导乳母加强乳房保健，在产后尽早用正确的方法哺乳；在睡眠、情绪和健康等方面保持良好状态，科学饮食，增加营养；在母乳不充分的阶段采取科学的混合喂养方法，适时添加辅食。

(2)鼓励主动学习，掌握儿童日常养育和照料的科学方法。指导家长按时为儿童预防接种，培养儿童健康的卫生习惯，注意科学的饮食调配；及早对孩子进行发展干预，让孩子多看、多听、多运动、多抚触，带领儿童开展适当的运动、游戏，增强儿童体质；了解儿童成长阶段的特点和表现，学会倾听、分辨儿童的“语言”，安抚儿童的情绪；学会了解儿童的发病征兆及应对方法，掌握病后护理常识。

(3)设定生活规则，养成儿童良好的生活行为习惯。指导家长了解婴幼儿成长的规律及特点，为儿童设定日常生活规则，并按照规则指导儿童的日常生活行为；重视发挥父亲的角色作用，利用生活场景进行随机教育；指导家长采用鼓励、表扬等正面强化教育措施，塑造儿童的健康生活方式。

(4)加强感知训练，提高儿童感官能力，预防儿童伤害。指导家长创设儿童自如爬行、充分活动的独立空间与条件，随时、充分地利用日常生活中的真实物品和现象，挖掘其内含的教育价值，让儿童在爬行、观察、听闻、触摸等训练过程中获得各种感官活动的经验，促进儿童的感官发展。同时要加强家庭保护，防止意外伤害发生。

(5)关注儿童需求，激发儿童想象力和好奇心。指导家长为儿童提供抓握、把玩、涂

鸦、拆卸等活动的设施、工具和材料；用亲子游戏的形式发展儿童双手协调、手眼协调等精细动作；用心欣赏儿童的行为和作品并给予鼓励，分享儿童的快乐，促进儿童直觉动作思维发展，满足儿童好奇、好玩的认知需要。

(6)提供言语示范，促进儿童语言能力发展。指导家长为儿童创设宽松愉快的语言环境；提高自身口语素养，为儿童提供良好的言语示范；为儿童的语言学习和模仿提供丰富的物质材料，运用多种方法鼓励儿童多开口；积极回应儿童的言语需求，鼓励儿童之间的模仿和交流。

(7)加强亲子沟通，养成儿童良好情绪。指导家长关注、尊重、理解儿童的情绪，多给予儿童鼓励和支持；学习亲子沟通的技巧，以民主、平等、开放的姿态与儿童沟通；客观了解和合理对待儿童过度的情绪化行为，有针对性地实施适合儿童个性的教养策略。培养良好的亲子依恋关系。

(8)帮助儿童适应幼儿园生活。入园前，指导家长有意识地养成儿童自理能力、听从指令并遵循简单规则的能力等。入园后，指导家长积极了解儿童对幼儿园的适应情况，在儿童出现不良情绪时通过耐心沟通与疏导来稳定儿童的情绪，分析入园不适应的原因，正确面对分离焦虑。

(三)4～6岁年龄段的家庭教育指导

1.4～6岁儿童的身心发展特点

4～6岁是儿童身心快速发展时期，具体表现在：儿童的身高、体重、大脑、神经、动作技能等方面获得长足的进步；大肌肉的发展已能保证儿童从事各种简单活动；儿童直觉行动思维相当熟练，并逐渐掌握具体形象思维；儿童词汇量迅速增长，基本掌握各种语法结构；儿童开始表现出一定兴趣、爱好、脾气等个性倾向以及与同伴一起玩耍的倾向。

2.家庭教育指导内容要点

(1)加强儿童营养保健和体育锻炼。指导家长带领儿童积极开展体育锻炼；根据儿童的个人特点，寻找科学合理而又能为儿童接受的膳食方式；科学搭配儿童饮食，做到营养均衡、种类多样、比例适当、饮食定量、调配得当；不断学习关于儿童营养的新理念、新知识。

(2)培养儿童良好的生活和卫生习惯。指导家长与儿童一起制订儿童的家庭生活作息制度；积极运用奖励与忽视并行的方式纠正并消除儿童不良的行为方式与癖好；定期带领儿童进行健康检查。

(3)抓好安全教育，减少儿童意外伤害。指导家长提高安全意识，尽可能消除居室和周边环境中的伤害性因素；以良好的榜样影响、教育、启迪儿童；结合儿童的生活和学习，在共同参与的过程中对儿童实施安全教育，提高儿童的生命意识；重视儿童的体能素质，通过活动提高其自我保护能力。

(4)培养儿童良好的人际交往能力。指导家长关注儿童日常交往行为，对儿童的交往态度、行为和技巧及时提供帮助和辅导；注意培养儿童多方面的兴趣、爱好和特长，增强儿童交往的自信心；开展角色扮演游戏，帮助儿童在家中练习社交技巧，并积极为儿童创造与同伴交往的机会，培养儿童乐于与人交往的习惯和品质。

(5)增强儿童社会适应性，培养儿童抗挫折能力。指导家长鼓励儿童以开放的心态充分展示自己，同时树立面对挫折的良好榜样；充分利用传播媒介，引导儿童学习面对挫折的方法；适时、适宜地在儿童成长过程中创设面对变化与应对挫折的生活情境与锻炼机会；在儿童遇到困难时以鼓励、疏导的方式给孩子以必要的帮助与支持。

(6)丰富儿童感性知识，激发儿童早期智能。指导家长带领儿童关心周围事物及现象，多开展户外活动，以开阔儿童的眼界，丰富儿童的感性知识；灵活采用个别化教育手段，有针对性地鼓励儿童积极活动、主动参与、积累经验、发展潜能；改变传统的灌输、说教方式，以开放互动的方式让儿童在玩中学、在操作中探索、在游戏中成长。

(四)7～12岁年龄段的家庭教育指导

1.7～12岁儿童的身心发展特点

7～12岁是整个儿童期十分重要的发展阶段。该阶段的儿童身心发展特点主要体现在：儿童身高和体重处于比较迅速的发展阶段；外部器官有了较快发展，但感知能力还不够完善；儿童处于从以具体的形象思维为主向抽象的逻辑思维过渡阶段；情绪情感方面表现得比较外显。

2.家庭教育指导内容要点

(1)做好儿童健康监测，预防常见疾病发生。指导家长科学安排儿童的饮食，引导儿童养成健康的饮食习惯；培养儿童良好的卫生习惯和作息习惯；为儿童提供良好的学习环境，注意用眼卫生并定期检查视力；督促儿童坚持开展体育锻炼，积极配合卫生部门定期做好儿童健康监测。

(2)将生命教育纳入生活实践之中。指导家长带领儿童认识自然界的生命现象，帮助儿童建立热爱生命、珍惜生命、呵护生命的意识；抓住日常生活事件增长儿童居家出行的自我保护知识及基本的生命自救技能。

(3)培养儿童基本生活自理能力。指导家长重视养成教育，防止因为溺爱造成孩子的依赖性，注重儿童生活自理意识的培养；创设家庭环境，坚持从细微处入手，以激励教育为主，提高儿童的生活自理能力，养成生活自理的习惯。

(4)培养儿童的劳动观念和适度花费习惯。指导家长教授儿童一定的劳动技巧，给儿童创造劳动的机会，培养儿童劳动的热情；鼓励儿童参与家庭财务预算，合理支配零用钱，防止欲望膨胀，形成量入为出的观念，培养儿童理财的意识。

(5)引导儿童学会感恩父母、诚实为人、诚信做事。指导家长为儿童树立积极的人格榜样，创造健康和谐的家庭环境；从大处着眼，从小事入手，及时抓住日常生活事件教育儿童尊敬老师、孝敬长辈，学会关心、感激和回报他人。

(6)帮助儿童养成良好的学习习惯和学习兴趣。指导家长以身作则、言传身教，创设安静的环境，引导儿童专心学习，养成良好的学习习惯；注意培养儿童的学习兴趣；正确对待儿童的学习成绩。

(五)13～15岁年龄段的家庭教育指导

1.13～15岁儿童身心发展特点

13～15岁的儿童正处于告别幼稚、走向成熟的过渡时期，即青春期。青春期的儿童面临着生理和心理上的“巨变”：各项身体指标接近于成人；性激素分泌大大增加，引起了性的萌发与成熟；感知觉能力不断提高，能有意识地调节和控制自己的注意力；逐步采用

有意记忆的方法，其抽象逻辑思维日益占据主要地位；自我控制能力有了明显的发展，情感不再完全外露，但情绪还不稳定、易冲动。

2.家庭教育指导内容要点

(1)对儿童开展适时、适当、适度的性别教育。指导家长进行青春期生理卫生知识指导，帮助儿童认识并适应自己的生理变化；开展科学的性心理辅导，进行青春期异性交往的指导；加强对儿童的性道德观念教育，并注意控制家庭的不良性刺激；引导儿童以合理的方式宣泄情绪。

(2)利用日常生活细节，开展伦理道德教育。指导家长加强自身道德修养，发挥道德榜样作用；把“修德做人”放在首位，强化儿童的伦理道德意识；肯定儿童的自我价值意识，立足道德的积极面引导儿童；创设健康向上的家庭氛围；与学校、社会形成合力，净化家庭和社会文化环境。

(3)开展信息素养教育，引导儿童正确使用各种媒介。指导家长掌握必要的信息知识与技能；树立民主意识，做儿童的朋友，了解儿童使用各种媒介的情况；培养儿童对信息的是非辨别能力和信息加工能力；鼓励儿童在使用网络等媒介的过程中学会自我尊重、自我发展；多关心鼓励对网络等媒介使用上瘾的儿童，并根据实际情况适时寻求专业咨询和心理援助。

(4)重视儿童学习过程，促进儿童快乐学习。指导家长和儿童树立正确的学业态度和应试心理；重视儿童学习方法和学习习惯的养成；教育儿童克服考试焦虑的方法与技巧；与儿童共同制订学习目标，并对取得阶段性成绩的儿童予以及时鼓励；在儿童考试受挫时鼓励儿童。

(5)尊重和信任儿童，促进良好的亲子沟通。指导家长摆正心态，以平等的姿态与儿童相处；学习与儿童沟通的技巧，学会运用委婉、民主、宽容的语言和态度对待儿童；学会倾听儿童的意见和感受，学会尊重、欣赏、认同和分享儿童的想法；学会采取正面方式激励儿童。

(6)树立正确的学业观，尊重儿童的自主选择。指导家长帮助儿童树立信心，勇于面对现实；协助儿童综合分析学业水平、兴趣爱好、未来规划等，选择适合其发展的高中、职校或其他发展方式；宽容地对待儿童的自我选择。

(六)16～18岁年龄段的家庭教育指导

1.16～18岁儿童的身心发展特点

16～18岁的儿童经过青春期的迅速发育后进入相对稳定时期。其身体生长主要表现在形态发育、体内器官的成熟与机能的发育、性生理成熟等方面；在认知方面，儿童认知结构的完整体系基本形成，抽象逻辑思维占据优势地位；观察力、联想能力等迅速发展；情绪情感方面以内隐、自制为主，自尊心与自卑感并存；性意识呈现身心发展不平衡的特点。

2.家庭教育指导内容要点

(1)引导儿童树立积极心态，尽快适应学校新生活。指导家长引导儿童树立健康的人生态度；经常与儿童沟通交流，掌握儿童的学习情况、思想动态；经常与学校联系，了解儿童可能遇到的适应问题并及时提供家庭支持。

(2)引导儿童与异性正确交往。指导家长根据该年龄阶段儿童个性特点，引导儿童积极开展社交活动和正常的异性交往；利用日常生活的相关事件，适时适当适度开展性生理、性心理辅导；对有“早恋”行为的儿童，指导家长学会提供经验参考，帮助儿童提高应对问题的现实处理能力。

(3)引导儿童“学会合作、学会分享”。指导家长通过召开家庭会议等形式，与儿童一起平等、开放地讨论家庭事务，并共同分担家庭事务；鼓励儿童在集体生活中锻炼自己，让儿童品尝与人合作的快乐；鼓励儿童积极参与社会实践活动，在活动中学会乐于与人相处、勇于承担责任。

(4)培养儿童做一个知法、守法的好公民。指导家长加强法律知识学习，掌握家庭法制教育的内容和方法，努力提高自身法制意识；注意以身作则，自觉遵守法律，为儿童树立榜样；与儿童建立民主平等的关系，切实维护儿童权益。

(5)指导儿童树立理想信念、合理规划未来。指导家长引导儿童从小树立社会责任感，树立国家意识；与儿童共同协商规划未来，并尊重和鼓励儿童进行自主选择；从儿童实际出发，不断调整自身期望；引导儿童学会将理想与现实的奋斗相结合。

(6)引导儿童树立自信心，以平常心对待升学。指导家长在迎考期间保持正常、有序的家庭生活，科学、合理安排生活作息，保证儿童劳逸结合，身心愉快；保持适度期待，鼓励儿童树立自信心，以平常心面对考试；为儿童选择志愿提供参考意见，并尊重儿童对自身的未来规划与发展意愿。

(七)特殊儿童、特殊家庭及灾害背景下的家庭教育指导

1.特殊儿童的家庭教育指导

(1)智力障碍儿童的家庭教育指导。指导家长树立“医教结合”的观念，引导儿童听从医生指导，拟订个别化医疗和教育训练计划；通过积极的早期干预措施改善障碍状况，并培养儿童社会适应的能力；引导家长坚定信心、以身作则，重视儿童的日常生活规范训练，并循序渐进、持之以恒。

(2)听力障碍儿童的家庭教育指导。指导家长积极寻求早期干预，积极主动参与儿童语训，在专业人士协助下制订培养方案，充分利用游戏的价值，重视同伴交往的作用，发展儿童听力技能和语言交往技能，使其能进行一定的社会交往，逐步提高儿童的社会适应能力；加强对儿童的认知训练、理解力训练、运动训练和情绪训练。

(3)视觉障碍儿童的家庭教育指导。指导家长及早干预，根据不同残障程度发展儿童的听觉和触觉，以耳代目，以手代目，提升缺陷补偿。对于低视力儿童，指导家长鼓励儿童运用余视力学习和活动，提高有效视觉功能。对于全盲儿童，指导家长训练其定向行走能力，增加与外界接触机会，增强其交往能力。

(4)肢体残障儿童的家庭教育指导。指导家长早期积极借助医学技术加强干预和矫正，使其降低残障程度，提高活动机能；营造良好家庭氛围，用乐观向上的心态感染儿童；鼓励儿童正视现实，积极面对困难；教育儿童通过自己努力，积极寻求解决问题的方法，以获取信心。

(5)情绪行为障碍儿童的家庭教育指导。引导家长营造良好家庭氛围，给予儿童足够的关爱；加强与儿童的沟通与交流，避免儿童遭受不良生活的刺激；多采取启发鼓励、说服教育的方式；支持、尊重和鼓励儿童，多向儿童表达积极情感；多给儿童创造与伙伴交往的机会，培养儿童集体意识，减少其心理不良因素。

(6)智优儿童的家庭教育指导。引导家长深入地了解儿童的潜力与才能,正确全面地评估儿童;从儿童的性格、气质、兴趣和能力等实际出发,因材施教,循序渐进地开发儿童智力、发展儿童特长;坚持德智体全面发展,提高儿童的综合素质;保持头脑清醒,正确对待儿童的荣誉。

2.特殊家庭的家庭教育指导

(1)离异和重组家庭的家庭教育指导。指导家长学会调节和控制情绪,不要在儿童面前流露对离异配偶的不满,不能简单粗暴或者无原则地迁就、溺爱儿童;多与儿童交流沟通,给儿童当家做主的机会,鼓励儿童参与社会活动;定期让非监护方与儿童见面,不断强化儿童心目中父(母)亲的形象和情感;调动亲戚、朋友中的性别资源给儿童适当的影响,帮助其性别角色充分发展。指导重组家庭的夫妇多关心、帮助和亲近儿童,帮助减轻儿童的心理压力,帮助儿童正视现实;互敬、互爱、互信,为儿童树立积极的榜样;对双方子女一视同仁;加强家庭成员间的沟通,创设平和、融洽的家庭氛围。

(2)服刑人员家庭的家庭教育指导。指导监护人多关爱儿童;善于发现儿童的优点,用教育力量和爱心培养儿童的自尊心;信任儿童,并引导儿童克服自卑心理;定期带儿童探望父(母),满足儿童思念之情;与学校积极联系,共同为儿童成长创造好的环境。

(3)流动人口家庭的家庭教育指导。鼓励家长勇敢面对陌生环境和生活困难,为儿童创造良好的生活环境;处理好家庭成员之间的关系,为儿童创设宽松的心理环境;多与儿童交流,多了解儿童的思想动态;加强自身学习,树立全面发展的教育观念;与学校加强联系,共同为儿童创造良好的学习环境。

(4)农村留守儿童的家庭教育指导。指导留守儿童家长增强监护人责任意识,认真履行家长的义务,承担起对留守儿童监护的应尽责任;家长中尽量有一方在家照顾儿童,有条件的家长尤其是婴幼儿母亲要把儿童带在身边,尽可能保证婴幼儿早期身心呵护、母乳喂养的正常进行;指导农村留守儿童家长或被委托监护人重视儿童教育,多与儿童交流沟通,对儿童的道德发展和精神需求给予充分关注。

3.灾害背景下的家庭教育指导

根据不同的需求,引导家长接受心理辅导,消化自己的情绪,以疏解其自身的灾难综合征;指导家长注意控制自己的情绪,鼓励儿童积极主动地获取、利用社会资源;引导儿童学会分享他人的建议和想法,不要轻易拒绝他人的帮助,同时也要尽量帮助他人;与外界加强合作,主动配合外界的心理援助等活动;对于孤儿,要充分挖掘社会资源,采用收养等多种方式,促进孤儿回归家庭,为儿童及其监护人家庭提供支持。

四、保障措施

(一)加强组织领导

各地相关部门要高度重视,加强对《大纲》贯彻落实工作的领导,制订切实可行的实施计划,加强实施管理,组织开展宣传、培训、督导、评估等工作,引导和帮助家庭教育指导机构和指导者根据《大纲》要求开展家庭教育指导。

(二)明确职责分工

各地相关部门要根据《大纲》要求,充分发挥职能优势,切实做好指导和推进家庭教育工作。各级妇联组织、教育行政部门牵头负责指导和推进家庭教育；文明办协调各部门力量共同构建学校、家庭、社会“三结合”教育网络；教育部门加强幼儿园、中小学校家长学校的指导与管理；卫生、人口计生部门大力发展新婚夫妇学校、孕妇学校、人口学校等公共服务阵地，对家长进行科学养育的指导和服务；人口计生部门负责 0～3 岁儿童早期发展的推进工作，逐步纳入公共服务范畴；妇联、民政、教育、人口计生、关工委等部门共同承担做好城乡社区家庭教育指导、服务与管理工作，推进家庭教育知识的宣传和普及，促进家庭教育事业全面发展。

(三)注重资源整合

各地相关部门要加大家庭教育指导工作经费投入，纳入经费预算，确保落实到位。要统筹各方面的优势力量，完善共建机制，形成工作合力，推进家庭教育发展。要广泛动员社会力量，多渠道筹措经费，为家庭教育指导工作提供保障。

(四)抓好队伍建设

各地相关部门要加强家庭教育指导工作者队伍的培育，重视对指导人员数量、质量和指导实效性的管理，从实际出发建设具有较强专业知识基础的专家队伍、讲师团队伍、社区志愿者队伍等，并大力发展专业社会工作者队伍，形成专兼结合、具备指导能力的家庭教育指导工作队伍。

(五)扩大社会宣传

各地相关部门要以“做一个有道德的人”为主题，开展丰富多彩的实践活动，大力培育在家孝敬父母、在学校尊敬师长、在社会奉献爱心的良好道德风尚。加强家庭教育指导宣传阵地建设，注重与各媒体管理部门的联系和合作，深入、广泛、持久地宣传家庭教育的正确观念和科学方法。省区市级报纸、县级以上电台、电视台要开办与家庭教育相关的栏目，发展家庭教育网校咨询热线，不断提高家庭教育社会宣传的覆盖面和影响力。

2.儿童权利公约[①]

1959 年 11 月 20 日，联合国大会通过了《儿童权利宣言》，提出了各国儿童应当享有的各项基本权利。1979 年，《儿童权利公约》起草工作开始。联合国将这一年定为国际儿童年。1989 年，历时十年，《儿童权利公约》的起草工作终于完成。11 月 20 日在第 44 届联合国大会上《儿童权利公约》获得一致通过。1990 年 1 月 26 日，《儿童权利公约》向所有国家开放供签署。《儿童权利公约》在获得 20 个国家批准加入之后，于 9 月 2 日正式生效。

第一部分

第一条

为本公约之目的，儿童系指 18 岁以下的任何人，除非对其适用之法律规定成年年龄低于 18 岁。

---

① http://baike.baidu.com/link? url=aTvUCt24PFmepiis6FmkBhsgBLNjRRO0N98hHVco7TNW3tWzIUiFWuPhKXWSdIGw. 2013/10/9

第二条

1.缔约国应遵守本公约所载列的权利，并确保其管辖范围内的每一儿童均享受此种权利，不因儿童或其父母或法定监护人的种族、肤色、性别、语言、宗教、政治或其他见解、民族、族裔或社会出身、财产、伤残、出生或其他身份而有任何差别。

2.缔约国应采取一切适当措施确保儿童得到保护，不受基于儿童父母、法定监护人或家庭成员的身份、活动、所表达的观点或信仰而加诸的一切形式的歧视或惩罚。

第三条

1.关于儿童的一切行为，不论是由公私社会福利机构、法院、行政当局或立法机构执行，均应以儿童的最大利益为一种首要考虑。

2.缔约国承担确保儿童享有其幸福所必需的保护和照料，考虑到其父母、法定监护人、或任何对其负有法律责任的个人的权利和义务，并为此采取一切适当的立法和行政措施。

3.缔约国应确保负责照料或保护儿童的结构、服务部门及设施符合主管当局规定的标准，尤其是安全、卫生、工作人员数目和资格以及有效监督方面的标准。

第四条

缔约国应采取一切适当的立法、行政和其他以实现本公约所确认的权利。关于经济、社会及文化权利，缔约国应根据其现有资源所允许的最大限度并视需要在国际合作范围内采取此类措施。

第五条

缔约国应尊重父母或于适用时尊重当地习俗认定的大家庭或社会成员、法定监护人或其他对儿童负有法律责任的人以下的责任、权利义务，以符合儿童不同阶段上、接受能力的方式适当指导和引导儿童行使本公约所确认的权利。

第六条

1.缔约国确认每个儿童均有固有的生命权。

2.缔约国应最大限度地确保儿童的存活与发展。

第七条

1.儿童出生后应立即登记，并有自出生起获得姓名的权利，有获得国籍的权利，以及尽可能知道谁是其父母并受其父母照料的权利。

2.缔约国应确保这些权利按照本国法律及其根据有关国际文书在这一领域承担的义务予以实施，尤应注意不如此儿童即无国籍之情形。

第八条

1.缔约国承担尊重儿童维护其身份包括法律所承认的国籍、姓名及家庭关系而不受非法干扰的权利。

2.如有儿童被非法剥夺其身份方面的部分或全部要素，缔约国应提供适当协助和保护，以便迅速重新确立其身份。

第九条

1.缔约国应确保不违背儿童父母的意愿使儿童和父母分离，除非主管当局按照适用的法律和程序，经法院的审查，判定这样的分离符合儿童的最大利益而确有必要。在诸如由于父母的虐待或忽视，或父母分居而必须确定儿童居住地点的特殊情况下，这种裁决可能有必要。

2.凡按本条第1款进行诉讼,均应给予所有有关方面以参加诉讼并阐明自己意见的机会。

3.缔约国应尊重与父母一方或双方分离的儿童同父母经常保持个人关系及直接联系的权利,但违反儿童最大利益者除外。

4.如果这种分离是因缔约国对父母一方或双方或对儿童所采取的任何行动,诸如拘留、监禁、流放、驱逐或死亡(包括该人在该国拘禁中因任何原因而死亡所致),该缔约国应按请求将该等家庭成员下落的基本情况告知父母、儿童或适当时告知另一家庭成员,除非提供这类情况会有损儿童的福祉,缔约国还应确保有关人员不致因提出这种请求而承受不利后果。

第十条

1.按照第九条第1款所规定的缔约国的义务,对于儿童或其父母要求进入或离开一缔约国以便与家人团聚的申请,缔约国应以积极的人道主义态度迅速予以办理。缔约国还应确保申请人及其家庭成员不致因提出这类请求而承受不利后果。

2.居住在不同国家的儿童,除特殊情况以外,应有权同父母双方经常保持个人关系和直接关系。为此目的,并按照第九条第1款所规定的缔约国的义务,缔约国应尊重儿童及其父母离开包括其本国在内的任何国家和进入其本国的权利。离开任何国家的权利只应受法律所规定并为保护国家安全、公共秩序、公共卫生或道德,或他人的权利和自由所必需且与本公约所承认的其他权利不相抵触的限制约束。

第十一条

1.缔约国应采取措施制止非法将儿童转移国外和不使返回本国的行为。

2.为此目的,缔约国应致力缔结双边或多边协定或加入现有协定。

第十二条

1.缔约国应确保有主见能力的儿童有权对影响到其本人的一切事项自由发表自己的意见,对儿童的意见应按照其年龄和成熟程度给以适当的看待。

2.为此目的,儿童特别应有机会在影响到儿童的任何司法和行政诉讼中,以符合国家法律的诉讼规则的方式,直接或通过代表或适当机构陈述意见。

第十三条

1.儿童应有自由发表言论的权利;此项权利应包括通过口头、书面或印刷、艺术形成或儿童所选择的任何其他媒介,寻求、接受和传递各种信心和思想的自由,而不论国界。

2.此项权利的行使可受某些限制约束,但这些限制仅限于法律所规定并为以下目的所必需:

(1)尊重他人的权利和名誉;

(2)保护国家安全或公共秩序或公共卫生或道德。

第十四条

1.缔约国应遵守儿童享有思想、信仰和宗教自由的权利。

2.缔约国应尊重并于适用时尊重法定监护人以下的权利和义务,以符合儿童不同阶段接受能力的方式指导儿童行使其权利。

3.表明个人宗教或信仰的自由,仅受法律所规定并为保护公共安全、秩序、卫生或道德或他人之基本权利和自由所必需的这类限制约束。

第十五条

1.缔约国确认儿童享有结社自由及和平集会自由的权利。

2.对此项权利的行使不得加以限制,除非符合法律所规定并在民主社会中为国家安全、公共秩序、保护公共卫生或道德或保护他人的权利和自由所必需。

第十六条

1.儿童的隐私、家庭、住宅或通信不受任意或非法干涉,其荣誉和名誉不受非法攻击。

2.儿童有权享受法律保护,以免受这类干涉或攻击。

第十七条

缔约国确认大众传播媒介的重要作用,并应确保儿童能够从多种的国家和国际来源获得信息和资料,尤其是旨在促进其社会、精神和道德福祉和身心健康的信息和资料。为此目的,缔约国应:

(1)鼓励大众传播媒介本着第二十九条精神散播社会和文化方面有益于儿童的信息和资料;

(2)鼓励在编制、交流和散播来自不同文化、国家和国际来源的这类信息和资料方面进行国际合作;

(3)鼓励儿童读物的著作和普及;

(4)鼓励大众传播媒介特别注意属于少数群体或土著居民的儿童在语言方面的需要;

(5)鼓励根据第十三条和第十八条的规定制订适当的准则,保护儿童不受可能损害其福祉的信息和资料之害。

第十八条

1.缔约国应尽其最大努力,确保父母双方对儿童的养育和发展负有共同责任的原则得到确认。父母或视具体情况而定的法定监护人对儿童的养育和发展负有首要责任。儿童的最大利益将是他们主要关心的事。

2.为保证和促进本公约所列举的权利,缔约国应在父母和法定监护人履行其抚养儿童的责任方面给予适当协助,并应确保发展育儿机构、设施和服务。

3.缔约国应采取一切适当措施确保就业父母的子女有权享受他们有资格得到的托儿服务和设施。

第十九条

1.缔约国应采取一切适当的立法、行政、社会和教育措施,保护儿童在受父母、法定监护人或其他任何负责照管儿童的人的照料时,不致受到任何形式的身心摧残、伤害或凌辱,忽视或照料不周,虐待或剥削,包括性侵犯。

2.这类保护性措施应酌情包括采取有效程序以建立社会方案,向儿童和负责照管儿童的人提供必要的支助,采取其他预防形式,查明、报告、查询、调查、处理和追究前述的虐待儿童事件,以及在适当时进行司法干预。

第二十条

1.暂时或永久脱离家庭环境的儿童,或为其最大利益不得在这种环境中继续生活的儿童,应有权得到国家的特别保护和协助。

2.缔约国应按照本国法律确保此类儿童得到其他方式的照顾。

3.这种照顾除其他外，包括寄养、伊斯兰法的“卡法拉”(监护)、收养或者必要时安置在适当的育儿机构中。在考虑解决办法时，应适当注意有必要使儿童的培养教育具有连续性和注意儿童的族裔、宗教、文化和语言背景。

第二十一条

凡承认和(或)许可收养制度的国家应确保以儿童的最大利益为首要考虑并应：

(1)确保只有经主管当局按照适用的法律和程序并根据所有有关可靠的资料，判定鉴于儿童有关父母、亲属和法定监护人方面的情况可允许收养，并且判定必要时有关人士已根据可能必要的辅导对收养表示知情的同意，方可批准儿童的收养；

(2)确认如果儿童不能安置于寄养或收养家庭，或不能以任何适当方式在儿童原籍国加以照料，跨国收养可视为照料儿童的一个替代办法；

(3)确保得到跨国收养的儿童享有与本国收养相当的保障和标准；

(4)采取一切适当措施确保跨国收养的安排不致使所涉人士获得不正当的财务收益；

(5)在适当时通过缔结双边或多边安排或协定促成本条的目标，并在这一范围内努力确保由主管当局或机构负责安排儿童在另一国收养的事宜。

第二十二条

1.缔约国应采取适当措施，确保申请难民身份的儿童或按照适用的国际法或国内法及程序可视为难民的儿童，不论有无父母或其他任何人的陪同，均可得到适当的保护和人道主义援助，以享有本公约和该有关国家为其缔约国的其他国际人权和或人道主义文书所规定的可适用权利。

2.为此目的，缔约国应对联合国和与联合国合作的其他主管的政府间组织或非政府组织所做的任何努力提供其认为适当的合作，以保护和援助这类儿童，并为只身的难民儿童追寻其父母或其他家庭成员，以获得必要的消息使其家庭团聚。在寻不着父母或其他家庭成员的情况下，也应使该儿童获得与其他任何由于任何原因而永久或暂时脱离家庭环境的儿童按照本公约的规定所得到的同样的保护。

第二十三条

1.缔约国确认身心有残疾的儿童应能在确保其尊严、促进其自立、有利于其积极参与社会生活的条件下享有充实而适当的生活。

2.缔约国确认残疾儿童有接受特别照顾的权利，应鼓励并确保在现有资源范围内，依据申请斟酌儿童的情况和儿童的父母或其他照料人的情况，对合格儿童及负责照料该儿童的人提供援助。

3.鉴于残疾儿童的特殊需要，考虑到儿童的父母或其他照料人的经济情况，在可能时应免费提供按照本条第2款给予的援助，这些援助的目的应是确保残疾儿童能有效地获得和接受教育、培训、保健服务、康复服务、就业准备和娱乐机会，其方式应有助于该儿童尽可能充分地参与社会，实现个人发展，包括其文化和精神方面的发展。

4.缔约国应本着国际合作精神，在预防保健以及残疾儿童的医疗、心理治疗和功能治疗领域促进交换适当资料，包括散播和获得有关康复教育方法和职业服务方面的资料，以其使缔约国能够在这些领域提高其能力和技术并扩大其经验。在这方面，应特别考虑到发展中国家的需要。

第二十四条

1.缔约国确认儿童有权享有可达到的最高标准的健康，并享有医疗和康复设施；缔约国应努力确保没有任何儿童被剥夺获得这种保健服务的权利。

2.缔约国应致力充分实现这一权利，特别是应采取适当措施，以降低婴幼儿死亡率；确保向所有儿童提供必要的医疗援助和保健，侧重发展初级保健；消除疾病和营养不良现象，包括在初级保健范围内利用现有可得的技术和提供充足的营养食品和清洁饮水，要考虑到环境污染的危险和风险；确保母亲得到适当的产前和产后保健；确保向社会各阶层，特别是向父母和儿童介绍有关儿童保健和营养、母乳育婴优点、个人卫生和环境卫生及防止意外事故的基本知识，使他们得到这方面的教育并帮助他们应用这种基本知识，开展预防保健，对父母的指导以及计划生育教育和服务。

3.缔约国应致力采取一切有效和适当的措施，以期废除对儿童健康有害的传统习俗。

4.缔约国承担促进和鼓励国际合作，以期逐步充分实现本条所确认的权利。在这方面，应特别考虑到发展中国家的需要。

第二十五条

缔约国确认在有关当局为照料、保护或治疗儿童身心健康的目的下受到安置的儿童，有权获得对给予的治疗以及与所受安置有关的所有其他情况进行定期审查。

第二十六条

1.缔约国应确认每个儿童有权受益于社会保障，包括社会保险，并应根据其国内法律采取必要措施充分实现这一权利。

2.提供福利时应酌情考虑儿童及负有抚养儿童义务的人的经济情况和环境，以及与儿童提出或代其提出的福利申请有关的其他方面因素。

第二十七条

1.缔约国确认每个儿童均有权享有足以促进其生理、心理、精神、道德和社会发展的生活水平。

2.父母或其他负责照顾儿童的人负有在其能力和经济条件许可范围内确保儿童发展所需生活条件的首要责任。

3.缔约国按照本国条件并其能力范围内，应采取适当措施帮助父母或其他负责照顾儿童的人实现此项权利，并在需要时提供物质援助和支助方案，特别是在营养、衣着和住房方面。

4.缔约国应采取一切适当措施，向在本国境内或境外儿童的父母或其他对儿童负有经济责任的人追索儿童的抚养费。尤其是遇对儿童负有经济责任的人住在与儿童不同的国家的情况时，缔约国应促进加入国际协定或缔结此类协定以及做出其他适当安排。

第二十八条

1.缔约国确认儿童有受教育的权利，为在机会均等的基础上逐步实现此项权利，缔约国尤应：

(1) 实现全面的免费义务小学教育；

(2)鼓励发展不同形式的中学教育，包括普通和职业教育，使所有儿童均能享有和接受这种教育，并采取适当措施，诸如实行免费教育和对有需要的人提供津贴；

(3)根据能力以一切适当方式使所有人均有受高等教育的机会；

(4)使所有儿童均能得到教育和职业方面的资料和指导；

(5)采取措施鼓励学生按时出勤和降低辍学率。

2.缔约国应采取一切适当措施,确保学校执行纪律的方式符合儿童的人格尊严及本公约的规定。

3.缔约国应促进和鼓励有关教育事项方面的国际合作,特别着眼于在全世界消灭愚昧与文盲,并便利获得科技知识和现代教学方法。在这方面,应特别考虑到发展中国家的需要。

第二十九条

1.缔约国一致认为教育儿童的目的应是:

(1)最充分地发展儿童的个性、才智和身心能力;

(2)培养对人权和基本自由以及《联合国宪章》所载各项原则的尊重;

(3)培养对儿童的父母,儿童自身的文化认同、语言和价值观,儿童所居住国家的民族价值观,其原籍国以及不同于其本国的文明的尊重;

(4)培养儿童本着各国人民、族裔、民族和宗教群体以及原为土著居民的人之间谅解、和平、宽容、男女平等和友好的精神,在自由社会里过有责任感的生活;

(5)培养对自然环境的尊重。

2.对本条或第二十八条任何部分的解释均不得干涉个人和团体建立和指导教育机构的自由,但须始终遵守本条第1款载列的原则,并遵守在这类机构中实行的教育应符合国家可能规定的最低限度标准的要求。

第三十条

在那些存在有族裔、宗教语言方面属于少数人或原为土著居民的人的国家,不得剥夺属于这种少数人或原为土著居民的儿童与其群体的其他成员共同享有自己的文化、信奉自己的宗教并举行宗教仪式,或使用自己的语言的权利。

第三十一条

1.缔约国确认儿童有权享有休息和闲暇,从事与儿童年龄相宜的游戏和娱乐活动,以及自由参加文化生活和艺术活动。

2.缔约国应尊重并促进儿童充分参加文化和艺术生活的权利,并应鼓励提供从事文化、艺术、娱乐和休闲活动的适当和均等的机会。

第三十二条

1.缔约国确认儿童有权受到保护,以免受经济剥削和从事任何可能妨碍或影响儿童教育或有害儿童健康或身体、心理、精神、道德或社会发展的工作。

2.缔约国应采取立法、行政、社会和教育措施确保本条得到执行。为此目的,并鉴于其他国际文书的有关规定,缔约国尤应:

(1)规定受雇的最低年龄;

(2)规定有关工作时间和条件的适当规则;

(3)规定适当的惩罚或其他制裁措施以确保本条得到有效执行。

第三十三条

缔约国应采取一切适当措施,包括立法、行政、社会和教育措施,保护儿童不至非法使用有关国际条约中界定的麻醉药品和精神药物,并防止利用儿童从事非法生产和贩运此类药物。

第三十四条

缔约国承担保护儿童免遭一切形式的色情剥削和性侵犯之害。为此目的,缔约国尤应采取一切适当的国家、双边和多边措施,以防止:

(1)引诱或强迫儿童从事任何非法的性生活;

(2)利用儿童卖淫或从事其他非法的性行为;

(3)利用儿童进行淫秽表演和充当淫秽题材。

第三十五条

缔约国应采取一切适当的国家、双边和多边措施,以防止为任何目的或以任何形式诱拐、买卖或贩运儿童。

第三十六条

缔约国应保护儿童免遭有损儿童福利的任行方面的一切其他形式的剥削之害。

第三十七条

缔约国应确保:

(1)任何儿童不受酷刑或其他形式的残忍、不人道或有辱人格的待遇或处罚。对未满 18 岁的人所犯罪行不得判以死刑或无释放可能的无期徒刑;

(2)不得非法或任意剥夺任何儿童的自由。对儿童的逮捕、拘留或监禁应符合法律规定并仅应作为最后手段,期限应为最短的适当时间;

(3)所有被剥夺自由的儿童应受到人道待遇,其人格固有尊严应受尊重,并应考虑到他们这个年龄的人的需要加以对待。特别是,所有被剥夺自由的儿童应同成人隔开,除非认为反之最有利于儿童,并有权通过信件和探访同家人保持联系,但特殊情况除外;

(4)所有被剥夺自由的儿童均有权迅速获得法律及其他适当援助,并有权向法院或其他独立公正的主管当局就其被剥夺自由一事之合法性提出异议,并有权迅速就任何此类行动得到裁定。

第三十八条

1.缔约国承担尊重并确保尊重在武装冲突中对其适用的国际人道主义法律中有关儿童的规则。

2.缔约国应采取一切可行措施确保未满 15 岁的人不直接参加敌对行动。

3.缔约国应避免招募任何未满 15 岁的人加入武装部队。在招募已满 15 岁但未满 18 岁的人时,缔约国应致力首先考虑年龄最大者。

4.缔约国按照国际人道主义法律规定他们在武装冲突中保护平民人口的义务,应采取一切可行措施确保保护和照料受武装冲突影响的儿童。

第三十九条

缔约国应采取一切适当措施,促使遭受下述情况之害的儿童身心得以康复并重返社会:任何形式的忽视、剥削或凌辱虐待;酷刑或任何其他形式的残忍、不人道或有辱人格的待遇或处罚;武装冲突。此种康复和重返社会应在一种能促进儿童的健康、自尊和尊严的环境中进行。

第四十条

1.缔约国确认被指称、指控或认为触犯刑法的儿童有权得到符合以下情况方式的待遇,促进其尊严和价值感,并增强其对他人的人权和基本自由的尊重。这种待遇应考虑到其年龄和促进其重返社会并在社会中发挥积极作用的愿望。

2.为此目的,并鉴于国际文书的有关规定,缔约国尤应确保:

(1)任何儿童不得以行为或不行为之时本国法律或国际法不禁止的行为或不行为之理由被指称、指控或认为触犯刑法;

(2)所有被指称或指控触犯刑法的儿童至少应得到下列保证:

A.在依法判定有罪之前应视为无罪;

B.迅速直接地被告知其被控罪名,适当时应通过其父母或法定监护人告知,并获得准备和提出辩护所需的法律或其他适当协助;

C.要求独立公正的主管当局或司法机构在其得到法律或其他适当协助的情况下,通过依法公正审理迅速做出判决,并且须有其父母或法定监护人在场,除非认为这样做不符合儿童的最大利益,特别要考虑到其年龄状况;

D.不得被迫做口供或认罪;应可盘问或要求盘问不利的证人,并在平等条件下要求证人为其出庭和接受盘问;

E.若被判定触犯刑法,有权要求高一级独立公正的主管当局或司法机构依法复查此一判决及由此对之采取的任何措施;

F.若儿童不懂或不会说所用语言,有权免费得到口译人员的协助;

G.其隐私在诉讼的所有阶段均得到充分尊重。

3.缔约国应致力于促进规定或建立专门适用于被指称、指控或确认为触犯刑法的儿童的法律、程序、当局和机构,尤应:

(1)规定最低年龄,在此年龄以下的儿童应视为无触犯刑法之行为能力;

(2)在适当和必要时,制订不对此类儿童诉诸司法程序的措施,但须充分尊重人权和法律保障。

4.应采用多种处理办法,诸如照管、指导和监督令、辅导、察看、寄养、教育和职业培训方案及不交由机构照管的其他办法,以确保处理儿童的方式符合其福祉并与其情况和违法行为相称。

第四十一条

本公约的任何规定不应影响更有利于实现儿童权利且可能载于下述文件中的任何规定:

1.缔约国的法律;

2.对该国有效。

第二部分

第四十二条

缔约国承担以适当的积极手段,使成人和儿童都能普遍知晓本公约的原则和规定。

第四十三条

1.为审查缔约国在履行根据本公约所承担的义务方面取得的进展,应设立儿童权利委员会,执行下文所规定的职能。

2.委员会应由10名品德高尚并在本公约所涉领域具有公认能力的专家组成。委员会成员应由缔约国从其国民中选出,并应以个人身份任职,但须考虑到公平地域分配原则及主要法系。

3.委员会成员应以无记名表决方式从缔约国提名的人选名单中选举产生。每一缔约国可从其本国国民中提名一位人选。

4.委员会的初次选举应最迟不晚于本公约生效之日后的六个月进行,此后每两年举行一次。联合国秘书长应至少在选举之日前四个月函请缔约国在两个月内提出其提名的人选。秘书长随后应将已提名的所有人选按字母顺序编成名单,注明提名此等人选的缔约国,分送本公约缔约国。

5.选举应在联合国总部由秘书长召开的缔约国会议上进行。在此等会议上,应以三分之二缔约国出席作为会议的法定人数,得票最多且占出席并参加表决缔约国代表绝对多数票者,当选为委员会成员。

6.委员会成员任期四年。成员如获再次提名,应可连选连任。在第一次选举产生的成员中,有 5 名成员的任期应在两年结束时届满;会议主席应在第一次选举之后立即以抽签方式选定这 5 名成员。

7.如果委员会某一成员死亡或辞职或宣称因任何其他原因不再能履行委员会的职责,提名该成员的缔约国应从其国民中指定另一名专家接替余下的任期,但须经委员会批准。

8.委员会应自行制订其议事规则。

9.委员会应自行选举其主席团成员,任期两年。

10.委员会会议通常应在联合国总部或在委员会决定的任何其他方便地点举行。委员会通常应每年举行一次会议。委员会的会期应由本公约缔约国会议决定并在必要时加以审查,但需经大会核准。

11.联合国秘书长应为委员会有效履行本公约所规定的职责提供必要的工作人员和设施。

12.根据本公约设立的委员会的成员,经大会核可,得从联合国资源领取薪酬,其条件由大会决定。

第四十四条

1.缔约国承担按下述办法,通过联合国秘书长,向委员会提交关于他们为实现本公约确认的权利所采取的措施以及关于这些权利的享有方面的进展情况的报告:

(1)在本公约对有关缔约国生效后两年内;

(2)此后每五年一次。

2.根据本条提交的报告应指明可能影响本公约规定的义务履行程度的任何因素和困难。报告还应载有充分的资料,以使委员会全面了解本公约在该国的实施情况。

3.缔约国若已向委员会提交全面的初次报会,就无须在其以后按照本条第 1 款(2)项提交的报告中重复原先已提供的基本资料。

4.委员会可要求缔约国进一步提供与本公约实施情况有关的资料。

5.委员会应通过经济及社会理事会每两年向大会提交一次关于其活动的报告。

6.缔约国应向其本国的公众广泛供应其报告。

第四十五条

为促进本公约的有效实施和鼓励在本公约所涉领域进行国际合作:

(1)各专门机构、联合国儿童基金会和联合国其他机构应有权派代表列席对本公约中属于他们职责范围内的条款的实施情况的审议。委员会可邀请各专门机构、联合国儿童基金会以及他可能认为合适的其他有关机关就本公约在属于他们各自职责范围内的领域的实施问题提供专家意见。委员会可邀请各专门机构、联合国儿童基金会和联合国其他机构就本公约在属于他们活动范围内的领域的实施情况提交报告;

(2)委员会在其可能认为适当时应向各专门机构、联合国儿童基金会和其他有关机构转交缔约国要求或说明需要技术咨询或援助的任何报告,以及委员会就此类要求或说明提出的任何意见和建议;

(3)委员会可建议大会请秘书长代表委员会对有关儿童权利的具体问题进行研究;

(4)委员会可根据依照本公约第四十四条和四十五条收到的资料提出提议和一般性建议。此类提议和一般性建议应转交有关的任何缔约国并连同缔约国做出的任何评论一并报告大会。

第三部分

第四十六条

本公约应向所有国家开放供签署。

第四十七条

本公约须经批准。批准书应交存联合国秘书长。

第四十八条

本公约应向所有国家开放供加入。加入书应交存于联合国秘书长。

第四十九条

1.本公约自第二十份批准书或加入书交存联合国秘书长之日后的第三十天生效。

2.本公约对于在第二十份批准书或加入书交存之后批准或加入本公约的国家,自其批准书或加入书交存之日后的第三十天生效。

第五十条

1.任何缔约国均可提出修正案,提交给联合国秘书长。秘书长应立即将提议的修正案通知缔约国,并请他们表明是否赞成召开缔约国会议以审议提案并进行表决。

如果在此类通知发出之日后的四个月内,至少有三分之一的缔约国赞成召开这样的会议,秘书长应在联合国主持下召开会议。经出席会议并参加表决的缔约国多数通过的任何修正案应提交大会批准。

2.根据本条第1款通过的修正案若获大会批准并为缔约国三分之二多数所接受,即行生效。

3.修正案一旦生效,即应对接受该项修正案的缔约国具有约束力,其他缔约国则仍受本公约各项条款和他们已接受的任何早先的修正案的约束。

第五十一条

1.秘书长应接受各国在批准或加入时提出的保留,并分发给所有国家。

2.不得提出内容与本公约目标和宗旨相抵触的保留。

3.缔约国可随时向联合国秘书长提出通知,请求撤销保留,并由他将此情况通知所有国家。通知于秘书长收到当日起生效。

第五十二条

缔约国可以书面通知联合国秘书长退出本公约。秘书长收到通知之日起一年后退约即行生效。

第五十三条

指定联合国秘书长为本公约的保管人。

第五十四条

本公约的阿拉伯文、中文、英文、法文、俄文和西班牙文文本具有同等效力，应交存联合国秘书长。